Código de Minería de Chile

Procedimiento de selección de originales, ver página web:
www.tirant.net/index.php/editorial/procedimiento-de-seleccion-de-originales

ACCESO GRATIS *a la Lectura en la Nube*

Para visualizar el libro electrónico en la nube de lectura envíe junto a su nombre y apellidos una fotografía del código de barras situado en la contraportada del libro y otra del ticket de compra a la dirección:

ebooktirant@tirant.com

En un máximo de 72 horas laborales le enviaremos el código de acceso con sus instrucciones.

Código de Minería de Chile

2ª Edición

con APÉNDICE LEGISLATIVO
Incluye ÍNDICES TEMÁTICO Y ANALÍTICO

Revisado y actualizado por
DRA. **PIA M. MOSCOSO RESTOVIC**

tirant lo blanch
Valencia, 2025

EDITA: TIRANT LO BLANCH
C/ Artes Gráficas, 14 - 46010 - Valencia
TELFS.: 96/361 00 48 - 50
FAX: 96/369 41 51
Email: tlb@tirant.com
www.tirant.com
Librería virtual: https://editorial.tirant.com/cl
ISBN: 978-84-1095-614-8

Si tiene alguna queja o sugerencia, envíenos un mail a: *atencioncliente@tirant.com*. En caso de no ser atendida su sugerencia, por favor, lea en *www.tirant.net/index.php/empresa/politicas-de-empresa* nuestro procedimiento de quejas.

Responsabilidad Social Corporativa: http://www.tirant.net/Docs/RSCTirant.pdf

Índice

PRÓLOGO A LA II EDICIÓN 11

CÓDIGO DE MINERÍA DE CHILE

TÍTULO I. DEL DOMINIO DEL ESTADO Y DE LOS DERECHOS MINEROS 15
Párrafo 1° Normas generales 15
Párrafo 2° De la facultad de catar y cavar 20

TÍTULO II. DE LA CAPACIDAD PARA ADQUIRIR DERECHOS MINEROS 25

TÍTULO III. DEL OBJETO Y FORMA DE LAS CONCESIONES MINERAS 27

TÍTULO IV. DE LAS DEMASÍAS 28

TÍTULO V. DEL PROCEDIMIENTO DE CONSTITUCIÓN DE LAS CONCESIONES MINERAS 29
Párrafo 1° Del pedimento y de la manifestación 29
Párrafo 2° De los trámites posteriores al pedimento 36
Párrafo 3° De los trámites posteriores a la manifestación 38
Sección 1ª De las oposiciones a la solicitud de mensura 39
Sección 2ª De la mensura 44
Sección 3ª Del acta de mensura 46
Párrafo 4° De la sentencia constitutiva de la concesión 51

TÍTULO VI. DE LOS EFECTOS DE LA SENTENCIA CONSTITUTIVA DE LA CONCESIÓN 54

TÍTULO VII. DEL CONSERVADOR DE MINAS 59

TÍTULO VIII. DE LOS DERECHOS Y OBLIGACIONES DE LOS CONCESIONARIOS MINEROS 61
Párrafo 1° Disposiciones comunes 61
Párrafo 2° De los derechos y obligaciones especiales del titular de concesión de exploración 62
Párrafo 3° De los derechos y obligaciones especiales de los titulares de pertenencias 65

TÍTULO IX. DE LA EXPLORACIÓN Y DE LA EXPLOTACIÓN MINERAS 67
Párrafo 1° De las servidumbres que gravan los predios superficiales 67

Párrafo 2° De las servidumbres que se deben las concesiones mineras entre sí 68
Párrafo 3° De las internaciones 71

TÍTULO X. DEL AMPARO, EXTINCIÓN Y CADUCIDAD DE LAS CONCESIONES MINERAS 72
Párrafo 1° Del amparo 72
Párrafo 2° De los efectos del desamparo 79
Párrafo 3° De las demás causales de extinción de las concesiones mineras 83
Párrafo 4° De los efectos tributarios del pago de la patente 83

TÍTULO XI. DE LOS CONTRATOS Y CUASICONTRATOS 86
Párrafo 1° De la promesa y otros contratos 86
Párrafo 2° De las sociedades 87
Sección 1ª De las sociedades que nacen de un hecho 87
Reglas generales 87
De las juntas 89
De la administración 92
De la distribución de los beneficios o productos 93
De la contribución a los gastos 94
De la inconcurrencia 94
De la terminación de la sociedad 96
Sección 2ª De las sociedades que nacen de un contrato 96
Párrafo 3° Del avío 98
Párrafo 4° De la hipoteca 100

TÍTULO XII. DE LA REIVINDICACIÓN DE LOS MINERALES 101

TÍTULO XIII. DE LOS DERECHOS DE LOS ACREEDORES 101

TÍTULO XIV. DE LA COMPETENCIA EN GENERAL Y EL PROCEDIMIENTO 103

TÍTULO XV. DISPOSICIONES GENERALES 105
DISPOSICIONES TRANSITORIAS 109

TÍTULO FINAL 118

ÍNDICE ANALÍTICO 121

APÉNDICE DE LEYES COMPLEMENTARIAS

NORMAS CONSTITUCIONALES - DECRETO N° 100 DEL MINISTERIO SECRETARÍA GENERAL DE LA PRESIDENCIA QUE FIJA EL TEXTO

REFUNDIDO, COORDINADO Y SISTEMATIZADO DE LA CONSTITUCIÓN POLÍTICA DE LA REPÚBLICA DE CHILE 131

LEY Nº 18.097 - LEY ORGÁNICA CONSTITUCIONAL SOBRE CONCESIONES MINERAS 135

DECRETO Nº 2275. PROMULGA EL TRATADO CON ARGENTINA SOBRE INTEGRACIÓN Y COMPLEMENTACION MINERA 147

LEY Nº 21.591. SOBRE ROYALTY A LA MINERÍA, PROMULGADA 3 DE AGOSTO DEL 2023 163

DECRETO Nº 1 DEL MINISTERIO DE MINERÍA, PROMULGADO CON FECHA 3 DE ENERO DE 1986, QUE ESTABLECE EL REGLAMENTO DEL CÓDIGO DE MINERÍA 185

DECRETO Nº 132 DEL MINISTERIO DE MINERÍA, PROMULGADO CON FECHA 30 DE DICIEMBRE DE 2002, QUE APRUEBA EL TEXTO REFUNDIDO DEL REGLAMENTO DE SEGURIDAD MINERA 237

DECRETO CON FUERZA DE LEY Nº 302 DEL MINISTERIO DE HACIENDA, PROMULGADO CON FECHA 31 DE MARZO DE 1960, QUE APRUEBA DISPOSICIONES ORGÁNICAS Y REGLAMENTARIAS DEL MINISTERIO DE MINERÍA 453

DECRETO LEY Nº 3.525 DEL MINISTERIO DE MINERÍA, PROMULGADO CON FECHA 26 DE NOVIEMBRE DE 1980, QUE CREA EL SERVICIO NACIONAL DE GEOLOGÍA Y MINERÍA 457

LEY Nº 20.551 QUE REGULA EL CIERRE DE FAENAS E INSTALACIONES MINERAS 471

DECRETO Nº 41 DEL MINISTERIO DE MINERÍA, PROMULGADO CON FECHA 4 DE SEPTIEMBRE DE 2012, QUE APRUEBA EL REGLAMENTO DE LA LEY DE CIERRE DE FAENAS E INSTALACIONES MINERAS 513

DECRETO Nº 9 APRUEBA EL REGLAMENTO QUE REGULA LA OBLIGACIÓN DE ENTREGA DE INFORMACIÓN GEOLÓGICA DISPUESTA EN EL CÓDIGO DE MINERÍA. PUBLICADO EL 2 DE AGOSTO DEL 2024 569

RESOLUCIÓN EXENTA Nº 747 DEL MINISTERIO DE MINERÍA QUE APRUEBA NORMA QUE ESTABLECE CATEGORÍAS DE CONTRAVENCIONES A LOS REGLAMENTOS DE POLICÍA Y SEGURIDAD MINERA Y SEÑALA SANCIONES PARA CADA CASO 583

SOBRE LA AUTORA 593

PRÓLOGO A LA II EDICIÓN

La entrada en vigencia de la Ley N° 21.420 en enero del año 2024 significó importantes modificaciones al Código de Minería de Chile de 1983, algunos de cuyos efectos fueron diferidos por Ley N° 21.649 de 30 de diciembre del 2023, sobre exenciones tributarias.

Tirant lo Blanch presenta en esta nueva edición del Código de Minería de Chile con Apéndice Legislativo e Índice Analítico el nuevo grupo de reformas y actualizaciones legislativas vigentes en Chile a febrero del año 2025.

Entre las modificaciones más importantes del año 2024 destacan las nuevas disposiciones del Reglamento del Código de Minería, incorporadas mediante los Decretos Supremos: a) D.S. N° 10 de fecha 2 de agosto del 2024 y b) D.S. N°18 de fecha 16 de septiembre del 2024; ambas normas aplican las modificaciones legislativas del Código de Minería, la Ley Orgánica Constitucional de Concesiones Mineras y la Ley que crea el Servicio de Geología y Minería de Chile (SERNAGEOMIN).

Complementa este grupo de modificaciones recientes el D.S N° 9 de fecha 2 de agosto del 2024 que aprueba el Reglamento que regula la obligación de entrega de información geológica dispuesta en el Código de Minería.

De esta forma, los actuales modelos de propiedad minera, ejercicio de acciones posesorias y el régimen de amparo minero han eliminado la diferencia entre concesiones metálicas y no metálicas, aumentando progresivamente el valor de las patentes mineras y acortando los plazos en la constitución de concesiones mineras.

Durante el año 2024, también se aprobaron diversas disposiciones que consagran hipótesis de patente rebajada para los casos en los cuales lograre probarse trabajo efectivo en operaciones mineras según el sentido de la Ley N°20.551 sobre Cierre de Faenas e Instalaciones Mineras (letra i, artículo 3°). Se consideran para estos efectos: a) actividades que derivan del cumplimiento de un plan de cierre de faenas mineras, b) actividades mineras sometidas a evaluación en el Sistema de Evaluación de Impacto Ambiental (SEIA) y c) actividades mineras que han obtenido una Resolución de Calificación favorable (RCA favorable) según la Ley N° 19.300 sobre Bases Generales del Medio Ambiente y Reglamento del Sistema de Evaluación de Impacto Ambiental.

Las modificaciones al Reglamento de Seguridad Minera complementan las hipótesis de patente rebajada para los casos de proyectos que no tienen obligación de ingresar al Sistema de Evaluación de Impacto Ambiental, en la medida que el proyecto tenga en trámite alguno de los permisos establecidos en el título XV del Reglamento de Seguridad Minera; título que regula la prórroga de la concesión de exploración (artículo 53 del Reglamento del Código de Minería en vigencia desde el 2 de agosto del 2024)

En materia de información geológica, la renovación de las concesiones de exploración exige la presentación ante SERNAGEOMIN de un reporte con toda la información geológica obtenida en los trabajos de exploración (D.S. N° 9 de fecha 2 de agosto de 2024 del Ministerio de Minería) Esta información geológica recibida por SERNAGEOMIN sigue siendo de propiedad del informante, pero ahora tiene carácter de información pública en el sentido de la Ley N°20.285 sobre Acceso a la Información Pública; la información geológica puede permanecer como confidencial por un plazo máximo de 4 años desde su entrega.

Por su parte, la obtención de un RCA favorable o la admisión a trámite del proyecto en el SEIA permite cumplir también con los requisitos para obtener la prórroga de la concesión. Una vez extinguida la concesión de exploración, se establece la prohibición por un año al concesionario de exploración original y sus relacionados para volver a adquirir concesiones de exploración en la misma área.

Finalmente, entraron en vigencia cambios técnicos que buscan dotar de celeridad al sistema de constitución de concesiones mineras, tales como: a) la eliminación de la mensura en terreno y la construcción de hitos, por una mensura de gabinete con plazos más cortos, b) la mención del punto de interés en la manifestación minera sólo puede hacerse en coordenadas geográficas U.T.M. para manifestaciones mineras de un grupo de pertenencias no mayor a 100 hectáreas, y c) ahora no es necesario indicar en el plano que se acompaña a la solicitud de sentencia la carta del Instituto Geográfico Militar escala 1:50.000 con el punto medio del pedimento.

El anunciado cambio de datum a SIRGAS sigue estando encomendado a una modificación al Reglamento del Código de Minería, bajo un procedimiento que deberán seguir tanto SERNAGEOMIN como los titulares de concesiones mineras en un eventual cambio de datum futuro.

En Tirant lo Blanch hemos querido mantener la historia fidedigna de las modificaciones legislativas, incorporando en notas al pie del artículo —para los casos de reciente modificación— el texto original, a objeto de ayudar al intérprete en la labor de determinar el sentido y alcance de las nuevas disposiciones normativas que han entrado en vigor.

Dra. **PIA MOSCOSO RESTOVIC**
Copiapó, Febrero 2025

CÓDIGO DE MINERÍA DE CHILE[1]

TÍTULO I
DEL DOMINIO DEL ESTADO Y DE LOS DERECHOS MINEROS

Párrafo 1° Normas generales

Artículo 1°. El Estado tiene el dominio absoluto, exclusivo, inalienable e imprescriptible de todas las minas, comprendiéndose en éstas las covaderas, las arenas metalíferas, los salares, los depósitos de carbón e hidrocarburos y las demás sustancias fósiles, con excepción de las arcillas superficiales, no obstante la propiedad de las personas naturales o jurídicas sobre los terrenos en cuyas entrañas estuvieren situadas.

Pero toda persona tiene la facultad de catar y cavar para buscar sustancias minerales, con arreglo al párrafo 2° de este título y también el derecho de constituir concesión minera de exploración o de explotación sobre las sustancias que la ley orgánica constitucional declara concesibles, con la sola excepción de las personas señaladas en el artículo 22.

Artículo 2°. La concesión minera es un derecho real e inmueble; distinto e independiente del dominio del predio superficial, aunque tengan un mismo dueño; oponible al Estado y a cualquier persona; transferible y transmisible; susceptible de hipoteca y otros derechos reales y, en general, de todo acto o contrato; y que se rige por las mismas leyes civiles que los demás inmuebles, salvo en lo que contraríen disposiciones de la ley orgánica constitucional o del presente Código.

La concesión minera puede ser de exploración o de explotación; esta última se denomina también pertenencia. Cada vez que este Código se

---

1 Ley 18.248 del 14 de Octubre de 1983, revisada y actualizada al 1 de febrero del 2025. Últimas modificaciones al Código de Minería: a) Ley 21.420 de 4 de febrero de 2022 y b) Ley 21649 de 30 de diciembre del 2023.

refiere a la o las concesiones, se entiende que comprende ambas especies de concesiones mineras.

Artículo 3°. Se reputan inmuebles accesorios de la concesión las construcciones, instalaciones y demás objetos destinados permanentemente por su dueño a la investigación, arranque y extracción de sustancias minerales.

Artículo 4°. Si el Estado estima necesario ejercer las facultades de explorar con exclusividad o de explotar sustancias concesibles, deberá actuar por medio de empresas de las que sea dueño o en las cuales tenga participación, que constituyan o adquieran la respectiva concesión minera y que se encuentren autorizadas para tal efecto de acuerdo con las normas constitucionales.

Artículo 5°. Son concesibles, o denunciables, las sustancias minerales metálicas y no metálicas y, en general, toda sustancia fósil, en cualquier forma en que naturalmente se presente, incluyéndose las existentes en el subsuelo de las aguas marítimas sometidas a la jurisdicción nacional a las que se tenga acceso por túneles desde tierra.

Artículo 6°. Los desmontes son cosas accesorias de la pertenencia de que proceden, y los relaves y escorias lo son del establecimiento de beneficio de que provienen.

Extinguida la pertenencia, o abandonado el establecimiento, podrá constituirse concesión sobre las sustancias minerales concesibles que los desmontes, relaves o escorias contengan, conjuntamente con las demás sustancias minerales denunciables que pudieren existir dentro de los límites de la concesión solicitada.

Con todo, no se podrá hacer uso de este derecho sino cuando los desmontes, relaves o escorias se encuentren en terrenos abiertos y francos.

Cuando los desmontes o los relaves o escorias pasen a estar en la situación prevista en el inciso segundo, y se encuentren dentro de los límites de una pertenencia, accederán a ésta.

Artículo 7°. No son susceptibles de concesión minera los hidrocarburos líquidos o gaseosos, el litio, los yacimientos de cualquier especie existentes en las aguas marítimas sometidas a la jurisdicción nacional ni los yacimientos de cualquier especie situados, en todo o en parte, en zonas que, conforme a la ley, se determinen como de importancia para la seguridad nacional con efectos mineros, sin perjuicio de las concesiones mineras válidamente constituidas con anterioridad a la correspondiente declaración de no concesibilidad o de importancia para la seguridad nacional.

Artículo 8°.- La exploración o la explotación de las sustancias que, conforme al artículo anterior, no son susceptibles de concesión minera, podrán ejecutarse directamente por el Estado o por sus empresas, o por medio de concesiones administrativas o de contratos especiales de operación, con los requisitos y bajo las condiciones que el Presidente de la República fije, para cada caso, por decreto supremo.

Artículo 9°. Podrá constituirse concesión minera sobre las sustancias concesibles de un yacimiento, aunque éste contenga también sustancias no concesibles.

Se deberá comunicar al Estado la existencia de las sustancias no concesibles que se encuentren con ocasión de la exploración, de la explotación o del beneficio de las sustancias procedentes de pertenencias. El Estado podrá exigir a los productores que separen, de los productos mineros, la parte de las sustancias no concesibles que tengan presencia significativa en el producto, es decir, que sean susceptibles de ser reducidas o separadas desde un punto de vista técnico y económico, para entregársela o para enajenarla por cuenta de él. Mientras el Estado no formule esa exigencia al productor, se presumirá de derecho que las sustancias no concesibles contenidas en los productos mineros respectivos no tienen presencia significativa en ellos.

El Estado deberá reembolsar, antes de la entrega, los gastos en que haya incurrido el productor para efectuar la reducción y entrega y, además, deberá costear las modificaciones y las obras complementarias que fuere necesario realizar para operar la reducción o separación en el país, caso en el cual también pagará las indemnizaciones de los perjuicios que se ocasionen con motivo de la realización de esas modificaciones y obras complementarias. Estas últimas obras serán de propiedad estatal.

El incumplimiento de las obligaciones que este artículo impone a los productores les hará incurrir en una multa, que aplicará el juez, sujeta, en lo demás, a las normas del artículo 11.

En todo caso, si se enajenan sustancias no concesibles cuya entrega haya exigido el Estado conforme al inciso segundo, el monto de la multa será la cuarta parte del valor de las sustancias enajenadas, sin perjuicio de la obligación de entregarle su precio sin deducción alguna.

Las referencias al Estado de este artículo se entenderán hechas a la Comisión Chilena de Energía Nuclear, tratándose del litio; y al Ministerio de Minería, tratándose de hidrocarburos líquidos o gaseosos.

Todas las cuestiones que suscite la aplicación de este artículo serán resueltas por el juez respectivo.

Artículo 10. El Estado tiene, al precio y modalidades habituales del mercado, el derecho de primera opción de compra de los productos mineros originados en explotaciones mineras desarrolladas en el país en los que el torio o el uranio tengan presencia significativa.

Si estos productos se obtienen esporádicamente, su productor deberá comunicar su obtención a la Comisión Chilena de Energía Nuclear a fin de que ésta pueda ejercer aquel derecho por cuenta del Estado, y le señalará la cantidad, calidad y demás características del producto, su precio de mercado y la forma, oportunidad y lugar de su entrega. Esta comunicación constituirá una oferta de venta con plazo de espera y obligará a no disponer del producto durante los tres meses siguientes a la fecha de su recepción.

La Comisión podrá aceptar o rechazar libremente la oferta, en todo o parte. Si la aceptare, indicará un plazo, no mayor de dos meses contado desde la respectiva entrega de productos, en el cual se pagará su precio.

La oferta caducará si no es aceptada dentro de los tres meses de espera. Con todo, la oferta no caducará si, dentro de este plazo, la Comisión pide al juez que, con citación del productor, designe un experto para que éste, como tercero, establezca el precio y las modalidades de la compraventa. La Comisión dispondrá de un mes, desde que el experto le comunique su resolución, para aceptar, en todo o parte, la oferta en los términos establecidos por el experto. Si no lo hace en ese plazo, caducará la oferta.

Si estos productos se obtienen en forma habitual, su productor, a más tardar en septiembre de cada año, comunicará a la Comisión sus programas mensuales de producción estimados para el año calendario siguiente, a fin de que ésta pueda ejercer, por cuenta del Estado, el derecho de primera opción de compra. El productor también dará cuenta a la Comisión, de inmediato, de todas las variaciones que experimenten esos programas. La comunicación, que deberá contener todas las menciones indicadas en el inciso segundo, constituirá una oferta de venta con plazo de espera y obligará a no disponer del producto de cada mes hasta el último día del mes de su obtención.

La Comisión podrá aceptar o rechazar libremente la oferta, en todo o parte. Si la aceptare, el precio de cada entrega se pagará dentro de los dos meses siguientes a ella.

La oferta caducará si no es aceptada dentro del plazo establecido en el inciso sexto. En lo demás, se aplicarán las normas del inciso cuarto[2].

Artículo 11. El incumplimiento de las obligaciones que le impone el artículo precedente sujetará al productor al pago de una multa, a beneficio fiscal, hasta por el valor de mercado de los productos de que se trate. Si el incumplimiento consiste en que ellos se han enajenado a terceros dentro del plazo en que la Comisión tiene el derecho de primera opción de compra, se aplicará precisamente el monto máximo de la multa.

La Comisión aplicará administrativamente la multa, y su resolución tendrá mérito ejecutivo. Contra ella podrá reclamarse ante la Corte de Apelaciones dentro del plazo de diez días, contado desde su notificación, acompañando boleta de consignación a la orden de la Corte por el diez por ciento de la multa.

---

[2] La referencia al inciso sexto debe entenderse al inciso quinto.

La Corte dará traslado por seis días a la Comisión. Con su respuesta o en su rebeldía, la Corte oirá el dictamen de su Fiscal y luego se traerán los autos en relación. En lo demás, se procederá conforme a las reglas sobre la apelación de los incidentes.

Desechada la reclamación, la suma consignada quedará a beneficio fiscal.

Artículo 12. Para los efectos de los artículos 9º y 10, se entiende que una sustancia tiene presencia significativa en un producto minero, esto es, que es susceptible de ser reducida o separada desde un punto de vista técnico y económico, cuando el mayor costo total que impliquen su recuperación mediante procedimientos técnicos de probada aplicación, su comercialización y su entrega, sea inferior a su valor comercial.

Para los mismos efectos, se entiende por «producto minero» toda sustancia mineral ya extraída, aunque no haya sido objeto de beneficio.

Artículo 13. No se considerarán sustancias minerales y, por tanto, no se rigen por el presente Código, las arcillas superficiales y las arenas, rocas y demás materiales aplicables directamente a la construcción.

Las salinas artificiales formadas en las riberas del mar, lagunas o lagos, tampoco se consideran sustancias minerales, y el derecho a explotarlas corresponde a los propietarios riberanos dentro de sus respectivas líneas de demarcación, prolongadas directamente hasta el agua, debiendo aplicarse para este efecto las reglas que establece el artículo 651 del Código Civil.

Párrafo 2º De la facultad de catar y cavar

Artículo 14. Toda persona tiene la facultad de catar y cavar en tierras de cualquier dominio, salvo en aquellas comprendidas en los límites de una concesión minera ajena, con el objeto de buscar sustancias minerales.

Los perjuicios que se causen con motivo del ejercicio de esta facultad deberán indemnizarse. El juicio respectivo se tramitará conforme a lo dispuesto en el artículo 233.

Artículo 15. Se podrá catar y cavar, libremente, en terrenos abiertos e incultos, quienquiera sea su dueño.

En los demás terrenos, será necesario el permiso escrito del dueño del suelo o de su poseedor o de su tenedor. Cuando el dueño sea la Nación o la Municipalidad, el permiso deberá solicitarse del gobernador o alcalde que corresponda.

En los casos de negativa de la persona o funcionario a quien corresponda otorgar el permiso, o de obstáculo al ejercicio de la facultad señalada en el inciso primero, podrá ocurrirse al juez para que resuelva.

Con todo, tratándose de casas y sus dependencias o de terrenos plantados de vides o de árboles frutales, sólo el dueño podrá otorgar el permiso.

Artículo 16. El permiso concedido por el juez conforme al artículo precedente, fijará el número de personas que podrá emplearse en la búsqueda y comprenderá siempre las siguientes obligaciones:

1°. Que las labores se efectúen cuando no haya frutos pendientes en el terreno;

2°. Que el tiempo de realización de ellas no exceda de seis meses contados desde la fecha en que se otorgue el permiso, y

3°. Que el solicitante indemnice todo daño que cause con las labores o con ocasión de ellas, debiendo rendir, previamente, caución calificada por el juez, para asegurar el cumplimiento de esta obligación, si el afectado lo exigiere.

Si el solicitante no pudiere ejercitar la facultad en el plazo otorgado por el juez, éste podrá diferir la autorización para otra época.

Artículo 17. Sin perjuicio de los permisos de que trata el artículo 15, para ejecutar labores mineras en los lugares que a continuación se señalan, se necesitará el permiso o permisos escritos de las autoridades que respectivamente se indican, otorgados en la forma que en cada caso se dispone:

1°. Del gobernador respectivo, para ejecutar labores mineras dentro de una ciudad o población, en cementerios, en playas de puertos habilitados y en sitios destinados a la captación de las aguas necesarias para un pueblo; a menor distancia de cincuenta metros, medidos horizontalmente, de edificios, caminos públicos, ferrocarriles, líneas eléctricas de alta tensión, andariveles, conductos, defensas fluviales, cursos de agua y lagos de uso público, y a menor distancia de doscientos metros, medidos horizontalmente, de obras de embalse, estaciones de radiocomunicaciones, antenas e instalaciones de telecomunicaciones.

No se necesitará este permiso cuando los edificios, ferrocarriles, líneas eléctricas de alta tensión, andariveles, conductos, estaciones de radiocomunicaciones, antenas e instalaciones de telecomunicaciones pertenezcan al interesado en ejecutar las labores mineras o cuando su dueño autorice al interesado para realizarlas.

Antes de otorgar el permiso para ejecutar labores mineras dentro de una ciudad o población, el gobernador deberá oír al respectivo Secretario Regional Ministerial de Vivienda y Urbanismo[3];

2°. Suprimido[4];

3°. De la Dirección de Fronteras y Límites, para ejecutar labores mineras en zonas declaradas fronterizas para efectos mineros;

4°. Del Ministerio de Defensa Nacional, para ejecutar labores mineras a menos de quinientos metros de lugares destinados a depósitos de materiales explosivos o inflamables;

5°. También del Ministerio de Defensa Nacional, para ejecutar labores mineras en zonas y recintos militares dependientes de ese Ministerio, tales como puertos y aeródromos; o en los terrenos adyacentes hasta la distancia de tres mil metros, medidos horizontalmente, siempre que estos terrenos hayan sido declarados, de conformidad a la ley, necesarios para la defensa nacional, y

6°. Del Presidente de la República, para ejecutar labores mineras en covaderas o en lugares que hayan sido declarados de interés histórico o científico.

---

[3] Ver LEY 19573. Art. Primero Nº 1. D.O. 25.07.1998.

[4] Suprimido por Ley 21600. Art. 154. D.O. 06.09.2023.

Al otorgarse los permisos exigidos en los números anteriores, se podrá prescribir las medidas que convenga adoptar en interés de la defensa nacional, la seguridad pública o la preservación de los sitios allí referidos.

Los permisos mencionados en los números 2°, 3° y 6°, excepto los relativos a covaderas, sólo serán necesarios cuando las declaraciones a que esos mismos números se refieren hayan sido hechas expresamente para efectos mineros, por decreto supremo que además señale los deslindes correspondientes. El decreto deberá ser firmado, también, por el Ministro de Minería.

Será aplicable a los funcionarios o autoridades a quienes corresponda otorgar los permisos a que se refiere esta disposición, lo prescrito en el artículo 162 del Decreto con Fuerza de Ley N° 338, de 1960[5].

Artículo 18. La contravención a lo dispuesto en el artículo precedente se sancionará con multa de una a cincuenta unidades tributarias mensuales, sin perjuicio de la indemnización debida por los daños que se causen. En caso de reincidencia la multa será, a lo menos, el doble de la anteriormente aplicada, pero no podrá exceder de cien unidades tributarias mensuales.

Se concede acción pública para denunciar estas contravenciones. El juez podrá, en todo caso, decretar la suspensión provisional de las labores.

Artículo 19. La facultad de catar y cavar comprende no sólo la de examinar la tierra y la de abrirla para investigar, sino también la de imponer transitoriamente sobre los predios superficiales las servidumbres que sean necesarias para la búsqueda de sustancias minerales.

La duración de tales servidumbres no excederá de seis meses, contados desde la iniciación de su ejercicio.

Sin perjuicio de lo dispuesto en el inciso anterior, la constitución de estas servidumbres, su ejercicio, las indemnizaciones correspondientes y

---

[5] La referencia al artículo 162 del Decreto con Fuerza de Ley N° 338, de 1960, debe entenderse hecha al artículo 84, letra b) de la Ley N° 18.834, de 23 de septiembre de 1989, que aprueba el nuevo Estatuto Administrativo.

demás características se regularán conforme a lo dispuesto en los artículos 122 a 125.

Para solicitar su constitución judicial en los lugares a que se refieren el inciso final del artículo 15 y el artículo 17, será necesario acompañar los permisos prescritos en esas disposiciones.

No será necesario imponer servidumbres cuando la facultad de catar y cavar se ejercite en terrenos fiscales o municipales, abiertos e incultos.

Artículo 20. Sin perjuicio de lo dispuesto en los artículos precedentes de este párrafo, toda persona tiene la facultad de buscar sustancias minerales en terrenos de cualquier dominio, salvo en los comprendidos en los límites de una concesión minera ajena, empleando desde fuera de aquéllos, equipos, máquinas o instrumentos, con ese objeto.

Artículo 21. Sin perjuicio de los derechos que normas legales especiales confieren a la Comisión Chilena de Energía Nuclear y de los derechos del Estado sobre los hidrocarburos líquidos o gaseosos, el Servicio podrá efectuar trabajos de geología de acuerdo con las normas que lo rigen y debiendo obtener los permisos que sean necesarios en virtud de este párrafo. A solicitud del Servicio o del dueño del suelo o de su poseedor o tenedor actual, el juez regulará el ejercicio de esta facultad, pudiendo imponer el otorgamiento de caución para garantizar el pago de perjuicios. El Estado responderá de todo perjuicio que el Servicio cause con ocasión del ejercicio de esta facultad.

Sólo su dueño podrá autorizar al Servicio para realizar los trabajos a que se refiere el inciso precedente dentro de los límites de una concesión minera.

Al extinguirse una concesión minera de exploración o una vez transcurrido el plazo de otorgamiento, quien hubiere sido su titular deberá remitir al Servicio toda la información geológica que hubiere obtenido de los trabajos de exploración realizados en el área correspondiente a dicha concesión.

El titular de una concesión de explotación deberá remitir al Servicio, cada dos años, toda información geológica que hubiere obtenido de los trabajos de exploración geológica realizados durante dicho período.

Un reglamento expedido por el Ministerio de Minería establecerá la forma, plazos, condiciones y requisitos que deberá cumplir el concesionario minero para entregar la información geológica que trata este artículo, como también el tratamiento que se otorgará a dicha información.

En caso de que el Servicio tome conocimiento de la realización de trabajos de exploración en una concesión, sea ésta de exploración o explotación, y de que la información que se hubiese obtenido de ellos, no haya sido entregada según lo señalado en los incisos anteriores de este artículo, lo habilitarán para requerir dicha información. El titular deberá entregarla dentro del plazo de treinta días corridos desde el requerimiento y en su defecto, podrá sancionarlo con una multa de hasta 100 unidades tributarias mensuales, todo ello conforme al procedimiento establecido en el reglamento.

La obligación establecida en los incisos precedentes, no se aplicará a los pequeños mineros y mineros artesanales acogidos al régimen de patente especial contemplado en los incisos segundo y siguientes del artículo 142[6].

TÍTULO II
DE LA CAPACIDAD PARA ADQUIRIR DERECHOS MINEROS

Artículo 22. Toda persona puede hacer manifestaciones o pedimentos y adquirir concesiones mineras en trámite o constituidas, o cuotas en ellas, o acciones en sociedades regidas por este Código.

Por exigirlo el interés nacional, se exceptúan de lo dispuesto en el inciso anterior:

1°. Los Ministros de las Cortes de Apelaciones, los Jueces y Secretarios de los Juzgados de Letras en lo Civil, los Conservadores de Minas, y los empleados de tales Juzgados y Conservadores, respecto de terrenos

---

6 Artículo modificado por Ley 21420. Art. 10 N° 1, literales i y ii. D.O. 04.02.2022.

o concesiones situados, total o parcialmente, dentro de los respectivos territorios jurisdiccionales o de sus oficios, o de acciones de las referidas sociedades, dueñas de dichas concesiones;

2°. Los funcionarios del Estado o de sus organismos o empresas que, en razón de sus cargos, tengan intervención en la constitución de concesiones mineras o acceso a información de carácter geológico o minero, o relativa a descubrimientos mineros, hasta un año después de haber dejado el cargo, y

3°. El cónyuge no divorciado perpetuamente y los hijos de familia de las personas mencionadas en los números anteriores.

Con todo, las personas mencionadas en el inciso anterior podrán adquirir por sucesión por causa de muerte o en virtud de un título anterior al hecho que da origen a la prohibición.

Artículo 23. La contravención de cualquiera de las prohibiciones establecidas en el artículo anterior será sancionada, mientras el pedimento, la manifestación, la concesión o las acciones estén en poder del infractor, con su transferencia a la persona que primero denuncie el hecho ante el juez respectivo.

En todo caso, las personas a que se refieren los números 1° y 2° del artículo precedente, que incurran en la contravención sufrirán, además, la pena de inhabilitación especial temporal en su grado medio para el cargo que desempeñen.

Artículo 24. Los menores adultos, las mujeres casadas en régimen de sociedad conyugal y los disipadores sujetos a interdicción podrán hacer pedimentos o manifestaciones sin necesidad del consentimiento o autorización de sus respectivos representantes legales.

Artículo 25. Los derechos adquiridos en virtud del artículo anterior por los menores adultos quedarán incorporados a su peculio industrial. Los adquiridos por las mujeres casadas en régimen de sociedad conyugal ingresarán al haber social, a menos que sea aplicable el artículo 150 del Código Civil.

TÍTULO III
DEL OBJETO Y FORMA DE LAS CONCESIONES MINERAS

Artículo 26. La concesión minera tiene por objeto todas las sustancias concesibles que existen dentro de sus límites.

Artículo 27. Sobre las sustancias concesibles existentes en terrenos cubiertos por una concesión minera no puede constituirse otra. El juez velará por la observancia de esta prohibición[7].

Artículo 28. La extensión territorial de la concesión minera configura un sólido cuya cara superior es, en el plano horizontal, un paralelogramo de ángulos rectos, y cuya profundidad es indefinida dentro de los planos verticales que lo limitan. El largo o el ancho del paralelogramo deberá tener orientación U.T.M. norte sur.

A voluntad del concesionario, los lados de la pertenencia, horizontalmente, medirán cien metros como mínimo o múltiplos de cien metros; y los de la concesión de exploración, también horizontalmente, medirán mil metros como mínimo o múltiplos de mil metros.

La cara superior de la pertenencia no podrá comprender más de diez hectáreas; ni más de cinco mil hectáreas, la de la concesión de exploración.

Artículo 29. La concesión podrá dividirse físicamente, con autorización o aprobación judicial previo informe del Servicio en uno y otro caso. Cada parte resultante deberá tener la forma, la orientación y, a lo menos, las dimensiones de los lados y la superficie, mínimas, que correspondan, con arreglo al artículo anterior. Cada una de las partes resultantes subsistirá como una concesión minera.

La división se hará en escritura pública o en testamento, en los que deberá indicarse las coordenadas planas universales transversales de Mercator (U.T.M.) de los vértices del perímetro de cada concesión resultante,

---

7 Ver Ley 19573. Art. Primero Nº 2. D.O. 25.07.1998.

y señalarse la inscripción de la resolución constitutiva de la concesión y, en su caso, la inscripción de la concesión de que proceda; además, se indicará la correspondiente inscripción de dominio a favor de la persona que efectúe la división.

La escritura pública que contenga cualquier título traslaticio o declarativo de dominio de una parte de la concesión podrá servir para hacer la división de que trata este artículo.

El testamento o la escritura, y además la resolución que apruebe la división deberán inscribirse en el correspondiente Registro del Conservador de Minas, debiendo tomarse nota de ello al margen de la inscripción de la sentencia a que se refiere el artículo 87. Se archivará, a la vez, un plano de la división, aprobado también por el juez, previo informe del Servicio.

Mientras no se practique la inscripción a que se refiere el inciso anterior, no se perfeccionará la división física de la concesión.

La concesión, constituida o en trámite, es también susceptible de división intelectual o de cuota.

Artículo 30. La concesión minera no otorgará derecho alguno sobre los yacimientos de cualquiera especie existentes en las aguas marítimas sometidas a la jurisdicción nacional que hayan debido abarcarse para respetar los lados y cabida mínimos y la forma de la respectiva concesión.

Del mismo modo, la concesión minera sobre sustancias existentes en el subsuelo de las aguas marítimas sometidas a la jurisdicción nacional de que trata el artículo 5°, tampoco otorgará derechos sobre los yacimientos a que se refiere el inciso anterior.

TÍTULO IV
DE LAS DEMASÍAS

Artículo 31. El terreno encerrado por tres o más pertenencias constituidas, en que no sea posible constituir otra de la forma y cabida mínima indicadas en el artículo 28, será una demasía y accederá por ministerio de la ley, en el momento en que se constituya la pertenencia que dé origen a la demasía, a aquella que haya sido o se tenga por manifestada primero.

Artículo 32. El concesionario favorecido podrá anotar al margen de la inscripción de dominio de su pertenencia la existencia de la demasía, previo decreto del juez, dado con citación de los colindantes de ésta, en que la apruebe y ordene archivar un plano que represente la demasía y las pertenencias contiguas.

No habiéndose practicado los trámites a que se refiere el inciso anterior, el concesionario favorecido perderá su derecho a la demasía cuando caduque o se extinga cualquiera de las pertenencias que la encerraban.

La demasía no aumentará el valor de la patente de la pertenencia a que accede, y formará con ella un solo todo.

Artículo 33. Al dividirse físicamente una pertenencia, la demasía accederá a la pertenencia resultante contigua y, si éstas fueren varias, a aquellas de las contiguas que sea mencionada primero en el título de la división. La misma norma se aplicará cuando se produzca demasía que favorezca a una pertenencia que haya sido dividida.

TÍTULO V
DEL PROCEDIMIENTO DE CONSTITUCIÓN DE LAS CONCESIONES MINERAS

Párrafo 1º Del pedimento y de la manifestación

Artículo 34. Las concesiones mineras se constituyen por resolución judicial dictada en un procedimiento no contencioso, sin intervención decisoria alguna de otra autoridad o persona.

Al procedimiento de constitución de la concesión minera no le será aplicable lo dispuesto en los artículos 92 y 823 del Código de Procedimiento Civil, y toda cuestión que se suscite durante su tramitación se substanciará en juicio separado, sin suspender su curso. El juez, de oficio, podrá corregir los errores que observe en la tramitación, salvo que se trate de actuaciones viciadas en razón de haberse realizado éstas fuera del plazo fatal indicado por la ley.

Lo dispuesto en el inciso anterior es sin perjuicio de lo establecido en los artículos 61 a 70 y en el artículo 84.

Artículo 35. El procedimiento de constitución de la concesión minera se inicia con un escrito que para la concesión de exploración se denomina pedimento y, para la de explotación, manifestación.

Artículo 36. No será necesario designar abogado patrocinante ni conferir mandato judicial en el pedimento, la manifestación y el escrito en que se subsanen los defectos a que se refiere el inciso primero del artículo 49, sin perjuicio de cumplirse tales exigencias en la primera presentación posterior a aquéllas.

Artículo 37. Será competente para intervenir en la gestión de constitución de las concesiones el juez de letras en lo civil que tenga jurisdicción sobre el lugar en que esté ubicado el punto medio señalado en el pedimento, o el punto de interés indicado en la manifestación.

Artículo 38. El error en que se incurra al presentar pedimento o manifestación ante un juez que sea incompetente en razón del territorio, no afectará su validez, siempre que en el punto medio indicado en el pedimento o en el punto de interés señalado en la manifestación, los respectivos territorios jurisdiccionales no estén clara y debidamente deslindados por líneas naturales u ostensibles.

Artículo 39. Cualquiera podrá pedir o manifestar a nombre de otro aunque no sea su mandatario y sin que deba sujetarse a las disposiciones del inciso tercero del artículo 6° del Código de Procedimiento Civil; sin perjuicio de que el interesado deberá ratificar ante el secretario lo obrado por el agente, dentro del plazo de treinta días, contado desde la presentación del pedimento o la manifestación.

Artículo 40. No afectará la validez de un pedimento o de una manifestación la circunstancia de comprender terrenos ya manifestados o ya pedidos, sin perjuicio de los derechos preferentes a que haya lugar.

Artículo 41. Tendrá preferencia para constituir la pertenencia quien primero presente la manifestación.

Cuando ésta se haga en uso del derecho que otorga una concesión de exploración vigente se expresará así en la manifestación, y sólo en tal caso se tendrá como fecha de presentación de ella la del pedimento respectivo.

Al titular de la manifestación que primero haya sido presentada, o de la manifestación que se tenga por presentada primero, se le presumirá descubridor, salvo que haya habido fuerza o dolo para anticiparse a presentar pedimento o manifestación o para retardar la presentación del que realmente descubrió primero.

Si una persona presenta pedimento o manifestación sobre terrenos respecto de los cuales ejecuta trabajos de minería por orden o encargo de otra, la presentación se entenderá hecha por ésta. Igual efecto se producirá en favor del que realmente descubrió primero, cuando se haya usado la fuerza o el dolo a que se refiere el inciso anterior.

Artículo 42. Las acciones de mejor derecho que otorga el inciso final del artículo anterior deberán ser entabladas dentro del plazo de tres meses, contado desde la publicación del pedimento o la manifestación.

Artículo 43. El pedimento deberá señalar:

1°.- El nombre, la nacionalidad y el domicilio del peticionario, y, en su caso, también los de la persona que haga el pedimento en nombre de otra. Si se trata de personas naturales se indicará, además, su profesión u oficio y estado civil;

2°.- Las coordenadas geográficas o las U.T.M. que correspondan al punto medio de la cara superior de la concesión pedida, con precisión de segundo o de diez metros, respectivamente[8];

3°.- El nombre que se da a la concesión de exploración que se solicita, y

4°.- La superficie, expresada en hectáreas, que se desea comprenda la cara superior de la concesión. Su superficie no podrá exceder de cinco mil hectáreas.

---

8 Numeral modificado por Ley 21420. Art. 10 N° 2. D.O. 04.02.2022.

En cada pedimento sólo podrá solicitarse una concesión de exploración.

Artículo 44. La manifestación deberá señalar:

1°. El nombre, la nacionalidad y el domicilio del manifestante y en su caso, también los de la persona que haga la manifestación en nombre de otra. Si se trata de personas naturales se indicará, además, su profesión u oficio y estado civil;

2°. La ubicación del punto de interés para el manifestante, descrita en la forma dispuesta en el artículo siguiente;

3°. El número de pertenencias que se solicita y el nombre que se da a cada una de ellas;

4°. La superficie, expresada en hectáreas, que se desea comprenda la cara superior de cada pertenencia. La superficie total del grupo de pertenencias solicitadas en una manifestación no podrá exceder de mil hectáreas, y

5°. En su caso, la circunstancia de hacerse en uso del derecho que otorga una concesión de exploración.

Artículo 45. La ubicación del punto de interés de la manifestación deberá describirse indicando la provincia en que está ubicado y sus coordenadas geográficas o las U.T.M., referidas a datum SIRGAS con precisión de segundo o de diez metros, respectivamente[9].

Con todo, cuando la superficie total del grupo de pertenencias solicitadas en la manifestación no exceda de cien hectáreas, la ubicación del punto de interés podrá describirse indicando sus señales más precisas y características, el nombre del predio o del asiento mineral en que se encuentra y el de la provincia en que está situado.

Artículo 46. El terreno pedido o el manifestado es el comprendido dentro de un cuadrado trazado imaginariamente en el plano horizontal, cuyas diagonales se cortan en el punto medio o en el punto de interés,

---

[9] Inciso modificado por Ley 21420. Art. 10 N° 3. D.O. 04.02.2022.

en su caso, y cuyo perímetro encierra exactamente la superficie pedida o la manifestada, en su totalidad. Dos de los lados de este cuadrado tienen orientación U.T.M. norte sur.

Sin embargo, el peticionario o el manifestante podrá optar por que el terreno pedido o el manifestado sea el comprendido en un rectángulo, trazado imaginariamente en el plano horizontal, cuyas diagonales se corten en el punto medio o en el punto de interés, en su caso. Para estos efectos, señalará en el pedimento o en la manifestación la longitud de sus lados y cuáles de éstos tendrán la orientación U.T.M. norte sur. El largo y el ancho no podrán tener una relación superior de cinco a uno.

Artículo 47. El secretario del juzgado pondrá en el pedimento o en la manifestación certificado del día y hora de su presentación al juzgado; tomará nota en un registro numerado que llevará al efecto, y dará recibo a la persona que lo hubiere presentado, si se lo pide.

Artículo 48. El juez examinará el pedimento o la manifestación y, si cumple con lo dispuesto en el artículo 43 o en los artículos 44 y 45, respectivamente, ordenará su inscripción y publicación.

Artículo 49. Si el pedimento o la manifestación no cumple con las disposiciones del artículo 43 o de los artículos 44 y 45, según corresponda, el juez señalará determinadamente sus defectos y ordenará que el solicitante, o cualquiera de ellos si fueren varios, los subsane dentro del plazo de ocho días, contado desde la fecha de la respectiva resolución, subsistiendo para todos los efectos legales la fecha de la presentación primitiva. Subsanados los defectos oportunamente, el juez procederá conforme al artículo precedente; en caso contrario, el pedimento o la manifestación se tendrá por no hecho.

Con todo, si el pedimento omite indicar las coordenadas del punto medio de la concesión de exploración pedida, o si la manifestación omite indicar las coordenadas del punto de interés o sus señales más precisas y características, en su caso, el juez ordenará sin más trámite tener por no hecha la respectiva presentación.

El error o la imprecisión en que se incurra al indicar las coordenadas del punto medio o del punto de interés no será subsanable en caso alguno.

Artículo 50. El secretario dará copia autorizada del pedimento o la manifestación, del certificado del día y hora de su presentación al juzgado y de la resolución que ordena su inscripción y publicación. En el caso del inciso primero del artículo anterior, la copia incluirá, además, el decreto que ordena subsanar defectos y el escrito en que se haya cumplido con lo ordenado.

Artículo 51. Se pagará, por una sola vez, por cada pedimento y cada manifestación una tasa a beneficio fiscal, expresada en centésimos de unidad tributaria mensual.

El monto de la tasa, por cada hectárea completa pedida en concesión de exploración, será:

1°. Medio centésimo, si la superficie total pedida no excede de trescientas hectáreas;

2°. Dos centésimos, si esa superficie excede de trescientas y no sobrepasa mil quinientas hectáreas;

3°. Tres centésimos, si dicha superficie excede de mil quinientas y no sobrepasa tres mil hectáreas, y

4°. Cuatro centésimos, si esa superficie excede de tres mil hectáreas.

El monto de la tasa, por cada hectárea completa manifestada, será:

1°. Un centésimo, si la superficie total manifestada no excede de cien hectáreas;

2°. Dos centésimos, si esa superficie excede de ciento y no sobrepasa trescientas hectáreas;

3°. Cuatro centésimos, si dicha superficie excede de trescientas y no sobrepasa seiscientas hectáreas, y

4°. Cinco centésimos, si esa superficie excede de seiscientas hectáreas.

La tasa deberá ser pagada dentro de los treinta días siguientes a la fecha de la presentación del pedimento o a la fecha de la presentación de la manifestación en el juzgado. Su pago podrá hacerse en cualquier banco o institución autorizados para recaudar tributos. El comprobante respectivo indicará, además, el juzgado, el rol del expediente y el nombre de la concesión o concesiones.

Artículo 52. La inscripción del pedimento o de la manifestación podrá ser requerida por cualquiera persona, y consistirá en la transcripción íntegra de la copia a que se refiere el artículo 50 en el Registro de Descubrimientos del Conservador de Minas respectivo.

La publicación se hará por una sola vez y comprenderá copia íntegra de la inscripción.

La inscripción y la publicación deberán hacerse dentro del plazo de treinta días, contado desde la fecha de la resolución que las ordena.

Artículo 53. Desde el momento de la inscripción del pedimento su titular podrá efectuar todos los trabajos necesarios para constituir la concesión de exploración.

Desde el momento de la inscripción de la manifestación su titular podrá efectuar todos los trabajos necesarios para reconocer la mina y para constituir la pertenencia. Si con motivo de esos trabajos necesita arrancar sustancias concesibles, se hará dueño de ellas.

Si se ponen obstáculos por el dueño del predio superficial o por cualquiera otra persona para que el peticionario o el manifestante realicen los trabajos referidos, deberá el juez autorizar el auxilio de la fuerza pública, siempre que exista informe favorable del Servicio. Con todo, el juez no autorizará el auxilio de la fuerza pública para realizar trabajos de reconocimiento de la mina en concesión minera ajena, respecto de cuya existencia el Servicio deberá dejar constancia en el informe[10].

Artículo 54. El pedimento y la manifestación, inscritos, constituyen derechos reales inmuebles, transferibles y transmisibles de acuerdo con las mismas normas aplicables a los demás bienes raíces.

---

[10] Ver Ley 18941. Art. único Nº 1. D.O. 22.02.1990.

Párrafo 2º De los trámites posteriores al pedimento

Artículo 55. Dentro del plazo de noventa días, contado desde la fecha de la resolución que ordena inscribir y publicar el pedimento, el peticionario, o cualquiera de ellos, cuando fueren varios, deberá presentarse, en el expediente respectivo, a solicitar que se dicte la sentencia constitutiva de la concesión de exploración. En la solicitud se podrá abarcar todo o parte del terreno pedido, pero, en ningún caso, terrenos situados fuera de éste.

La solicitud deberá, además, indicar las coordenadas U.T.M. de los vértices de la cara superior de la concesión, relacionando, a lo menos, uno de ellos, en rumbo y distancia, con el punto medio señalado en el pedimento.

Se acompañará a la solicitud:

1º. Comprobante de haberse pagado la tasa de pedimento;

2º. Comprobante de haberse pagado la patente proporcional establecida en el artículo 144;

3º. Copia autorizada de la inscripción del pedimento;

4º. Ejemplar del Boletín Oficial de Minería en que se haya publicado esa inscripción, y

5º. Un plano en el que se señale la configuración de la concesión, las coordenadas de sus vértices y la relación, en rumbo y distancia, del mismo vértice —ligado en la solicitud— con el punto medio.

Las escalas y demás características de los planos serán determinadas por el Reglamento.

Artículo 56. El juez examinará la solicitud y los antecedentes acompañados y, encontrando ambos conforme, ordenará la remisión del expediente al Servicio, para su informe.

Si de este examen aparece que ha dejado de cumplirse cualquiera de los requisitos cuya omisión o retardo acarrea la caducidad de los derechos emanados del pedimento, el juez desechará de plano la solicitud y ordenará se cancele la inscripción de aquél, oficiando al efecto.

Si nota, en cambio, omisiones o defectos susceptibles de ser subsanados, el juez los señalará determinadamente y ordenará que se corrijan dentro del plazo de ocho días, contado desde la fecha del decreto que lo disponga. Corregidos oportunamente, procederá conforme al inciso primero; en caso contrario, procederá conforme al inciso segundo.

Artículo 57. El Servicio informará acerca de los aspectos técnicos relacionados con la solicitud y el plano acompañado a ésta y, en especial, si se ajustan a la ley la forma, dimensiones y orientación de la cara superficial de la concesión solicitada, y si ésta queda comprendida dentro del terreno pedido.

El Servicio tendrá el plazo de sesenta días, contado desde la recepción del expediente, para emitir el informe a que se refiere el inciso anterior.

Si el informe es favorable, el juez dictará sentencia, declarando constituida la concesión de exploración.

Si, por el contrario, el informe contiene observaciones, el juez ordenará ponerlo en conocimiento del solicitante. Dentro de los treinta días siguientes a la fecha de la resolución respectiva, éste deberá conformar la solicitud, el plano, o ambos, a las observaciones del Servicio, o bien objetar fundadamente dichas observaciones.

Transcurrido el plazo indicado en el inciso anterior, el juez dictará sentencia, para lo cual dispondrá de sesenta días, so pena de incurrir en falta o abuso. Si el juez no lo hace, dentro de los quince días siguientes, el solicitante deberá pedir a la Corte de Apelaciones que sancione dicha falta o abuso y fije al juez un breve plazo para dictarla. Si el solicitante no cumple con esta obligación, caducará su derecho y cualquiera persona podrá pedir se ordene la cancelación de la o las correspondientes inscripciones.

Artículo 58. La sentencia constitutiva de la concesión de exploración no afecta los derechos emanados de una concesión de exploración o de una pertenencia, que hayan estado constituidas a la fecha del pedimento que dio origen a la sentencia.

Tampoco afectará los derechos emanados de una concesión de exploración o de una pertenencia, aunque estuvieren en trámite a la fecha de la sentencia, si la presentación del pedimento o de la manifestación respectivos ha sido anterior a la del pedimento que dio origen a la sentencia.

Párrafo 3º De los trámites posteriores a la manifestación

Artículo 59. Dentro del plazo que medie entre los noventa y ciento veinte días, contado desde la fecha de la presentación de la manifestación al juzgado, el manifestante o cualquiera de ellos, cuando fueren varios, deberá solicitar en el mismo expediente, la mensura de su pertenencia o pertenencias. La solicitud podrá abarcar todo o parte del terreno manifestado, pero, en ningún caso, terrenos situados fuera de éste[11].

La solicitud deberá, además, indicar las coordenadas U.T.M. de cada uno de los vértices del perímetro de la cara superior de la pertenencia o grupo de pertenencias, relacionando uno de ellos, en rumbo y distancia, con el punto de interés señalado en la manifestación. Deberá, asimismo, designar al ingeniero o perito que practicará la mensura, e indicar el largo y ancho de la pertenencia o de cada una de ellas, el nombre de las pertenencias conocidas que existan en la vecindad y, en lo posible, el nombre de sus dueños.

Se acompañará a la solicitud:

1º.- Comprobante de haberse pagado la tasa de manifestación;

2º.- Comprobante de haberse pagado la patente proporcional establecida en el artículo 144;

3º.- Copia autorizada de la inscripción de la manifestación;

4º.- Ejemplar del Boletín Oficial de Minería en que se haya publicado esa inscripción, y

5º.- Plano en el que se señalen la configuración de la pertenencia o grupo de pertenencias, las coordenadas de cada uno de los vértices del perímetro y la relación, en rumbo y distancia, del mismo vértice -ligado en la solicitud- con el punto de interés indicado en la manifestación.

El secretario deberá otorgar recibo de este escrito, si el interesado lo pide.

Artículo 60. El juez examinará la solicitud de mensura y los antecedentes acompañados y, encontrando ambos conforme, mandará publicarla.

---

11 Artículo modificado por Ley 21420. Art. 10 Nº 4. D.O. 04.02.2022.

En la misma resolución dejará testimonio de la fecha en que se haya presentado o se tenga por presentada la manifestación.

Si de ese examen aparece que ha dejado de cumplirse cualquiera de los requisitos cuya omisión o retardo acarrea la caducidad de los derechos emanados de la manifestación, el juez desechará de plano la solicitud y ordenará se cancele la inscripción de aquélla, oficiando al efecto.

Si notare, en cambio, omisiones o defectos susceptibles de ser subsanados, el juez los señalará determinadamente y ordenará que se corrijan dentro del plazo de ocho días, contado desde la fecha del decreto que lo disponga. Corregidos oportunamente, procederá conforme al inciso primero; en caso contrario, procederá conforme al inciso segundo.

Para efectuar la publicación, el secretario dará copia autorizada de la solicitud y de la resolución que dispone publicarla. En el caso del inciso anterior, la copia incluirá, además, el decreto que ordena subsanar las omisiones o defectos y la presentación en que se haya cumplido con lo ordenado.

La publicación comprenderá íntegramente dicha copia y se hará por una sola vez, dentro del plazo de treinta días, contado desde la fecha de la resolución que la ordenó.

Sección 1ª De las oposiciones a la solicitud de mensura

Artículo 61. Podrá deducirse oposición a la petición de mensura dentro del plazo de treinta días, contado desde la fecha de la publicación a que se refiere el inciso final del artículo anterior[12].

La oposición sólo podrá fundarse:

1°. En que se pretende mensurar sobre un terreno comprendido en un pedimento o en una concesión para explorar. Sólo podrá ejercer esta acción aquél cuyo pedimento haya sido presentado con anterioridad a la

---

12 El inciso primero del artículo segundo de la LEY 19573, publicada el 25.07.1998, interpretó el inciso primero de este artículo, en el sentido de declarar que el plazo de treinta días es para presentar la demanda de oposición, con los documentos respectivos, en la secretaría del tribunal.

fecha en que haya sido o se tenga por presentada la manifestación de la pertenencia que se pretende mensurar.

La oposición será rechazada de plano si no se funda en un pedimento cuya fecha de presentación haya sido anterior o no se acompaña a ella copia auténtica de dicho pedimento, y, en su caso, además, copia auténtica de la solicitud de sentencia o de la sentencia misma o de la resolución que acogió la prórroga del plazo de la concesión. La oposición será rechazada del mismo modo, si no se acompaña a ella un croquis, firmado por un ingeniero o perito de aquellos a que se refiere el inciso segundo del artículo 71, que represente la colisión de los derechos y las pretensiones de ambas partes en el terreno[13].

2°. En el derecho preferente para mensurar en virtud de una manifestación cuya fecha de presentación haya sido o se tenga por anterior.

La oposición será rechazada de plano si no se funda en una manifestación cuya fecha de presentación haya sido o se tenga por anterior, o no viene acompañada de copia auténtica de dicha manifestación. La oposición será rechazada del mismo modo, si no se acompaña a ella un croquis, firmado por un ingeniero o perito de aquellos a que se refiere el inciso segundo del artículo 71, que represente la colisión de las pretensiones de ambas partes en el terreno[14].

Artículo 62. Si un manifestante de fecha anterior, o que se tenga por anterior, se opone a la mensura solicitada por otro de fecha posterior, deberá pedir en su escrito de oposición, y con arreglo a lo dispuesto en los incisos segundo y tercero del artículo 59, la mensura de su pertenencia o pertenencias.

El juez examinará la solicitud de mensura del opositor y los antecedentes acompañados a ella, y encontrando ambos conforme, mandará publicarla. En la misma resolución dejará testimonio de la fecha en que se haya presentado o se tenga por presentada la manifestación. Para efectuar la publicación se dará copia de la solicitud y su proveído.

---

[13] Inciso modificado por Ley 18681. Art. 94 a) D.O. 31.12.1987.

[14] Inciso modificado por Ley 18681. Art. 94 a) D.O. 31.12.1987.

Si de ese examen aparece que ha dejado de cumplirse algún requisito, se procederá, según el caso, de acuerdo con lo establecido en los incisos segundo, tercero y cuarto del artículo 60.

La publicación a que se refiere el inciso segundo se hará conforme a lo dispuesto en los incisos cuarto y final del mencionado artículo 60.

La resolución que ordena publicar la solicitud de mensura del opositor dispondrá, asimismo, que copia de ella y de los documentos acompañados sean enviados al Servicio, junto con copia de iguales antecedentes relativos al demandado.

Artículo 63. El manifestante de fecha anterior o que se tenga por anterior, que ha pedido ya su mensura, debe también oponerse a la mensura solicitada antes por otro. En el mismo escrito de oposición, pedirá que se ordene la acumulación de su expediente de manifestación al del demandado.

El juez ordenará la publicación de la solicitud de mensura del opositor, si ésta no ha sido efectuada, y dispondrá la remisión al Servicio de copia de la referida solicitud y de los documentos acompañados, junto con copia de iguales antecedentes relativos al demandado.

Artículo 64. En el mismo expediente en que se hubiere pedido mensura deberá presentarse el escrito de oposición a ella; en éste, el opositor deberá, además, solicitar su propia mensura o la acumulación de autos a que se refiere el artículo anterior, en su caso.

Si fueren varias las oposiciones formuladas por la causal segunda del artículo 61 contra una solicitud de mensura, o si a la solicitud de mensura de uno o más de estos opositores se hiciere, a su vez, oposición, el juez se pronunciará sobre todas ellas en una misma sentencia, con arreglo a lo dispuesto en el inciso segundo del artículo 69.

Artículo 65. Si un manifestante de fecha posterior pide la mensura con anterioridad al manifestante de fecha anterior o que se tenga por anterior, éste perderá, en beneficio de aquél, la preferencia para mensurar, si no deduce oposición oportunamente.

El titular de un pedimento o de una concesión de exploración, de fechas anteriores, que no deduzca oportunamente la acción del número primero del artículo 61, perderá los derechos emanados de su pedimento o concesión, respecto de los terrenos sobre los cuales se llegue a constituir pertenencia por quien debió haber sido demandado.

Artículo 66. El manifestante de fecha anterior o que se tenga por anterior, podrá oponerse a la solicitud de mensura de un manifestante de fecha posterior, aun cuando la solicitud de mensura de aquél haya sido presentada antes que la de este último. En este caso, el opositor deberá, además, cumplir con lo dispuesto en el artículo 63.

En igual situación, el manifestante de fecha anterior o que se tenga por anterior, podrá optar por hacer presente, en el expediente del manifestante de fecha posterior, su calidad de tal, respecto de todo o parte de los terrenos abarcados por la solicitud de mensura de este último.

Artículo 67. Si un manifestante de fecha anterior o que se tenga por anterior deduce acción de oposición invocando la causal segunda del artículo 61, y su oposición fuera rechazada, no podrá hacer valer posteriormente la acción de nulidad de los números seis o siete, en su caso, del artículo 95[15].

Artículo 68. Todas las oposiciones a que se refiere el artículo 61 se tramitarán con arreglo al procedimiento señalado en el artículo 233. En el juicio se tendrá por demandante al opositor, y sólo será admisible como única defensa del demandado la de que su solicitud de mensura no abarca los terrenos comprendidos en el pedimento, en la concesión de exploración o en la solicitud de mensura en que se funda la acción[16].

Cualquiera otra defensa y toda excepción perentoria que puedan corresponder al demandado sólo podrán hacerse valer por éste, como acciones, en juicio separado.

---

[15] Artículo modificado por Ley 18941. Art. único Nº 2. D.O. 22.02.1990.

[16] Inciso modificado por Ley 18941. Art. único Nº 3. D.O. 22.02.1990.

La sentencia definitiva que resuelva la oposición será apelable en ambos efectos.

Artículo 69. La sentencia que acoja una demanda de oposición basada en la causal primera del artículo 61, declarará que el demandado no podrá mensurar dentro del perímetro del pedimento, del de la concesión de exploración o del de la parte en que ésta no haya sido renunciada, en su caso.

La sentencia que acoja una demanda de oposición fundada en la causal segunda del artículo 61, reconocerá el derecho preferente del primer manifestante a mensurar su pertenencia o pertenencias, en la forma indicada en la respectiva solicitud; y, en cuanto no afecte a ese derecho preferente, reconocerá también el derecho de la parte vencida a mensurar con arreglo a su propia solicitud, pero respetando íntegramente el derecho preferente de la parte vencedora.

Lo dispuesto en el inciso anterior será aplicable al caso en que una sentencia deba pronunciarse sobre más de una oposición.

Artículo 70. Desde que quede presentada una demanda de oposición conforme al artículo 61, y hasta que quede ejecutoriada la correspondiente sentencia, las partes no podrán paralizar el juicio por más de tres meses[17]. Si transcurre este término sin que alguna de ellas practique cualquiera diligencia útil destinada a dar curso progresivo a los autos, cualquiera persona podrá solicitar que se declare, con sólo el mérito del certificado del secretario, la caducidad de los derechos de ambas partes, y que se ordene cancelar las inscripciones respectivas. Con todo, la caducidad no afectará en caso alguno la concesión para explorar y a la pertenencia, ya constituidas[18].

---

[17] El inciso segundo del artículo segundo de la Ley 19573, publicada el 25.07.1998, interpretó el inciso primero del presente artículo, en el sentido de declarar que el término de tres meses comienza a correr desde que la demanda de oposición queda presentada en la secretaría del tribunal.

[18] Inciso modificado por las siguientes leyes: Ley 18681. Art. 94 c) D.O. 31.12.1987 y Ley 18941. Art. único Nº 4 D.O. 22.02.1990.

Desde que quede ejecutoriada la sentencia que pone término al juicio de oposición, y hasta que se dicte la respectiva sentencia constitutiva, ninguno de los que fueron parte en él y haya obtenido el reconocimiento del derecho a mensurar, podrá paralizar por más de tres meses los trámites de constitución de su pertenencia o pertenencias. Si transcurre este término sin que el respectivo interesado practique alguna diligencia útil destinada a ese efecto, cualquiera persona podrá solicitar que se declare la caducidad a que se refiere el inciso anterior, en la forma y con los alcances allí indicados[19].

Cualquier interesado podrá pedir que se notifique al ingeniero o perito para que entregue el acta y plano al juez, para lo cual dicho ingeniero o perito tendrá el plazo que el tribunal señale.

Mientras no se haga uso del derecho a pedir la caducidad, podrá en cualquier tiempo continuarse la tramitación; pero el derecho a pedir la caducidad por la paralización ya producida subsistirá hasta que quede ejecutoriada la sentencia que puso término al juicio o se dicte la sentencia constitutiva, en su caso.

Contra la sentencia que se pronuncie acerca de la caducidad procederán los mismos recursos que contra una sentencia definitiva. La apelación en contra de la sentencia que deseche la solicitud de caducidad se concederá en el solo efecto devolutivo[20].

Sección 2ª De la mensura

Artículo 71. La mensura se realizará una vez vencido el plazo para deducir oposición, si ésta no se hubiere presentado. En caso contrario, se efectuará una vez ejecutoriada la sentencia que rechace la oposición que se haya formulado o la que determine la ubicación de las pertenencias de la parte o partes a quienes se haya reconocido el derecho a mensurar.

La mensura se llevará a efecto por cualquier ingeniero civil de minas que escoja el interesado, o por un perito elegido por éste de entre las

---

19 Inciso modificado por Ley 18941. Art. único Nº 5. D.O. 22.02.1990.

20 Inciso modificado por Ley 18941. Art. único Nº 6. D.O. 22.02.1990.

personas que anualmente designe con tal objeto el Servicio, mediante resolución, previa aprobación del Ministerio de Minería.

En el acto de la mensura no será admitida ninguna alegación[21].

Artículo 72[22]**.** La operación de mensura consistirá en la determinación de la ubicación de los vértices de la cara superior de la pertenencia o grupo de pertenencias, indicados con las coordenadas U.T.M. que para cada uno de ellos se haya señalado en la solicitud de mensura, o se señalen en el acto de la mensura de acuerdo con la facultad establecida en el artículo siguiente.

Para los efectos de lo dispuesto en el número sexto del artículo 95, se presumirá de derecho que toda mensura fue ejecutada en la misma fecha en que se presentó la correspondiente solicitud de mensura.

Artículo 73. El ingeniero o perito no podrá en caso alguno abarcar con la mensura pertenencias vigentes[23].

El ingeniero o perito que a sabiendas infringiere la prohibición del inciso precedente sufrirá la pena de reclusión menor en su grado mínimo, y la accesoria de suspensión de cargo u oficio público o profesión titular.

La operación de mensura podrá abarcar todo o parte del terreno cuya mensura se solicitó, pero, en ningún caso, terrenos situados fuera del perímetro indicado en dicha solicitud. Para este efecto, podrá reducirse el número de pertenencias, la superficie de una o más de ellas, o ambas cosas.

---

21 Inciso modificado por Ley 21649. Art. 2 Nº 2. D.O. 30.12.2023.

22 Artículo modificado por Ley 21420. Art. 10 Nº 5. D.O. 04.02.2022. Ley 21420 modificó este Artículo, lo que depende del siguiente evento para que entre en vigencia: "Las modificaciones que introduce el artículo 10 de la ley 21420 al presente artículo, ordenadas por la ley 21649, entrarán en vigencia una vez que entre en vigor la norma reglamentaria que se dicte para modificar el Datum de referencia de las respectivas coordenadas U.T.M, de acuerdo a lo dispuesto en el artículo décimo transitorio de la citada ley".

23 Artículo modificado por las siguientes leyes: Ley 19573 Art. primero Nº3 a) D.O. 25.07.1998 y Ley 19694 Art. único a) D.O. 22.09.2000.

La acción penal correspondiente tiene el carácter de privada y sólo podrá ser ejercida por el titular de la concesión que soporte directamente la superposición[24].

Artículo 74[25]. La operación de mensura se practicará en la forma indicada en la solicitud de mensura, o con las reducciones que señale el interesado y que sean procedentes de acuerdo con el artículo anterior.

La mensura se orientará conforme al meridiano U.T.M. del lugar, dando cumplimiento a lo dispuesto en el artículo 28.

Sección 3ª Del acta de mensura

Artículo 75[26]. La operación de mensura la efectuará el ingeniero o perito mediante el levantamiento de un acta que contendrá la narración precisa, clara y circunstanciada de la forma como determinó las coordenadas U.T.M. de los vértices.

Siempre que sea posible, indicará los nombres, ubicación y dueños de las pertenencias colindantes.

El acta será suscrita por el ingeniero o perito.

---

[24] Inciso modificado por Ley 19694. Art. único b) D.O. 22.09.2000.

[25] Artículo modificado por Ley 21420. Art. 10 Nº 6. D.O. 04.02.2022. La Ley 21420, modificó este Artículo, el que depende del siguiente evento para que entre en vigencia: "Las modificaciones que introduce el artículo 10 de la ley 21420 al presente artículo, ordenadas por la ley 21649, entrarán en vigencia una vez que entre en vigor la norma reglamentaria que se dicte para modificar el Datum de referencia de las respectivas coordenadas U.T.M, de acuerdo a lo dispuesto en el artículo décimo transitorio de la citada ley".

[26] Artículo modificado por Ley 21420. Art. 10 Nº 7. D.O. 04.02.2022. La Ley 21420, modificó este Artículo, el que depende del siguiente evento para que entre en vigencia: "Las modificaciones que introduce el artículo 10 de la ley 21420 al presente artículo, ordenadas por la ley 21649, entrarán en vigencia una vez que entre en vigor la norma reglamentaria que se dicte para modificar el Datum de referencia de las respectivas coordenadas U.T.M, de acuerdo a lo dispuesto en el articulo décimo transitorio de la citada ley".

Artículo 76. Cuando se mensuren dos o más pertenencias originadas en una misma manifestación, se hará una sola operación y se dispondrán las pertenencias de modo que cada una tenga, a lo menos, un punto de contacto con otra. En este caso, se levantarán una sola acta y un solo plano, en el que se individualizarán, con precisión, la ubicación y los deslindes de cada pertenencia.

Artículo 77. El ingeniero o perito quedará también obligado a confeccionar un plano por triplicado de la pertenencia o grupo de pertenencias mensuradas, con indicación de las coordenadas U.T.M. de los vértices del perímetro de la pertenencia o grupo de pertenencias, de las particularidades del terreno y de las pertenencias colindantes.

El Reglamento determinará las escalas y demás características de los planos y los antecedentes que deberán presentarse al Servicio.

Artículo 78. Dentro del plazo de diez meses contado desde la fecha de la presentación de la manifestación al juzgado, su titular, o cualquiera de ellos, deberá presentar, en tres ejemplares, el acta y el plano de mensura de la pertenencia o grupo de pertenencias[27].

Esta obligación no será exigible respecto de quien sea o haya sido parte en juicio de oposición fundado en alguna de las causales del artículo 61.

Artículo 79[28]. El acta y el plano se remitirán por el juez al Servicio, para su informe.

El Servicio informará acerca de los aspectos técnicos relacionados con la operación de mensura y con su acta y plano y, especialmente, si se

---

27 Inciso modificado por Ley 21420. Art. 10 Nº 8. D.O. 04.02.2022.

28 Artículo modificado por Ley 21420. Art. 10 Nº 9. D.O. 04.02.2022. Modificó este Artículo, lo que depende del siguiente evento para que entre en vigencia: "Las modificaciones que introduce el artículo 10 de la ley 21420 al presente artículo, ordenadas por la ley 21649, entrarán en vigencia una vez que entre en vigor la norma reglamentaria que se dicte para modificar el Datum de referencia de las respectivas coordenadas U.T.M, de acuerdo a lo dispuesto en el artículo décimo transitorio de la citada ley".

ajustan a la ley la forma, dimensiones y orientación de la cara superior de cada pertenencia mensurada; si ellas quedan comprendidas tanto dentro del terreno manifestado como dentro del abarcado por la solicitud de mensura, y si la ubicación de los vértices ha sido correctamente determinada.

El Servicio tendrá el plazo de sesenta días, contado desde la recepción del expediente, para emitir su informe.

Artículo 80. En el mismo informe aludido en el artículo anterior, el Servicio señalará si la mensura abarca, en todo o parte, una o más pertenencias ya constituidas cuyos vértices estén determinados o le hayan sido proporcionados en coordenadas U.T.M., o una o más pertenencias en trámite cuyos titulares tengan derecho preferente para mensurar y sean parte en un juicio de aquellos a que se refieren los artículos 62 y 63.

El informe indicará las coordenadas U.T.M. de los vértices a que se refiere el artículo 83.

Artículo 81. Si el informe del Servicio no contiene observaciones, el juez dictará la sentencia constitutiva de la pertenencia o pertenencias.

Artículo 82. Si el informe del Servicio formula objeciones sobre alguno de los aspectos técnicos a que se refiere el inciso segundo del artículo 79, el juez ordenará ponerlo en conocimiento del interesado para que, dentro del plazo de ocho días, contado desde la fecha de la resolución, las contradiga o, dentro del plazo de sesenta días, contado en igual forma, las subsane. Previo informe del Servicio y por motivos fundados, el juez podrá prorrogar este último plazo, por una sola vez, hasta por otros sesenta días, fatales.

Contradichas o subsanadas, oportunamente, las objeciones, el juez procederá conforme al inciso primero del artículo 79 y, con el informe del Servicio, dictará sentencia, declarando constituida la pertenencia o rechazando su constitución.

El juez no podrá, en caso alguno, declarar constituida la pertenencia o pertenencias que hayan sido mensuradas abarcando terrenos situados fuera del comprendido en la solicitud de mensura o fuera del terreno manifestado.

Artículo 83. Si el informe del Servicio señala que se ha producido alguna de las situaciones a que se refiere el artículo 80, el juez ordenará que, dentro del plazo de treinta días, contado desde la fecha de la resolución respectiva, el interesado publique, en extracto redactado por el secretario, la circunstancia de que el Servicio ha informado sobre dicha situación, las coordenadas U.T.M. de los vértices, tanto de las pertenencias del interesado como de las del o los afectados, el nombre de unas y otras, el del interesado y, en lo posible, el del o los afectados.

Una vez efectuada la publicación, su contenido deberá notificarse a la persona o personas a cuyo nombre figuren inscritas las pertenencias en el correspondiente Registro del Conservador de Minas[29].

La notificación se practicará personalmente, con arreglo al Título VI del Libro Primero del Código de Procedimiento Civil.

Artículo 84. Cada uno de los afectados podrá, dentro del plazo de sesenta días[30], contado desde la fecha de la notificación a que se refiere el artículo anterior, presentarse en el expediente del interesado oponiéndose a la constitución de la pertenencia o pertenencias de éste[31].

La oposición será rechazada de plano, si no se acompaña a ella copia auténtica de la solicitud de mensura o del acta de mensura, en su caso, y del plano respectivo, si la ley, en su oportunidad, hubiere hecho obligatorio levantarlo[32].

La oposición se tramitará con arreglo al procedimiento señalado en el artículo 233, y se tendrá al opositor por demandante. El informe del Servi-

---

[29] Inciso modificado por Ley 19573 Art. Primero Nº 4 D.O. 25.07.1998.

[30] El inciso primero del artículo segundo de la Ley 19573, publicada el 20.07.1998, interpretó el inciso primero del presente artículo, en el sentido de declarar que el plazo de sesenta días es para presentar la demanda de oposición, con los documentos respectivos, en la secretaría del tribunal.

[31] Inciso modificado por Ley 19573 Art. Primero Nº 5 a) D.O. 25.07.1998.

[32] Inciso modificado por Ley 18941 Art. Único, números 8 y 9. D.O. 22.02.1990.

cio servirá de base de presunción judicial, y corresponderá al demandado probar que el terreno abarcado por la mensura de sus pertenencias no se encuentra en todo o parte ocupado por la o las pertenencias del opositor o, en su caso, que se han extinguido los derechos de las partes al terreno en que se ha alegado la preferencia.

En este juicio al demandado le será aplicable lo dispuesto en el artículo 70.

Ejecutoriada la sentencia que rechace la demanda en todas sus partes, se dictará la sentencia constitutiva de la pertenencia del demandado.

La sentencia que acoja en parte la demanda, determinará el terreno sobre el que podrá volver a mensurar el demandado.

La sentencia que acoja la demanda en todas sus partes, declarará extinguidos los derechos del interesado y ordenará cancelar las correspondientes inscripciones.

El afectado que haga uso de la acción de este artículo, no podrá hacer valer posteriormente la acción de nulidad del número 6° o del número 7°, en su caso, del artículo 95[33].

Artículo 85. El juez examinará los autos y, si se reúnen los requisitos legales, dictará la sentencia constitutiva de la pertenencia.

Si nota faltas o ilegalidades insubsanables, dictará sentencia denegando la constitución de la pertenencia y mandando cancelar las inscripciones respectivas.

Si nota, en cambio, faltas o ilegalidades subsanables, ordenará su corrección dentro del plazo que prudencialmente fijará y, hecho, dictará la sentencia constitutiva de la pertenencia. Si la corrección no se efectúa dentro del plazo fijado, el juez, de oficio, procederá conforme al inciso anterior.

---

[33] Inciso modificado por Ley 19573 Art. Primero N° 5 b) D.O. 25.07.1998. El inciso primero del artículo segundo de la Ley 19573, publicada el 20.07.1998, interpretó el inciso primero del presente artículo, en el sentido de declarar que el plazo de sesenta días es para presentar la demanda de oposición, con los documentos respectivos, en la secretaría del tribunal.

Párrafo 4° De la sentencia constitutiva de la concesión

Artículo 86. Si el juez nota, en cualquier momento durante la tramitación de la constitución de la concesión y mientras no se haya dictado la sentencia constitutiva de ella, que no se ha cumplido dentro del plazo cualquiera de los requisitos o actuaciones para los cuales el juez, conforme al artículo 82, o este Código, hayan señalado plazos fatales, dictará sentencia declarando la caducidad de los derechos emanados del pedimento o de la manifestación, y ordenando cancelar las inscripciones correspondientes.

Si cualquiera persona ha hecho presente al juez la circunstancia de que se ha incurrido en alguna de las caducidades a que se refiere el inciso anterior y, no obstante ello, se dicta sentencia otorgando la concesión, ésta no se entenderá constituida sino una vez que la sentencia sea elevada en consulta a la Corte de Apelaciones y sea confirmada por ésta. Si la Corte aprueba la sentencia, quedará constituida la concesión. Si la revoca, declarará la caducidad de los derechos emanados del pedimento o de la manifestación y ordenará la cancelación de las inscripciones correspondientes. La consulta se verá en cuenta.

El derecho para formular la representación a que alude el inciso anterior se extinguirá una vez dictada la sentencia por el juez.

Dictada la sentencia constitutiva de la concesión, quedan saneados todos los vicios procesales y las caducidades en que se pueda haber incurrido en la tramitación. Sin perjuicio de ello, toda sentencia que resuelva sobre la constitución de la concesión se notificará por el estado diario[34].

Una vez ejecutoriada conforme a lo dispuesto en el artículo 174 del Código de Procedimiento Civil, la sentencia producirá cosa juzgada. Con todo, la excepción de cosa juzgada que emana de una sentencia constitutiva no será oponible respecto de quien haya promovido oportunamente una cuestión en juicio separado, con arreglo al inciso segundo del artículo

[34] Inciso modificado por Ley 18681. Art. 94 e) D.O. 31.12.1987.

34, ni de quien tenga derecho a ejercer alguna de las acciones de nulidad contempladas en el artículo 95[35].

Artículo 87. La sentencia constitutiva de la concesión enunciará el nombre, domicilio y profesión u oficio del peticionario o del manifestante y los del titular actual del pedimento o de la manifestación, según conste en autos; la fecha de la presentación del pedimento o de la manifestación o aquella en que ésta se tiene por presentada y las peticiones deducidas en ellos; las fechas en que se hayan publicado el pedimento o la manifestación y la solicitud de mensura, en su caso; la fecha de el o los informes del Servicio y aquella en que se haya publicado el extracto a que se refiere el artículo 83, si tal publicación ha sido procedente; y los datos de la inscripción del pedimento o de la manifestación y, si corresponde, los de la inscripción de esos derechos a favor del actual titular.

La sentencia señalará también el nombre de las concesiones y las coordenadas U.T.M. de cada uno de los vértices del perímetro de la concesión de exploración o de la pertenencia o grupo de pertenencias, en su caso.

Además, la sentencia expresará las razones que le sirven de fundamento; aprobará el plano de la concesión de exploración o de la pertenencia o grupo de pertenencias y el acta de mensura de estas últimas; declarará constituida la concesión de exploración o la pertenencia o grupo de pertenencias; mandará publicar el extracto a que se refiere el artículo 90; ordenará la inscripción de la sentencia y del acta de mensura, en su caso, y el archivo de los planos correspondientes.

Artículo 88. Sólo el actual titular del pedimento o de la manifestación podrá deducir recursos contra la sentencia que resuelva sobre la constitución de la concesión.

Artículo 89. La inscripción ordenada en el inciso final del artículo 87 deberá requerirse dentro del plazo de ciento veinte días, contado desde la

---

[35] Inciso modificado por Ley 18681 Art. 94 e) D.O. 31.12.1987.

fecha de la sentencia de primera instancia o desde la fecha del decreto que ordena el cumplimiento de la de segunda instancia, en su caso.

El portador de las copias autorizadas de los instrumentos a que se refiere el inciso siguiente, estará facultado para requerir la inscripción.

La inscripción transcribirá íntegramente la sentencia y el acta de mensura, en su caso, y deberá dejar constancia de la fecha en que se haya publicado el extracto.

Si la inscripción no se requiere dentro del plazo señalado en el inciso primero, la sentencia dejará de surtir efectos y la concesión o concesiones caducarán. En tal caso, cualquiera persona podrá solicitar del juez que ordene cancelar las inscripciones que se hayan practicado.

Artículo 90. El extracto de la sentencia deberá contener:

1°. La designación del juzgado y el número de rol del expediente;

2°. La fecha de la sentencia y la naturaleza de la concesión;

3°. El nombre, profesión u oficio y domicilio del peticionario o del manifestante y, en su caso, los del concesionario;

4°. La fecha de la presentación del pedimento o de la manifestación, o aquella en que ésta se tiene por presentada, y los datos de la inscripción de aquél o de ésta;

5°. El nombre de la concesión de exploración o de la pertenencia o pertenencias, y

6°. Las coordenadas U.T.M. de cada uno de los vértices del perímetro de la concesión de exploración o de la pertenencia o grupo de pertenencias.

La publicación del extracto deberá efectuarse el primer día hábil de cualquier mes, pero, en todo caso, antes de requerirse la inscripción a que se refiere el inciso primero del artículo precedente.

Sin perjuicio de lo dispuesto en el inciso anterior, el Servicio publicará el primer día hábil del mes de junio de cada año, para información general, la nómina de las concesiones que se hayan constituido en el año calendario anterior, clasificándolas por comunas. La publicación contendrá, respecto de cada concesión de exploración y de cada pertenencia o grupo de éstas, las menciones señaladas en los números 1°, 2°, 5° y 6° del inciso primero.

TÍTULO VI
DE LOS EFECTOS DE LA SENTENCIA CONSTITUTIVA DE LA CONCESIÓN

Artículo 91. La sentencia que otorga la concesión constituye el título de propiedad sobre ella y da originariamente su posesión.

Inscrita la sentencia, la concesión quedará sometida al régimen de posesión inscrita.

Artículo 92. Deberá otorgarse por escritura pública el título para transferir los derechos emanados del pedimento y de la manifestación, la concesión y los derechos reales constituidos sobre ésta.

La tradición de los derechos emanados del pedimento y de la manifestación, y la de la concesión, se efectuará por la inscripción del título en el respectivo Registro del Conservador de Minas.

Asimismo, se constituirán los otros derechos reales que recaigan sobre la concesión, y se efectuará su tradición, mediante la correspondiente inscripción. No obstante, la tradición del derecho de servidumbre se hará con arreglo a lo dispuesto en el artículo 698 del Código Civil.

Respecto de la tradición de las acciones de las sociedades regidas por este Código, se estará a lo dispuesto en el artículo 178.

A la transmisión de la concesión y de los derechos emanados del pedimento y de la manifestación, le será aplicable lo dispuesto en el artículo 688 del Código Civil[36].

Artículo 93. El poseedor de una concesión minera puede ganar la misma, por prescripción adquisitiva, perdiéndola, así, su dueño.

El tiempo de posesión necesario será de dos años en la prescripción ordinaria y de cuatro años, en la extraordinaria.

---

[36] Inciso modificado por Ley 18681 Art. 94 f) D.O. 31.12.1987.

La sentencia que declare la prescripción deberá inscribirse en el respectivo Registro del Conservador de Minas.

En lo relativo al saneamiento de los vicios de que pueden adolecer las concesiones mineras, se estará a lo dispuesto en el artículo 96.

Las suspensiones que la ley acuerda en favor de ciertas personas, tanto en la prescripción adquisitiva como en la extintiva, no se tomarán en cuenta transcurrido el plazo de cuatro años.

Artículo 94. Las acciones posesorias y la acción reivindicatoria proceden respecto de la concesión minera y de otros derechos reales constituidos sobre ella.

Con todo, sólo procederán las acciones posesorias del concesionario en contra del dueño, poseedor o mero tenedor del o los predios superficiales que comprenda total o parcialmente su concesión, en aquellos casos en que el concesionario acredite ser titular de un derecho real de servidumbre minera u otro derecho real que grave dicho predio o predios[37].

Iniciado por parte de un concesionario minero un juicio posesorio sumario a los que se refiere el Título IV del Libro Tercero del Código de Procedimiento Civil, el juez podrá decretar provisionalmente la suspensión o paralización de las obras que se llevan a cabo en el predio superficial superpuesto a la concesión minera, siempre que dicho concesionario, además de cumplir con lo dispuesto en el inciso anterior, acompañe antecedentes que justifiquen el peligro grave e inminente que entrañe el no otorgamiento de ella. Las medidas de paralización podrán siempre ser alzadas por el tribunal en caso de que desaparezcan las circunstancias que le dieren lugar.

En el caso que el juez decrete la paralización de las obras, el titular de ellas podrá hacer cesar sus efectos, siempre y cuando consigne caución suficiente en la cuenta corriente del tribunal, que permita responder de su demolición o de la indemnización de los perjuicios que, de continuar con dichas obras, pudieren afectar al actor, habiendo sentencia firme. Para estos efectos, en la resolución que ordena la paralización de las obras,

---

[37] Inciso agregado por Ley 21420 Art. 10 Nº 10 D.O. 04.02.2022.

el juez deberá fijar el monto de la caución antes referida. La suspensión de los efectos de la orden de paralización de obras tendrá lugar desde el momento en que se consigne el monto de dicha caución en el tribunal.

Toda cuestión que se suscite con motivo de la fijación del monto de la caución se tramitará como incidente, lo que no afectará la suspensión de la orden de paralización de las obras, si el titular del proyecto hubiere consignado la caución fijada inicialmente por el juez. En caso de que en la tramitación del incidente se solicite el informe de peritos, los gastos y honorarios que en tal caso se originen serán de cargo del titular de la concesión o permiso. El perito será designado por el juez competente. Con todo, si el demandante ha sido vencido en el juicio será condenado al pago del peritaje señalado, sin perjuicio del pago de las demás costas a las que pueda ser condenado conforme a las reglas generales.

Si al fallar el incidente se determina que el monto de la caución sea mayor al inicialmente fijado, el concesionario deberá consignar dentro de los quince días hábiles siguientes la diferencia en el tribunal, so pena de levantarse la suspensión de la orden de paralización. En caso de que el monto de la caución que se determine sea menor al inicialmente fijado por el tribunal, el juez pondrá a disposición del concesionario el excedente, cuando corresponda, dentro del plazo de tres días contado desde la respectiva resolución.

Con todo, para el caso en que el juicio posesorio sea iniciado en contra del concesionario minero, el juez tendrá las mismas facultades señaladas en los incisos precedentes, en relación con las obras que aquél lleve a cabo en virtud de su concesión minera, siempre y cuando el actor justifique el peligro grave e inminente que entrañe el no otorgamiento de la suspensión o paralización de las obras solicitadas[38].

Artículo 95. Sólo son causales de nulidad de una concesión minera, las siguientes:

1°. Haberse incurrido en error pericial en la mensura de la pertenencia;

2°. Haberse cometido fraude o dolo en la mensura de la pertenencia;

---

[38] Incisos 3°, 4°, 5°, 6° y 7° incorporados por Ley 21649. Art. 2 N° 3. D.O. 30.12.2023.

3°. Haberse constituido la concesión de exploración sin respetar las normas relativas a la forma, orientación, cabida o lados de su cara superior;

4°. Haberse constituido la pertenencia sin respetar las normas relativas a la forma, orientación, cabida o lados de su cara superior;

5°. Haberse constituido la concesión de exploración abarcando terreno situado fuera del terreno pedido que fue objeto de la solicitud de sentencia; o haberse constituido la pertenencia abarcando terreno situado fuera del manifestado que fue solicitado en mensura;

6°. Haberse constituido la pertenencia abarcando con su mensura terreno ya comprendido, o que quede comprendido, por otra mensura cuya fecha de ejecución se presuma anterior a la fecha presunta de aquélla, con arreglo al inciso segundo del artículo 72;

7°. Haberse constituido la pertenencia abarcando terreno ya comprendido por otra pertenencia, salvo lo dispuesto en el número anterior, y

8°. Haberse constituido la concesión de exploración abarcando terreno ya comprendido, o que quede comprendido, por otra concesión de exploración cuyo pedimento haya sido presentado con fecha anterior.

Artículo 96. Las acciones de nulidad establecidas en los números 1° a 7° del artículo anterior, se extinguen por prescripción en el plazo de cuatro años, contado desde la fecha de la publicación del extracto a que se refiere el artículo 90.

Transcurrido el mismo plazo, tampoco podrán impugnarse la publicación del extracto a que se refiere el artículo 90 ni la inscripción de la sentencia constitutiva de la concesión[39].

Cumplida la prescripción, la concesión queda saneada de todo vicio y además se entiende que la sentencia y su inscripción han producido siempre los efectos que, para cada una de éstas, señala el artículo 91. La sentencia que, en los casos de los números 6° y 7° del artículo anterior, declare la prescripción de la acción de nulidad a que dichos números se

---

[39] Inciso modificado por Ley 18941 Art. único N° 10 D.O. 22.02.1990.

refieren, también declarará extinguida la pertenencia afectada por la superposición.

La acción de nulidad establecida en el número 8° del artículo anterior se extingue si, debiendo deducir la oposición a que se refiere el N° 1° del artículo 61, el interesado no lo hace.

Sin embargo, esta prescripción no provocará la extinción de la concesión del titular de la acción prescrita, en la parte no superpuesta y se aplicará lo previsto en el artículo 98, en lo que sea pertinente.

Artículo 97. Cualquiera persona que tenga interés actual, podrá pedir la nulidad de la concesión minera, con exclusión de su dueño, fundada en alguna de las causales establecidas en el artículo 95.

Para estos efectos, se entiende que el interés es actual cuando éste existía al momento en que se produjo el vicio en que se fundamente la acción de nulidad y, además, subsiste a la fecha en que se interpone dicha acción.

Artículo 98. En los casos de los números 1°, 3° y siguientes del artículo 95, el demandado cuya concesión fue anulada tendrá derecho a corregir la solicitud de sentencia y el plano de la concesión de exploración o el acta y el plano de mensura de la pertenencia, según se trate, cuando los fundamentos de hecho de la sentencia que haya declarado la nulidad así lo permitan.

Al efectuar las correcciones a que se refiere el inciso anterior, no se podrá contrariar la sentencia de nulidad y, además, se deberá respetar el perímetro de la cara superior de la concesión de exploración indicado en la solicitud de sentencia, o el de la cara superior de la pertenencia o grupo de pertenencias mensuradas, en su caso.

Hechas las correcciones relativas a la concesión de exploración, se aplicará lo dispuesto en los artículos 57 y 86 a 90; hechas las referentes a la pertenencia, se aplicará lo prescrito en los artículos 71, incisos segundo y tercero, 72 a 77, 79, 81, 82 y 85 a 90.

TÍTULO VII
DEL CONSERVADOR DE MINAS

Artículo 99. En los lugares que fije el Reglamento habrá una oficina encargada del Registro Conservatorio de Minas.

El Reglamento determinará los deberes y funciones del Conservador de Minas, y las formas y solemnidades de las inscripciones que le corresponda practicar.

El Registro Conservatorio de Minas se regirá, en cuanto le sean aplicables, por las mismas disposiciones que reglan el Registro Conservatorio de Bienes Raíces, sin perjuicio de las especiales que contiene el presente Título.

Los Conservadores de Minas llevarán, además del Repertorio, los siguientes libros:

1°. Registro de Descubrimientos;

2°. Registro de Propiedad;

3°. Registro de Hipotecas y Gravámenes;

4°. Registro de Interdicciones y Prohibiciones, y

5°. Registro de Accionistas.

Artículo 100. Se inscribirán en el Registro de Descubrimientos:

1°. El pedimento, la manifestación y la transferencia y transmisión de los derechos que emanen de ellos, y

2°. La sentencia constitutiva de la concesión de exploración y la transferencia y transmisión de ésta.

Artículo 101. Se inscribirán en el Registro de Propiedad:

1°. La sentencia constitutiva y el acta de mensura de la pertenencia y la transferencia y transmisión de ésta, y la sentencia que declare su prescripción adquisitiva[40], y

2°. La escritura de sociedad a que se refiere el artículo 201 y las modificaciones de ésta.

---

[40] Inciso modificado por Ley 18681 Art. 94 g) D.O. 31.12.1987.

Artículo 102. Se inscribirán en el Registro de Descubrimientos o en el de Propiedad, según el caso, los títulos que dan origen a una sociedad legal minera.

Artículo 103. Se inscribirán en el Registro de Hipotecas y Gravámenes los fideicomisos, hipotecas, servidumbres, usufructos, avíos, promesas de venta y demás gravámenes que, en su caso, afecten a un pedimento, a una manifestación o a una concesión.

Artículo 104. Se inscribirán en el Registro de Interdicciones y Prohibiciones los embargos, litigios, prohibiciones, interdicciones, y, en general, todo impedimento o prohibición, sea convencional, legal o judicial, que embarace o límite de cualquier modo el libre ejercicio de la facultad de enajenar, en todo o parte, los derechos emanados de un pedimento o de una manifestación, o una concesión.

Artículo 105. El Registro de Accionistas servirá exclusivamente para las sociedades que se rigen por este Código, y en él se practicarán no sólo las inscripciones relativas a la formación de tales sociedades, sino también las de transferencia y transmisión de acciones en ellas; las de los gravámenes y prohibiciones que las afecten, y las demás que señale el Reglamento. Este Registro será completado con un Índice de Sociedades y Socios, que se llevará por orden alfabético.

Artículo 106. El Conservador de Minas remitirá al Servicio copias autorizadas de las inscripciones que practique en el Registro de Descubrimientos; de la inscripción de la sentencia constitutiva de la pertenencia en el Registro de Propiedad, y de las inscripciones de transferencias y transmisiones que se practiquen en cualquiera de esos Registros. También enviará copia, con la correspondiente anotación marginal, de todas las inscripciones que se cancelen o modifiquen en virtud de resolución judicial. Esta obligación se cumplirá, a más tardar, al octavo día hábil de efectuadas esas inscripciones, cancelaciones o modificaciones.

TÍTULO VIII
DE LOS DERECHOS Y OBLIGACIONES DE LOS CONCESIONARIOS MINEROS

Párrafo 1º Disposiciones comunes

Artículo 107. Sólo desde que quede constituida la concesión, el titular podrá efectuar los trabajos que estime necesarios para la exploración y, en su caso, también para la explotación de la mina, según la especie de concesión de que se trate.

Artículo 108. El titular de una concesión de exploración o el de una pertenencia, constituidas, podrá oponerse a las labores que, dentro de los límites de su respectiva concesión, pretenda ejecutar el titular de otra concesión de exploración cuyo pedimento haya sido posterior al pedimento o a la manifestación del opositor.

El titular de una pertenencia en trámite no podrá ser perturbado en sus trabajos de reconocimiento y de constitución de su título, por el dueño de una concesión de exploración cuyo pedimento sea posterior a la manifestación de aquél.

Artículo 109. El concesionario tendrá derecho a imponer las servidumbres a que se refieren los párrafos 1º y 2º del Título IX.

Artículo 110. El titular de concesión minera tiene, por el solo ministerio de la ley, el derecho de aprovechamiento de las aguas halladas en las labores de su concesión, en la medida en que tales aguas sean necesarias para los trabajos de exploración, de explotación y de beneficio que pueda realizar, según la especie de concesión de que se trate. Estos derechos son inseparables de la concesión minera y se extinguirán con ésta.

Artículo 111. El uso de las demás aguas necesarias para explorar, explotar o beneficiar sustancias minerales se sujetará a las disposiciones del Código de Aguas y demás leyes aplicables.

Párrafo 2º De los derechos y obligaciones especiales del titular de concesión de exploración

Artículo 112[41]**.** La concesión de exploración tendrá una duración de cuatro años, contados desde que se dicte la sentencia que la declare constituida. Expirado dicho plazo se extinguirá la concesión para todos los efectos legales.

No obstante, antes de su expiración, el titular podrá solicitar, por una única vez, su prórroga por otro periodo de hasta cuatro años, contado desde el término del primero. Para ejercer este derecho, dentro de los primeros seis meses del último año de su concesión, el titular deberá presentar al Servicio un reporte con toda la información geológica obtenida en los trabajos de exploración que hayan sido realizados durante la vigencia de su concesión y que acredite, por tanto, su realización. Alternativamente, el titular podrá presentar al Servicio la documentación que acredite la obtención de una Resolución de Calificación Ambiental respecto a su proyecto minero en el periodo de duración de la concesión, o bien la admisión a trámite de su proyecto de exploración en el Sistema de Evaluación de Impacto Ambiental.

Cumplido lo anterior, el Servicio deberá emitir un certificado que dé cuenta de aquello, el que deberá ser remitido al juzgado de letras competente, una vez que haya sido oficiado por éste para dichos efectos.

La resolución que conceda la prórroga deberá publicarse extractada, por una sola vez, dentro de treinta días contados desde la fecha de su dictación. El extracto contendrá las coordenadas U.T.M. de los vértices de la concesión. Dentro del mismo plazo la resolución deberá anotarse al margen de la inscripción respectiva.

Artículo 112 bis[42]**.** Extinguida la concesión de exploración por cualquier causa, quien haya sido su titular no podrá adquirir, por sí o por interpósita persona, una nueva concesión de exploración que comprenda,

---

[41] Artículo modificado por Ley 21420 Art. 10 Nº 11 D.O. 04.02.2022.

[42] Artículo agregado por Ley 21420 Art. 10 Nº 12 D.O. 04.02.2022.

total o parcialmente, la superficie que hubiere abarcado dicha concesión de exploración que se ha extinguido.

Para efectos de lo dispuesto en el inciso precedente, se presumirá la actuación por interpósita persona cuando la nueva concesión de exploración sea pedida o adquirida por el cónyuge, conviviente civil o un pariente hasta el tercer grado de consanguinidad o el segundo de afinidad, ambos inclusive, de quien haya sido el titular de la concesión de exploración extinguida. Asimismo, se presumirá que se actúa por interpósita persona, cuando quien pida o adquiera la nueva concesión de exploración, mantenga una relación laboral con el antiguo concesionario o sea apoderado de aquel. Si el antiguo concesionario hubiere sido una persona jurídica, se presumirá la actuación por interpósita persona, además, cuando cualquiera de las personas que se indican en el artículo 100 de la ley N° 18.045, sobre Mercado de Valores, intervenga pidiendo o adquiriendo la nueva concesión.

Se concede acción pública para denunciar, ante el tribunal competente, la contravención a lo establecido en el inciso primero de este artículo. Comprobada la contravención, el tribunal deberá tener por no presentado el pedimento o por caducada la concesión de exploración constituida, según corresponda, y ordenará la cancelación de las inscripciones que se hubieren efectuado. El tribunal oficiará al Conservador de Minas respectivo e informará al Servicio.

El concesionario cuya contravención fuese declarada por el tribunal competente perderá toda preferencia para constituir una pertenencia en la superficie que cubre la concesión de exploración referida en el inciso primero.

El denunciante que haya obtenido una sentencia favorable en el proceso regulado en los incisos precedentes podrá presentar un pedimento que cubra todo o parte del terreno abarcado por el pedimento denunciado en cuyo caso le será aplicable la fecha de presentación de este último pedimento. Para hacer valer este derecho, el pedimento deberá presentarse dentro del plazo de noventa días siguientes a la fecha en que la sentencia favorable quede firme, señalará expresamente que se efectúa en ejercicio de lo establecido en el presente artículo, y deberá acompañar copia autorizada de la sentencia favorable y del certificado regulado en el artículo 47 respecto del pedimento denunciado.

Por su parte, el informe que el Servicio deba remitir en el procedimiento de constitución de la concesión deberá señalar, además de lo establecido en el artículo 57, si la superficie de la concesión cumple con lo establecido en el inciso anterior.

Artículo 113. Durante la vigencia de la concesión, sólo su titular tendrá derecho, dentro de los límites de ella, a hacer libremente calicatas y otras labores de exploración. El ejercicio de este derecho quedará sujeto a las obligaciones y limitaciones que establecen los artículos 14, 15, inciso segundo y siguientes, 16, número tercero, y 17, el presente párrafo y las normas sobre policía y seguridad mineras. El titular se hará dueño sólo de las sustancias concesibles que necesite arrancar con motivo del ejercicio de ese derecho[43].

Los derechos a que se refiere el inciso precedente son sin perjuicio de lo dispuesto en el artículo 108.

Artículo 114. Durante la vigencia de la concesión de exploración, sólo su titular podrá manifestar pertenencia dentro de los límites de aquélla.

Artículo 115. Caducará la concesión de exploración cuyo titular establezca, por sí o por interpósita persona, explotación minera en ella o convenga con cualquiera otra persona que efectúe dicha explotación. En estos casos, el juez deberá declarar franco el terreno y ordenar la cancelación de las correspondientes inscripciones.

El titular de concesión de exploración que, en conocimiento del hecho, tolere que cualquier persona establezca explotación minera dentro de los límites de aquélla, será sancionado con una multa de cincuenta a doscientas unidades tributarias mensuales, la que se elevará al doble en caso de reincidencia. El juez decretará, en todo caso, la terminación inmediata de la explotación.

---

43 Inciso modificado por Ley 18681 Art. 94 h) D.O. 31.12.1987.

Se concede acción pública para denunciar las contravenciones descritas en los incisos anteriores.

Para los efectos de este artículo, se entiende que se establece explotación minera cuando se arrancan sustancias minerales con ánimo de lucrar con ellas.

Párrafo 3° De los derechos y obligaciones especiales de los titulares de pertenencias

Artículo 116. El concesionario tiene los derechos exclusivos de explorar y de explotar libremente su pertenencia, sin otras limitaciones que las establecidas en los artículos 14, 15, inciso final, 17, en el párrafo 2° del Título IX y en las normas sobre policía y seguridad mineras[44].

El concesionario se hará dueño de todas las sustancias minerales que extraiga dentro de los límites de su pertenencia, y que sean concesibles a la fecha de su constitución o lleguen a serlo posteriormente.

Se entienden extraídas las sustancias desde su separación del depósito natural del que formaban parte; o desde su aprehensión, tratándose de los desmontes, escorias y relaves a que se refiere el artículo 6°.

Artículo 117. Si el titular de una pertenencia aprovecha, en explotación separada, las sustancias mencionadas en el inciso primero del artículo 13, quien tenga derecho a ellas podrá exigir su entrega, pagando los costos de extracción, mientras se encuentren en el predio de donde provienen, sin perjuicio de la responsabilidad penal a que haya lugar.

Artículo 118[45]. El concesionario está obligado a mantener y conservar en pie los hitos colocados en los vértices de la pertenencia o del perímetro

---

44 Inciso modificado por Ley 18681 Art. 94 i) D.O. 31.12.1987.

45 Artículo derogado por Ley 21420 Art. 10 N° 13 D.O. 04.02.2022. Esta modificación depende del siguiente evento para que entre en vigencia: "Las modificaciones que introduce el artículo 10 de la ley 21420 al presente artículo, ordenadas por la ley 21649, entrarán en vigencia una vez que entre en vigor la norma reglamentaria que se dicte para modificar el Datum de referencia de las respectivas coordenadas

del grupo de pertenencias mensuradas en conjunto, y no puede alterarlos o mudarlos, so pena de pagar una multa que no baje de diez y no exceda de doscientas unidades tributarias mensuales, sin perjuicio de la responsabilidad criminal que pueda afectarle, si ha procedido maliciosamente.

El que derribe, altere o mude hitos del Estado sufrirá la pena de reclusión menor en cualquiera de sus grados.

Artículo 119[46]**.** Cuando por algún motivo se derriben o destruyan uno o más hitos, el juez, a petición de cualquier colindante, mandará colocarlos en su debido lugar, pudiendo aplicar las sanciones establecidas en el artículo anterior.

El mismo procedimiento se aplicará cuando se haya alterado o mudado algún hito, sin perjuicio de las penas y responsabilidades criminales.

Si por renuncia o caducidad de una o más de las pertenencias mensuradas en conjunto, varía el perímetro, se procederá, dentro del plazo de tres meses de ocurrido el hecho, a la colocación de los hitos necesarios para señalar el nuevo perímetro, bajo la sanción de multa establecida en el artículo anterior.

La misma obligación regirá en el caso de enajenación de una o más de las pertenencias mensuradas en conjunto, o de división física de una pertenencia.

U.T.M, de acuerdo a lo dispuesto en el artículo décimo transitorio de la citada ley". El que derribe, altere o mude hitos del Estado sufrirá la pena de reclusión menor en cualquiera de sus grados."

46 Artículo derogado Ley 21420 Art. 10 Nº 14 D.O. 04.02.2022. Esta modificación depende del siguiente evento para que entre en vigencia: "Las modificaciones que introduce el artículo 10 de la ley 21420 al presente artículo, ordenadas por la ley 21649, entrarán en vigencia una vez que entre en vigor la norma reglamentaria que se dicte para modificar el Datum de referencia de las respectivas coordenadas U.T.M, de acuerdo a lo dispuesto en el artículo décimo transitorio de la citada ley".

TÍTULO IX
DE LA EXPLORACIÓN Y DE LA EXPLOTACIÓN MINERAS

Párrafo 1° De las servidumbres que gravan los predios superficiales

Artículo 120. Desde la constitución de la respectiva concesión y con el fin de facilitar la conveniente y cómoda exploración y explotación mineras, los predios superficiales están sujetos a los siguientes gravámenes:

1°. El de ser ocupados, en toda la extensión necesaria, por canchas y depósitos de minerales, desmontes, relaves y escorias; por plantas de extracción y de beneficio de minerales; por sistemas de comunicación, y por canales, tranques, cañerías, habitaciones, construcciones y demás obras complementarias;

2°. Los establecidos en beneficio de las empresas concesionarias de servicios eléctricos, de acuerdo con la legislación respectiva, y

3°. El de tránsito y el de ser ocupados por caminos, ferrocarriles, aeródromos, cañerías, túneles, planos inclinados, andariveles, cintas transportadoras y todo otro sistema que sirva para unir la concesión con caminos públicos, establecimientos de beneficio, estaciones de ferrocarril, puertos, aeródromos y centros de consumo.

Artículo 121. Las mismas servidumbres que se reconocen en este Título para las concesiones mineras podrán imponerse en favor de los establecimientos de beneficio de minerales.

Artículo 122. Las servidumbres se constituirán previa determinación del monto de la indemnización por todo perjuicio que se cause al dueño de los terrenos o al de la concesión sirviente, en su caso, o a cualquiera otra persona.

Artículo 123. La constitución de las servidumbres, su ejercicio y las indemnizaciones correspondientes se determinarán por acuerdo de los interesados que conste en escritura pública, o por resolución judicial. Podrá convenirse o resolverse que la indemnización se pague de una sola vez o en forma periódica.

Para que las servidumbres sean oponibles a terceros, deberán inscribirse en el Registro de Hipotecas y Gravámenes del Conservador de Bienes Raíces, o del de Minas, en su caso.

Artículo 124. Las servidumbres son esencialmente transitorias; no podrán aprovecharse en fines distintos de aquellos propios de la respectiva concesión o del establecimiento y para los cuales hayan sido constituidas, y cesarán cuando termine ese aprovechamiento. Podrán ampliarse o restringirse, según lo requieran las actividades propias de la respectiva concesión o del establecimiento.

Artículo 125. Mientras se tramita el juicio respectivo, el juez podrá autorizar al solicitante para hacer uso, desde luego, de las servidumbres pedidas, siempre que rinda caución suficiente para responder de las indemnizaciones a que pueda estar obligado.

Párrafo 2º De las servidumbres que se deben las concesiones mineras entre sí

Artículo 126. La concesión minera en cuyo favor se haya constituido alguna de las servidumbres del presente Título, está sujeta al gravamen de que esa servidumbre sea utilizada también en provecho de otra concesión o de un establecimiento de beneficio; y, en general, a cualquier gravamen que sirva a otra concesión o a un establecimiento de beneficio.

Tales gravámenes no podrán, en caso alguno, impedir o dificultar considerablemente la exploración o la explotación de la concesión que los soporte.

Lo dispuesto en el párrafo anterior acerca de la constitución, ejercicio, oponibilidad, subsistencia e indemnizaciones se aplicará a las servidumbres de que trata el presente párrafo.

Artículo 127. Las concesiones mineras están especialmente sujetas a la servidumbre de ser atravesadas por labores mineras, destinadas a dar o facilitar ventilación, desagüe o acceso a otras concesiones mineras o a un establecimiento de beneficio.

Se entenderá por socavón cualquiera labor que tenga alguno de los objetos indicados.

Artículo 128. El titular de una concesión o de un establecimiento que necesite iniciar un socavón dentro de una concesión ajena o atravesarla con él, y no llegue a acuerdo con el dueño de esta última, podrá demandar ante el juez que corresponda a la ubicación de la concesión sirviente, la constitución de la respectiva servidumbre.

En el juicio correspondiente, el juez nombrará un perito para que le informe acerca de los puntos siguientes:

1°. Si la obra es posible y útil;

2°. Si se puede llevar el socavón por otro lugar sin incurrir en gastos excesivamente mayores, y

3°. Si no se inhabilita o dificulta considerablemente la exploración o la explotación de la concesión por donde se le intenta llevar.

El perito acompañará a su informe un plano que determine el rumbo y amplitud que, a su juicio, habrá de darse al socavón dentro de la concesión sirviente.

Artículo 129. Cada uno de los interesados podrá designar un perito para que informe también al juez sobre la materia.

Artículo 130. Los peritos designados por los interesados tendrán, para presentar sus informes, el plazo de ocho días, contado desde que entregue el suyo el perito nombrado por el juez. Transcurrido este plazo, el juez podrá dictar sentencia, aunque aquéllos no hayan presentado los suyos.

Artículo 131. Si el juez acoge la demanda, fijará el rumbo que deberá seguir el socavón y el máximo de amplitud que podrá dársele dentro de los límites de la concesión sirviente.

Si el fallo se aparta del informe del perito nombrado por el juez, éste ordenará la confección de un nuevo plano en que se indiquen el rumbo y amplitud fijados en la sentencia.

Artículo 132. El socavonero no podrá, dentro de la concesión sirviente, variar el rumbo ni la amplitud fijados al socavón, a menos que obtenga nueva servidumbre, en igual procedimiento.

Artículo 133. El dueño de la concesión sirviente tiene el derecho de visitar el socavón cuando lo estime conveniente, y podrá ocurrir al juez, como en el caso del artículo 140.

Artículo 134. El socavonero deberá indemnizar los perjuicios que haya causado al titular de la concesión sirviente. Si éste lo solicita, rendirá caución antes de empezar la obra.

Artículo 135. El titular de la concesión sirviente deberá abstenerse de tocar las fortificaciones del socavón y de arrancar minerales, dentro de las labores de la concesión, en términos que comprometan la seguridad del socavón, salvo que refuerce convenientemente dichas fortificaciones.

El socavonero lo indemnizará de los gastos y de todo perjuicio que el cumplimiento de esta obligación le irrogue.

Artículo 136. Si el socavonero encuentra sustancias minerales en concesión ajena, no podrá explotarlas. Las que tuviere que extraer dentro de la amplitud del socavón en pertenencia ajena, las entregará a su titular, deducidos los gastos de extracción, salvo que éste se niegue a recibirlas, caso en el cual las hará suyas. En el mismo caso, si el socavón atraviesa concesión de exploración ajena, las sustancias extraídas quedarán en el terreno.

Artículo 137. El socavonero que desagüe concesión ajena con utilidad para ésta, tendrá derecho a demandar de su titular el pago, a justa tasación pericial, del valor del provecho que reciba o el costo que le significaría obtenerlo por otros medios, a elección del demandado.

Si un socavón desagua dos o más concesiones, o una concesión es desaguada por dos o más socavones, el monto de lo que deba pagarse se distribuirá entre las varias concesiones o socavones, siempre que resulte utilidad para ellas, a prorrata del beneficio que reciban o reporten, respectivamente.

El pago sólo podrá exigirse sobre los productos de la concesión desaguada.

Artículo 138. Todo camino construido para una concesión minera podrá ser utilizado por otras o por un establecimiento de beneficio. Los costos de reparación y conservación se repartirán entre todos, a prorrata del uso que de él hagan.

Con este objeto, los interesados nombrarán una junta que, anualmente, fijará la cuota con que deberá contribuir cada concesión o establecimiento a las reparaciones y conservación del camino.

Cualquiera dificultad que ocurra a este respecto, será resuelta por el juez, con arreglo al procedimiento del artículo 235.

Párrafo 3º De las internaciones

Artículo 139. Se prohíbe al minero internarse con sus labores en concesión ajena. Toda internación sujeta al que la efectúa al pago del valor líquido de los minerales que haya retirado y a la indemnización de los perjuicios causados.

Si los minerales están aún en poder del internante, el internado podrá exigir su restitución, pagando los costos de extracción, y, además, demandar la indemnización de los perjuicios.

Si hubiere mala fe, el pago del valor de los minerales retirados o su restitución, se hará sin deducción alguna, sin perjuicio de la responsabilidad penal del internante responsable del hurto o robo.

Se presume mala fe cuando la internación excede de diez metros, medidos perpendicularmente desde el plano vertical que limita la concesión internada, o cuando el internante se haya opuesto a la visita pedida judicialmente o dificultado la ya decretada.

Artículo 140. El minero que sospeche internación o que tema inundación o derrumbe, por el mal estado de las labores de la concesión contigua o próxima o por el desarrollo de los trabajos que en ella se efectúan, tendrá derecho a visitarla, asesorado por un perito.

En caso de negativa o dificultad opuesta al ejercicio de este derecho, podrá el juez autorizar esta visita, sin más trámite que la celebración de un comparendo que se llevará a efecto con la parte que asista. Sólo será apelable la resolución que deniegue la visita.

Artículo 141. El interesado podrá solicitar del juez, como medidas prejudiciales o precautorias, que ordene fijar sellos, suspender provisionalmente las labores a que se refiere el denuncio o tomar las demás disposiciones urgentes de seguridad a que haya lugar.

Para dictar estas medidas, el juez deberá oír el informe del perito que designe.

TÍTULO X
DEL AMPARO, EXTINCIÓN Y CADUCIDAD DE LAS CONCESIONES MINERAS

Párrafo 1° Del amparo

Artículo 142. La concesión minera debe ser amparada mediante el pago de una patente anual cuyo monto se determinará de conformidad a las reglas contenidas en el artículo 142 bis[47].

Sin perjuicio de lo señalado en el precedente inciso, por la o las pertenencias en explotación, sean propias o arrendadas, que trabajen los pequeños mineros y los mineros artesanales se pagará una patente anual de un diezmilésimo de unidad tributaria mensual por hectárea completa[48]

---

47 Inciso modificado por Ley 21420 Art. 10 N° 15 a) D.O. 04.02.2022.

48 El artículo único de la Ley N° 19.143, publicado el 17.06.1992, dispuso lo siguiente: "Una cantidad igual al producto de las patentes de amparo de las concesiones mineras, a que se refieren los Párrafos 1° y 2° del Título X del Código de Minería, que no constituyan tributos, se distribuirá entre las regiones y comunas del país en la forma que a continuación se indica:

[49] [50]. Para ello, se entiende por pequeños mineros y mineros artesanales a las personas naturales que exploten una o más pertenencias personalmente y con un máximo de 12 o de 6 dependientes, respectivamente, como asimismo a las sociedades legales mineras y a las cooperativas mineras, siempre que no cuenten con más de 12 o de 6 dependientes, respectivamente y que cada socio o cooperado trabaje personalmente en la explotación. Los requisitos señalados, más las circunstancias de que el minero cuenta con todos los permisos y servidumbres que fueren necesarios para explotar, lo habilitarán para solicitar al Servicio que se le reconozca el derecho a pagar esta patente especial; el reglamento determinará el procedimiento, los antecedentes, declaraciones juradas

---

a) 70% de dicha cantidad se incorporará a la cuota del Fondo Nacional de Desarrollo Regional que anualmente le corresponda, en el Presupuesto Nacional, a la Región donde tenga su oficio el Conservador de Minas en cuyos Registros estén inscritas el acta de mensura o la sentencia constitutiva de las concesiones mineras que den origen a las patentes respectivas, y

b) El 30% restante corresponderá a las Municipalidades de las Comunas en que estén ubicadas las concesiones mineras, para ser invertido en obras de desarrollo de la Comuna correspondiente. En el caso de que una concesión de exploración o una concesión de explotación se encuentre ubicada en territorio de dos o más Comunas, las respectivas Municipalidades deberán determinar, entre ellas, la proporción en que habrán de percibir la suma igual a la patente correspondiente a la concesión de exploración o a la concesión de explotación de que se trate, dividiendo su monto a prorrata de la superficie que sea abarcada por una u otra concesión, en cada Comuna. Si no hubiere acuerdo entre las aludidas Municipalidades respecto de la citada proporción, el Servicio Nacional de Geología y Minería determinará qué superficie de las correspondientes concesiones queda comprendida en cada Comuna.

La Ley de Presupuestos de cada año incluirá en los presupuestos de los Gobiernos Regionales que corresponda, las cantidades a que se refiere la letra a) de este artículo. El Servicio de Tesorerías pondrá a disposición de las Municipalidades los recursos a que se refiere la letra b), dentro del mes subsiguiente al de su recaudación.".

[49] El artículo transitorio de la Ley N° 19.143, publicado el 17.06.1992, ordenó que lo dispuesto en su artículo único se aplicará a contar del 1° de enero de 1993.

[50] El artículo 1° transitorio de la Ley 19719, publicado el 30.03.2001, establece que la modificación introducida al presente artículo, se aplicará hasta el pago correspondiente al período anual que comienza el 1° de marzo del año 2008, incluido éste.

y plazos que se aplicarán para impetrar el beneficio. Tal reconocimiento durará dos períodos anuales de pago, vencidos los cuales, podrá solicitarse nuevamente, cumpliendo los requisitos indicados[51] [52].

Para los efectos del inciso anterior, bastará con que una sola pertenencia se encuentre en explotación por un pequeño minero o minero artesanal, para que se presuma que todas las pertenencias, provenientes de una misma acta de mensura, de que es dueño o arrendatario, también lo están. No obstante, en el caso de sociedades legales mineras y de las cooperativas mineras la presunción se aplicará solamente a las pertenencias de que sean dueñas.

En ningún caso los pequeños mineros o mineros artesanales que sean personas naturales podrán obtener este beneficio por una superficie mayor de 100 hectáreas o de 50, respectivamente, computándose para ello las pertenencias de que sean dueños o arrendatarios sus parientes por consanguinidad hasta el segundo grado o por afinidad hasta el tercero, salvo que estos últimos sean concesionarios de pertenencias localizadas en comunas distintas de aquélla en que se ubican las de quien impetre el beneficio. A las sociedades legales mineras y a las cooperativas mineras se les aplicará el límite de 100 hectáreas a las pertenencias de que sean dueñas.

En el caso que se pretenda impetrar el beneficio de la patente especial a que se refiere el inciso segundo para una o más pertenencias arrendadas, tal beneficio sólo podrá concederse respecto de la o las pertenencias en que se ubique la faena que constituye la explotación. Para estos efectos el contrato deberá identificar inequívocamente dichas pertenencias.

El Servicio publicará anualmente la nómina de las pertenencias y personas beneficiadas.

Artículo 142 bis[53].- La determinación del monto de la patente anual indicada en el inciso primero del artículo 142 se regirá por las normas que se establecen en el presente artículo.

---

51 Inciso modificado por Ley 19719 Art. único N° 1 D.O. 30.03.2001.

52 Inciso modificado por Ley 21420 Art. 10 N° 15 b) D.O. 04.02.2022.

53 Artículo modificado por Ley 21420. Art. 10 N° 16. D.O. 04.02.2022

Para la concesión de exploración, el monto de la patente por cada hectárea completa será equivalente a tres quincuagésimos de unidad tributaria mensual para cada año de vigencia de la concesión.

Con respecto a las concesiones de explotación, el monto de la patente anual será de un décimo de unidad tributaria mensual por hectárea completa que ella comprenda, en consideración a que el objetivo de su otorgamiento es el desarrollo de la actividad necesaria para satisfacer el interés público que la justifica, entendiéndose por tal la realización de labores mineras. Para estos efectos, el concesionario deberá acreditar anualmente que ha iniciado trabajos, actividades u obras que de modo permanente y continuo permitan el desarrollo de operaciones mineras, entendiéndose por tales a las que se refiere la letra l) del artículo 3 de la ley N° 20.551, que Regula el Cierre de Faenas e Instalaciones Mineras, incluidas aquellas que derivan del cumplimiento de un plan de cierre de faenas mineras. La consideración a dichas operaciones se aplicará independientemente de si se ejercen en pertenencias propias o arrendadas.

El mismo monto señalado en el inciso anterior se aplicará para aquellas pertenencias que se encuentren en algunas de las siguientes situaciones:

a) Aquellas que sin haber iniciado operaciones mineras se encuentren comprendidas en un proyecto de desarrollo minero que haya obtenido una Resolución de Calificación Ambiental o haya sido admitido a trámite en el Sistema de Evaluación de Impacto Ambiental para su calificación, conforme a la ley N° 19.300, sobre Bases Generales del Medio Ambiente.

b) Aquellas comprendidas en un proyecto que, sin tener obligación de ingresar al sistema señalado en la letra anterior, tenga en trámite alguno de los permisos establecidos en el título XV del decreto supremo N° 132, de 2002, del Ministerio de Minería, que Aprueba Reglamento de Seguridad Minera. Solo podrá determinarse la patente por este concepto por una sola vez.

Las pertenencias a las que se les aplique este monto de la patente serán aquellas incluidas en una unidad productiva minera y sus posibles expansiones, según la información que el concesionario entregue al Servicio. Bastará que una sola de las pertenencias de un mismo dueño, comprendidas en una misma acta de mensura, se encuentre en alguna de las hipótesis establecidas en los incisos anteriores, para que se presuma de derecho que todas las pertenencias se encuentran en tal condición.

Los propietarios de las pertenencias serán los responsables de entregar al Servicio todos los antecedentes necesarios para acreditar el cumplimiento de los requisitos para acceder anualmente al monto de patente señalado en el inciso tercero.

Respecto de aquellas concesiones de explotación que no se encuentren en las hipótesis establecidas en los incisos precedentes, el monto de la patente por cada hectárea completa será equivalente a:

a) Cuatro décimos de unidad tributaria mensual para los primeros cinco años de vigencia de la concesión.

b) Ocho décimos de unidad tributaria mensual desde el año sexto al décimo de vigencia de la concesión.

c) Nueve décimos de unidad tributaria mensual desde el año undécimo al año décimo quinto de vigencia de la concesión.

d) Uno coma dos unidades tributarias mensuales desde el año décimo sexto al año vigésimo de vigencia de la concesión.

e) Tres unidades tributarias mensuales desde el año vigésimo primero al año vigésimo quinto de vigencia de la concesión.

f) Seis unidades tributarias mensuales desde el año vigésimo sexto al año trigésimo de vigencia de la concesión.

g) Doce unidades tributarias mensuales a partir del trigésimo primer año de vigencia de la concesión.

El reglamento regulará la forma, requisitos, condiciones, plazos y formalidades que deberá cumplir el titular para que el Servicio reconozca el cumplimiento de los requisitos para acceder al monto de la patente establecido en el inciso tercero.

Artículo 142 ter[54]. El titular de una o varias pertenencias mineras cuya extensión total no sea superior a 500 hectáreas y que desarrolle trabajos dentro del área de al menos una concesión, bajo cualquiera de las hipótesis establecidas para acceder al monto de la patente establecido en

---

54 Artículo incorporado mediante Ley 21649. Art. 2 Nº 4. D.O. 30.12.2023.

los incisos tercero y cuarto del artículo anterior, pagará una patente cuyo monto será de un décimo de unidad tributaria mensual por cada hectárea completa.

Para estos efectos, bastará que el titular acredite encontrarse en alguna de las hipótesis del inciso tercero del artículo anterior por una sola vez, para que se presuma que mantiene tal situación por un periodo de cinco años.

Para acceder a este beneficio, el titular podrá ser una persona natural, sociedad legal minera, una cooperativa minera o una empresa individual de responsabilidad limitada, y deberá acreditar que está al día en el pago de la patente de sus concesiones.

En el caso de las personas jurídicas mencionadas en el inciso anterior, para el límite de 500 hectáreas establecido en este artículo, se computarán las pertenencias de que sean dueñas las personas naturales titulares de aquellas. Asimismo, tanto para personas naturales como para los titulares de empresas individuales de responsabilidad limitada, se computarán las pertenencias de que sean dueños sus parientes por consanguinidad hasta el tercer grado o por afinidad hasta el segundo.

Si el beneficiario dejara de cumplir alguno de los requisitos establecidos en el presente artículo, perderá el beneficio, y se aplicará lo establecido en el artículo 142 bis respecto del pago de la patente que debe realizarse en el mes de marzo del año siguiente.

Artículo 143. El pago de la patente será anticipado y se efectuará en el curso del mes de marzo de cada año, en cualquier banco o institución autorizados para recaudar tributos.

Corresponderá al Director del Servicio, previa revisión de los antecedentes entregados por los propietarios de las pertenencias, determinar aquellas que se encuentren sujetas al pago de patentes rebajadas según el artículo 142 bis, para lo cual deberá confeccionar una nómina con las pertenencias beneficiadas con el pago de patente rebajada, indicando las hectáreas sujetas al beneficio.

El Servicio publicará la resolución que contenga la nómina de las pertenencias sujetas al pago de patentes rebajadas conforme a lo dispuesto en el artículo 142 bis, y deberá cumplir con los requisitos que para este efecto determine el reglamento del Código de Minería.

Esta publicación deberá efectuarse el 15 de enero de cada año o al día hábil inmediatamente siguiente si aquél recayere en día sábado, domingo o festivo, en el sitio web del Servicio.

La resolución antes señalada será susceptible de reclamación ante el Director del Servicio por quienes sean los titulares de las pertenencias por las cuales se reclama, dentro del plazo de treinta días contado desde la fecha de su publicación[55].

Artículo 144[56]. La obligación de amparo comienza al solicitarse la sentencia constitutiva de la concesión de exploración, o al solicitarse la mensura de la pertenencia, época en que debe pagarse la primera patente, a que se refiere el inciso siguiente.

El monto de la primera patente será proporcional al tiempo que medie entre la fecha de la solicitud de sentencia o la de la solicitud de mensura, en su caso, y el último día del mes de febrero siguiente. Para estos efectos y hasta el primer año de vigencia de la pertenencia, el monto aplicable a la patente será el establecido en el inciso cuarto del artículo 142 bis.

Una vez pagada la patente a que se refiere el inciso anterior, se deberá seguir pagando patente anualmente, en la oportunidad y forma prescritas en el artículo anterior.

Artículo 145[57]. No procederá la devolución de las patentes pagadas por concesiones, o parte de ellas, que posteriormente se renuncien, caduquen, o se extingan.

---

55 Incisos segundo y siguientes agregados por Ley 21420 Art. 10 N° 17 D.O. 04.02.2022.
56 Artículo modificado por Ley 21649. Art. 2 N° 5. D.O. 30.12.2023.
57 Artículo modificado por Ley 21420 Art. 10 N° 18 D.O. 4.02.2022.

Párrafo 2° De los efectos del desamparo

Artículo 146. Si el concesionario no paga la patente en el plazo que fija este Código, se iniciará el procedimiento judicial para sacar la concesión a remate público.

La ejecución de la obligación de pagar la patente sólo podrá perseguirse sobre la respectiva concesión.

La acción referida prescribirá en el plazo de tres años, contado desde el 1° de abril del año en que debió pagarse la patente.

Artículo 147. Antes del día 1° de julio de cada año, el Tesorero General de la República enviará a cada uno de los juzgados competentes la correspondiente nómina de las concesiones mineras cuya patente no haya sido pagada, con especificación de su nombre y ubicación, del dueño que figura en el rol respectivo y del monto adeudado.

Mientras no se haya dado cumplimiento al trámite señalado en el inciso anterior, el pago de la patente podrá hacerse sin el recargo indicado en el inciso segundo del artículo 149.

Recibida la nómina, el juez señalará día y hora para el remate, y ordenará que esta resolución y esa nómina sean publicadas en dos días distintos. Corresponderá a la Tesorería General de la República efectuar estas publicaciones y cubrir sus gastos, sin perjuicio de lo dispuesto en el artículo 150.

El remate no podrá efectuarse antes de los treinta días siguientes a la fecha del último aviso.

Las omisiones o errores en que la Tesorería haya incurrido en la nómina referida en el inciso primero, podrán ser rectificados antes del remate a solicitud de cualquiera persona. El juez procederá con conocimiento de causa. Estas rectificaciones se publicarán en la forma establecida en el inciso tercero, debiendo darse cumplimiento a lo dispuesto en el inciso cuarto.

El secretario pondrá testimonio en los autos de haberse publicado los avisos en la forma y con la anticipación señaladas.

Artículo 148. Se rematarán en un solo lote todas las concesiones que no hayan pagado patente y estén comprendidas en el mismo número en el rol correspondiente.

Para tomar parte en el remate de cada lote, todo postor deberá acompañar boleta de depósito a la orden del juzgado por una suma equivalente al valor de lo adeudado por las patentes de todas las concesiones que se rematan en el lote respectivo, o depositar previamente ese valor en poder del secretario.

Artículo 149. El mínimo para la subasta de cada lote de concesiones será el valor de las patentes adeudadas.

El dueño de la concesión no será admitido a hacer posturas por ella, pero podrá eliminarla de la subasta hasta el momento del remate, pagando el doble del valor adeudado[58] [59] [60] [61] [62].

Artículo 150. Para enterar el precio de la subasta, el rematante pagará la parte correspondiente a las costas causadas en la gestión, en proporción al precio de remate, tasadas por el secretario; acompañará testimonio de haber pagado las patentes adeudadas y depositará el resto, si lo hubiere, a la orden del juzgado. Este saldo será entregado al anterior concesionario.

---

58 El artículo único de la Ley 19201, publicada el 03.02.1993, prorrogó por única vez, hasta el 28 de febrero de 1993, el pago de la patente minera anual que debió efectuarse en el curso del mes de marzo de 1992, en la forma y condiciones que dicha norma indica.

59 El Artículo único de la Ley 19294, publicada el 03.03.1994, prorrogó, hasta el 30 de Junio de 1994, a los titulares de concesiones mineras, el plazo para el pago de la patente anual que debió efectuarse en el curso del mes de marzo de 1993. Dicho pago se hará en la forma que la norma indica.

60 Ver Ley 19349, publicada el 11.11.1994, que establece nuevo plazo para pago de patentes mineras que indica.

61 Ver Ley 19639, publicada el 07.11.1999, que suspende por una vez la aplicación del recargo establecido en este inciso, a los pequeños mineros y mineros artesanales en la forma que indica.

62 El Art. 2° transitorio de la Ley 19719, publicada el 30.03.2001, dispuso la condonación de las deudas por concepto del recargo establecido en este inciso.

Artículo 151. Por el hecho del remate, el subastador no se hace dueño de las cosas que se reputan inmuebles accesorios conforme al artículo 3°; pero el derecho de reclamarlas cesa transcurrido un año desde la inscripción de la escritura de adjudicación. Vencido este plazo, entrarán, por el solo ministerio de la ley, al dominio del dueño de la concesión, sin cargo para él.

Artículo 152. Si el rematante no entera el precio de la subasta dentro del plazo de ocho días, contado desde la fecha del remate, la adjudicación quedará sin efecto por el solo ministerio de la ley, y el juez hará efectiva la caución a beneficio fiscal y ordenará que la concesión o el lote sean sacados nuevamente a remate.

Artículo 153. Los demás procedimientos relativos al remate, al acta correspondiente, a la escritura de adjudicación y a su inscripción, se regirán por las disposiciones del Código de Procedimiento Civil relativas a la subasta de bienes inmuebles embargados.

Artículo 154. La concesión minera subastada pasará a su nuevo dueño con todos los gravámenes inscritos que la afecten.

Artículo 155. Si no hay postor por alguna concesión o lote, el juez declarará franco el terreno y ordenará cancelar las correspondientes inscripciones en el Conservador de Minas. Esta resolución se notificará por el estado diario.

En este caso, el derecho para reclamar los bienes a que se refiere el artículo 3° durará hasta seis meses después de constituida una pertenencia en el terreno en que dichos bienes se encuentren ubicados. Transcurrido ese plazo entrarán, por el solo ministerio de la ley, al dominio del dueño de la pertenencia, sin cargo para él[63].

---

63 Inciso agregado por Ley 18681 Art. 94 j) D.O 31.12.1987.

Artículo 156. El Tesorero General de la República remitirá a cada Conservador de Minas, antes del 1° de julio de cada año, una nómina de todas las concesiones mineras ubicadas dentro del territorio del oficio del Conservador respectivo y por las que se haya pagado patente en el mismo año, con especificación de su nombre y ubicación, del dueño que figura en el rol correspondiente y de la cantidad pagada. Los Conservadores archivarán esas nóminas.

Sin perjuicio de lo anterior, el Tesorero General de la República mantendrá estas nóminas a disposición de quien desee examinarlas.

Artículo 157. Los jueces, secretarios y demás funcionarios a quienes se encomiendan diligencias y actuaciones en el presente Título, deberán cumplirlas sin necesidad de requerimiento alguno.

La Corte de Apelaciones respectiva, de oficio o a petición de cualquier persona, velará por el cumplimiento de lo dispuesto en el presente artículo.

Artículo 158. También el Tesorero General de la República estará obligado a velar por la debida publicación de los avisos y por el cumplimiento de los demás trámites de las subastas, hasta la terminación de las respectivas gestiones.

Los gastos que originen las subastas serán de cargo fiscal, sin perjuicio de lo dispuesto en el artículo 150.

Artículo 159. El Servicio tendrá a su cargo la supervigilancia de todas las actuaciones a que se refiere este Título. El Tesorero General de la República le enviará copia auténtica de las nóminas a que se refieren los artículos 147 y 156.

El Servicio llevará también el rol de todas las concesiones mineras vigentes; conservará las nóminas a que se refiere el inciso anterior, y los demás antecedentes necesarios para identificar los terrenos cubiertos por concesiones mineras; y denunciará, ante quien corresponda, cualquier incumplimiento en que se incurra.

Párrafo 3º De las demás causales de extinción de las concesiones mineras

Artículo 160. Caducará la concesión minera si la inscripción de la sentencia constitutiva no es requerida dentro del plazo establecido en el artículo 89.

Artículo 161. La concesión de exploración caducará, además, en el caso previsto en el inciso primero del artículo 115.

Artículo 162. La concesión minera es renunciable, sin perjuicio del derecho de terceros para oponerse a las renuncias que los perjudiquen.

La renuncia deberá hacerse por escritura pública y se perfeccionará por la cancelación de las respectivas inscripciones, ordenada por el juez competente.

Para renunciar a la concesión se requerirán igual capacidad y las mismas facultades y demás requisitos que para enajenarla.

El Reglamento determinará los requisitos que deberá cumplir el renunciante; las informaciones que deberán proporcionarse al juez antes de que éste ordene la cancelación de las inscripciones; la publicidad que haya de darse a la respectiva solicitud en resguardo de los derechos de terceros; la forma cómo éstos podrán oponerse a la renuncia que los perjudique; y el procedimiento a que se sujetará el derribo o la reposición de hitos, según la renuncia sea total o parcial.

Lo dispuesto en este artículo no obsta al abandono a que se refiere el inciso segundo del artículo 112.

Párrafo 4º De los efectos tributarios del pago de la patente

Artículo 163. El valor de las patentes mineras será de exclusivo beneficio fiscal y no será considerado como gasto para los fines tributarios. Sin embargo, tratándose de mineros o empresas mineras que declaren su renta efectiva afecta al impuesto de Primera Categoría, sobre la base de contabilidad fidedigna, las cantidades pagadas a título de patente minera por la pertenencia o la concesión de exploración que la haya precedido, durante los cinco años inmediatamente anteriores a aquel en que se inicie la explotación de la pertenencia, serán consideradas para los fines tributarios como gastos de organización de aquellos a que se refiere el artículo 31, Nº 9, de la Ley de la Renta, y en su calidad de tales deberán ser amortizadas en la forma indicada en dicho precepto, debidamente actualizadas según el artículo 41, Nº 7, de la citada ley. Para estos efectos, se presumirá de derecho que la explotación de la pertenencia se ha iniciado cuando su propietario o un tercero se encuentren en alguna de las situaciones previstas en el inciso primero del artículo 166.

Artículo 164[64]**.** A contar del año en que la pertenencia comience a ser explotada por su propietario o terceros, las cantidades pagadas antes de que el Tesorero General de la República cumpla con lo dispuesto en el inciso primero del artículo 156 a título de patente minera tendrán el carácter de un pago provisional voluntario de aquellos a que se refiere el artículo 88 de la Ley de la Renta. Tales pagos provisionales voluntarios, debidamente reajustados en la forma prevista en la norma indicada, deberán ser imputados exclusivamente a las siguientes obligaciones tributarias, según el caso:

1º. A las retenciones que afectan a los mineros y empresas mineras según lo dispuesto por el artículo 74, Nº 6, de la Ley de la Renta;

2º. A los pagos provisionales obligatorios que deban efectuar las empresas mineras, según lo dispuesto por la letra d) del artículo 84 de la Ley de la Renta, o

3º. Al impuesto de Primera Categoría que afecte la regalía, renta de arrendamiento o prestación de similar naturaleza, percibida por el titular de una pertenencia entregada a terceros para su explotación.

Las imputaciones a que se refieren los números 1º y 2º sólo podrán hacerse valer respecto de las retenciones y pagos provisionales obligatorios que afecten a las ventas que se realicen en el período anual amparado, no habiendo lugar a devolución o imputación de los saldos que no hubieren podido imputarse en dicho plazo y forma[65].

---

64 Inciso modificado por Ley 19719 Art. único Nº 2 a) D.O. 30.03.2001.

65 Inciso modificado por LEY 19719 Art. único Nº 2 b) D.O. 30.03.2001.

Las imputaciones a que se refiere el inciso anterior podrán también hacerse valer por los vendedores que exploten pertenencias ajenas a cualquier título, cuando el respectivo contrato les imponga el pago de la patente minera, en cuyo caso no habrá lugar a la imputación referida en el número tercero del inciso primero, en favor del titular de la pertenencia entregada a terceros para su explotación[66].

Artículo 165. Los compradores de minerales o de productos mineros deberán exigir a quienes soliciten las imputaciones a que se refiere el número 1° del artículo 164, la exhibición del comprobante original que acredita el pago de la patente minera. Dichos compradores quedan obligados a anotar al dorso del referido comprobante la siguiente información:

1°. Fecha de la imputación;

2°. Monto imputado, debidamente actualizado según lo previsto en el artículo 88 de la Ley de la Renta;

3°. Saldo o remanente para futuras imputaciones, y

4°. Pertenencia de la cual provienen los minerales o productos, según declaración escrita del vendedor.

Artículo 166. Para los efectos de lo dispuesto en el artículo 164, se presume de derecho que la explotación de la pertenencia se ha iniciado cuando su propietario o terceros, en su caso, vendan minerales o productos mineros provenientes de ella.

Bastará que en una sola de las pertenencias de un mismo dueño, comprendidas en una misma acta de mensura, se haya iniciado la explotación conforme a lo prescrito en el inciso anterior, para que se presuma de derecho que todas se encuentran en explotación y, en consecuencia, a su propietario le sea aplicable lo dispuesto en los artículos 163 y 164.

Si las pertenencias de un mismo dueño comprendidas en una misma acta de mensura, abarcan una superficie superior a mil hectáreas, su propietario podrá deducir o imputar sólo el valor de las patentes correspondientes a mil hectáreas.

---

[66] Inciso modificado por LEY 19719 Art. único N° 2 c) D.O. 30.03.2001.

TÍTULO XI
DE LOS CONTRATOS Y CUASICONTRATOS

Artículo 167. Los contratos relativos a concesiones mineras o sustancias minerales se sujetarán a las normas del derecho común, salvo en cuanto éstas aparezcan modificadas por este Código.

Artículo 168. En los contratos sobre concesiones mineras y en las correspondientes inscripciones bastará, para singularizar su situación y linderos, citar los datos de la inscripción del respectivo pedimento, manifestación o sentencia constitutiva.

Párrafo 1º De la promesa y otros contratos

Artículo 169. Será válido el contrato de promesa de venta de una concesión minera, o de cuota o de parte material de ella, de acciones de sociedades regidas por este Código y, en general, de cualquier otro derecho regulado especialmente en el mismo; aunque se estipule que es facultativo para el promitente comprador celebrar la compraventa o no hacerlo.

Otorgado el contrato por escritura pública, inscrita en el Registro de Hipotecas y Gravámenes o en el Registro de Accionistas, según proceda, estará obligado a celebrar la compraventa, en los mismos términos en que lo habría estado el promitente vendedor, todo aquel a quien se transfiera la cosa, a cualquier título.

Además, si pendiente el contrato de promesa, y sin consentimiento expreso del promitente comprador, se ejecuta un acto o celebra un contrato que limita o afecta o puede limitar o afectar la tenencia, posesión o propiedad de la cosa prometida, quedará resuelto ipso facto el acto o contrato, una vez celebrada la compraventa, salvo que el promitente comprador exprese su propósito de respetarlo, sustituyéndose en los derechos y obligaciones de su antecesor en el dominio.

Lo dispuesto en los incisos segundo y tercero se aplicará también al contrato de promesa de compraventa y al contrato de opción de compra de los bienes a que se refiere el inciso primero. Respecto de este último contrato, bastará la sola aceptación de la oferta irrevocable para que quede perfeccionada la compraventa propuesta, pero tanto la oferta como la aceptación deberán, en todo caso, constar en escritura pública.

Artículo 170. No hay rescisión por causa de lesión enorme en los contratos de compraventa y de permuta de una concesión o de una cuota o una parte material de ella.

Artículo 171. Tratándose de arrendamiento o de usufructo de pertenencia, se entenderá que la explotación hecha conforme al título constituye uso y goce legítimo de ella y el arrendatario o el usufructuario no será responsable de la disminución de sustancias minerales que a consecuencia de tal explotación sobrevenga.

Lo dispuesto en el inciso anterior es sin perjuicio de la observancia de las normas sobre policía y seguridad mineras.

Párrafo 2º De las sociedades

Artículo 172. Para la exploración o la explotación de las sustancias minerales podrán constituirse sociedades en la forma establecida en otros Códigos o en leyes especiales.

Podrán, además, constituirse las sociedades mineras de que trata este párrafo.

Sección 1ª De las sociedades que nacen de un hecho

Reglas generales

Artículo 173. Por el hecho de que se inscriba un pedimento o una manifestación formulado en común por dos o más personas, o por el hecho de que, a cualquier otro título, se inscriba cuota de una concesión minera que estaba inscrita a nombre de una sola persona, nace una sociedad minera que, por el solo ministerio de la ley, forma una persona jurídica.

Esta sociedad tomará el nombre de la concesión, con mención del asiento minero en que ésta se halle ubicada.

Su domicilio será la ciudad donde se encuentre inscrita la concesión cuyo nombre se incluya en el de la sociedad, conforme al inciso anterior o al artículo siguiente. Los socios podrán cambiar este domicilio a otro lugar; pero, para que el acuerdo sea oponible a terceros, deberá anotarse al margen de la segunda de las inscripciones a que se refiere el artículo 176.

Artículo 174. La sociedad podrá comprender dos o más concesiones, siempre que los socios sean unos mismos y tengan igual participación en cada una de ellas; en este caso, la sociedad tomará la denominación de la primera concesión que el título mencione.

Artículo 175. El haber social se entenderá dividido en cien acciones, que corresponderán a los socios, a prorrata de sus cuotas en la concesión.

Artículo 176. El Conservador de Minas, cuando se le presente para su inscripción alguno de los títulos constitutivos de sociedad a que se refiere el artículo 173, después de inscribirlo en el Registro de Descubrimientos o en el de Propiedad, según el caso, deberá hacer a continuación, en el mismo Registro, una nueva inscripción a favor de la sociedad, que queda constituida por este hecho; y, acto continuo, inscribirá en el Registro de Accionistas los nombres de las personas de que se compone la sociedad, con indicación del número de sus acciones y de fracción de acción, en su caso.

Cuando en el pedimento o la manifestación hecho en común no se indique la proporción en que se pide la concesión para los socios, se entenderá que es por partes iguales entre todos ellos. La misma norma se aplicará si el título de transferencia no indica la proporción en que se adquiere la concesión entre varios.

Artículo 177. Verificada la inscripción a favor de la sociedad, ésta adquiere la concesión, conservando sus miembros un derecho mueble, o acción, con relación a la sociedad.

Artículo 178. Se efectuará la tradición de las acciones por la inscripción del título en el Registro de Accionistas del Conservador de Minas que haya practicado las inscripciones referidas en el artículo 176. El título deberá constar siempre en instrumento público.

La adjudicación de las acciones deberá siempre reducirse a escritura pública, la cual se inscribirá como en el caso anterior.

Si se trata de asignaciones testamentarias relativas a concesiones o acciones, se inscribirá el testamento. La transferencia o la transmisión de acciones se entenderá sin perjuicio de los gravámenes y obligaciones que las afecten.

A la transmisión de las acciones será aplicable lo dispuesto en el artículo 688 del Código Civil.

Artículo 179. Cuando fallezca el dueño de una concesión y mientras se practican las inscripciones ordenadas en el artículo 176, los herederos designarán, a petición de cualquier interesado, un administrador pro indiviso de la concesión, en el procedimiento y con los efectos señalados en las leyes procesales.

Cuando fallezca uno de los socios, sus herederos designarán un mandatario común para que los represente en la sociedad mientras mantengan pro indiviso sus acciones.

Artículo 180. Respecto de terceros, los socios no son personalmente responsables de las obligaciones de la sociedad; y sólo responden a ésta por sus propias obligaciones como socios con los beneficios o productos que no hubieren percibido y con sus acciones.

De las juntas

Artículo 181. Todo negocio concerniente a la sociedad se tratará y resolverá en junta, que tendrá lugar en el domicilio social.

Artículo 182. Para formar junta, será necesario citar previamente a todos los socios. La citación se hará por medio de avisos publicados por dos veces. A los socios que hayan señalado casa dentro de la ciudad o lugar en que tenga su domicilio la sociedad y que la hayan hecho anotar en el Registro de Accionistas para los efectos de la notificación, se les citará, además, por carta certificada que deberá enviar el secretario del juzgado, y de ello se dejará constancia en autos. La omisión del envío de la carta no acarreará la nulidad de la citación.

La junta no podrá celebrarse antes de los ocho días siguientes a la fecha del último aviso.

Artículo 183. La convocatoria será expedida por el juez del domicilio social, a solicitud de cualquier socio o del administrador. Toda oposición a la realización de la junta deberá presentarse al juez antes del día fijado para su celebración, y se resolverá de plano. La apelación que se deduzca contra las resoluciones a que se refiere este artículo, se concederá en el solo efecto devolutivo.

Artículo 184. En la citación se expresará el objeto de la reunión, el local, día y hora en que deberá celebrarse, y el nombre de todo socio que sea dueño, a lo menos, del diez por ciento de las acciones de la sociedad.

La reunión se efectuará en la ciudad o lugar donde la sociedad tenga su domicilio, salvo acuerdo en contrario tomado en junta anterior por una mayoría no menor de dos tercios de las acciones de la sociedad.

Serán nulos los acuerdos que se adopten sin citación o en junta cuya citación no cumpla con los requisitos del inciso primero y los de los artículos 182 y 183; fuera del objeto de la convocatoria; en lugar distinto del domicilio social, o en local, día u hora diferentes de los designados en la citación.

Las acciones de nulidad a que se refiere este artículo sólo podrán deducirse dentro del plazo de tres meses, contado desde la fecha de la celebración de la junta.

Artículo 185. No obstante lo dispuesto en los artículos anteriores, la junta podrá celebrarse en cualquier lugar y sin citación alguna, cuando esté representada en ella la totalidad de las acciones de la sociedad.

También se considerará válidamente celebrada la junta que conste de escritura pública suscrita por personas que representen todas las acciones de la sociedad.

Artículo 186. La junta deberá constituirse con asistencia de una o más personas que representen, a lo menos, la mayoría absoluta de las acciones de la sociedad.

No habiéndose reunido dicho quórum en primera citación, se practicará una segunda, expresándose esta circunstancia, y la junta podrá constituirse con las acciones que concurran y adoptar los acuerdos que procedan.

La segunda junta sólo podrá celebrarse transcurrido que sean ocho días después de la fecha de la segunda publicación de la nueva citación.

Artículo 187. La junta será presidida por quien represente en ella el mayor número de acciones y, habiendo varios con igual derecho, se determinará por sorteo a quién corresponde la presidencia.

Artículo 188. Cada acuerdo se tomará por mayoría absoluta de las acciones presentes, salvo las excepciones legales. Los acuerdos serán consignados en un acta que será firmada, a lo menos, por la o las personas que los votaron favorablemente, o que sean designadas para ello por la junta.

El juez decidirá los empates, cualquiera que sea su causa, teniendo en consideración lo más conforme a la ley y al interés de la sociedad.

Artículo 189. La enajenación y cualquiera de los contratos a que se refiere el artículo 169 que recaigan sobre una concesión minera o cuota de ella, o parte material en su caso, deberán acordarse en junta por una mayoría no menor de dos tercios de las acciones de la sociedad.

Para constituir hipoteca o celebrar un contrato de avío, o para entregar a cualquier título la explotación de la concesión, se necesitará acuerdo tomado por mayoría absoluta de las acciones de la sociedad, salvo el caso del inciso segundo del artículo 211, que se regirá por lo dispuesto en el inciso anterior.

Contra el acuerdo que se adopte con relación a cualquiera de los contratos indicados en los incisos anteriores, podrá reclamarse dentro del plazo de treinta días, contado desde la fecha de la celebración de la junta, ante el juez del domicilio social, quien acogerá el reclamo solamente si aparece de manifiesto que el contrato que se proyecta es perjudicial para los intereses de la sociedad.

Artículo 190. Cuando la junta tenga por objeto tratar de la celebración de alguno de los contratos señalados en el artículo anterior o de la fijación de cuotas para los gastos de conservación y exploración o explotación de la concesión, deberá concurrir un notario, que certificará la identidad de quienes asistan, los acuerdos que se tomaron y la mayoría con que éstos fueron adoptados. No será necesario cumplir los requisitos anteriores en el caso del inciso segundo del artículo 185 y, en este caso, se presumirá que los acuerdos se adoptaron por unanimidad, salvo que en la correspondiente escritura conste otra cosa.

Una copia del acta de esta junta, autorizada por el notario asistente, o de la escritura pública, en su caso, será enviada para su archivo al Conservador de Minas que haya practicado las inscripciones referidas en el artículo 176, quien deberá dejar constancia del archivo, al margen de la inscripción constitutiva de la sociedad. Mientras no se practiquen tales actuaciones, los acuerdos correspondientes no serán oponibles a terceros ni a los socios que no hayan asistido a la junta.

De la administración

Artículo 191. La administración de la sociedad estará a cargo de uno o más administradores, nombrados en junta. Esta determinará las atribuciones, remuneración y duración de sus funciones.

El acta que dé cuenta del nombramiento de administrador deberá reducirse a escritura pública, o constar en esa forma en el caso del inciso segundo del artículo 185. La escritura se anotará al margen de la inscripción en el Registro de Accionistas a que se refiere el inciso primero del artículo 176.

Mientras no se cumpla con las formalidades indicadas en el inciso anterior, el nombramiento será inoponible a terceros.

Artículo 192. El administrador es un mandatario de la sociedad y, en consecuencia, deberá ceñirse a los términos de su mandato.

Sin perjuicio de lo que en éste se establezca, el administrador no tiene más que el poder de efectuar los actos de administración, como ser: pagar las deudas y cobrar los créditos de la sociedad, siempre que pertenezcan unos y otros al giro administrativo ordinario; perseguir en juicio a los deudores; intentar las acciones posesorias e interrumpir las prescripciones; comprar los materiales necesarios para la exploración o la explotación de la mina o el beneficio de sus productos; celebrar contratos de trabajo y ponerles término; exigir a favor de la concesión las servidumbres a que tiene derecho y aceptar las que, según la ley, puedan imponerse sobre ella; y vender los minerales extraídos.

Para todos los actos que salgan de estos límites, el administrador necesita autorización especial otorgada por la junta.

Artículo 193. Corresponde al administrador la representación de la sociedad en todo lo que se relacione, de cualquier manera, con la autoridad pública, a menos que los socios designen con este fin otro representante.

Le corresponde, asimismo, la representación judicial de la sociedad en los términos que determina el Código de Procedimiento Civil, para los administradores o gerentes de sociedades civiles o comerciales.

Mientras se nombra administrador, el mayor accionista estará investido de las representaciones que se confieren al administrador por los dos incisos precedentes. Si hay dos o más socios con igual derecho, asumirá dichas representaciones aquel a quien corresponda alfabéticamente por orden de apellido paterno y, si fuere necesario, de apellido materno y de nombre, siempre que no sea incapaz.

De la distribución de los beneficios o productos

Artículo 194. Los beneficios se distribuirán en proporción a las acciones de cada socio.

La distribución se hará cuando la junta lo determine o, en su defecto, cuando el administrador lo estime conveniente.

La distribución se hará en minerales, en pastas o en dinero, según lo acuerden los socios.

Cuando no haya habido acuerdo, la distribución se hará en dinero.

En todo caso, una o más personas, que representen a lo menos la cuarta parte de las acciones de la sociedad, podrán exigir que su cuota en la producción les sea entregada en los propios minerales o pastas, previo reembolso de los gastos correspondientes.

De la contribución a los gastos

Artículo 195. Los socios contribuirán al pago de los gastos necesarios tanto para la conservación y exploración de la concesión de exploración y de la pertenencia, como para la explotación de esta última, en proporción a las acciones que tengan en la sociedad.

Para la fijación del monto de las cuotas se requerirá un acuerdo, tomado en junta, por personas que representen a lo menos la mayoría absoluta de las acciones de la sociedad; y, en seguida, publicado y notificado con arreglo a lo dispuesto en el artículo 182.

Es aplicable a este acuerdo lo dispuesto en el inciso tercero del artículo 189, pero el plazo para reclamar se contará desde la fecha de la segunda de las publicaciones de que debe ser objeto el acuerdo a que se refiere el inciso anterior.

El reclamo no podrá ser acogido cuando la cuota o cuotas pedidas sean necesarias para cubrir los gastos señalados en el inciso primero.

Las cuotas deberán pagarse, si no se ha señalado plazo para ello, dentro de los treinta días siguientes a la fecha de la segunda publicación del acuerdo respectivo.

De la inconcurrencia

Artículo 196. Caerá en inconcurrencia el socio que, en el plazo correspondiente, no pague la cuota acordada.

Producida la inconcurrencia, el administrador de la sociedad dispondrá de los minerales, pastas o dineros del inconcurrente que estén aún en poder de la sociedad, hasta la cantidad necesaria para cubrir la cuota que adeude.

Si no existen los bienes a que se refiere el inciso anterior o si el producto de éstos no ha sido suficiente para el pago de la cuota adeudada, el administrador deberá perseguir su pago en las acciones que correspondan al socio inconcurrente. Este derecho podrá también ser ejercido por cualquier socio concurrente, en representación de la sociedad.

Artículo 197. Para hacer efectivo el derecho a que se refiere el inciso final del artículo anterior, se demandará en juicio ejecutivo al socio inconcurrente. Servirá de suficiente título la copia autorizada del acta o de la escritura pública de la junta en que se acordó el cobro de la cuota.

El ejecutado sólo podrá oponer las siguientes excepciones:

1°. La incompetencia del tribunal;

2°. La falta de capacidad del demandante o de personería del que comparece en su nombre;

3°. La litispendencia;

4°. El no haberse acordado con arreglo a los artículos 182, 183 y 184, el cobro de la cuota exigida, siempre que estén pendientes el plazo para reclamar o el juicio respectivo;

5°. El hecho de que el acuerdo o la cuota no se conforman con las exigencias de los incisos primero y segundo del artículo 195, siempre que estén pendientes el plazo para reclamar o el juicio respectivo;

6°. El hecho de cobrársele una suma mayor de la que corresponde a sus acciones;

7°. El pago de la deuda;

8°. El hecho de existir un convenio o un acuerdo legalmente tomado, que exime al demandado de la obligación de concurrir con la cuota que se le exige;

9°. La cosa juzgada, y

10. La existencia en poder de la sociedad de minerales, pastas o dineros, que pertenecen al demandado.

Artículo 198. Ejecutoriada la sentencia que ordena seguir adelante la ejecución, u omitida la sentencia por no haberse opuesto excepciones, se licitarán en pública subasta la acción o acciones del socio inconcurrente, fijándose como mínimo lo que adeuda. El sobrante, si lo hay, se le entregará, deducidos los gastos del remate y costas del proceso.

El inconcurrente podrá suspender el remate, pagando en cualquier momento lo adeudado y los gastos y costas devengados.

Si no hay postores, la acción o acciones del inconcurrente acrecerán a los demás socios en proporción al número de acciones de cada uno, quienes quedarán obligados a pagar la cuota del inconcurrente, en la misma proporción.

De la terminación de la sociedad

Artículo 199. La sociedad sólo terminará:

1°. Por la enajenación, extinción o caducidad de todas las concesiones de que sea dueña, y

2°. Por la reunión en una sola persona de todas las acciones que componen su haber.

Sección 2ª De las sociedades que nacen de un contrato

Artículo 200. Para la prospección o la exploración de la concesión de exploración o de la pertenencia, o la explotación de esta última y el beneficio de sus minerales, podrá también pactarse sociedades que se rijan por las disposiciones contenidas en la Sección 1ª de este párrafo, caso en el cual se observarán, además, las reglas de los artículos siguientes.

Artículo 201. Esta sociedad se formará y probará por escritura pública, inscrita en extracto en el Registro de Propiedad del Conservador de Minas del domicilio social.

Dicha escritura deberá expresar, en todo caso:

1°. La individualización de los socios y el nombre, domicilio, objeto y duración de la sociedad;

2°. La forma de administración;

3°. La división del interés social en acciones y su distribución total entre los socios, y

4°. El aporte o transferencia de la concesión a la sociedad.

En la misma escritura podrán expresarse los demás pactos que acuerden los socios.

La inscripción contendrá, en extracto, las menciones enumeradas en el inciso segundo.

Artículo 202. En la sociedad de que trata esta sección, los socios responderán con todos sus bienes de los aportes a que se obligaron en el contrato social.

Del pago de las cuotas que se acuerden con posterioridad, responderán exclusivamente con los beneficios o productos que no hayan percibido y con sus acciones.

Los socios no son responsables ante terceros de las obligaciones de la sociedad, salvo estipulación en contrario.

Artículo 203. Esta sociedad termina en los casos contemplados en el artículo 199 y, además:

1°. Por la expiración del plazo o el cumplimiento de la condición, fijados para su duración en el contrato, y

2°. Por acuerdo de los socios, tomado en la forma prevista en la escritura social.

Artículo 204. Si ha de procederse a la liquidación de la sociedad disuelta, ella se hará por el administrador, salvo lo que disponga la escritura social o acuerden los socios.

El liquidador se ajustará, en el desempeño de su cometido, a las reglas establecidas en el Código de Comercio para la liquidación de las sociedades colectivas.

Se entiende que la personalidad jurídica de la sociedad subsiste para los efectos de su liquidación.

Artículo 205. En todo aquello que no está previsto en el contrato social o en la presente sección, según el caso, regirán las disposiciones de la sección anterior.

Párrafo 3º Del avío

Artículo 206. El avío es un contrato en virtud del cual una persona se obliga a dar o hacer algo en beneficio de la explotación de una pertenencia para pagarse sólo con sus productos, o con una cuota de ella.

Artículo 207. El contrato de avío deberá otorgarse por escrito, y no será oponible a terceros si no es extendido en escritura pública, inscrita en el Registro de Hipotecas y Gravámenes del Conservador de Minas en que se encuentre inscrita la pertenencia.

Artículo 208. El avío puede pactarse por cantidad o tiempo determinados o indeterminados, o para ejecutar una o más obras en la pertenencia.

Artículo 209. Cuando el avío es indeterminado, cualquiera de los contratantes puede ponerle término a su arbitrio.

El aviador conservará su crédito por las cantidades de dinero que haya desembolsado en virtud del contrato, para ser pagado con los productos que rinda la mina, sin perjuicio de otros acreedores de mejor derecho.

Artículo 210. Cuando es determinado, el minero o el aviador pueden ponerle término en cualquier tiempo: el primero, desprendiéndose de la propiedad de la pertenencia en favor del aviador, y el segundo, renunciando por escrito a su crédito de avío.

En el caso del inciso anterior, el minero se desprenderá del dominio de la pertenencia en favor del aviador, mediante declaración unilateral, hecha por escritura pública, inscrita en el Registro de Propiedad del Conservador de Minas respectivo.

Artículo 211. Puede estipularse que el pago de lo debido al aviador se verifique en minerales, en pastas o en dineros, con los premios que se convengan, sin límite alguno.

Puede también estipularse que, en pago del avío, el aviador se haga dueño de una cuota de la pertenencia que puede llegar hasta el cincuenta por ciento de ella. Esta estipulación importa una promesa de compraventa, cuyo cumplimiento puede exigir el aviador, en conformidad al artículo 169, una vez satisfechas por él las obligaciones que se impuso.

Artículo 212. Los avíos deben suministrarse por el aviador en los plazos y formas estipulados y, en defecto de estipulación, a medida que lo vaya exigiendo la explotación. Si, notificado judicialmente, el aviador se niega a la prestación de lo debido o retarda su cumplimiento por más de quince días, podrá el minero demandar el pago por la vía correspondiente, o tomar dinero de otra persona por cuenta del aviador, o contratar un nuevo avío que goce de preferencia sobre el primero.

Artículo 213. Salvo estipulación en contrario, la administración de la pertenencia durante el avío estará a cargo del minero.

Pero, si el minero invierte en otro destino el dinero o efectos del avío, sin consentimiento del aviador, éste tendrá el derecho de tomar la pertenencia bajo su administración, sin perjuicio de las responsabilidades penales que afecten al minero.

Tendrá el mismo derecho el aviador, si el minero lleva una administración descuidada o dispendiosa, que ponga en peligro los intereses de aquél.

Artículo 214. Si, terminados los avíos, ha quedado la pertenencia en descubierto, el aviador tendrá el derecho de tomarla bajo su administración y seguir aviándola hasta pagarse preferentemente a todo otro aviador, no sólo de lo debido en virtud del contrato de avío, sino del nuevo avío con los premios y en la forma del anterior.

Pero, si el aviador no quiere seguir aviando la pertenencia, el minero podrá estipular, con un tercero, otro avío que goce de preferencia sobre el anterior.

Artículo 215. El aviador o el minero que no tenga la administración de la pertenencia, podrá visitarla, inspeccionar los trabajos, revisar los libros de contabilidad y sus documentos justificativos y hacer las observaciones y reparos que la contabilidad y el sistema de trabajo le sugieran, pudiendo ejercer estas facultades cuando lo crea conveniente, por sí o por representante.

Tendrá también el derecho de pedir judicialmente el nombramiento de un interventor, con la facultad de percibir el producto líquido que corresponda a quien solicitó la medida.

Artículo 216. Si el aviador que tiene la administración de la pertenencia no la trabaja cuidando de mantenerla en buen estado, o si se le prueba fraude en la administración, o que ésta resulta descuidada o dispendiosa, perderá el derecho de administrarla, sin perjuicio de su responsabilidad criminal; y sólo podrá colocar en ella un interventor, como en el caso y con la facultad que se indica en el artículo anterior.

Párrafo 4º De la hipoteca

Artículo 217. La hipoteca sobre concesión minera se rige por las mismas disposiciones que la hipoteca sobre los demás bienes raíces y, especialmente, por las de este párrafo.

Artículo 218. No podrá constituirse hipoteca sobre concesión minera cuyo título no esté inscrito.

Artículo 219. No producirá efecto la hipoteca sobre pertenencia afecta a un avío inscrito, mientras el aviador no se posponga en sus derechos al acreedor hipotecario y se tome nota de la posposición en el Registro correspondiente.

Artículo 220. Salvo estipulación en contrario, la hipoteca sobre una concesión afecta también a los bienes a que se refiere el artículo 3º, sin perjuicio del derecho de prenda que pueda haberse constituido sobre ellos.

Sobre los demás bienes muebles destinados a la exploración o la explotación de la concesión y, en su caso, sobre las sustancias minerales extraídas del yacimiento, podrá constituirse prenda y quedar ésta en poder del deudor, con arreglo a las disposiciones que rigen la prenda industrial o la prenda sin desplazamiento, según se convenga.

Artículo 221. La hipoteca sobre concesión no da al acreedor los derechos que otorga el artículo 2427 del Código Civil, salvo que el deterioro o la pérdida se produzca por dolo o culpa grave del deudor.

Artículo 222. Para proceder al remate de una concesión hipotecada, no será necesaria la tasación de ella.

El mínimo para la primera subasta será el que fijen las partes de común acuerdo y, a falta de éste, el monto de los créditos hipotecarios que la graven, más las costas judiciales.

TÍTULO XII
DE LA REIVINDICACIÓN DE LOS MINERALES

Artículo 223. No son reivindicables, en forma alguna, los minerales adquiridos de persona que explote pertenencia o que comercie en minerales, en la zona.

Artículo 224. La compra de minerales hurtados o robados hecha a persona distinta de las indicadas en el artículo precedente, sujeta al comprador a la presunción de encubridor de hurto o robo, cuando la compraventa se ha verificado sin dejar constancia escrita y firmada por las partes y por dos testigos conocidos en el lugar, de la clase, ley y peso del mineral vendido, del precio estipulado y de la fecha de la compraventa.

Artículo 225. En el caso del artículo anterior, justificada la existencia del hurto o robo, el juez ordenará la restitución de los minerales, una vez que el interesado acredite que los que reclama son iguales a los que produce su pertenencia.

TÍTULO XIII
DE LOS DERECHOS DE LOS ACREEDORES

Artículo 226. Sin perjuicio de los derechos de los acreedores hipotecarios, no se podrá embargar ni enajenar la concesión del deudor, las cosas que se reputan inmuebles accesorios conforme al artículo 3°, ni las provisiones introducidas dentro de los límites de ella.

Lo dispuesto en el inciso precedente no será aplicable cuando el deudor tenga la calidad de sociedad anónima.

El deudor puede, no obstante, consentir en el embargo y enajenación, siempre que el consentimiento se dé en el mismo juicio.

Artículo 227. Pueden embargarse los minerales ya arrancados de las labores.

Si el producto de estos minerales no alcanza para cubrir la deuda, podrá el acreedor pedir al juez que le entregue la pertenencia en anticresis judicial, hasta hacerse pago con los productos que rinda.

Artículo 228. No rindiendo la pertenencia productos bastantes para atender a su explotación y a la cancelación del crédito, podrá el acreedor pedir al juez autorización para aviarla bajo su administración, y tendrá derecho preferente para pagarse, no sólo de las cantidades que invierta en este avío, con sus intereses corrientes, sino también de su crédito primitivo.

Artículo 229. Serán aplicables a la administración que efectúe el acreedor, en los casos de los dos artículos anteriores, las reglas contenidas en los artículos 215 y 216.

Artículo 230. En los procedimientos concursales de liquidación de los mineros se requerirá a los acreedores para que ejerciten los derechos que, en virtud de las disposiciones anteriores, se acuerdan al ejecutante[67].

Los aviadores gozarán de derecho preferente para tomar la pertenencia bajo su administración y aviarla, en el orden que corresponda.

Enajenada la pertenencia, los acreedores serán pagados en conformidad a las reglas generales de prelación. Entre los aviadores preferirá el más nuevo sobre el más antiguo, según la fecha de la inscripción de los títulos respectivos.

---

[67] Artículo modificado por Ley 20720 Art. 352 D.O. 09.01.2014.

TÍTULO XIV
DE LA COMPETENCIA EN GENERAL Y EL PROCEDIMIENTO

Artículo 231. El juez de letras en lo civil en cuyo territorio jurisdiccional se encuentra ubicado el punto medio señalado en el pedimento o el punto de interés indicado en la manifestación, es competente para conocer de todo asunto, contencioso o no contencioso, atinente al pedimento, la manifestación, la concesión de exploración o la pertenencia.

Sin embargo, será juez competente para conocer de todo asunto, contencioso o no contencioso, atinente a concesiones administrativas o judiciales, en trámite o ya constituidas a la fecha en que entre en vigencia este Código, el de la ubicación de la concesión o, en su caso, el de la ubicación del sitio o punto del hallazgo señalado en la manifestación.

Lo dispuesto en este artículo se entiende sin perjuicio de otras normas de este Código o de las especiales que las demás leyes establecen[68].

Artículo 232. El pedimento y la manifestación se inscribirán en el Registro de Descubrimientos del Conservador de Minas en cuyo territorio está ubicado el punto medio o el punto de interés, respectivamente.

En el mismo Conservador se practicarán todas las otras inscripciones y las demás actuaciones que en cualquiera forma se relacionen con el pedimento y la concesión de exploración que de él derive, y con la manifestación y la pertenencia respectiva.

Artículo 233. Todos los juicios en que se ventilen derechos especialmente regidos por este Código o que recaigan sobre el pedimento, manifestación, concesión de exploración o pertenencia y que no tengan señalado otro procedimiento en este cuerpo legal, se tramitarán con arreglo a las normas del juicio sumario[69].

Iniciado el juicio sumario, podrá pedirse y decretarse su continuación conforme a las reglas del procedimiento ordinario, si existen motivos fun-

---

[68] Inciso modificado por LEY 18681 Art. 94 k) D.O. 31.12.1987.

[69] Inciso modificado por Ley 18681 Art. 94 l) D.O 31.12.1987.

dados para ello. La solicitud en que se pida la sustitución del procedimiento se tramitará como incidente.

Artículo 234. Sin embargo, se tramitarán conforme al procedimiento sumarísimo del artículo siguiente, las cuestiones a que se refieren el inciso séptimo del artículo 9º; el inciso tercero del artículo 15; el número tercero del artículo 16 y el inciso primero del artículo 18, en lo relativo a la procedencia y el monto de las indemnizaciones allí mencionadas; el inciso primero del artículo 21; el artículo 108; el artículo 117; el artículo 119; y los incisos finales de los artículos 184, 188 y 189.

Se tramitarán en el mismo procedimiento todas las cuestiones relativas a la constitución, ejercicio y terminación de las servidumbres reguladas por este Código; a las indemnizaciones correspondientes; y a las cauciones que procedan.

Artículo 235. El procedimiento sumarísimo que se observará en los casos del artículo anterior, será el siguiente:

1º. Deducida la demanda, citará el tribunal a la audiencia del quinto día hábil después de la última notificación, ampliándose este plazo si el demandado no está en el lugar del juicio, con todo o parte del aumento que concede el artículo 259 del Código de Procedimiento Civil;

2º. La audiencia se celebrará con sólo el que asista y en ella se recibirá la contestación y se rendirán las pruebas. La parte que quiera rendir prueba testimonial deberá presentar, antes de las doce horas del día anterior al de la audiencia, una lista de los testigos de que piensa valerse;

3º. Si el juez lo estima conveniente, oirá el informe de un perito, nombrado en la misma audiencia por los interesados y, a falta de acuerdo, por él. El juez fijará un plazo al perito para que presente su informe;

4º. La sentencia se dictará dentro de quinto día contado desde la fecha de la audiencia, o de la presentación del informe, en su caso;

5º. La sentencia definitiva será apelable en el solo efecto devolutivo, salvo que el juez, por resolución fundada no susceptible de apelación, conceda el recurso en ambos efectos. Las demás resoluciones son inapelables, y

6°. La apelación se tramitará como en los incidentes y gozará de preferencia para su vista y fallo.

Artículo 236. Los plazos de días que se refieren a actuaciones judiciales en asuntos contenciosos promovidos con arreglo a este Código, se entenderán suspendidos durante los días feriados.

TÍTULO XV
DISPOSICIONES GENERALES

Artículo 237. Son fatales los plazos de que trata este Código, cuando al establecerlos se emplean las palabras «en» o «dentro de».

Artículo 238. Se publicará un suplemento especial del Diario Oficial, denominado Boletín Oficial de Minería, en el cual deberán hacerse todas las publicaciones que ordena este Código. Este Boletín se publicará, conjunta o separadamente con el Diario Oficial, el primer día hábil de cada mes y los primeros días hábiles de cada semana.

El Ministerio de Minería velará por la correcta publicación del Boletín y por el cumplimiento de las normas que le sean aplicables.

Con todo, las publicaciones que deba realizar el Servicio podrán efectuarse en forma íntegra en su sitio web institucional[70].

Artículo 239. En los casos en que este Código ordena archivar un documento, plano o croquis, el funcionario respectivo cumplirá esa disposición agregándolo al libro correspondiente, en la misma forma en que los notarios proceden en la protocolización de documentos públicos, y expedirá, también en esa forma, los certificados y copias que se le soliciten.

Artículo 240. Cada vez que este Código emplea las expresiones «Ley Orgánica Constitucional», se entiende que se refiere a la Ley N° 18.097, ley orgánica constitucional sobre Concesiones Mineras, y cuando usa las expresiones «el Servicio», se entiende que se refiere a el «Servicio Nacional

---

[70] Inciso incorporado por Ley 21649. Art. 2 N° 6. D.O. 30.12.2023.

de Geología y Minería»; y siempre que, en cualquiera forma, dispone que se indiquen coordenadas geográficas o coordenadas U.T.M., tal obligación debe cumplirse señalando las primeras con precisión de segundo, y las últimas, con precisión de diez metros. Con todo, la solicitud de sentencia de concesión de exploración, la solicitud de mensura de la pertenencia y las menciones de coordenadas que corresponda hacer en las actuaciones posteriores a dichas solicitudes, indicarán las coordenadas U.T.M., y con precisión de centímetros.

Artículo 241. El Servicio llevará el Catastro Nacional de Concesiones Mineras. Para facilitar su confección, el Servicio mantendrá un Registro Nacional de éstas, en el cual se incluirán, entre otras menciones, las coordenadas U.T.M. de las concesiones cuyos vértices estén determinados en tales coordenadas.

Deben incluirse en el citado registro tanto las concesiones constituidas con arreglo a ese sistema de coordenadas, como aquellas —constituidas de acuerdo con un sistema diferente— cuyos vértices pasen a quedar determinados en coordenadas U.T.M.

El registro se llevará considerando las copias que los conservadores deben enviar al Servicio, de conformidad con lo dispuesto en el artículo 106, y lo que se resuelva en el procedimiento establecido en el artículo siguiente[71].

Artículo 241 bis[72]. Cada vez que se modifique en el reglamento de este Código el sistema de coordenadas de las concesiones mineras, para efectos de su unificación, deberá seguirse el siguiente procedimiento:

1. El Servicio proporcionará las nuevas coordenadas de cada una de las concesiones mineras vigentes. Para estos efectos, el Servicio publicará en la forma y oportunidad que determine el reglamento, las nuevas coordenadas de las concesiones ya constituidas. En caso de que un titular de concesión minera vigente no fuere incluido en la publicación o tenga objeciones

---

71 Inciso modificado por Ley 21649. Art. 2 N° 7. D.O. 30.12.2023.

72 Artículo incorporado por Ley 21649. Art. 2 N° 8. D.O. 30.12.2023.

técnicas respecto de las coordenadas proporcionadas, ya sea respecto de su concesión u otras que afecten la suya, podrá reclamar fundadamente ante el Servicio dentro del plazo de noventa días hábiles contado desde la publicación previamente mencionada. En el caso de no tener objeciones, podrá aceptar las coordenadas entregadas por el Servicio.

2. Transcurrido el plazo señalado en el número precedente sin que se haya presentado reclamación u objeción alguna, se entenderán las coordenadas proporcionadas como aceptadas para todos los efectos legales.

3. Una vez interpuesta la reclamación a que hace referencia este artículo, el Servicio deberá publicarla en la forma que determine el reglamento, con el objeto de que cualquier titular afectado pueda oponerse. Dicha oposición deberá presentarse en el plazo de treinta días contado desde la publicación de la reclamación.

4. La reclamación y eventual oposición a que hace referencia este artículo se resolverán en el plazo de sesenta días hábiles. Sin embargo, por resolución fundada el Director del Servicio podrá prorrogar dicho plazo, por una única vez, en treinta días hábiles adicionales. Contra la resolución del Servicio podrá reclamarse dentro del plazo de quince días hábiles contado desde su notificación, la que deberá tramitarse conforme al procedimiento establecido en el artículo 235 del Código de Minería. En contra de la resolución del Servicio podrá reclamarse judicialmente en el plazo de treinta días hábiles contado desde su notificación. El reclamo deberá interponerse ante el juez que sea competente conforme a lo dispuesto en el inciso primero o segundo del artículo 231, según corresponda, y se tramitará con arreglo al artículo 235. En este juicio se tendrá como demandado al Servicio y al reclamante u opositor, en su caso.

5. Las coordenadas establecidas conforme a los números anteriores deberán inscribirse en el Registro Nacional de Concesiones Mineras y pasarán a tener el carácter de definitivas, y determinarán, para todos los efectos jurídicos, la ubicación de las pertenencias respectivas.

Artículo 242. Reemplázanse, en el inciso primero del artículo 74 del Código Sanitario, las expresiones «explorar ni pedir pertenencia minera», por las siguientes: «ejecutar labores mineras».

Artículo 243. No obstante lo que disponía el artículo 127 del Código de Minería de 1932, el pago íntegro y oportuno de las cuatro últimas patentes consecutivas en la Tesorería o institución que legalmente correspondía o corresponda, habilitará a aquel a cuyo nombre aparezca inscrita la pertenencia para obtener del juez que sea competente conforme al inciso final del artículo 231, que declare la vigencia de la respectiva inscripción del acta de mensura, siempre que a la fecha de la correspondiente solicitud dicha inscripción no esté cancelada, ni al margen de ella esté anotado el hecho de haberse pedido judicialmente su cancelación.

El pago de las patentes podrá acreditarse mediante los correspondientes boletines de ingreso u otro instrumento público.

El juez ordenará que la solicitud sea publicada en el Boletín Oficial de Minería, dentro del plazo de treinta días, contado desde la fecha de la resolución. Cualquier interesado podrá deducir oposición dentro del plazo de treinta días, contado desde la publicación. Dicha oposición se tramitará conforme al procedimiento del artículo 235 del presente Código y podrá fundarse sólo en la existencia, a la fecha de la solicitud a que se refiere el inciso primero, de concesión exclusiva para explorar o de concesión de exploración ya otorgadas o de pertenencia constituida o cuya mensura estuviere ya solicitada, casos en los cuales la oposición afectará únicamente a aquella o aquellas pertenencias objeto de la solicitud, que sean abarcadas total o parcialmente por la respectiva concesión, pertenencia o solicitud de mensura; la oposición podrá además, fundarse en la existencia, a la misma fecha ya señalada, de una manifestación; en tal caso, ella afectará solamente a aquella pertenencia objeto de la solicitud en que el oponente pruebe que se encuentra el punto de interés designado en su manifestación.

La circunstancia de haberse dictado la resolución judicial que declare la vigencia de la referida inscripción se anotará al margen de ella. Esta anotación hará presumir de derecho el debido amparo de la pertenencia hasta el período cubierto por el último pago acreditado.

Artículo 244. Derógase toda disposición legal o reglamentaria contraria o incompatible con los preceptos de este Código. En especial, se derogan:

1°. El Código de Minería, aprobado por el Decreto Ley N° 488, de 24 de agosto de 1932, y sus modificaciones posteriores;

2°. La Ley N° 12.576;

3°. El Decreto Ley N° 1.090, de 1975, sus modificaciones y reglamentos;

4°. El Decreto con Fuerza de Ley N° 191, publicado en el Diario Oficial de 20 de mayo de 1931, del Ministerio de Hacienda;

5°. Los artículos 5° y 6° de la Ley N° 16.319;

6°. El Decreto Ley N° 1.759, de 1977;

7°. El Decreto Ley N° 3.060, de 1979;

8°. La Ley N° 10.263;

9°. El Decreto N° 917, del Ministerio de Economía y Comercio, publicado en el Diario Oficial de 12 de julio de 1952, y

10. El Decreto Ley N° 448, de 1974.

DISPOSICIONES TRANSITORIAS

Artículo 1°. La incorporación de las sustancias minerales al objeto de una pertenencia, en los casos que a continuación se indican, se regirá por las normas siguientes:

1°. Si coexiste en un mismo terreno pertenencia sobre sustancia mencionada en el inciso primero del artículo 3° del Código de Minería de 1932, con pertenencia o pertenencias sobre una o más sustancias referidas en el inciso segundo de ese artículo, la pertenencia sobre sustancias mencionadas en el inciso primero del citado artículo 3° incorporará a su objeto el carbón y las demás sustancias que, en virtud de la Ley N° 18.097, pasan a ser concesibles, y que existen en la parte en que hay superposición.

2°. Si la superposición existe entre una pertenencia sobre sustancia referida en el inciso primero del artículo 3° del Código de Minería de 1932 y una concesión o pertenencia sobre carbón, la primera incorporará a su objeto todas las sustancias que pasan a ser concesibles en virtud de la Ley Nº 18.097, y que existen en la parte en que hay superposición.

3º. Si la superposición existe entre dos o más pertenencias sobre sustancias mencionadas en el inciso segundo del artículo 3º del Código de Minería de 1932, la pertenencia cuya inscripción de acta de mensura sea más antigua incorporará a su objeto las sustancias concesibles que no estaban concedidas y también las que, en virtud de la Ley Nº 18.097, pasan a ser concesibles, existentes en la parte en que hay superposición.

4º. Si la superposición existe entre una pertenencia sobre sustancia mencionada en el inciso segundo del artículo 3º del Código de Minería de 1932 y una concesión o pertenencia sobre carbón, la primera incorporará a su objeto todas las sustancias que no estaban concedidas y también las que pasan a ser concesibles en virtud de la Ley Nº 18.097, y que existen en la parte en que hay superposición.

5º. Si sólo existe una pertenencia o una concesión administrativa de explotación, ella incorporará a su objeto todas las sustancias que no estaban concedidas y las que, en virtud de la Ley Nº 18.097, pasan a ser concesibles.

6º. Si coexisten en un mismo terreno una pertenencia sobre sustancia del inciso primero del artículo 3º del Código de Minería de 1932 y una concesión o una pertenencia sobre carbón, y cualquiera de ellas caduca o se extingue, se incorporarán al objeto de la que subsista las sustancias que pasan a ser concesibles en virtud de la Ley Nº 18.097, que existen en la parte en que hay superposición, aunque coexistan además una o más pertenencias sobre sustancia del inciso segundo del citado artículo 3º.

7º. Si caduca una o más de las pertenencias sobre sustancia del inciso segundo del artículo 3º del Código de 1932, la pertenencia superpuesta a ellas sobre sustancias del inciso primero de ese artículo incorporará a su objeto las respectivas sustancias, existentes en la parte en que había superposición. Pero si la pertenencia que caduca es la que recae sobre sustancias mencionadas en el inciso primero del citado artículo 3º, la pertenencia de sustancia del inciso segundo de ese artículo cuya inscripción de acta de mensura sea más antigua incorporará a su objeto las sustancias que correspondían a la pertenencia caducada.

8°. Si en un mismo terreno coexisten sólo pertenencias sobre sustancias del inciso segundo del artículo 3° del Código de 1932, y caduca una de ellas, la pertenencia cuya inscripción de acta de mensura sea más antigua, incorporará a su objeto las sustancias de la pertenencia caducada, existente en la parte en que subsista superposición.

Lo dispuesto en el inciso anterior es sin perjuicio de las pertenencias que se constituyan por aplicación de lo establecido en el artículo siguiente, o en virtud de manifestaciones presentadas antes de la vigencia de este Código, todas las cuales se entenderán, para los efectos de dicho inciso, constituidas con anterioridad al momento en que operen las disposiciones del mismo inciso.

Las disposiciones de este artículo operarán al entrar en vigencia el presente Código, en los casos de los números 1°, 2°, 3°, 4° y 5°; o al producirse las caducidades correspondientes, en los casos de los números 6°, 7° y 8°. Las disposiciones del inciso primero de este artículo no afectarán a las pertenencias y manifestaciones a que se refiere el inciso anterior, casos en los cuales tales disposiciones se aplicarán sólo a partir del momento en que quede constituida la pertenencia, o en que se extingan los derechos emanados en la respectiva manifestación.

En todo caso, las disposiciones de este artículo operarán de pleno derecho y sin necesidad de resolución judicial ni de inscripción alguna.

Artículo 2°. Dentro del plazo de ciento ochenta días, contado desde la fecha de publicación de este Código, sólo la Comisión Chilena de Energía Nuclear podrá presentar pedimentos y manifestaciones respecto de torio o uranio, y sólo la Corporación de Fomento de la Producción podrá presentarlos respecto de nitratos y sales análogas, yodo y compuestos químicos de estos productos, carbón en el caso del artículo 219 del Código de 1932, o guano, que en virtud de lo dispuesto en los incisos segundo y siguientes del artículo 3° de la Ley N° 18.097, pasen a ser concesibles. Con todo, la Comisión y la Corporación podrán ejercer estos derechos sólo respecto de las sustancias que, referidas en este artículo, no sean objeto de pertenencia, o de concesión administrativa, que estén actualmente vigentes; a los titulares de estas concesiones administrativas les será aplicable lo dispuesto en los incisos siguientes y a los titulares de esas pertenencias, lo dispuesto en el artículo 7º transitorio.

Dentro del plazo de ciento ochenta días, contado desde la vigencia de este Código, los titulares de concesiones judiciales para explorar y los titulares de concesiones administrativas para explorar o para explotar, como asimismo los titulares de solicitudes de dichas concesiones, deberán presentar manifestación o manifestaciones respecto de la o las sustancias concedidas o solicitadas, so pena de extinción de sus derechos por el solo transcurso de ese plazo. Cuando abarquen el mismo terreno, esas manifestaciones preferirán entre sí según las fechas en que se hayan presentado las respectivas solicitudes de concesión, constituidas o en trámite.

Si una pertenencia resultante de lo dispuesto en el inciso anterior queda superpuesta a o por otra u otras, se aplicarán las normas de los artículos 1º y 3º transitorios.

Las pertenencias que se constituyan en virtud de lo dispuesto en el inciso primero o segundo, tendrán por objeto, además, todas las sustancias concesibles que existen en ellas. Sin embargo, en la parte correspondiente, la pertenencia sólo tendrá por objeto la o las sustancias señaladas en el inciso primero que se hayan mencionado en la manifestación, o la o las sustancias que fueron materia de la respectiva concesión o solicitud, cuando aquélla quede superpuesta a o por otra u otras pertenencias constituidas o que se constituyan en virtud de manifestaciones o de solicitudes de concesión, presentadas antes de la vigencia de este Código.

Artículo 3º. Cuando en virtud de lo dispuesto en los artículos 82 y 83 del Código de Minería de 1932, o de los artículos transitorios anteriores, coexistan en un mismo terreno dos o más pertenencias o concesiones administrativas de explotación, superpuestas total o parcialmente, sus titulares deberán entregarse recíprocamente las sustancias que a cada cual correspondan y que extraigan con ocasión de sus respectivas labores mineras, debiendo cada explotador soportar los gastos de extracción y siendo de cargo de cada dueño los gastos e inversiones que demande la separación de sus minerales de los del explotador; la separación será efectuada por el explotador en la medida de las necesidades de su producción y de manera que ésta no sufra perjuicio. Si el dueño se niega a costear previamente tales gastos e inversiones, perderá el derecho a reclamar las sustancias que le correspondan y el explotador las hará suyas gratuitamente.

Las dificultades que se susciten entre dos o más titulares con ocasión de la aplicación del inciso anterior o con motivo de sus respectivas labores mineras, serán sometidas a la decisión de un árbitro de los referidos en el artículo 223, inciso final, del Código Orgánico de Tribunales. En el último caso, el árbitro preferirá aquellas labores de reconocimiento o explotación que, en conjunto con todas las demás labores del mismo titular en el mismo yacimiento, revistan mayor significación económica y social global, y fijará el monto y forma de pago de la indemnización, la que no podrá exceder del doble de lo invertido en la ejecución de las labores que han sido postergadas. Dentro de dicha indemnización deberá considerarse el perjuicio causado por el menor abastecimiento que experimenten las instalaciones construidas para beneficiar los minerales que procedan de las labores postergadas.

Artículo 4°. Mientras se dicte el Reglamento del presente Código y los demás que sean necesarios para su aplicación, regirán el artículo 222 del Código de Minería de 1932, el Reglamento del mismo Código, aprobado por Decreto N° 2.228, de 21 de diciembre de 1932; el de Policía y Seguridad Minera, aprobado por Decreto N° 32, de 28 de febrero de 1969; el de Construcción y Operación de Tranques de Relaves, aprobado por Decreto N° 86, de 31 de julio de 1970; el de Normas para Efectuar las Mensuras de Pertenencias Mineras, aprobado por Decreto Supremo N° 2.211, de 7 de septiembre de 1937, y los demás que se hayan dictado para la aplicación del mencionado Código, en cuanto no se opongan a las disposiciones del presente Código.

Artículo 5°. Los procedimientos de constitución de pertenencias que estén pendientes a la fecha en que entre en vigencia el presente Código, continuarán rigiéndose por el Código de 1932. Sin embargo, en aquellos en los que no se haya iniciado la operación de mensura en el terreno, deberá emplearse para ésta el sistema de coordenadas U.T.M.

Artículo 6º. Para que queden determinados en coordenadas U.T.M. los vértices de su cara superior, las pertenencias constituidas o que lleguen a constituirse con arreglo a disposiciones legales anteriores al presente Código, estarán sujetas a las normas de los incisos siguientes[73] [74] [75].

---

[73] El artículo 95 de la Ley 18681 declara que el plazo contemplado en el inciso segundo del artículo 6º transitorio de la presente ley, no es aplicable al anuncio de encontrarse a disposición de los interesados el rol provisional mencionado en el inciso tercero de la misma disposición.

[74] El Decreto Supremo Nº 146, del Ministerio de Minería, publicado en el "Diario Oficial" de 18 de agosto de 1993, dispuso lo siguiente:

"Artículo 1º.- Establécese un plazo de once meses a contar del 24 de Junio de 1993, fecha de la última publicación de los avisos que trata el artículo 6º transitorio del Código de Minería, para que los titulares de las pertenencias mineras situadas en la II Región de Antofagasta y cuyos números en el rol de minas del país (de pago de patente minera) van desde el 02101- 0001-6 al 02303-0007-0, ambos inclusive, con exclusión de los correspondientes a las pertenencias constituidas sobre nitratos y sales análogas con arreglo a la legislación nacional anterior a la Ley Nº 18.248 que se encuentran vigentes y que no son aquéllas a que se refiere el artículo 2º del Código de Minería, procedan a cumplir con los dispuesto en los números 1º, 2º y 3º del inciso cuarto del citado artículo 6º transitorio."

"Artículo 2º.- Dentro del plazo de cinco meses, contado desde el vencimiento del plazo establecido en el número anterior, el Servicio Nacional de Geología y Minería deberá revisar los datos proporcionados por los interesados, y procederá a dar aplicación, según corresponda, a lo dispuesto en el inciso sexto del mismo artículo 6º transitorio."

"Artículo 3º.- Los interesados que proporcionen al Servicio Nacional de Geología y Minería Coordenadas U.T.M. de sus pertenencias, deberán determinarlas conforme a lo dispuesto en el Reglamento del Código de Minería."

[75] El Decreto Supremo Nº 192, del Ministerio de Minería, publicado en el "Diario Oficial" de 9 de Octubre de 1993, dispuso lo siguiente:

"Artículo 1. Establécese un plazo de once meses a contar del 20 de Agosto de 1993, fecha de la última publicación de los avisos que trata el artículo 6to. transitorio del Código de Minería, para que los titulares de las pertenencias mineras situadas en las Regiones VI-VII-VIII-IX-X-XII-XII y Región Metropolitana, comprendidas todas las comunas que las conforman, y cuyos números, en el rol de minas del país (de pago de patente minera) van desde el 06101- 0002-3 al 13605-0073-9, ambos inclusive, procedan a cumplir con lo dispuesto en los números 1ero., 2do. y 3ero. del inciso cuarto del citado artículo 6to. transitorio."

Dentro de los seis meses siguientes al primer año de vigencia de este Código, el Servicio confeccionará y pondrá a disposición de los interesados roles provisionales de pertenencias, por regiones o zonas, con los datos que obren en su poder que permitan individualizar y ubicar las pertenencias, referidas en el inciso primero, que se hallen, total o parcialmente, en la región o zona correspondiente. Si el Servicio tuviere las coordenadas aludidas en dicho inciso, las indicará también.

El hecho de encontrarse el rol provisional correspondiente a una región o zona a disposición de los interesados en las oficinas del Servicio, para que lo consulten o lo adquieran, será anunciado por el Servicio mediante avisos que se publicarán en días distintos, en el Boletín Oficial de Minería y, en igual forma, en dos diarios diferentes de circulación nacional. Los seis avisos deberán publicarse dentro de un mismo mes calendario. Se entenderá que el rol provisional ha quedado a disposición de los interesados en la fecha de la última de esas publicaciones.

Los interesados dispondrán del plazo que establezca en cada caso el Presidente de la República, el que no será inferior a seis meses, contado desde que el respectivo rol provisional haya quedado a disposición de ellos, para:

1°. Incorporar al rol provisional sus pertenencias constituidas, para lo cual deberán acompañar copia de la inscripción de su acta de mensura y proporcionar las coordenadas U.T.M. de los vértices;

2°. Proporcionar las coordenadas U.T.M. de los vértices de sus pertenencias, en el caso que ellas no se hayan indicado en el rol provisional, y

---

"Artículo 2. Dentro del plazo de cinco meses, contado desde el vencimiento del plazo establecido en el artículo anterior, el Servicio Nacional de Geología y Minería deberá revisar los datos proporcionados por los interesados, y procederá a dar aplicación, según correspondan, a lo dispuesto en el inciso sexto del mismo artículo 6to. transitorio."

"Artículo 3. Los interesados que proporcionen al Servicio Nacional de Geología y Minería Coordenadas U.T.M. de sus pertenencias, deberán determinarlas conforme a lo dispuesto en el Reglamento del Código de Minería."

3°. Proporcionar coordenadas U.T.M. distintas de las indicadas en el rol provisional si ellas no están conformes con cualesquiera de las indicadas en este rol.

Las coordenadas U.T.M. que los interesados proporcionen con arreglo a lo dispuesto en el inciso anterior deberán basarse en inscripciones de actas de mensura o de reposición de linderos, o en anotaciones conservatorias que acrediten la existencia de demasías. Todos los interesados deberán indicar la manera cómo determinaron las coordenadas, en la forma que señale el Reglamento.

Vencido el plazo mencionado en el inciso cuarto, el Servicio revisará los datos proporcionados por los interesados conforme al procedimiento, en el plazo y para las regiones o zonas que determine en cada caso el Presidente de la República y, según corresponda, procederá a:

1°. Eliminar del rol provisional respectivo las pertenencias que en ese rol figuren sin coordenadas U.T.M., y respecto de las cuales los interesados no las hayan proporcionado, lo cual comunicará a los afectados.

2°. Inscribir en el Registro Nacional de Concesiones Mineras a que se refiere el artículo 241, las pertenencias para las que el rol provisional haya indicado coordenadas U.T.M., siempre que los interesados no hayan proporcionado coordenadas distintas.

3°. Inscribir en el mismo Registro las pertenencias que en el rol provisional figuraban con coordenadas U.T.M. distintas a las proporcionadas por los interesados, siempre que el Servicio haya aceptado éstas.

4°. Inscribir en el Registro las pertenencias incorporadas por los interesados, siempre que el Servicio haya aceptado las coordenadas proporcionadas por ellos.

5°. Comunicar a los interesados la incorporación de sus pertenencias al Registro, con indicación de las coordenadas proporcionadas por ellos en reemplazo de las previamente señaladas en el rol provisional, caso en el cual señalará, además, si esas coordenadas fueron aceptadas o rechazadas por el Servicio.

6°. Comunicar a los interesados la incorporación de sus pertenencias al Registro, con indicación de las coordenadas que hayan proporcionado y del hecho de haber sido éstas aceptadas o rechazadas por el Servicio y, en este último caso, con mención de las coordenadas U.T.M. estimadas por el Servicio o indicación de carecer el Servicio de estimación sobre el particular.

Dentro de los treinta días siguientes al vencimiento del plazo fijado por el Presidente de la República conforme al inciso cuarto, el Servicio efectuará las comunicaciones a que se refieren los números 1°, 5° y 6°, mediante avisos que se publicarán en la misma forma establecida en el inciso tercero.

Cualquier interesado que se considere afectado por alguna de las decisiones adoptadas por el Servicio en cumplimiento de las obligaciones que le impone el inciso sexto, podrá reclamar judicialmente en el plazo de un año, contado desde la publicación del último aviso prescrito por el inciso anterior. El reclamo deberá interponerse ante el juez que sea competente conforme al inciso final del artículo 231; se notificará por avisos que se publicarán en dos días distintos en el Boletín Oficial de Minería, y será resuelto oyendo a perito y con citación del Servicio y de todos aquellos que pudieren resultar afectados si se acoge el reclamo. El Servicio y los afectados tendrán derecho a oponerse mientras no se dicte la sentencia, y la oposición se tramitará con arreglo al artículo 235. La sentencia no podrá dictarse antes de tres meses, contados desde la fecha de la última publicación.

Las pertenencias cuyas coordenadas U.T.M. sean fijadas por resolución judicial se inscribirán en el Registro Nacional de Concesiones Mineras.

Si la resolución judicial del reclamo a que se refiere el inciso octavo no fija las coordenadas U.T.M. de una pertenencia, ésta se eliminará del rol provisional.

Las coordenadas U.T.M. indicadas en el Registro pasarán a tener el carácter de definitivas, y determinarán, para todos los efectos jurídicos, la ubicación de las pertenencias respectivas.

La indicación en el Registro Nacional de Concesiones Mineras de las coordenadas U.T.M. de las pertenencias, no importa reconocimiento de su existencia legal.

En virtud de lo establecido en el inciso segundo de la segunda disposición transitoria de la Constitución Política, quedarán extinguidas, por el solo ministerio de la ley, las pertenencias que, al término de los procedimientos señalados en los incisos precedentes, no queden inscritas en el Registro Nacional de Concesiones Mineras.

Artículo 7°. Las pertenencias constituidas sobre nitratos y sales análogas que se encuentran vigentes, subsistirán como tales y, para todos los efectos legales, se regirán por las disposiciones de este Código en lo que ellas le sean aplicables, pero la obligación establecida en el artículo 142 sólo será exigible, a su respecto, desde el 1° de marzo de 1989[76].

Los titulares de las concesiones y solicitudes de concesiones a que se refiere la parte final del inciso primero y el inciso segundo del artículo 2° transitorio, no estarán afectos a la obligación de pagar la tasa de manifestación a que se refiere el artículo 51, con ocasión de la correspondiente manifestación o manifestaciones.

TÍTULO FINAL

Artículo final. El presente Código empezará a regir sesenta días después de su publicación.

JOSÉ T. MERINO CASTRO, Almirante, Comandante en Jefe de la Armada, Miembro de la Junta de Gobierno.- FERNANDO MATTHEI AUBEL, General del Aire, Comandante en Jefe de la Fuerza Aérea, Miembro de la Junta de Gobierno.- CÉSAR MENDOZA DURÁN, General Director de Carabineros, Miembro de la Junta de Gobierno.- RAFAEL ORTIZ NAVARRO, Mayor General de Ejército, Miembro de la Junta de Gobierno Subrogante.

---

[76] El artículo 1° del Decreto N° 141, de Minería, publicado en el Diario Oficial de 25 de febrero de 1989, dispuso que el pago de la primera patente anual a que se refiere el inciso primero del presente artículo, se efectuará conforme a lo dispuesto en los artículos 142 y siguientes de este Código, siéndole aplicable a este pago, el inciso primero del artículo 56 de su Reglamento sin necesidad de figurar en alguna de las nóminas mencionadas en el artículo 58 del mismo. El artículo 2° del citado decreto supremo, dispone que, con la información proporcionada por el Servicio de Tesorerías, el Servicio Nacional de Geología y Minería confeccionará el rol de las pertenencias sobre nitratos y sales análogas respecto de las cuales se haya hecho exigible la obligación de pago de patente, establecida en el presente artículo transitorio.

Habiéndose dado cumplimiento a lo dispuesto en el N° 2, del artículo 82 de la Constitución Política de la República, respecto al artículo 96, en relación con los números 6, 7 y 8 del artículo 95 y el inciso segundo del artículo 65 de la precedente ley, y por cuanto he tenido a bien aprobarla, la sanciono y la firmo en señal de promulgación. Llévese a efecto como ley de la República.

Regístrese en la Contraloría General de la República, publíquese en el Diario Oficial e insértese en la Recopilación Oficial de dicha Contraloría.

Santiago, 26 de septiembre de 1983.- AUGUSTO PINOCHET UGARTE, General de Ejército, Presidente de la República.- Samuel Lira Ovalle, Ministro de Minería.- Jaime del Valle Alliende, Ministro de Justicia.

ÍNDICE ANALÍTICO

Acciones de mejor derecho 34 inciso segundo, 41, 42, 231, 233

Acción de nulidad de la concesión 95-98, 231, 233

Acción de nulidad de acuerdos de la junta 182-185, 234, 235

Acciones posesorias y reivindicatorias 2, 94, 223-225, 231, 233

Acción de Oposición a la Mensura 61-70, 96 inciso cuarto, 233

Acción pública 18, 57 inciso final, 70, 86 inciso segundo, 89 inciso final, 115, 147 inciso 5°, 231, 233, 234, 235

Acta de mensura 70 inciso tercero, 75, 76, 78, 79, 84 inciso segundo, 87, 89, 98, 101, 240, 243

Administración de Sociedad Legal Minera 191-193

Administración de la pertenencia en el avío 213-216

Administración proindiviso de la concesión 179

Agente Oficioso 39

Agua(s) 5, 7, 13 inciso segundo, 17 N° 1, 18, 19, 30, 110, 111, 137

Aguas del Minero 110, 111

Aeródromos 17 N° 5, 18, 19, 120 N° 3, 121-125, 234, 235

Alcalde 15, 16, 234, 235

Amparo minero 32 inciso final, 55, 59, 142-145, 156, 159, 163-166, 243, 7 transitorio inciso primero

Andariveles 17 N° 1, 18, 19, 120 N° 3, 121-125, 234, 235

Antenas e instalaciones de telecomunicaciones 17 N° 1, 18, 19, 234, 235

Árboles frutales 15 inciso final, 19

Arcillas superficiales 1, 13, 117

Arenas 1, 13, 117

Avío minero 103, 167, 168, 189, 190, 206-216, 219, 228

Boletín oficial de minería 48, 52, 55, 59, 60, 61, 62, 87, 90, 142, 147, 238, 243, 2 transitorio, 6 transitorio

Cabida de la concesión 28, 29, 30, 31, 32, 33, 74, 95

Caducidad 56 inciso segundo y tercero, 57 inciso final, 60 inciso segundo y tercero, 70, 86, 89 inciso final, 112 - 115, 145, 155 inciso primero, 160, 161, 199 N° 1, 1 transitorio N° 6, N° 7 y N° 8, 2 transitorio inciso segundo, 6 transitorio inciso final

Calicatas 113

Caminos 17 Nº 1, 18, 19, 120 Nº 3, 121-125, 138, 234, 235

Canales 120 Nº 1, 121-125, 234, 235

Cancelación de la inscripción 56 inciso segundo y tercero, 57 inciso final, 60 inciso segundo y tercero, 70, 84, inciso séptimo, 85 inciso segundo, 86, 89 inciso final, 106, 115 inciso primero, 155 inciso primero, 162 inciso cuarto, 243

Canchas de minerales 120 Nº 1 y Nº 3, 121-125, 234, 235

Cañerías 120 Nº 1 y Nº 3, 121-125, 234, 235

Capacidad para adquirir derechos mineros 22-25, 162

Captación de aguas 17 Nº 1, 18, 19

Cara superior de la concesión minera 28, 29, 43, 44, 55, 59, 72, 74, 79, 95, 98, 6 transitorio

Casa(s) 15 inciso final, 19

Carbón 1, 1 transitorio, 2 transitorio

Catastro nacional de concesiones mineras 241

Cementerios 17 Nº 1, 18, 19

Cintas transportadoras 120 Nº 3, 121-125, 234, 235

Ciudad 17 Nº 1, 18, 19, 173 inciso tercero, 182 inciso primero, 184 inciso segundo

Comisión Chilena de Energía Nuclear 9, 10, 21, 2 transitorio

Concesión de exploración 1, 2, 3, 5, 6, 7, 9, 22-25, 26-30, 34-43, 46-58, 61 Nº 1, 65 inciso segundo, 68, 69, 86-98, 100, 103, 104, 106, 107-115, 120-138, 142-145, 155, 160-162, 167-170, 217, 218, 220-222, 226, 227, 230, 231-235, 237-241, 243, 2 transitorio, 4 transitorio

Concesión de explotación 1, 2, 3, 5, 6, 7, 9, 22-25, 26-42, 44-54, 58-98, 100, 101, 103, 104, 106-111, 116, 117, 120-138, 142-145, 155, 160, 162, 167-171, 206-216, 217-222, 226-230, 231-235, 237-241, 243, 1-7 transitorios

Concesionario minero 22-25, 107-111, 112-115, 116, 117

Concesión minera ajena 14, 20, 53 inciso tercero, 128, 136, 137, 139, 164 inciso final

Concesión sirviente 122, 126-138

Conductos 17 Nº 1, 18, 19, 116

Conservador de minas 22, 29, 52, 83, 87, 89, 92, 93, 99-106, 112 bis, 123, 155, 156, 173, 176 178, 190, 201, 207, 210, 232, 241 inciso final

Conservador de bienes raíces 99 inciso tercero, 123

Constitución de una concesión minera 22-25, 34-90, 108 inciso segundo, 232, 237-240, 5 transitorio

Contrato 2, 3, 91, 92, 99-101, 103-105, 123, 167, 168, 169-171, 172, 178, 189, 190, 200-205, 206-216, 217-222, 224

Contrato de arriendo 2, 3, 91, 103, 164, 167, 168, 171

Contrato de Avío Minero 2, 3, 103, 167, 168, 189, 190, 200, 206-216, 219

Contrato de Compraventa 2, 3, 10, 91, 92, 100, 101, 105, 167, 168, 170, 178, 189, 190, 200, 223-225

Contrato de Hipoteca 2, 3, 91, 92, 103, 167, 168, 217-222, 226

Contrato de Opción 2, 3, 91, 92, 103, 105, 167, 168, 169, 189, 190, 200

Contrato de Promesa 2, 3, 91, 92, 103, 105, 167, 168, 169, 189, 190, 200, 211 inciso final

Contrato de Usufructo 2, 3, 91, 92, 103, 164, 167, 168, 171

Contribución a los gastos 195-198

Construcciones 120 Nº 1, 121-125, 234, 235

Coordenadas 29, 43, 44, 45, 49, 55, 59, 72, 74, 75, 77, 80, 83, 87, 90, 240, 241, 5 transitorio, 6 transitorio

Covaderas 1, 17 Nº 6, 18, 19

Croquis 61, 239

Cuasicontrato 167

Defensa Nacional 17 Nº 4 y Nº 5, 18, 19

Demarcación 13

Demasías 31-33, 6 transitorio

Dependencia(s) 15 inciso final, 19

Depósito(s) 1, 17 Nº 4, 18, 19, 113, 116, 120 Nº 1, 121-125, 234, 235

Derechos de los acreedores 209, 215, 219, 221, 226-230

Derechos de los concesionarios mineros 107-110, 112-114, 116, 117

Desamparo 146-159

Desmontes 6, 116 inciso final, 120 Nº 1, 121-125, 234, 235

Dirección de Fronteras y Límites 17 Nº 3, 18, 19

Distribución de los beneficios o productos 194

División de la concesión 29, 231

Dominio minero del Estado 1, 4, 7-12

Dominio de las sustancias concesibles 1, 5-7, 9-12, 53 inciso segundo, 113, 116 inciso segundo y tercero, 136, 1 transitorio y 3 transitorio

Dueño/Dominio del Predio 1 inciso primero, 2, 13 inciso final, 14-16, 20-21, 53 inciso final, 120-125, 233, 234, 235

Edificios 17 Nº 1, 18, 19

Embargo 104, 226, 227

Enajenación 9-12, 23, 92, 100-106, 146-154, 169, 170, 178, 189, 190, 196-199, 223-226, 230

Escorias 6, 116 inciso final, 120 Nº 1, 121-125, 234, 235

Escritura de adjudicación en remate de la concesión minera 151, 153

Escritura pública 29, 92, 123, 162, 169, 178, 185, 191, 201, 207, 210

Estado 1, 2, 4, 8, 9, 10, 21 inciso primero, 22 Nº 2

Establecimiento de beneficio 6, 120-138, 234, 235

Estaciones de radiocomunicaciones 17 Nº 1, 18, 19

Explosivos 17 Nº 4, 18, 19

Exploración 8, 9 inciso segundo, 14, 15, 16 Nº 3, 17, 18, 21, 107, 108, 109, 120-141

Explotación 8-12, 14, 15 inciso final, 17, 18, 107, 108, 109, 116, 120-141, 3 transitorio

Extinción de la concesión minera 96, 145, 155 inciso primero, 160-162, 199 Nº 1, 1 transitorio Nº 6, Nº 7 y Nº 8, 2 transitorio, inciso segundo, 6 transitorio inciso final

Facultad de catar y cavar 1 inciso segundo, 14-21, 234, 235

Facultades del administrador de la sociedad 191-193

Ferrocarriles 17 Nº 1, 18, 19, 120 Nº 3, 121-125, 234, 235

Frutos pendientes 16 Nº 1

Funcionarios 15, 17, 22, 23, 157, 239

Gobernador 15, 16, 17 Nº 1, 18, 19, 234, 235

Gravámenes 91, 92, 99, 103, 105, 120-138, 154, 167, 169, 171, 178 inciso tercero, 189, 190, 206-222, 226-230, 233-235

Habitaciones 120 Nº 1, 121-125, 234, 235

Hidrocarburos 1, 7, 8, 9, 21

Hipoteca sobre concesión minera 2, 3, 91, 92, 103, 167, 168, 217-222, 226

Hitos 74, 79, 162

Inconcurrencia 196-198

Indemnización 9 inciso tercero, 14 inciso segundo, 18 inciso primero, 19 inciso tercero, 21 inciso primero, 122, 123 inciso primero, 125, 126 inciso tercero, 134, 135 inciso segundo, 139 incisos primero y segundo, 233, 234, 235, 3 transitorio inciso segundo

Informe de peritos 75, 128-131, 141, 140, 235, 6 transitorio inciso octavo

Inscripción(es) 29, 32, 48-50, 52-57, 59, 60, 87, 89, 90 Nº 4, 92, 99-106, 112 bis, 151, 153, 154, 160, 168, 169, 173, 176-178, 182, 190, 191, 201, 207,

218, 219, 230, 243, 1 transitorio, 6 transitorio

Interés histórico o científico 17 N° 6, 18, 19

Interés nacional 22, 23

Interdicción(es) 24, 99, 104

Internaciones 139-141

Junta(s) 138, 181-192, 194-197

Juez Competente 34, 37, 38, 231

Labores mineras 15-20, 107-111, 113, 116, 120-141, 233-235, 242, 3 transitorio

Lagos 13 inciso segundo, 17 N° 1, 18, 19

Ley Orgánica Constitucional sobre Concesiones Mineras 1, 2, 240

Líneas eléctricas de alta tensión 17 N° 1, 18, 19

Lugares de interés histórico o científico 17 N° 6, 18, 19, 113, 116

Manifestación 22-25, 31, 34-42, 44-54, 100, 103, 104, 108 inciso segundo, 112, 112 bis, 114, 167, 168, 173, 231-233, 237, 238, 1 transitorio, 1 transitorio, 2 transitorio, 7 transitorio inciso segundo

Materiales explosivos 17 N° 4, 18, 19, 113, 116

Materiales inflamables 17 N° 4, 18, 19, 113, 116

Mensura 28, 71-84, 95, 101 N° 1, 240, 4 transitorio, 5 transitorio

Ministerio de Defensa Nacional 17 N° 4 y N° 5

Ministerio de Minería 9, 17 inciso tercero, 238 inciso segundo

Monumentos naturales 18, 19

Multa 9, 11, 18, 115

Normas sobre policía y seguridad minera 113, 116, 171 inciso segundo, 4 transitorio

Nulidad de una concesión minera 67, 84 inciso final, 86 inciso final, 95-98

Obligaciones de los concesionarios mineros 9-12, 113, 116, 142-144, 2 transitorio, 3 transitorio, 6 transitorio, 7 transitorio

Obras de embalse 17 N° 1, 18, 19

Obras complementarias 9 inciso tercero, 120 N° 1, 121-126, 234, 235

Opción de compra 2, 3, 10-12, 91, 92, 103, 105, 167-169, 189, 190

Oposición a la solicitud de mensura 61-71, 78 inciso segundo, 96 inciso cuarto, 233

Oposición a la constitución de la concesión de explotación 79, 80, 83, 84, 233

Parques nacionales 18, 19

Patente anual 142-145, 147, 156, 159, 163-166, 243, 7 transitorio inciso primero

Patente proporcional 32 inciso final, 55, 59

Pedimento 22-24, 34-43, 46-58, 100, 103, 104, 167, 168, 173, 231-233, 2 transitorio

Perito mensurador 59 inciso segundo, 61, 70 inciso tercero, 71 inciso segundo, 72-77

Perito 75, 128-131, 141, 140, 235, 6 transitorio inciso octavo

Permisos 15-19, 21, 113, 116, 142 inciso segundo

Pertenencias mineras 1, 2, 3, 5, 6, 7, 9, 22-25, 26-42, 44-54, 58-98, 100, 101, 103, 104, 106-111, 116, 117, 120-138, 142-145, 155, 160, 162, 167-171, 206-216, 217-222, 226-230, 231-235, 237-241, 243, 1-7 transitorios

Plano de mensura 70 inciso tercero, 76-79, 84 inciso segundo, 87, 98, 239, 240

Planos inclinados 120 Nº 3, 121-125, 234, 235

Población 17 Nº 1, 18, 19

Precio de la subasta 149, 150, 152, 198, 222 inciso segundo

Predio superficial 2, 19, 53, 120

Presidente de la República 8, 17, 71 inciso segundo, 6 transitorio

Publicación 42, 48, 50, 52, 55, 59, 60-63, 83, 87, 89, 90, 96, 147, 158, 182, 186, 195, 238, 243, 2 transitorio, 6 transitorio

Puertos 17 Nº 1 y Nº 5, 18, 19, 120 Nº 3, 121-125, 234, 235

Punto medio del pedimento minero 37, 38, 43, 46, 49, 55, 231, 232

Punto de interés de la manifestación minera 3, 38, 44-46, 49, 59, 231, 232, 243

Recintos militares 17 Nº 5, 18, 19

Regalía 164

Registro de Accionistas 99, 105, 169, 176, 178, 182, 191

Registro de Descubrimientos 52, 99, 100, 102, 106, 176, 232

Registro de Hipotecas y Gravámenes 99, 103, 123, 169, 207, 219

Registro de Interdicciones y Prohibiciones 99, 104

Registro Nacional de Concesiones Mineras 241, 6 transitorio

Registro de Propiedades 99, 101, 102, 106, 176, 201, 210

Reglamento del Código de Minería 55, 77, 99, 105, 162, 4 transitorio, 6 transitorio

Reivindicación de los minerales 94, 223-225

Relaves 6, 116 inciso final, 121 N° 3, 121-125, 234, 235, 4° transitorio

Remate 146-159, 196-198, 222

Renuncia a la concesión minera 162, 145

Reservas nacionales 18, 19

Salares 1

Sanción 18, 23, 57 inciso final, 73, 115, 139, 146-159, 196-198, 213, 2 transitorio

Saneamiento de los vicios que afectan a la concesión minera 86, 93, 96

Secretario Regional Ministerial de Vivienda y Urbanismo 17 N° 1, 18, 19

Seguridad minera 113, 116, 135, 141, 142 bis, 171 inciso segundo, 4 transitorio

Seguridad nacional 7

Seguridad pública 17, 18, 19, 113

Sentencia constitutiva de una concesión minera 29, 55, 57, 58, 81, 82, 84-91, 96, 100 N° 2, 101 N° 1, 106, 160, 168

Servicio Nacional de Geología y Minería (Servicio o Sernageomin) 21, 29, 53, 56, 57, 62, 63, 71 inciso segundo, 77, 79-84, 90 inciso final, 106, 112 bis, 142, 142 bis, 143, 159, 240, 241, 6 transitorio

Servicio Nacional de Geología y Minería (Observaciones) 57, 79-84

Servicio Nacional de Geología y Minería (Informe) 29, 53 inciso tercero, 56, 57, 79-84, 87 inciso primero

Servidumbre minera 19, 92, 103, 109, 120-138, 192, 234, 235

Sistemas de Comunicación 120 N° 1, 121-125, 234, 235

Sirgas 45

Socavón 126-137

Sociedad contractual minera 22, 23, 92, 101, 105, 169, 172-205

Sociedad legal minera 22, 23, 92, 102, 105, 142, 169, 172-199

Subsuelo 5, 30

Suelo 15, 21

Superficie pedida 43, 46, 51

Superficie manifestada 44-46, 51, 73

Superposición 27, 40-42, 58, 61-71, 73, 79, 80, 83, 84, 95, 96, 233, 1-4 transitorios

Sustancias concesibles o denunciables 1, 4-9, 13, 26, 27, 1 transitorio, 2 transitorio

Sustancias fósiles 1, 5

Sustancias minerales 1, 4-14, 20, 26, 27, 167, 1 transitorio, 2 transitorio

Tasa a beneficio fiscal 51, 55, 59 N° 1, 7 transitorio

Tasación 137, 150, 222

Terrenos fiscales 5, 15-19, 113, 116, 234, 235

Terrenos municipales 15, 16, 19

Terminación de la Sociedad 199, 203

Tesorería General de la República 147, 156-159

Trámites posteriores a la manifestación 59-85

Trámites posteriores al pedimento 55-58

Tranques 120 Nº 1, 121-125, 234, 235, 4º transitorio

Transferencia de una concesión minera en trámite o constituida 2, 3, 54, 91, 92, 100, 101 Nº 1, 106, 173, 176, 177

Transmisión de una concesión minera en trámite o constituida 2, 3, 54, 91, 92, 100, 101 Nº 1, 106, 173, 176, 177, 178 inciso tercero

Transferencia de acciones 105, 173, 175-178, 200, 205

Transmisión de acciones 105, 173, 175-178, 200, 205

Túneles 5, 120 Nº 3, 121-125, 234, 235

Uso de agua 110, 111

Vides 15 inciso final, 19

Yacimiento 7-9, 30, 220, 3 transitorio

Zonas fronterizas para efectos mineros 17 Nº 3, 18, 19, 113, 116

APÉNDICE DE LEYES COMPLEMENTARIAS

NORMAS CONSTITUCIONALES - DECRETO Nº 100 DEL MINISTERIO SECRETARÍA GENERAL DE LA PRESIDENCIA QUE FIJA EL TEXTO REFUNDIDO, COORDINADO Y SISTEMATIZADO DE LA CONSTITUCIÓN POLÍTICA DE LA REPÚBLICA DE CHILE

Núm. 100.- Santiago, 17 de septiembre de 2005.- Visto: En uso de las facultades que me confiere el artículo 2° de la Ley N° 20.050, y teniendo presente lo dispuesto en el artículo 32 N° 8 de la Constitución Política de 1980,

Decreto:

Fíjase el siguiente texto refundido, coordinado y sistematizado de la Constitución Política de la República:

CAPÍTULO III
DE LOS DERECHOS Y DEBERES CONSTITUCIONALES

Artículo 19.- La Constitución asegura a todas las personas:

24°.- El derecho de propiedad en sus diversas especies sobre toda clase de bienes corporales o incorporales.

Sólo la ley puede establecer el modo de adquirir la propiedad, de usar, gozar y disponer de ella y las limitaciones y obligaciones que deriven de su función social. Esta comprende cuanto exijan los intereses generales de la Nación, la seguridad nacional, la utilidad y la salubridad públicas y la conservación del patrimonio ambiental.

Nadie puede, en caso alguno, ser privado de su propiedad, del bien sobre que recae o de alguno de los atributos o facultades esenciales del dominio, sino en virtud de ley general o especial que autorice la expropiación por causa de utilidad pública o de interés nacional, calificada por el legislador. El expropiado podrá reclamar de la legalidad del acto expropiatorio ante los tribunales ordinarios y tendrá siempre derecho a indemnización por el daño patrimonial efectivamente causado, la que se fijará de común acuerdo o en sentencia dictada conforme a derecho por dichos tribunales.

A falta de acuerdo, la indemnización deberá ser pagada en dinero efectivo al contado.

La toma de posesión material del bien expropiado tendrá lugar previo pago del total de la indemnización, la que, a falta de acuerdo, será determinada provisionalmente por peritos en la forma que señale la ley. En caso de reclamo acerca de la procedencia de la expropiación, el juez podrá, con el mérito de los antecedentes que se invoquen, decretar la suspensión de la toma de posesión.

El Estado tiene el dominio absoluto, exclusivo, inalienable e imprescriptible de todas las minas, comprendiéndose en éstas las covaderas, las arenas metalíferas, los salares, los depósitos de carbón e hidrocarburos y las demás sustancias fósiles, con excepción de las arcillas superficiales, no obstante la propiedad de las personas naturales o jurídicas sobre los terrenos en cuyas entrañas estuvieren situadas. Los predios superficiales estarán sujetos a las obligaciones y limitaciones que la ley señale para facilitar la exploración, la explotación y el beneficio de dichas minas.

Corresponde a la ley determinar qué sustancias de aquellas a que se refiere el inciso precedente, exceptuados los hidrocarburos líquidos o gaseosos, pueden ser objeto de concesiones de exploración o de explotación. Dichas concesiones se constituirán siempre por resolución judicial y tendrán la duración, conferirán los derechos e impondrán las obligaciones que la ley exprese, la que tendrá el carácter de orgánica constitucional. La concesión minera obliga al dueño a desarrollar la actividad necesaria para satisfacer el interés público que justifica su otorgamiento. Su régimen de amparo será establecido por dicha ley, tenderá directa o indirectamente a obtener el cumplimiento de esa obligación y contemplará causales de caducidad para el caso de incumplimiento o de simple extinción del dominio sobre la concesión. En todo caso dichas causales y sus efectos deben estar establecidos al momento de otorgarse la concesión.

Será de competencia exclusiva de los tribunales ordinarios de justicia declarar la extinción de tales concesiones. Las controversias que se produzcan respecto de la caducidad o extinción del dominio sobre la concesión serán resueltas por ellos; y en caso de caducidad, el afectado podrá requerir de la justicia la declaración de subsistencia de su derecho.

El dominio del titular sobre su concesión minera está protegido por la garantía constitucional de que trata este número.

La exploración, la explotación o el beneficio de los yacimientos que contengan sustancias no susceptibles de concesión, podrán ejecutarse directamente por el Estado o por sus empresas, o por medio de concesiones administrativas o de contratos especiales de operación, con los requisitos y bajo las condiciones que el Presidente de la República fije, para cada caso, por decreto supremo. Esta norma se aplicará también a los yacimientos de cualquier especie existentes en las aguas marítimas sometidas a la jurisdicción nacional y a los situados, en todo o en parte, en zonas que, conforme a la ley, se determinen como de importancia para la seguridad nacional. El Presidente de la República podrá poner término, en cualquier tiempo, sin expresión de causa y con la indemnización que corresponda, a las concesiones administrativas o a los contratos de operación relativos a explotaciones ubicadas en zonas declaradas de importancia para la seguridad nacional.

Los derechos de los particulares sobre las aguas, reconocidos o constituidos en conformidad a la ley, otorgarán a sus titulares la propiedad sobre ellos.

DISPOSICIONES TRANSITORIAS

Segunda. Mientras se dicta el nuevo Código de Minería, que deberá regular, entre otras materias, la forma, condiciones y efectos de las concesiones mineras a que se refieren los incisos séptimo al décimo del número 24º del artículo 19 de esta Constitución Política, los titulares de derechos mineros seguirán regidos por la legislación que estuviere en vigor al momento en que entre en vigencia esta Constitución, en calidad de concesionarios.

Los derechos mineros a que se refiere el inciso anterior subsistirán bajo el imperio del nuevo Código, pero en cuanto a sus goces y cargas y en lo tocante a su extinción, prevalecerán las disposiciones de dicho nuevo Código de Minería. Este nuevo Código deberá otorgar plazo a los concesionarios para cumplir los nuevos requisitos que se establezcan para merecer amparo legal.

En el lapso que medie entre el momento en que se ponga en vigencia esta Constitución y aquél en que entre en vigor el nuevo Código de Minería, la constitución de derechos mineros con el carácter de concesión señalado en los incisos séptimo al décimo del número 24º del artículo 19 de esta Constitución, continuará regida por la legislación actual, al igual que las concesiones mismas que se otorguen.

Tercera. La gran minería del cobre y las empresas consideradas como tal, nacionalizadas en virtud de lo prescrito en la disposición 17a. transitoria de la Constitución Política de 1925, continuarán rigiéndose por las normas constitucionales vigentes a la fecha de promulgación de esta Constitución.

LEY Nº 18.097 - LEY ORGÁNICA CONSTITUCIONAL SOBRE CONCESIONES MINERAS[1]

La Junta de Gobierno de la República de Chile ha dado su aprobación al siguiente

PROYECTO DE LEY:

TÍTULO I
DE LAS CONCESIONES MINERAS

Artículo 1º.- Las concesiones mineras pueden ser de exploración o de explotación. Cada vez que esta ley se refiera a concesión minera se entenderá que comprenden tanto una como otra.

Artículo 2º.- Las concesiones mineras son derechos reales e inmuebles; distintos e independientes del dominio del predio superficial, aunque tengan un mismo dueño; oponibles al Estado y a cualquier persona; transferibles y transmisibles; susceptibles de hipoteca y otros derechos reales y, en general, de todo acto o contrato; y que se rigen por las mismas leyes civiles que los demás inmuebles, salvo en lo que contraríen disposiciones de esta ley o del Código de Minería.

Artículo 3º.- Las facultades conferidas por las concesiones mineras se ejercen sobre el objeto constituido por las sustancias minerales concesibles que existen en la extensión territorial que determine el Código de Minería, la cual consiste en un sólido cuya profundidad es indefinida dentro de los planos verticales que la limitan.

Son concesibles, y respecto de ellas cualquier interesado podrá constituir concesión minera, todas las sustancias minerales metálicas y no metálicas y, en general, toda sustancia fósil, en cualquier forma en que

---

1 Publicada el 21 de enero de 1982. Revisada a la última versión 1 de enero 2024. Modificada por Ley 21649 de fecha 30 de diciembre del 2023.

naturalmente se presenten, incluyéndose las existentes en el subsuelo de las aguas marítimas sometidas a la jurisdicción nacional que tengan acceso por túneles desde tierra.

Las sustancias minerales concesibles contenidas en desmontes, escorias o relaves, abandonadas por su dueño, son susceptibles de concesión minera junto con las demás sustancias minerales concesibles que pudieren existir en la extensión territorial respectiva.

No son susceptibles de concesión minera los hidrocarburos líquidos o gaseosos, el litio, los yacimientos de cualquier especie existentes en las aguas marítimas sometidas a la jurisdicción nacional ni los yacimientos de cualquier especie situados, en todo o en parte, en zonas que conforme a la ley, se determinen como de importancia para la seguridad nacional con efectos mineros, sin perjuicio de las concesiones mineras válidamente constituidas con anterioridad a la correspondiente declaración de no concesibilidad o de importancia para la seguridad nacional.

No se consideran sustancias minerales las arcillas superficiales, las salinas artificiales, las arenas, rocas y demás materiales aplicables directamente a la construcción, todas las cuales se rigen por el derecho común o por las normas especiales que a su respecto dicte el Código de Minería.

Artículo 4°.- La extensión territorial de una concesión minera podrá dividirse, pero cada parte resultante de la división no podrá ser inferior a la extensión mínima que la concesión pueda tener de acuerdo con el Código de Minería, y tendrá que ser igual a esa extensión mínima o a un múltiplo de ella; todo lo cual se entiende sin perjuicio de la división intelectual o de cuota que de la concesión pueda hacerse.

Sobre las sustancias concesibles existentes en una misma extensión territorial no puede constituirse más de una concesión minera.

Artículo 5°.- Las concesiones mineras se constituirán por resolución de los tribunales ordinarios de justicia, en procedimiento seguido ante ellos y sin intervención decisoria alguna o de otra autoridad o persona.

Toda persona puede adquirir, a cualquier título, dichas concesiones mineras, o cuotas en ellas, sobre las sustancias que esta ley determina.

Sólo se exceptuarán aquellas personas que señale el Código de Minería en disposiciones que deberán aprobarse con quórum calificado de acuerdo a las normas constitucionales vigentes.

Se tendrá por descubridor a la persona que primero inicie el trámite de constitución de una concesión minera respecto de una extensión territorial no amparada por una concesión minera vigente, quien tendrá preferencia para constituirla, salvo que haya habido fuerza o dolo para anticiparse en el trámite o para retardar el del que realmente descubrió primero. Si el que inicia el trámite es una persona que ejecuta trabajos de minería por orden o encargo de otra, el trámite se entenderá hecho por ésta.

Si el Estado estimare necesario ejercer las facultades de explorar con exclusividad y explotar sustancias concesibles, deberá actuar por medio de empresas de las que sea dueño o en las cuales tenga participación, que constituyan o adquieran la respectiva concesión minera y que se encuentren autorizadas para tal efecto de acuerdo con las normas constitucionales vigentes.

Corresponde al Código de Minería regular la forma de hacer valer los derechos, sea dentro del procedimiento de constitución o con posterioridad a él, de quienes sean lesionados con la constitución de la concesión minera.

Constituida la concesión minera, el juez ordenará su inscripción conforme a ese Código, el cual podrá, también, contemplar alguna otra medida de publicidad.

Artículo 6°.- El titular de una concesión minera judicialmente constituida tiene sobre ella derecho de propiedad, protegido por la garantía del número 24° del artículo 19 de la Constitución Política.

La privación de las facultades de iniciar o continuar la exploración, extracción y apropiación de las sustancias que son objeto de una concesión minera constituye privación de los atributos o facultades esenciales del dominio de ella.

TÍTULO II
DE LOS DERECHOS DE LOS CONCESIONARIOS MINEROS

Artículo 7º.- Todo concesionario minero tiene la facultad exclusiva de catar y cavar en tierras de cualquier dominio con fines mineros dentro de los límites de la extensión territorial de su concesión. Dicha facultad se ejercerá de conformidad con las normas de la presente ley y estará sujeta a las limitaciones que se prescriban en el Código de Minería. Las limitaciones se establecerán siempre con el fin de precaver daños al dueño del suelo o de proveer a fines de interés público; consistirán en la necesidad de obtener permiso del dueño del suelo o de la autoridad correspondiente, en su caso, para ejercer la facultad de catar y cavar en ciertos terrenos. El Código establecerá un procedimiento concentrado, económico y expedito para obtener dicho permiso en caso de negativa de quien debe otorgarlo. Sin embargo, sólo el dueño del suelo podrá permitir catar y cavar en casas y sus dependencias o en terrenos que contengan arbolados o viñedos.

Artículo 8º.- Los titulares de concesiones mineras tienen derecho a que se constituyan las servidumbres convenientes a la exploración y explotación mineras.

Respecto de esas concesiones, los predios superficiales están sujetos al gravamen de ser ocupados en toda la extensión necesaria para trabajos mineros, por canchas y depósitos de minerales, desmontes, relaves y escorias; por plantas de extracción y de beneficio de minerales; por subestaciones y líneas eléctricas y de comunicación, canales, tranques, cañerías, habitaciones, construcciones y obras complementarias; y a los gravámenes de tránsito y de ser ocupados por caminos, ferrocarriles, cañerías, túneles, planos inclinados, andariveles, cintas transportadoras y todo otro medio que sirva para unir las labores de la concesión con los caminos públicos, establecimientos de beneficio, estaciones de ferrocarril, puertos de embarque y centros de consumo.

Dichas concesiones están sujetas en favor de otras, y en cuanto les sean aplicables, a los gravámenes establecidos con relación a los predios superficiales, que, sin impedir o dificultar su explotación, aprovechen a otras y, también, al gravamen de ser atravesadas por socavones y labores mineras destinados a dar o facilitar ventilación, desagüe y acceso.

La constitución de las servidumbres, su ejercicio e indemnizaciones correspondientes se determinarán por acuerdo de los interesados o por resolución judicial en el procedimiento breve especial que la ley contemple o, si en ésta no se contemplase, en el procedimiento sumario de aplicación general.

Las servidumbres en favor de las concesiones mineras son esencialmente transitorias; no podrán aprovecharse en fines distintos a aquellos para los cuales han sido constituidas, y cesarán cuando termine su aprovechamiento. Podrán ampliarse o restringirse de acuerdo con el desarrollo que adquieran las labores relacionadas con ellas.

Los titulares de concesiones mineras tendrán los derechos de agua que en su favor establezca la ley.

Artículo 9°.- Todo concesionario minero puede defender su concesión por todos los medios que franquea la ley, tanto respecto del Estado como de particulares; entablar, para tal efecto, acciones tales como la reivindicatoria, posesorias y las demás que la ley señale, y obtener las indemnizaciones pertinentes.

El concesionario puede impetrar del juez competente las medidas convenientes a la conservación y defensa de su concesión. Especialmente, se reconoce al concesionario el derecho de visitar labores mineras que pudieren afectar sus derechos, en los casos, en la forma y con los efectos que determine el Código de Minería.

Artículo 10.- El concesionario de exploración tiene derecho exclusivo:

1.- a hacer libremente calicatas y otras labores de exploración minera, salvo la observancia de los reglamentos de policía y seguridad y lo dispuesto en los artículos 7° y 8°;

2.- a iniciar el procedimiento judicial para constituir concesión de explotación, dentro de los límites y plazo de duración de la concesión de exploración, cuyo ejercicio le dará derecho preferente para constituirla aun después de la extinción de esta última, en la forma que determine el Código de Minería;

3.- a hacer suyos los minerales concesibles que necesite extraer con motivo de las labores de exploración e investigación, y

4.- a ser indemnizado, en caso de expropiación, por el daño patrimonial que efectivamente se le haya causado.

Artículo 11.- El concesionario de explotación tiene derecho exclusivo:

1.- a explorar y explotar libremente las minas sobre las cuales recae su concesión y a realizar todas las acciones que conduzcan a esos objetivos, salvo la observancia de los reglamentos de policía y seguridad y lo dispuesto en los artículos 7º y 8º;

2.- a hacerse dueño de todas las sustancias minerales que extraiga y que sean concesibles a la fecha de quedar judicialmente constituida, comprendidas dentro de los límites de su concesión, y

3.- a ser indemnizado, en caso de expropiación de la concesión, por el daño patrimonial que efectivamente se le haya causado, que consiste en el valor comercial de las facultades de iniciar y continuar la extracción y apropiación de las sustancias que son objeto de la concesión. A falta de acuerdo, el valor de dicho daño será fijado por el juez, previo dictamen de peritos. Los peritos, para los efectos de la determinación del monto de la indemnización, establecerán el valor comercial de la concesión, calculando, sobre la base de las reservas de sustancias concedidas que el expropiado demuestre, el valor presente de los flujos netos de caja de la concesión.

TÍTULO III
DE LAS OBLIGACIONES DE LOS CONCESIONARIOS MINEROS

Artículo 12.- El régimen de amparo a que alude el inciso séptimo del número 24º del artículo 19 de la Constitución Política consistirá en el pago anual y anticipado de una patente a beneficio fiscal, en la forma y por el monto que determine el Código de Minería.

Las deudas provenientes de patentes no pagadas sólo podrán hacerse efectivas en la concesión respectiva, sin perjuicio de su caducidad conforme a la letra a) del inciso primero del artículo 18.

Lo pagado por patente minera por una concesión de explotación se imputará al pago del impuesto a la renta que derive de la actividad minera realizada en la respectiva concesión, con arreglo a lo que determine el Código de Minería.

Artículo 13.- El concesionario de exploración no puede establecer explotación, sin perjuicio de lo dispuesto en el número 3 del artículo 10.

Artículo 14.- El concesionario minero está obligado a indemnizar el daño que cause al propietario del terreno superficial o a otros concesionarios con ocasión de los trabajos que ejecute, con arreglo a los procedimientos y normas que establezca el Código de Minería. Podrá exigírsele que rinda caución previa para responder por el valor de las indemnizaciones, de conformidad a ese Código.

Artículo 15.- Todo concesionario minero, en cuanto tal, tiene la obligación de sujetarse a las normas relativas al derecho del Estado de primera opción de compra, al precio y modalidad habituales del mercado, de los productos minerales que esta ley declare de valor estratégico por contener determinadas sustancias en presencia significativa.

El Código de Minería establecerá la forma, oportunidad y modalidades como el Estado podrá ejercer este derecho; las sanciones por las infracciones en que se incurra, y la forma de resolver las dificultades que surjan.

Son de valor estratégico los productos minerales en los que el torio o el uranio tengan presencia significativa.

Para los efectos de este artículo y del siguiente, se entiende que una sustancia tiene presencia significativa dentro de un producto minero, cuando es susceptible de ser reducida desde un punto de vista técnico y económico.

Artículo 16.- La circunstancia de que un yacimiento contenga sustancias no concesibles no obsta a la constitución de concesión minera respecto de las sustancias concesibles existentes en el mismo yacimiento.

La concesión minera no da derecho a su titular para apropiarse de las sustancias no concesibles con presencia significativa dentro del producto minero apropiable. El estado puede tomar posesión de ellas, con arreglo a lo que disponga el Código de Minería.

TÍTULO IV
DE LA DURACIÓN Y EXTINCIÓN DE LAS CONCESIONES MINERAS

Artículo 17[2].- Sin perjuicio de lo dispuesto en el artículo siguiente, la concesión de exploración no podrá tener una duración superior a cuatro años la que podrá prorrogarse por una única vez, de acuerdo a lo dispuesto por los artículos 112 y 112 bis del Código de Minería; y la de explotación tendrá una duración indefinida.

Artículo 18.- Las concesiones mineras caducan, extinguiéndose el dominio de los titulares sobre ellas:

a) por resolución judicial que declare terreno franco, si no hubiere postores en el remate público del procedimiento judicial originado por el no pago de la patente, y b) por no requerir el concesionario la inscripción de su concesión en el plazo que señale el Código de Minería.

La concesión de exploración caduca, además, por infracción a lo dispuesto en el artículo 13.

Las concesiones mineras se extinguen, también, por renuncia de su titular, conforme a la ley.

TÍTULO FINAL
DE LA VIGENCIA DE ESTA LEY

Artículo 19.- La presente ley entrará en vigor simultáneamente con el nuevo Código de Minería.

---

[2] Artículo modificado por Ley 21649. Art. 3. D.O. 30.12.2023.

DISPOSICIONES TRANSITORIAS

Artículo 1° transitorio.- Las concesiones mineras vigentes a la fecha de entrada en vigor del nuevo Código de Minería subsistirán bajo el imperio de éste. Pero, en cuanto a sus goces y cargas y en lo tocante a su extinción, prevalecerán las disposiciones de dicho Código.

Artículo 2° transitorio.- Mantendrán su vigencia las concesiones mineras superpuestas por aplicación de los artículos 82 y 83 del Código de Minería de 1932, excepto las que se deriven de la aplicación de la norma contenida en la oración final del inciso primero de este último artículo. Asimismo, se mantendrán vigentes las concesiones mineras superpuestas constituidas en virtud de disposiciones legales en vigor con anterioridad a ese Código que permitieron la superposición en razón de tratarse de pertenencias de diferentes sustancias.

Con el objeto de que no se constituyan nuevas concesiones mineras superpuestas, el nuevo Código de Minería establecerá la forma de determinar a cuál de las concesiones mineras vigentes ya superpuestas corresponderá extenderse al resto de las sustancias que estaban concedidas a la que caducare o que no estaban concedidas. Asimismo, dicho Código determinará la forma como se extenderá la concesión minera vigente, si fuere una sola, a las sustancias que no le estaban concedidas.

Para los efectos de los incisos anteriores, se considera:

1.- que el carbón, el torio y el uranio estaban comprendidos en el inciso primero del artículo 3° del Código de Minería de 1932, y

2.- que las sustancias señaladas en el artículo 4° de ese Código, excepto el petróleo en estado líquido o gaseoso, estaban referidas en el inciso segundo del citado artículo 3°.

Lo dispuesto en los incisos anteriores es sin perjuicio de las concesiones mineras que se constituyan por aplicación de lo dispuesto en el artículo 4° transitorio, concesiones que se entenderán constituidas con anterioridad a las extensiones de que trata el presente artículo.

Artículo 3° transitorio.- Los titulares de pertenencias sobre rocas, arenas y demás materiales aplicables directamente a la construcción constituidas para otra determinada aplicación industrial o de ornamentación, vigentes a la fecha de publicación del nuevo Código de Minería, continuarán en posesión de sus derechos en calidad de concesionarios de explotación, bajo las reglas y condiciones que respecto de estas concesiones mineras señala esta ley y el nuevo Código. Caducada o extinguida la concesión, estas sustancias volverán a ser del dueño del suelo.

Si tales pertenencias fueren del dueño del suelo, caducarán de inmediato por el solo ministerio de la ley.

Artículo 4° transitorio.- Dentro del plazo de 180 días siguientes a la publicación del nuevo Código de Minería sólo serán válidas, respecto de los yacimientos o sustancias que en virtud de esta ley dejan de estar reservados al Estado, las actuaciones para iniciar el procedimiento judicial para constituir concesión minera en los terrenos donde estuvieron ubicados, que realicen, dentro de aquel plazo, los organismos o empresas estatales que señale el Código de Minería. Lo dispuesto en este artículo se entiende sin perjuicio de las transferencias a que estos organismos o empresas estén obligados por contratos válidamente celebrados.

Son válidas las superposiciones que se produzcan en virtud del inciso anterior.

Son también válidas las superposiciones que se produzcan como resultado de las manifestaciones que, dentro del plazo que establezca el nuevo Código de Minería, deban presentar los titulares de concesiones judiciales para explorar, los titulares de concesiones administrativas para explorar o explotar como, asimismo, los titulares de solicitudes de dichas concesiones, respecto de la o las sustancias concedidas o solicitadas.

JOSE T. MERINO CASTRO, Almirante, Comandante en Jefe de la Armada, Miembro de la Junta de Gobierno.- FERNANDO MATTHEI AUBEL, General del Aire, Comandante en Jefe de la Fuerza Aérea, Miembro de la Junta de Gobierno.- CESAR MENDOZA DURAN, General Director de Carabineros, Miembro de la Junta de Gobierno.- CESAR RAUL BENAVIDES ESCOBAR, Teniente General de Ejército, Miembro de la Junta de Gobierno.

Por cuanto he tenido a bien aprobar la precedente ley, la sanciono y la firmo en señal de promulgación.

Llévese a efecto como ley de la República.

Regístrese en la Contraloría General de la República, publíquese en el Diario Oficial e insértese en la Recopilación Oficial de dicha Contraloría.

Santiago, siete de enero de mil novecientos ochenta y dos.- AUGUSTO PINOCHET UGARTE, General de Ejército, Presidente de la República.- Hernán Felipe Errázuriz Correa, Ministro de Minería.

DECRETO Nº 2275. PROMULGA EL TRATADO CON ARGENTINA SOBRE INTEGRACIÓN Y COMPLEMENTACION MINERA[3]

Núm. 2.275.- Santiago, 20 de diciembre de 2000.- Vistos: Los artículos 32, Nº 17, y 50, Nº 1), de la Constitución Política de la República,

Considerando:

Que con fecha 29 de diciembre de 1997 las Repúblicas de Chile y de Argentina suscribieron el Tratado sobre Integración y Complementación Minera, que consta de dos Anexos, en San Juan, Argentina y en Antofagasta, Chile; que con fecha 20 de agosto de 1999 firmaron, en Santiago, Chile, el Protocolo Complementario a dicho Tratado, y que por Intercambio de Notas de fecha 31 de agosto de 1999, efectuado en Buenos Aires, Argentina, adoptaron el Acuerdo que corrige el Protocolo Complementario.

Que dichos Instrumentos Internacionales fueron aprobados por el Congreso Nacional, según consta en el oficio Nº 3.039, de 30 de agosto de 2000, de la Honorable Cámara de Diputados.

Que el Canje de los Instrumentos de Ratificación se efectuó en San Pedro de Atacama, Chile, el 20 de diciembre de 2000,

D e c r e t o:

Artículo Único: Promúlganse el Tratado entre la República de Chile y la República Argentina sobre Integración y Complementación Minera y sus Anexos I y II, suscrito el 29 de diciembre de 1997; su Protocolo Complementario, suscrito el 20 de agosto de 1999, y el Acuerdo que corrige dicho Protocolo Complementario, adoptado por Intercambio de Notas de fecha 31 de agosto de 1999; cúmplanse llévense a efecto como ley y publíquese copia autorizada de sus textos en el Diario Oficial.

Anótese, tómese razón, regístrese y publíquese.- RICARDO LAGOS ESCOBAR, Presidente de la República.- María Soledad Alvear Valenzuela, Ministra de Relaciones Exteriores.- José de Gregorio Rebeco, Ministro de

[3] Publicada el 7 de febrero del 2001.

Economía y Fomento Reconstrucción, Minería y Presidente de la Comisión Nacional de Energía.

Lo que transcribo a Us. para su conocimiento.- Alberto Yoacham Soffia, Embajador, Director General Administrativo

La República de Chile y La República Argentina, denominadas en adelante "las Partes", con el propósito de consolidar los compromisos pactados en el "Tratado de Paz y Amistad", del 29 de noviembre de 1984, con el fin de promover e intensificar la cooperación económica; Considerando lo establecido en el Acuerdo de Complementación Económica U 16 LACE 16), en orden a convenir y ejecutar decisiones destinadas a facilitar el desarrollo de diversas actividades en el ámbito económico y, entre elles, el estimulo a las inversiones reciprocas, y a la complementación y coordinación para el desarrollo del sector minero;

Teniendo Presente las disposiciones del Protocolo N° 3 sobre Cooperación e Integración Minera del ACE 16, en cuanto a la concreción de los programas y proyectos específicas de cooperación en les breas de minerales metálicos y no metálicos, tanto en el sector de investigación básica y aplicada, como en aquella orientada a la promoción de la innovación y al desarrollo de nuevos productos;

Atentos, de igual forma, a lo preceptuado en el Noveno Protocolo Adicional del ACE 16, de 4 de agosto de 1993, referido a la facilitación de actividades de trabajo aéreo relacionadas con contratos emergentes de obras o actividades binacionales;

Con La Intención Complementaria de afianzar en el ámbito minero los propósitos acordados en el Tratado de Promoción y Protección Recíproca de Inversiones, de 2 de agosto de 1991, vigente entre ambas Partes;

Reconociendo que el desarrollo de la integración minera entre Chile y Argentina cumple un propósito que ambas Partes consideran de utilidad pública e interés general de la nación, de acuerdo con sus respectivos ordenamientos jurídicos;

Considerando lo establecido en el "Acta de Santiago sobre Cuencas Hidrológicas" de 26 de junio de 1971, en el "Protocolo Específico Adicional sobre Recursos Hídricos Compartidos" y en el "Tratado sobre Medio

Ambiente", ambos de 2 de agosto de 1991, instrumentos suscritos por la República de Chile y la República Argentina;

Teniendo Presente las Bases y Fundamentos de un Tratado de Integración y Complementación Minera Chile - Argentina, suscritos en la ciudad de La Rioja, el 12 de Julio de 1996;

Procurando asegurar el aprovechamiento conjunto de los recursos mineros que se encuentren en las zonas fronterizas de los territorios de ambas Partes, propiciando especialmente, la constitución de empresas entre nacionales y sociedades de ambos países y la facilitación del tránsito de los equipamientos, servicios mineros y personal adecuado a través de la frontera común;

Reconociendo que la exploración y explotación de las reservas mineras existentes en la zonas fronterizas, por los inversionistas de cualquiera de las Partes deberá naturalmente ampliar y diversificar eficazmente el proceso de integración bilateral;

Conscientes del interés común de establecer un marco jurídico que facilite el desarrollo del negocio minero por nacionales de ambas Partes en el Ámbito de Aplicación del Tratado, Y

Considerando que un Tratado constituye el instrumento jurídico más idóneo para crear y establecer un marco legal común, destinado a aplicarse en ambas Partes y circunscrito, en la especie, al desarrollo de todas las actividades propias y vinculadas al negocio minero,

Acuerdan lo siguiente:

Artículo 1. Alcances y Objeto del Tratado. El Tratado constituye un marco jurídico que regirá el negocio minero dentro de su ámbito de aplicación y tiene por objeta permitir a los inversionistas de ceda una de las Partes participaren el desarrollo de la integración minera que las Partes declaran de utilidad pública e interés general de la nación.

Las prohibiciones y restricciones vigentes en las legislaciones de cada Parte, referidas a la adquisición de la propiedad, el ejercicio de la posesión o mera tenencia o la constitución de derechos -reales sobre bienes raíces, a derechos mineros, establecidas en razón de la calidad de extranjero y de nacional chileno o argentino, no serán aplicables a los negocios mineros regidos por el presente Tratado.

Asimismo, las Partes permitirán, conforme a sus respectivos ordenamientos jurídicas:

a) El acceso, desempeño y protección de todas las actividades y servicios que tengan relación con el negocio minero, mediante el ejercicio de los derechos establecidos en la legislación de cada una de les Partes, entre los cuales se incluyen las servidumbres y otros derechos contemplados en favor de las concesiones mineras y las plantas de beneficio, fundición y refinación, todos los cuales se extenderán a las concesiones y plantas del territorio de la otra Parte en que se aplique el Tratado.

El Protocolo Adicional Especifico a que se refiere el articula 5, determinará el área de constitución de las servidumbres necesarias y de ejercicio de las derechos consagrados en el párrafo precedente;

b) El desarrollo del negocio minero; y

c) El desarrollo de las actividades accesorias al negocio minero.

Artículo 2. Términos Empleados. Para todos los efectos del presente Tratado, los siguientes términos designan:

A) Negocio Minero: Conjunto de actividades civiles, comerciales o de otra naturaleza que se relacionan directamente con la adquisición, investigación, prospección, exploración y explotación de yacimientos o de concesiones y derechos mineros en general; con el beneficio de minerales y obtención, a partir de ellos, de productos y subproductos mediante su fundición, refinación u otros procesas; y con el transporte y comercialización de los mismos.

B) Actividad Accesoria: Toda otra actividad que sin tener intrínsecamente el carácter minero, está directamente relacionada con la operación y el desarrollo del negocio minero.

C) Inversión: Deberá entenderse en los términos definidos por el numeral 1 del articulo 1 del Acuerdo sobre Promoción y Protección Recíproca de Inversiones vigente entre ambas Partes, suscrito el 2 de agosto de 1991.

D) Inversionista: Los "nacionales" y "sociedades" que destinan recursos al negocio minero o a sus actividades accesorias en el ámbito del

Tratado. Los conceptos de "nacionales" y "sociedades" son empleados en el sentido que les asigna el Tratado entre la República de Chile y la República Argentina sobre Promoción y Protección Recíproca de Inversiones.

– El concepto "nacionales" designa:

a) Con referencia s la República de Chile: los chilenos en el sentido de la Constitución de la República de Chile.

b) Con referencia a la República Argentina: los argentinos en el sentido de las disposiciones legales vigentes en la República Argentina.

– El concepto "sociedades" designa todas las personas jurídicas, constituidas conforme con la legislación de una Parte y que tengan su sede en el territorio de dicha Parte, independientemente de que su actividad tenga o no fines de lucro.

E) Prospección:

a) Con referencia a la República de Chile significa: Trabajos geológicos mineros conducentes a examinar o evaluar el potencial de recursos mineros detectados.

b) Con referencia a la República Argentina significa: Conjunto de acciones y trabajos que permiten identificar, mediante la aplicación de una o mis técnicas de reconocimiento geológico, zonas de características favorables para la presencia de acumulaciones de minerales y yacimientos.

F) Exploración:

a) Con referencia a la República de Chile significa: Conjunto de acciones y trabajos que permiten identificar, mediante la aplicación de una o más técnicas de reconocimiento geológico, zonas de características favorables para la presencia de acumulaciones de minerales y yacimientos.

b) Con referencia a la República Argentina significa:

Trabajos geológicos mineros conducentes a examinar o evaluar el potencial de recursos mineros detectados.

G) Explotación: Extracción de sustancias minerales para su aprovechamiento económico.

H) Beneficio: Proceso en el cual se someten a tratamiento los minerales, con el objeto de concentrar las sustancias útiles, separándolas de las que carecen de significación económica.

I) Fundición: Proceso de fusión de minerales, concentrados o precipitados de éstos, can el objeto de separar el producto metálico que se desea obtener, de otros minerales que los acompañan.

J) Refinación: Proceso destinado a separar las sustancias consideradas impurezas, de un producto metálico obtenido por fundición o lixiviación, de la sustancia o metal que se desea obtener, ya sea mediante fundición o un proceso electroquímico.

K) Maquila o Transformación por Terceros: Actividad por la cual un producto minero es procesado en plantas de tratamiento pertenecientes a personas naturales o físicas y jurídicas distintas del propietario de dicho producto minero, el que paga con una porción de la producción o en dinero.

L) Área de Operaciones: Zona delimitada en el Protocolo Adicional Especifico correspondiente y en donde se desarrolla el negocio minero respectivo. En tal zona cada una de las Partes ejercerá los controles pertinentes, con las modalidades de facilitación fronteriza que dicho protocolo contemple.

M) Control Integrado: La actividad realizada en uno o mis lugares, utilizando procedimientos administrativos y operativos compatibles y semejantes en forma secuencial y, siempre que sea posible, simultánea, por los funcionarios de los distintos organismos de ambas Partes que intervienen en el Control.

Artículo 3. Ámbito de Aplicación. El Ámbito de Aplicación del Tratado es la zona definida por la vinculación de las coordenadas geográficas que figuran en el Anexo I.

La representación de los puntos que corresponden a los vértices de las coordenadas indicadas en el Anexo I, figura en el mapa referencial que constituye el Anexo II del presente Tratado.

Ambos Anexos constituyen parte integrante del presente Tratado.

El Ámbito de Aplicación excluye toda clase de espacios marítimos, territorios insulares, o el borde costero como se encuentra definido éste último en la legislación de cada Parte.

La extensión del Ámbito de Aplicación podrá realizarse por acuerdo entre las Partes, por el mismo procedimiento de entrada en vigor del presente Tratado.

Artículo 4. Trato Nacional. Dentro del ámbito de aplicación del presente Tratado y con relación a los derechos mineros y a las actividades mencionadas en el Artículo 1, ninguna de las Partes someterá a los inversionistas de la otra Parte, a un trato menos favorable que el otorgado a sus propios nacionales y sociedades.

Artículo 5. Protocolos Adicionales Específicos. Los inversionistas que requieran de las facilitaciones fronterizas, actividades transfronterizas, la constitución de servidumbres o el ejercicio de los derechos contemplados en el artículo 1, párrafo tercero, literal a), para el desarrollo de negocios mineros, deberán solicitarlos a la Comisión Administradora establecida en el artículo 18 del presente Tratado. La Comisión Administradora, previa evaluación, podrá recomendar a las Partes la adopción de Protocolos Adicionales Específicos, en los que se determinará el Área de Operaciones y los procedimientos que en cada caso correspondieren. Los Protocolos Adicionales Específicos entrarán en vigor en la fecha de su firma.

Las Partes podrán, cuando sea necesario, en los Protocolos Adicionales Específicos, determinar un área que exceda excepcionalmente el Ámbito de Aplicación del presente Tratado para la constitución de las servidumbres contempladas en el artículo 1.

Artículo 6. Facilitación Fronteriza. Las Partes, de acuerdo con sus respectivas legislaciones y para cada Protocolo Adicional Especifico, realizarán acciones de coordinación de sus organismos públicos competentes, de modo de facilitar a los inversionistas de ambas Partes el desarrollo del respectivo negocio minero.

Asimismo permitirán con ese objeto, el uso de toda clase de recursos naturales, insumos e infraestructura contemplado en el respectivo Protocolo Adicional Especifico, sin discriminación alguna, en relación con la nacionalidad chilena o argentina de los inversionistas.

Las Partes podrán establecer controles integrados para los procedimientos administrativos y operativos, con el fin de facilitar el acceso y la salida del Área de Operaciones en el territorio de una o ambas Partes.

Artículo 7. Aspectos Tributario y Aduaneros. Las Partes acuerdan que las personas físicas o jurídicas, domiciliadas, residentes o constituidas en el territorio de ellas, que se dediquen al negocio minero o actividades accesorias a él, al amparo de este Tratado, se sujetarán en lo relativo a la tributación interna que les afecte, a la legislación interna de cada Parte, o a el o los acuerdos específicos para evitar la doble tributación vigentes entre ellas, y a lo dispuesto en el presente artículo.

Asimismo, las Partes acuerdan que, exclusivamente para efectos tributarios y aduaneros no constituirá importación, exportación ni admisión o salida temporal, el movimiento de bienes provenientes de fuera del Área de Operaciones y que se realice dentro de dicha área definida como tal en el Protocolo Adicional Específico correspondiente - los que circularán libremente dentro de ella sujetos a las medidas de facilitación y coordinación que determinen los Servicios competentes. Se aplicarán las normas generales de importación o exportación, según sea el caso, toda vez que un bien salga del Área de Operaciones al territorio de un país diferente de aquel por el cual entró originalmente a dicha Área.

Las mercancías nacionales o nacionalizadas de una u otra Parte que ingresen al Área de Operaciones o salgan de la misma, no estarán afectas al pago de los derechos, impuestos, gravámenes y recargos de orden aduanero o tributario que pudieran afectar la destinación aduanera respectiva, siempre y cuando ese ingreso y salida se efectúe por el mismo territorio. Para los efectos del presente Tratado los ingresos y salidas referidos no constituirán importación o exportación, según proceda. Con todo las transacciones comerciales referentes a dichas mercancías que se lleven a cabo dentro de la citada Área, estarán afectas a los impuestos, derechos, y demora gravámenes aduaneros y tributarios de carácter general, según proceda.

Las mercancías extranjeras para ambas Partes que ingresen a dicha Área o salgan de la misma, se sujetarán a la legislación aduanera y tributaria general aplicable en una u otra Parte, según procede. Igualmente, las mercancías obtenidas o producidas en el Área de Operaciones se sujetarán a tales prescripciones generales de cada Parte en lo que correspondiere.

Cumplidas las exigencias dispuestas en los incisos precedentes, las mercancías referidas podrán circular libremente en las citadas Áreas, sujetas a las medidas de facilitación o coordinación que determinen los órganos y servicios competentes.

Las personas físicas domiciliadas o residentes y las personas jurídicas constituidas en el territorio de las Partes que desarrollen el negocio minero, quedarán obligadas a acreditar a las autoridades tributarias de la otra Parte que así lo solicitare, de acuerdo a los procedimientos técnicos normalmente utilizados en la actividad minera, el origen del mineral extraído, precisando qué cantidades provienen de una de las Partes y cuales del territorio de la otra. Asimismo, las Partes se obligan a dar las facilidades que resulten necesarias para que las autoridades tributarias y mineras de la otra Parte puedan verificar físicamente el cumplimiento de tales procedimientos.

Las rentas o ganancias originadas por ventas o exportación del mineral extraído del territorio de una Parte, perteneciente a la persona física domiciliada o residente, o a la persona jurídica constituida o radicada en ella, que desarrolle el negocio minero en la misma, sólo podrán ser sometidas a imposición por esa Parte, aún cuando al producirse esas transacciones el mineral se encuentre situado en el territorio de la otra Parte, por haber sido procesado en ella.

Las Partes acuerdan que los contratistas o subcontratistas contratados por una persona física o jurídica, domiciliada, residente o constituida, según corresponda, en el territorio de una de las Partes, que presten servicios en el territorio de la otra para los efectos de posibilitar la extracción del mineral ubicado en el territorio de la primera Parte, recibiendo exclusivamente contraprestaciones por su servicio de la persona física o jurídica contratante, sólo quedarán sometidos a la tributación interna de la Parte en la que se domicilie, resida o se haya constituido el contratante, respecto de tales servicios y de las rentas que generen.

Asimismo, las Partes acuerdan que igual criterio se aplicará -respecto de las actividades que las personas físicas o jurídicas, domiciliadas, residentes o constituidas en el territorio de una Parte, que desarrollen el negocio minero, realicen en el territorio de la otra con la misma finalidad.

De igual manera, el personal dependiente, que trabaje en el Área de Operaciones, quedará sujeto al régimen tributario del país en que se encuentra contratado, independientemente de sus desplazamientos físicos dentro del Área de Operaciones.

Tratándose de servicios no considerados en los párrafos anteriores que se presten en el Área de Operaciones o a las personas físicas o jurídicas que desarrollan el negocio minero en ella, las Partes acuerdan que sólo quedarán sujetos a los impuestos al consumo de la Parte en la que se realice la prestación.

Los problemas tributarios que pueda generar la aplicación del presente artículo, serán sometidos por la Comisión Administradora a consideración de las autoridades competentes del Convenio Bilateral para Evitar la Doble Imposición Internacional que se encuentre en vigor, a fin de que éstas los resuelvan de acuerdo con el procedimiento previsto en el mismo, aún cuando se refieran a tributos no incluidos en dicho Convenio.

Artículo 8. Regímenes Promocionales. Los negocios mineros que se desarrollen al amparo del presente Tratado gozaren, cuando corresponde, en cada Estado, de los beneficios y franquicias que las Partes establezcan, no obstante que los procesos involucrados en cada negocio minero, se realicen en los territorios de ambas Partes.

Artículo 9. Aspectos Previsionales. Lo relativo a la seguridad social se sujetare a lo dispuesto en el Convenio de Seguridad Social vigente entre las Partes y a la legislación nacional de cada una de ellas, en lo que sea aplicable.

Artículo 10. Aspectos Laborales. La legislación laboral aplicable será la del país donde el trabajador cumpla sus tareas, preste sus servicios o desarrolle efectivamente la actividad. Cuando las tareas se desarrollen indistintamente en ambos lados de la frontera se aplicará la ley del lugar de la celebración del contrato de trabajo. En caso de duda acerca de la legislación aplicable, prevalecerá el principio de la legislación más favorable al trabajador.

Artículo 11. Inversiones y Gastos Consecuenciales. Cualquier gasto de inversión y operación en que deban incurrir las Partes, sus empresas o instituciones, como consecuencia del desarrollo de un negocio minero, contemplado en el respectivo Protocolo Adicional Especifico, deberá ser asumido por el o los inversionistas que emprendan dicho negocio minero.

Artículo 12. Medio Ambiente. Las Partes aplicarán sus respectivas legislaciones nacionales sobre protección del medio ambiente, sometiendo las actividades mineras al Sistema de Evaluación de Impacto Ambiental en Chile y a la Declaración de Impacto Ambiental en la Argentina según corresponda.

Asimismo, las Partes promoverán el intercambio de información relevante, que tenga relación con los principales efectos ambientales de cada uno de los negocios mineros o actividades accesorias, comprendidas en el presente Tratado.

Artículo 13. Salud de las Personas. Las Partes aplicarán en el ámbito de la salud de las personas, en las áreas de la salud en general y laboral, las disposiciones de sus legislaciones vigentes. Sin perjuicio de ello, en caso de existir diferencias entre éstas, se deberán adoptar las normas de mayor nivel de exigencia.

Asimismo, las Partes aplicarán su legislación nacional en materias sanitarias relativas a alimentos, productos farmacéuticos, salud ambiental, manejo de productos químicos, y otros.

Las Partes intercambiarán toda información sanitaria relevante que tenga relación o se produzca a raíz del desarrollo de los proyectos mineros comprendidos en el presente Tratado.

Las empresas titulares de los proyectos mineros comprendidos en el presente Tratado serán responsables de pagar los gastos por atenciones de salud de sus trabajadores y de los de las empresas contratistas o subcontratistas que empleen en el negocio minero respectivo, que les sean otorgadas en los establecimientos asistenciales de la Parte a cuya legislación sanitaria o previsional no se encuentren afectos, cuando sean trasladados a ellos para ese efecto a petición de la empresa.

Las Partes permitirán el desarrollo de su actividad, dentro del Área de Operaciones del proyecto minero, a los profesionales y técnicos del área de la salud que se encuentren autorizados para tal ejercicio según la legislación de la otra Parte en todos aquellos casos o circunstancias que pongan en peligro la vida o la salud de las personas que se encuentren en el Área de Operaciones.

Artículo 14. Recursos Hídricos Compartidos. La utilización de los recursos hídricos compartidos, para todos los efectos del presente Tratado, deberá llevarse a cabo de conformidad con les normas de derecho internacional sobre la materia y, en especial, de conformidad con el "Acta de Santiago sobre Cuencas Hidrológicas" de 26 de junio de 1971, del "Tratado sobre Medio Ambiente" entre la República de Chile y la República Argentina firmado el 2 de agosto de 1991 y del "Protocolo Especifico Adicional sobre Recursos Hídricos Compartidos entre la República de Chile y la República Argentina" de la misma fecha.

Artículo 15. Preservación de la Demarcación Limítrofe. Las empresas que operen en virtud del presente Tratado, no podrán efectuar trabajos que afecten los hitos o alteren cursos y divisorias de aguas u otros accidentes geográficos que determinar el límite internacional entre las Partes. Cualquier situación especial que pudiera plantearse en relación con esta materia, deberá ser consultada can los Ministerios de Relaciones Exteriores de ambas Partes a fin de que, con intervención de la Comisión Mixta de Limites, sea debidamente considerada. Los gastos de la Comisión Mixta que puedan ser necesarios para atender estos casos, serán sufragados por las empresas interesadas.

Los Ministerios de Relaciones Exteriores, a través de la Comisión Mixta de Limites, serán competentes para conocer de cualquier consulta o requerimiento relativo a la determinación precisa de la traza limítrofe, que realicen las Partes, para efectos de la aplicación del presente Tratado.

Artículo 16. Cese y Suspensión del Negocio Minero. Las Partes acuerdan que, una vez que concluya por cualquier causa el negocio minero acogido a las disposiciones del Tratado, los bienes inmuebles adquiridos para el desarrollo de dicha actividad continuarán sujetos a las normas jurídicas de cada Parte.

La Comisión Administradora podré, a solicitud del inversionista, suspender por tiempo definido y renovable las facilitaciones fronterizas otorgadas por un Protocolo Adicional Especifico, en la medida que el negocio minero lo requiera y así el inversionista lo demuestre. EL inversionista podrá solicitar la renovación de la suspensión de las facilitaciones fronterizas, con una anterioridad de, a lo menos, treinta días antes de la fecha de término del plazo de suspensión otorgado por la Comisión Administradora. En caso que el o los inversionistas lo requieran, deberán solicitar la reanudación de las facilitaciones fronterizas suspendidas, con una antelación de treinta días, como mínimo, antes de la fecha de término del periodo de suspensión que se les hubiere concedido.

Si el inversionista no solicita la renovación del periodo de suspensión de las facilitaciones fronterizas otorgado por la Comisión Administradora, como tampoco pide la reanudación de tales facilitaciones, dentro de los plazos precedentemente señalados, se tendrá por terminado el Protocolo Adicional Especifico.

Artículo 17. Excepciones Generales. Ninguna disposición del presente Tratado será interpretada en el sentido de impedir que una de las Partes adopte o aplique medidas de conformidad con el articulo 50 del Tratado de Montevideo 1980 o con el articulo XX del Acuerdo General sobre Aranceles Aduaneros y Comercio de 1994.

Artículo 18. Administración y Evaluación del Tratado. La administración y evaluación del Tratado, estará a cargo de una Comisión Administradora, integrada por representantes de los Ministerios de Relaciones

Exteriores de la República de Chile y de Relaciones Exteriores, Comercio Internacional y Culto de la República de Argentina y del Ministerio de Minería de la República de Chile y de la Secretaria de Industrie, Comercio y Minería de la República Argentina. La Comisión Administradora podrá convocar, a los representantes de los organismos públicos competentes cuando así lo requiera.

Dicha Comisión se constituirá dentro de los seis (6) meses a partir de la fecha de entrada en vigencia del Tratado y en su primera reunión establecerá su reglamento interno.

La Comisión Administradora adoptará sus decisiones de común

La Comisión Administradora del Tratado tendrá, entre otras, las siguientes funciones:

a) Implementar los mecanismos necesarios para garantizar la ejecución del Tratado;

b) Desarrollar las acciones pertinentes conducentes a la suscripción de los Protocolos Adicionales Específicos en los negocios mineros que así lo requieran, velando por su debida aplicación,

c) Efectuar recomendaciones a través de los Ministerios de Relaciones Exteriores de la República de Chile y de Relaciones Exteriores, Comercio Internacional y Culto de la República de Argentina, a las autoridades y organismos competentes en la materia de que se trate, con respecto a los problemas que pudieren surgir en la aplicación de las disposiciones del presente Tratado,

d) Participar en la solución de controversias en conformidad con lo previsto en los artículos 19 y 20 del presente Tratado, y

e) Cumplir con las demás tareas que se encomienden a la Comisión Administradora, en virtud de las disposiciones de este Tratado, sus Protocolos Adicionales, Protocolos Adicionales Específicos y otros instrumentos que se deriven del mismo.

Artículo 19. Solución de Controversias entre las Partes. Las Controversias que pudieren surgir entre las Partes sobre la interpretación, aplicación o incumplimiento del Tratado, sus Protocolos Adicionales, Protocolos Adicionales Específicos y otros instrumentos que de él se deriven, deberán, en lo posible, dirimirse por medio de negociaciones directas realizadas a través de la Comisión Administradora.

Si mediante dichas negociaciones directas no se llegare a una solución, dentro del término de ciento ochenta días corridos a contar de la fecha en que una de las Partes haya comunicado por escrito a la otra su intención de someter la controversia a la referida instancia, la recurrente podré someterla a consideración del Consejo de Complementación Económica, conforme al procedimiento previsto por los artículos 42 y siguientes del Capítulo III del Segundo Protocolo Adicional del ACE N° 16, concertado entre Chile y Argentina.

Artículo 20. Solución de Controversias entre una Parte y un Inversionista de la otra Parte. El Tratado de Promoción y Protección Recíproca de Inversiones, suscrito entre la República de Chile y la República Argentina, con fecha 2 de agosto de 1991 y actualmente vigente, se aplicará a las controversias que surjan entre una Parte e inversionistas de la otra Parte.

Artículo 21. Incorporación de Protocolos. Los Protocolos Adicionales que regulan los negocios mineros desarrollados por inversionistas de cualquiera de las Partes que se hubieren suscrito al amparo del ACE 16, se incorporarán al presente Tratado, a partir de su entrada en vigor.

Artículo 22. Entrada en Vigor y Duración. El presente Tratado será ratificado por las Partes y entrará en vigor en la fecha del canje de los instrumentos de ratificación. Este Tratado tendrá una duración indefinida.

Artículo 23. Denuncia. Transcurridos treinta años de su vigencia, cualquiera de las Partes podrá denunciar —por la vía diplomática— el presente Tratado, no pudiendo surtir efecto dicha denuncia antes de transcurridos tres años de efectuada.

Con respecto a las inversiones efectuadas con anterioridad a la fecha en que se hiciere efectivo el aviso de terminación de este Tratado, sus disposiciones permanecerán en vigor hasta el cese del negocio minero objeto de la inversión.

Hecho en Antofagasta, República de Chile y San Juan República Argentina, el 29 de diciembre de 1997 en dos originales, siendo ambos igualmente auténticos.

Por el gobierno de la República de Chile.- Por el Gobierno de la República de Argentina.- Conforme con su, original.- Cristián Barros Melet, Embajador, Subsecretario de Relaciones Exteriores, Subrogante.

LEY Nº 21.591. SOBRE ROYALTY A LA MINERÍA, PROMULGADA 3 DE AGOSTO DEL 2023[4]

Teniendo presente que el H. Congreso Nacional ha dado su aprobación al siguiente proyecto de ley que tuvo su origen en moción de los exdiputados Esteban Velásquez Núñez, Marcelo Schilling Rodríguez, Pedro Velásquez Seguel y Pablo Vidal Rojas; de las diputadas Daniella Cicardini Milla y Catalina Pérez Salinas; del diputado Jaime Mulet Martínez, y de las exdiputadas Natalia Castillo Muñoz y Alejandra Sepúlveda Órbenes,

TÍTULO PRIMERO

Artículo 1.- Establécese un impuesto denominado Royalty Minero, que se regirá por las siguientes normas.

Los explotadores mineros se sujetarán a los componentes del impuesto contenidos en los artículos 2, 3 o 4, según su nivel de ventas y los minerales explotados. La suma de estos componentes corresponderá al Royalty Minero al que aquéllos se encuentran sujetos, según corresponda.

Para los efectos de esta ley se entenderá por:

1. Explotador minero: toda persona natural o jurídica que extraiga sustancias minerales de carácter concesible y las venda en cualquier estado productivo en que se encuentren.

2. Producto minero: la sustancia mineral de carácter concesible ya extraída, haya o no sido objeto de beneficio, en cualquier estado productivo en que se encuentre.

3. Venta: todo acto jurídico celebrado por el explotador minero que tenga por finalidad o pueda producir el efecto de transferir la propiedad de un producto minero.

4. Ingresos operacionales mineros: todos los ingresos determinados de conformidad a lo establecido en el artículo 29 de la Ley sobre Impuesto a la Renta, deducidos aquellos que no provengan directamente de la venta

---

[4] Publicada con fecha 10 de agosto del 2023. Última versión 1 de enero 2023.

de productos mineros, con excepción de los conceptos señalados en la letra 3) del número 4 del artículo 6[5].

5. Renta imponible operacional minera ajustada (RIOMA): la renta líquida imponible del contribuyente, determinada conforme a los artículos 29 a 33 de la Ley sobre Impuesto a la Renta, y ajustada según dispone el artículo 6.

6. Margen operacional minero (MOM): el cociente que resulte de dividir la renta imponible operacional minera ajustada por los ingresos operacionales mineros del contribuyente, multiplicado por cien.

Artículo 2.- Establécese un componente ad valorem del Royalty Minero con una tasa de un 1%, sobre las ventas anuales de cobre de los explotadores mineros cuyas ventas anuales sean superiores al equivalente de 50.000 toneladas métricas de cobre fino.

Cuando en un ejercicio comercial la renta imponible operacional minera ajustada resulte negativa, el componente ad valorem a pagar corresponderá a la cantidad positiva que resulte de restar al componente ad valorem determinado según este artículo el monto negativo de la renta imponible operacional minera ajustada.

Artículo 3.- Los explotadores mineros cuyas ventas anuales provengan en más de un 50% de cobre y superen el valor equivalente a 50.000 toneladas métricas de cobre fino quedarán sujetos al componente del Royalty Minero denominado "componente sobre el margen minero", aplicado sobre la renta imponible operacional minera ajustada del explotador minero. La tasa estará determinada según el margen operacional minero del respectivo ejercicio, de acuerdo con las siguientes reglas:

1. Si el margen operacional minero es igual o inferior a 20, la tasa aplicable ascenderá a 8%.

2. Cuando el margen operacional minero sea superior a 20 e igual o menor a 45, la tasa será el resultado de aplicar:. En este caso la tasa efectiva máxima no superará un 12%

---

5 Número modificado por Ley 21647. Art. 80 N° 1. D.O. 23.12.2023.

3. Cuando el margen operacional minero sea superior a 45 e igual o menor a 60, la tasa será el resultado de aplicar: En este caso la tasa efectiva máxima no superará un 26%.

4. Cuando el margen operacional minero sea superior a 60, se deberá aplicar una tasa del 26%.

El componente sobre el margen minero no será aplicable cuando la renta imponible operacional minera ajustada determinada en un ejercicio sea negativa.

Artículo 4.- Los explotadores mineros a quienes no les sean aplicables las disposiciones contenidas en el artículo 3 se sujetarán a las siguientes tasas aplicadas sobre la renta imponible operacional minera ajustada:

1. Aquellos cuyas ventas anuales no excedan al valor equivalente a 12.000 toneladas métricas de cobre fino, estarán exentos del componente de este artículo.

2. A aquellos cuyas ventas anuales sean superiores al valor equivalente a 12.000 toneladas métricas de cobre fino y no excedan al valor equivalente a 50.000 toneladas métricas de cobre fino, se aplicará una tasa equivalente al promedio por tonelada de lo que resulte de aplicar lo siguiente:

a) Sobre la parte que exceda al valor equivalente a 12.000 toneladas métricas de cobre fino y no sobrepase el equivalente a 15.000 toneladas métricas de cobre fino, 0,4%.

b) Sobre la parte que exceda al valor equivalente a 15.000 toneladas métricas de cobre fino y no sobrepase el equivalente a 20.000 toneladas métricas de cobre fino, 0,9%.

c) Sobre la parte que exceda al valor equivalente a 20.000 toneladas métricas de cobre fino y no sobrepase el equivalente a 25.000 toneladas métricas de cobre fino, 1,4%.

d) Sobre la parte que exceda al valor equivalente a 25.000 toneladas métricas de cobre fino y no sobrepase el equivalente a 30.000 toneladas métricas de cobre fino, 1,9%.

e) Sobre la parte que exceda al valor equivalente a 30.000 toneladas métricas de cobre fino y no sobrepase el equivalente a 35.000 toneladas métricas de cobre fino, 2,4%.

f) Sobre la parte que exceda al valor equivalente a 35.000 toneladas métricas de cobre fino y no sobrepase el equivalente a 40.000 toneladas métricas de cobre fino, 2,9%.

g) Sobre la parte que exceda al valor equivalente a 40.000 toneladas métricas de cobre fino y no sobrepase el equivalente a 50.000 toneladas métricas de cobre fino, 4,4%.

3. A aquellos explotadores mineros cuyas ventas anuales excedan al valor equivalente a 50.000 toneladas métricas de cobre fino, se les aplicará la tasa correspondiente al margen operacional minero del respectivo ejercicio, de acuerdo con las siguientes reglas:

a) Si el margen operacional minero es igual o inferior a 35, la tasa aplicable ascenderá a 5%.

b) Sobre la parte del margen operacional minero que exceda de 35 y no sobrepase de 40, la tasa aplicable ascenderá a 8%.

c) Sobre la parte del margen operacional minero que exceda de 40 y no sobrepase de 45, la tasa aplicable ascenderá a 10,5%.

d) Sobre la parte del margen operacional minero que exceda de 45 y no sobrepase de 50, la tasa aplicable ascenderá a 13%.

e) Sobre la parte del margen operacional minero que exceda de 50 y no sobrepase de 55, la tasa aplicable ascenderá a 15,5%.

f) Sobre la parte del margen operacional minero que exceda de 55 y no sobrepase de 60, la tasa aplicable ascenderá a 18%.

g) Sobre la parte del margen operacional minero que exceda de 60 y no sobrepase de 65, la tasa aplicable ascenderá a 21%.

h) Sobre la parte del margen operacional minero que exceda de 65 y no sobrepase de 70, la tasa aplicable ascenderá a 24%.

i) Sobre la parte del margen operacional minero que exceda de 70 y no sobrepase de 75, la tasa aplicable ascenderá a 27,5%.

j) Sobre la parte del Margen Operacional Minero que exceda de 75 y no sobrepase de 80, la tasa aplicable ascenderá a 31%.

k) Sobre la parte del Margen Operacional Minero que exceda de 80 y no sobrepase de 85, la tasa aplicable ascenderá a 34,5%.

l) Si el margen operacional minero excede de 85, la tasa aplicable será de 14%.

Artículo 5.- Para determinar el Royalty Minero al cual se encuentra sujeto un explotador minero por la aplicación de los artículos 2, 3, 4 y 8 se deberá estar a las siguientes reglas:

1. Se deberá considerar el promedio de las ventas anuales de los últimos seis ejercicios comerciales, calculadas según el número 2 de este artículo. Si el explotador minero registra ventas por menos de seis ejercicios, el promedio se calculará considerando los años desde el primer ejercicio en que registre ventas.

2. Se deberá considerar el valor total de venta de los productos mineros del conjunto de personas relacionadas con el explotador minero, que también puedan ser considerados explotadores mineros de acuerdo con el número 1 del inciso tercero del artículo 1 y que realicen dichas ventas.

Se entenderá por personas relacionadas aquellas a las que se refiere el número 17 del artículo 8 del Código Tributario. Para estos efectos, lo dispuesto en dicha norma se aplicará incluso en el caso que la persona relacionada sea un establecimiento permanente, un fondo o, en general, cualquier contribuyente.

3. El valor de una tonelada métrica de cobre fino se determinará de acuerdo con el valor promedio del precio que el cobre Grado A haya presentado durante el ejercicio respectivo en la Bolsa de Metales de Londres. La Comisión Chilena del Cobre deberá publicar este valor, en moneda nacional, dentro de los primeros treinta días de cada año.

4. Se entenderá por precio por libra de cobre el promedio anual registrado según las cotizaciones de la Bolsa de Metales de Londres durante el ejercicio respectivo. Para tales efectos, el Ministerio de Hacienda publicará dentro de los primeros treinta días de cada año el precio promedio anual de la libra de cobre, en dólares y en moneda nacional, mediante resolución.

Artículo 6.- Para efectos de lo establecido en los artículos 2, 3 y 4, se entenderá por renta imponible operacional minera ajustada el resultado de efectuar los siguientes ajustes al cálculo de la renta líquida imponible, determinada conforme a los artículos 29 a 33 de la Ley sobre Impuesto a la Renta:

1. Se agregará a la base imponible el gravamen contenido en el artículo 3 o 4, según corresponda.

2. Se deducirán todos aquellos ingresos que no provengan directamente de la venta de productos mineros.

3. Se agregarán los gastos y costos necesarios para producir los ingresos a que se refiere el número 2 precedente. Deberán, asimismo, agregarse los gastos de imputación común del explotador minero que no sean asignables exclusivamente a un determinado tipo de ingresos, en la misma proporción que representen los ingresos a que se refiere el número precedente respecto del total de los ingresos brutos del explotador minero.

4. Se agregarán, en caso de que se hayan deducido, las siguientes partidas contenidas en el artículo 31 de la Ley sobre Impuesto a la Renta:

a) Los intereses referidos en el número 1 de dicho artículo.

b) Las pérdidas de ejercicios anteriores a que hace referencia el número 3 del referido artículo.

c) Los cargos por depreciación acelerada de activos fijos.

d) La diferencia, de existir, que se produzca entre la deducción de gastos de organización y puesta en marcha, a la que se refiere el número 9 del referido artículo amortizados en un plazo inferior a seis años; y la proporción que hubiese correspondido deducir por la amortización de dichos gastos en partes iguales, en el plazo de seis años. La diferencia que resulte de aplicar lo dispuesto en esta letra se amortizará en el tiempo que reste para completar, en cada caso, los seis ejercicios.

e) La contraprestación que se pague en virtud de un contrato de avío, compraventa de minerales, arrendamiento o usufructo de una pertenencia minera, o cualquier otro que tenga su origen en la entrega de la explotación de un yacimiento minero a un tercero. También deberá agregarse aquella parte del precio de la compraventa de una pertenencia minera que haya sido pactado como un porcentaje de las ventas de productos mineros o de las utilidades del comprador.

5. Se deducirá la cuota anual de depreciación por los bienes físicos del activo inmovilizado que haya correspondido de no aplicarse el régimen de depreciación acelerada.

Este artículo no obsta lo preceptuado en los artículos 64 del Código Tributario y 41 E de la Ley sobre Impuesto a la Renta.

Artículo 7.- Los explotadores mineros obligados al pago de este Royalty Minero deberán efectuar un pago provisional mensual que corresponderá a un porcentaje sobre los ingresos brutos percibidos o devengados que provengan de las ventas de productos mineros.

El porcentaje aludido en el inciso anterior se establecerá sobre la base del promedio ponderado de los porcentajes que el explotador minero debió aplicar a los ingresos brutos mensuales del ejercicio comercial inmediatamente anterior, debidamente incrementado o disminuido por la diferencia porcentual que se produzca entre el monto total de los pagos provisionales obligatorios establecidos en el presente artículo, actualizados conforme al artículo 95 de la Ley sobre Impuesto a la Renta, y el monto total del Royalty Minero que debió pagarse en el ejercicio anterior, sin considerar el reajuste del artículo 72 de la Ley sobre Impuesto a la Renta. Si la diferencia porcentual fuera negativa, se incrementará el promedio de los porcentajes de pagos provisionales en el mismo porcentaje. En caso contrario, dicha diferencia porcentual disminuirá en igual porcentaje el promedio aludido.

En los casos que el porcentaje aludido en el inciso anterior no pueda ser determinable, por no haberse producido renta imponible operacional minera ajustada en el ejercicio anterior o por tratarse del primer ejercicio comercial que se afecte con el Royalty Minero, o por otra circunstancia, la tasa de este pago provisional será de 0,3%.

Los pagos provisionales mensuales deberán ser reajustados trimestralmente según la variación del precio promedio de la libra de cobre. Para estos efectos, el Ministerio de Hacienda, mediante resolución, fijará el precio promedio de la libra de cobre para cada trimestre en base al valor de cotización en la Bolsa de Metales de Londres del trimestre inmediatamente anterior. Emitida la resolución, los contribuyentes deberán ajustar sus pagos provisionales mensuales, incrementándolos o reduciéndolos, en proporción a la variación entre el precio promedio del trimestre anterior y el último precio promedio publicado por el Ministerio de Hacienda.

Estos pagos provisionales mensuales deberán ser realizados dentro del mes siguiente al de obtención de los ingresos, conjuntamente con el pago de los pagos provisionales mensuales obligatorios establecidos en la Ley sobre Impuesto a la Renta.

El artículo 90 de la Ley sobre Impuesto a la Renta será también aplicable a los explotadores mineros gravados con los impuestos señalados en esta ley, pero la suspensión de los pagos provisionales sólo procederá en el caso que la renta imponible operacional minera ajustada a que se refiere el artículo 6, anual o trimestral según corresponda, no exista o resulte negativo el cálculo que allí se establece.

En lo no dispuesto en este artículo serán aplicables las disposiciones de los artículos 84 y siguientes de la Ley sobre Impuesto a la Renta.

Artículo 8.- Establécese un límite de carga tributaria máxima potencial a los explotadores mineros afectos al Royalty Minero, equivalente a un 46,5% de la renta imponible operacional minera ajustada, en los siguientes términos.

Para determinar la carga tributaria máxima potencial se considerará el impuesto establecido en esta ley y el impuesto a la renta, según las siguientes definiciones y procedimiento:

a) Por concepto de impuesto de primera categoría se deberá considerar el impuesto de primera categoría pagado en el correspondiente ejercicio, determinado según las normas establecidas en la Ley sobre Impuesto a la Renta.

b) Por concepto de impuestos finales se considerará un valor tal que, incluyendo el impuesto de primera categoría determinado según la letra a) anterior, implique una carga tributaria de 35% aplicada sobre la renta líquida imponible, determinada según las normas de la Ley sobre Impuesto a la Renta.

c) Por concepto de Royalty Minero se considerará el impuesto determinado por aplicación de los artículos 2, 3 y 4, según corresponda.

La suma de los valores indicados deberá ser comparada con el límite de carga tributaria máxima potencial, cuyo valor corresponde al 46,5% de la renta imponible operacional minera ajustada, determinada según el artículo 6. En caso de que el monto correspondiente al límite de carga tributaria máxima potencial sea inferior, el impuesto establecido en esta ley se verá ajustado, de forma que el monto a declarar y pagar sea igual al valor del límite de carga tributaria máxima potencial. Si el límite de carga tributaria máxima potencial fuera un monto mayor, no se realizarán ajustes.

Con todo, el límite de carga tributaria máxima potencial será de un 45,5% para los explotadores mineros cuyas ventas, determinadas según el artículo 5, sean hasta el equivalente a 80.000 toneladas métricas de cobre fino.

Artículo 9.- El impuesto establecido en esta ley se devengará anualmente y deberá ser declarado y pagado en el plazo señalado en el artículo 69 de la Ley sobre Impuesto a la Renta

Artículo 10.- Los explotadores mineros sujetos al Royalty Minero establecido en esta ley deberán remitir a la Comisión para el Mercado Financiero sus estados financieros anuales, individuales y consolidados, auditados por una empresa de auditoría externa regulada por la ley N°18.045, de Mercado de Valores, los que deberán incluir una nota con información sobre la propiedad de la entidad. Además, deberán remitir a esa Comisión sus estados financieros trimestrales, individuales y consolidados.

La Comisión, mediante norma de carácter general, establecerá los plazos y las demás reglas pertinentes para la implementación de esta obligación.

Si una empresa no da cumplimiento a la presentación de la información señalada, conforme a los plazos y reglas que prescriba la Comisión, quedará sujeta a las sanciones establecidas en el decreto ley N°3.538, de 1980, las que se tramitarán conforme al procedimiento simplificado establecido en el Párrafo 3 del Título IV del mencionado decreto ley.

Artículo 11.- Esta ley no afectará a los pequeños mineros, mineros artesanales ni pirquineros, entendidos como:

a) Pequeños mineros: aquellas personas naturales o jurídicas con objeto minero, que en forma individual venden o benefician hasta 10.000 toneladas mensuales de minerales o su equivalente en productos mineros. Para el caso de la extracción minera, los productores de este sector podrán ser propietarios o arrendatarios válidamente acreditados de la correspondiente pertenencia minera, y la extracción corresponderá a actividades realizadas en virtud de concesiones de explotación.

b) Mineros artesanales: aquellas personas que trabajan personalmente una mina y/o una planta de beneficio de minerales, propias o ajenas, con o sin la ayuda de su familia y/o con un máximo de cinco dependientes asalariados. Se comprenden también en esta denominación las sociedades legales mineras que no tengan más de seis socios, y las cooperativas mineras, siempre que los socios o cooperados tengan el carácter de mineros artesanales.

c) Pirquineros: aquellas personas que realizan las labores de extracción de mineral sin condiciones ni sistema determinado, generalmente en forma rústica y de manera independiente.

Artículo 12.- En lo no previsto en esta ley serán aplicables, según corresponda, las disposiciones del Código Tributario.

Corresponderá al Servicio de Impuestos Internos la aplicación y fiscalización del impuesto establecido en esta ley, así como la interpretación de sus disposiciones. Podrá impartir instrucciones y dictar órdenes al efecto, conforme al artículo 6 del Código Tributario.

Artículo 13.- Créase un Fondo Regional para la Productividad y el Desarrollo, en adelante el Fondo, cuyos recursos se destinarán al financiamiento de los gobiernos regionales a través de sus presupuestos de inversión, de conformidad a lo establecido en esta ley. Este Fondo se distribuirá según las mismas reglas del Fondo Nacional de Desarrollo Regional, dispuesto en el artículo 74 de la ley Nº19.175, orgánica constitucional sobre Gobierno y Administración Regional, cuyo texto refundido, coordinado, sistematizado y actualizado fue fijado en el decreto con fuerza de ley Nº1, de 2005, del Ministerio del Interior.

Los recursos que se distribuyan con cargo a este Fondo se destinarán al financiamiento de inversión productiva, esto es, proyectos, planes y programas que tengan por objeto el fomento de actividades productivas, de desarrollo regional y la promoción de la investigación científica y tecnológica, en línea con la estrategia regional de desarrollo, las prioridades estratégicas regionales en materia de fomento de las actividades productivas y la Política Regional de Ciencia, Tecnología, Conocimiento e Innovación para el Desarrollo.

Los gobiernos regionales estarán facultados para realizar transferencias a los municipios que conforman la región, con cargo a este Fondo.

El Fondo estará constituido por los recursos que para este objeto contemple anualmente la Ley de Presupuestos del Sector Público.

Mediante uno o más decretos supremos del Ministerio de Hacienda se regulará la administración, operación, condiciones, destino y distribución de los recursos de este Fondo.

Artículo 14.- Modifícase el decreto ley N°824, que aprueba texto que indica de la Ley sobre Impuesto a la Renta, del siguiente modo:

1. Reemplázase en el número 2 del inciso cuarto del artículo 31 la expresión "establecido en el artículo 64 bis en el ejercicio en que se devengue, ni de bienes raíces", por la voz "territorial".

2. Deróganse los artículos 64 bis y 64 ter.

3. Reemplázase el número 2 del artículo 65 por el siguiente:

"2. Los contribuyentes gravados con el impuesto contenido en la Ley sobre Royalty a la Minería.".

4. Elimínase la letra h) del artículo 84.

5. Suprímese el inciso final del artículo 90.

6. Sustitúyese el número 2 del artículo 93 por el siguiente:

"2. Impuesto establecido en la Ley sobre Royalty a la Minería.".

7. Sustitúyese el número 2 del artículo 94 por el siguiente:

"2. Impuesto establecido en la Ley sobre Royalty a la Minería.".

Artículo 15.- Reemplázase en la letra n) del artículo 2 del decreto ley N°1.349, de 1976, que crea la Comisión Chilena del Cobre, cuyo texto refundido, coordinado y sistematizado fue fijado en el decreto con fuerza de ley N°1, de 1987, del Ministerio de Minería, la frase "impuesto específico a la actividad minera, a que se refiere el artículo 64 bis de la Ley sobre Impuesto a la Renta", por la siguiente: "impuesto que establece la Ley sobre Royalty a la Minería".

Artículo 16.- Introdúcense en el inciso tercero del artículo 14 de la ley N° 18.695, orgánica constitucional de Municipalidades, cuyo texto refundido, coordinado y sistematizado fue fijado en el decreto con fuerza de ley N°1, de 2006, del Ministerio del Interior, las siguientes modificaciones:

1. Reemplázase en los numerales 1, 2, 3 y 4 el punto y coma con que terminan, por un punto y aparte.

2. Reemplázase en el número 5 la expresión ", y" por un punto y aparte.

3. Agréganse los siguientes números 7 y 8:

"7. Un aporte fiscal adicional que consultará la Ley de Presupuestos del Sector Público a favor de aquellas comunas pertenecientes a regiones mineras donde se ubiquen las siguientes actividades asociadas a explotadores mineros sujetos al Royalty Minero: refinerías; fundiciones; yacimientos y depósitos de relaves activos que puedan generar un impacto significativo sobre la salud de la población, según determine el reglamento del Fondo Común Municipal. Además, será destinado a comunas pertenecientes a regiones mineras donde se ubiquen relaves abandonados de carácter prioritario por encontrarse cercanos a la población y que tengan el potencial de generar un impacto significativo sobre la salud de ésta; o puertos cuya actividad esté asociada mayoritariamente a la actividad minera, ambos según determine el reglamento del Fondo Común Municipal.

Para estos efectos, se entenderá por regiones mineras aquellas cuyo producto interno bruto minero regional, excluyendo la minería de petróleo y gas natural, represente más de un 2,5% del producto interno bruto minero nacional y de su producto interno bruto regional.

8. Un aporte fiscal cuyo monto será equivalente en pesos a 2.500.000 unidades tributarias mensuales a favor de aquellas comunas que presenten una mayor dependencia del Fondo Común Municipal o pertenezcan al grupo con menos ingresos propios a nivel nacional.".

Artículo 17.- Modifícase el decreto ley N°3.063, de 1979, sobre rentas municipales, cuyo texto refundido y sistematizado fue fijado en el decreto N°2.385, de 1996, del Ministerio del Interior, del siguiente modo:

1. En el artículo 35:

a) Reemplázase en la letra b) el guarismo "218.000" por "1.052.000".

b) Agréganse las siguientes letras c) y d):

"c) El aporte adicional que consulte anualmente la Ley de Presupuestos del Sector Público a favor de aquellas comunas pertenecientes a regiones mineras donde se ubiquen las siguientes actividades asociadas a explotadores mineros sujetos al Royalty Minero: refinerías; fundiciones; yacimientos y depósitos de relaves activos que puedan generar un impacto significativo sobre la salud de la población, según determine el reglamento del Fondo Común Municipal. Además, será destinado a comunas pertenecientes a regiones mineras donde se ubiquen relaves abandonados de carácter prioritario por encontrarse cercanos a la población y que tengan el potencial de generar un impacto significativo sobre la salud de ésta; o puertos cuya actividad esté asociada mayoritariamente a la actividad minera, ambos según determine el reglamento del Fondo Común Municipal.

Para estos efectos, se entenderá por regiones mineras aquellas cuyo producto interno bruto minero regional, excluyendo la minería de petróleo y gas natural, represente más de un 2,5% del producto interno bruto minero nacional y de su producto interno bruto regional.

d) Un aporte fiscal cuyo monto será equivalente en pesos a 2.500.000 unidades tributarias mensuales a favor de aquellas comunas que presenten una mayor dependencia del Fondo Común Municipal o pertenezcan al grupo con menos ingresos propios a nivel nacional.".

c) Agrégase el siguiente inciso segundo:

"Los aportes a que refiere este artículo serán de libre disposición y podrán utilizarse sin límites temporales.".

2. Reemplázase, en el artículo 36 la expresión "refiere el artículo 38.-" por "refieren los artículos 38, 38 bis y 38 ter".

3. En el artículo 38:

a) Reemplázase en el inciso primero la expresión "refiere el artículo 14" por "refieren los números 1 a 6 del inciso tercero del artículo 14".

b) Agrégase en el inciso segundo la siguiente oración final: "Sólo para efectos del cálculo de este indicador, se considerará como ingreso propio permanente el aporte que se reciba en virtud de la letra c) del artículo 35, si corresponde.".

c) Intercálase en el inciso quinto a continuación de la expresión "Fondo Común Municipal", la frase "al que refiere el inciso primero".

4. Agréganse los siguientes artículos 38 bis y 38 ter:

"Artículo 38 bis.- El aporte al Fondo Común Municipal a que se refiere el número 7 del artículo 14 de la ley N°18.695, orgánica constitucional de Municipalidades, será destinado exclusivamente a aquellas comunas pertenecientes a regiones mineras donde se ubiquen las siguientes actividades asociadas a explotadores mineros sujetos al Royalty Minero: refinerías; fundiciones; yacimientos y depósitos de relaves activos que puedan generar un impacto significativo sobre la salud de la población, según determine el reglamento del Fondo Común Municipal. Además, será destinado a comunas pertenecientes a regiones mineras donde se ubiquen relaves abandonados de carácter prioritario por encontrarse cercanos a la población y que tengan el potencial de generar un impacto significativo sobre la salud de ésta; o puertos cuya actividad esté asociada mayoritariamente a la actividad minera, ambos según determine el reglamento del Fondo Común Municipal.

El Ministerio de Hacienda, previo informe de la Comisión Chilena del Cobre, publicará anualmente, a más tardar en el mes de noviembre, las comunas que cumplen con los requisitos para ser beneficiarias de este aporte fiscal.

El aporte se determinará en la Ley de Presupuestos del Sector Público de cada año y se distribuirá entre las comunas antedichas de acuerdo con los siguientes indicadores:

1. Un porcentaje se distribuirá en partes iguales entre las comunas beneficiarias.

2. Un porcentaje determinado en el reglamento del Fondo Común Municipal se distribuirá de acuerdo al nivel de incidencia de la actividad minera sobre la población de la comuna, previo informe de la Comisión Chilena del Cobre. Se considerarán, entre otros, la cantidad de yacimientos

mineros presentes en la comuna, su cercanía con áreas residenciales, la presencia de pasivos medioambientales, y si la zona en que se encuentra la comuna ha sido declarada zona latente o saturada.

3. Un porcentaje determinado en el reglamento del Fondo Común Municipal se distribuirá de acuerdo al número de personas en condición de pobreza de la comuna, ponderado en relación con la población en condición de pobreza de la totalidad de las comunas beneficiarias del aporte.

4. Un porcentaje del aporte determinado en el reglamento del Fondo Común Municipal se distribuirá de acuerdo al número de predios exentos de impuesto territorial de cada comuna, con respecto al número de predios exentos de la totalidad de las comunas beneficiarias del aporte, ponderado según el número de predios exentos de la comuna en relación con el total de predios de ésta.

5. Un porcentaje del aporte determinado en el reglamento del Fondo Común Municipal se distribuirá de acuerdo a los menores ingresos propios permanentes del año precedente al cálculo, lo cual se determinará en base al menor ingreso municipal propio permanente por habitante de cada comuna, en relación con el promedio de dicho ingreso por habitante de las comunas beneficiarias de este aporte.

Para estos efectos, se considerarán ingresos propios permanentes de cada municipalidad los señalados en el inciso segundo del artículo 38, salvo aquellos referidos en letra c) del artículo 35.

La suma de los indicadores entregará un coeficiente de distribución para la asignación equitativa de los recursos, el que se calculará con los porcentajes que determine el reglamento del Fondo Común Municipal, señalado en el artículo 38. Dicho reglamento regulará también la metodología con que se determinarán las comunas que acceden a este aporte, previo informe de la Comisión Chilena del Cobre, así como la operatoria de este mecanismo de distribución y demás criterios necesarios para su aplicación, incluyendo sus indicadores y variables, y las fuentes o cifras de información oficiales que se aplicarán en cada caso.

Los municipios que reciban el aporte establecido en este artículo deberán informar anualmente a la Subsecretaría de Desarrollo Regional y Administrativo del Ministerio del Interior y Seguridad Pública sobre el uso del aporte recibido de conformidad con este artículo, en los términos y la oportunidad que establezca el reglamento a que se refiere el inciso anterior. Esta información deberá ser difundida y publicada de conformidad a los artículos 2 y 3 de la ley Nº 19.602, que modifica la ley Nº 18.695, orgánica constitucional de Municipalidades, en materia de gestión municipal, y remitida anualmente por dicha Subsecretaría a la Comisión de Gobierno Interior, Nacionalidad, Ciudadanía y Regionalización de la Cámara de Diputados y a la Comisión de Gobierno, Descentralización y Regionalización del Senado.

Artículo 38 ter.- El aporte al Fondo Común Municipal a que se refiere el número 8 del artículo 14 de la ley Nº18.695, orgánica constitucional de Municipalidades, será destinado exclusivamente a aquellas comunas que presenten una mayor dependencia del Fondo Común Municipal o pertenezcan al grupo con menos ingresos propios a nivel nacional.

El universo de comunas beneficiarias de este aporte adicional será definido de acuerdo al reglamento del Fondo Común Municipal señalado en el artículo 38, que establecerá el mecanismo para determinar el nivel de dependencia o de ingresos propios que se requiera para acceder a este aporte. Para efectos de calcular la dependencia señalada se considerará la totalidad del monto recibido del Fondo Común Municipal correspondiente al artículo 38, más sus ingresos propios permanentes definidos en el inciso segundo de dicho artículo. Asimismo, para efectos de calcular el nivel de ingresos propios se considerará la totalidad de sus ingresos propios del año anterior al de su cálculo, esto es, el monto recibido del Fondo Común Municipal más sus ingresos propios permanentes.

El aporte se distribuirá entre las comunas determinadas de acuerdo a este artículo, según los siguientes indicadores:

1. Un porcentaje del aporte, definido en el respectivo reglamento, se distribuirá en partes iguales entre las comunas beneficiarias.

2. Un porcentaje del aporte determinado en el respectivo reglamento se distribuirá de acuerdo al número de personas en condición de pobreza de la comuna, ponderado en relación con la población en situación de pobreza de la totalidad de las comunas beneficiarias de este aporte.

3. Un porcentaje del aporte determinado en el respectivo reglamento se distribuirá de acuerdo al número de predios exentos de impuesto territorial de cada comuna, con respecto al número de predios exentos de la totalidad de las comunas beneficiarias de este aporte, ponderado según el número de predios exentos de la comuna en relación con el total de predios de ésta.

4. Un porcentaje del aporte determinado en el respectivo reglamento se distribuirá de acuerdo a los menores ingresos propios permanentes del año precedente al cálculo, lo cual se determinará en base al menor ingreso municipal propio permanente por habitante de cada comuna, en relación con el promedio de dicho ingreso por habitante de las comunas beneficiarias de este aporte. Para estos efectos, se considerarán ingresos propios permanentes de cada municipalidad, los señalados en el inciso segundo del artículo 38.

La suma de los indicadores entregará un coeficiente de distribución para la asignación equitativa de los recursos, el que se calculará con los porcentajes que determine el reglamento del Fondo Común Municipal, señalado en el artículo 38. Dicho reglamento regulará también la metodología con que se determinarán las comunas que acceden a este aporte, así como la operatoria de este mecanismo de distribución y demás criterios necesarios para su aplicación, incluyendo sus indicadores y variables, y las fuentes o cifras de información oficiales que se aplicarán en cada caso.

En el decreto supremo señalado en el inciso cuarto del artículo 38 se determinarán anualmente, en el mes de diciembre del año anterior al de su aplicación, las comunas que cumplen con los requisitos para ser beneficiarias de este aporte fiscal y los coeficientes de distribución de los recursos a que se refieren las disposiciones anteriores.

Los municipios que reciban el aporte establecido en este artículo deberán informar anualmente a la Subsecretaría de Desarrollo Regional y Administrativo del Ministerio del Interior y Seguridad Pública sobre su uso, en los términos y la oportunidad que establezca el reglamento. Esta información deberá ser difundida y publicada de conformidad a los artículos 2 y 3 de la ley N° 19.602, y remitida anualmente por dicha Subsecretaría a la Comisión de Gobierno Interior, Nacionalidad, Ciudadanía y Regionalización de la Cámara de Diputados y a la Comisión de Gobierno, Descentralización y Regionalización del Senado.".

5. Reemplázase la letra a) del inciso primero del artículo 60 por la siguiente:

"a) El Fondo Común Municipal se entregará de la siguiente manera:

i. La parte correspondiente a los números 1 a 6 del artículo 14 de la ley Nº18.695, orgánica constitucional de Municipalidades, se pagará en dos remesas mensuales. La primera de ellas, dentro de los primeros quince días de cada mes, y corresponderá a un anticipo de, a lo menos, un 80% de los recursos recaudados en el mes anterior del año precedente. La segunda, dentro de los últimos quince días de cada mes, y corresponderá a la recaudación efectiva del mes anterior, descontando el monto distribuido como anticipo.

ii. La parte correspondiente a los números 7 y 8 del artículo 14 de la ley Nº 18.695, orgánica constitucional de Municipalidades, se pagará en cuatro cuotas iguales al año, en los meses de enero, marzo, julio y septiembre de cada año".

ARTÍCULOS TRANSITORIOS

Artículo primero.- Esta ley entrará en vigencia el 1 de enero de 2024.

Artículo segundo.- Sin perjuicio de lo dispuesto en el artículo 7 de esta ley, durante el ejercicio comercial 2024 los explotadores mineros obligados al pago del Royalty Minero deberán efectuar un pago provisional mensual que corresponderá a un porcentaje sobre los ingresos brutos percibidos o devengados que provengan de las ventas de productos mineros, según lo dispuesto en este artículo.

Tratándose de explotadores mineros que al 31 de diciembre de 2023 se encuentren sujetos a la letra b) del inciso tercero del artículo 64 bis de la Ley sobre Impuesto a la Renta vigente a esa fecha, la tasa de pago provisional mensual aplicable al ejercicio 2024 será determinada en el mes de abril, según lo dispuesto en la letra h) del artículo 84 de la Ley sobre Impuesto a la Renta vigente al 31 de diciembre de 2023.

Respecto a los explotadores mineros que al 31 de diciembre de 2023 se encuentren sujetos a la letra c) del inciso tercero del artículo 64 bis de la Ley sobre Impuesto a la Renta vigente a esa fecha, el monto del pago provisional mensual aplicable a este ejercicio deberá ser calculado en el mes de enero y será aquel que resulte de aplicar lo dispuesto en la letra h) del artículo 84 de la Ley sobre Impuesto a la Renta, incrementado en una suma equivalente al 1% del promedio de las ventas efectuadas en el trimestre anterior.

Los pagos provisionales mensuales deberán ser reajustados trimestralmente. Para estos efectos, el incremento señalado en el inciso anterior para determinar el pago provisional mensual del trimestre siguiente será el equivalente al 1% del promedio de las ventas del trimestre inmediatamente anterior, y así sucesivamente para cada periodo trimestral.

En los casos que la tasa aludida en el inciso segundo no pueda ser determinada, por no haberse producido renta imponible operacional minera en el ejercicio anterior o por otra circunstancia, la tasa de este pago provisional será de un 1% aplicado sobre las ventas mensuales.

Artículo tercero.- Aquellos contribuyentes sujetos al impuesto contenido en esta ley que, por aplicación del artículo 11 ter del decreto ley N°600, de 1974, Estatuto de la Inversión Extranjera; de la ley N°20.026, que establece un impuesto específico a la actividad minera, o de la ley N°20.469, que introduce modificaciones a la tributación de la actividad minera, cuenten con invariabilidad tributaria, se regirán por las disposiciones vigentes al 1 de enero de 2022, por el tiempo que medie entre la entrada en vigencia de esta ley y la fecha en que finalice la invariabilidad tributaria.

Lo anterior, sin perjuicio de que estos contribuyentes de forma voluntaria puedan acogerse anticipadamente a las normas contenidas en esta ley. En estos casos, se entenderá que renuncian a la invariabilidad tributaria, y no podrán regresar al régimen anterior una vez que se hayan sujetado a los impuestos establecidos en esta ley, respecto de un año calendario.

Artículo cuarto.- El artículo 13 entrará en vigencia el 1 de enero de 2025.

Para esa fecha, destínase al Fondo el equivalente, en pesos chilenos, a la suma de 275.500 unidades tributarias anuales, según su valor al 31 diciembre del año calendario anterior. Asimismo, al 1 de enero de los nueve años siguientes deberá destinarse al Fondo el mismo monto, según su valor al 31 diciembre del año calendario anterior. En caso de no emplearse estos recursos dentro de los periodos anuales señalados, podrán utilizarse durante los doce meses siguientes. A partir del cuarto año, el Fondo será suplementado por los recursos que para estos efectos destine la Ley de Presupuestos del Sector Público.

Artículo quinto.- Los artículos 16 y 17 entrarán en vigencia el 1 de enero de 2025.

Para esa fecha, destínase a título del aporte fiscal que establece la letra c) del artículo 35 del decreto ley N°3.063, de 1979, sobre rentas municipales, el equivalente, en pesos chilenos, a la suma de 800.000 unidades tributarias mensuales, según su valor al 31 de agosto del año calendario anterior. Asimismo, al 1 de enero de los nueve años siguientes deberá destinarse el mismo monto según su valor al 31 de agosto del año anterior. A partir del undécimo año, el aporte será suplementado por los recursos que para estos efectos destine la Ley de Presupuestos del Sector Público, los que en ningún caso podrán ser inferiores a 400.000 unidades tributarias mensuales.

Artículo sexto[6].- Las referencias contenidas en la ley N° 20.551, que regula el cierre de faenas e instalaciones mineras, al "impuesto específico a la actividad minera" o "al impuesto establecido en los artículos 64 bis y 64 ter de la ley sobre impuesto a la renta" se deberán entender realizadas a esta ley. Asimismo, también se deberán entender realizadas a esta ley las referencias antes enunciadas que se encuentren en otros cuerpos legales, siempre que no entren en directa contradicción con sus normas.

---

6 Artículo incorporado por Ley 21647. Art. 80 N° 2. D.O. 23.12.2023.

Habiéndose cumplido con lo establecido en el Nº 1 del artículo 93 de la Constitución Política de la República y por cuanto he tenido a bien aprobarlo y sancionarlo; por tanto, promúlguese y llévese a efecto como ley de la República.

Santiago, 3 de agosto de 2023.- GABRIEL BORIC FONT, Presidente de la República.- Mario Marcel Cullell, Ministro de Hacienda.- Carolina Tohá Morales, Ministra del Interior y Seguridad Pública.- Marcela Hernando Pérez, Ministra de Minería.

Lo que transcribo a usted para su conocimiento.- Saluda Atte. a usted, Heidi Berner Herrera, Subsecretaria de Hacienda.

TRIBUNAL CONSTITUCIONAL

Proyecto de ley sobre Royalty a la Minería, correspondiente al Boletín Nº 12.093-08

El Secretario Subrogante del Tribunal Constitucional, quien suscribe, certifica que la Honorable Cámara de Diputadas y Diputados envió el proyecto de ley enunciado en el rubro, aprobado por el Congreso Nacional, a fin de que este Tribunal ejerciera el control de constitucionalidad respecto de los artículos 13 y 16 del proyecto de ley; y por sentencia de 11 de julio de 2023, en los autos Rol Nº 14.425-23-CPR.

Se declara:

I. Que los artículos 13, inciso tercero, y 16, que modifica el artículo 14 de la Ley Nº 18.695, Orgánica Constitucional de Municipalidades, cuyo texto refundido, coordinado y sistematizado fue fijado en el decreto con fuerza de ley Nº 1, de 2006, del Ministerio del Interior, son conformes con la Constitución Política.

II. Que no se emite pronunciamiento en examen preventivo de constitucionalidad, por no versar sobre materias propias de Ley Orgánica Constitucional, de las restantes disposiciones del proyecto de ley.

Santiago, 12 de julio de 2023.- Sebastián Andrés López Magnasco, Secretario (S).

DECRETO Nº 1 DEL MINISTERIO DE MINERÍA, PROMULGADO CON FECHA 3 DE ENERO DE 1986, QUE ESTABLECE EL REGLAMENTO DEL CÓDIGO DE MINERÍA[7]

Núm. 1.- Santiago, 3 de enero de 1986.- Visto: Lo dispuesto en la Ley Nº 18.248 y en el artículo 32 Nº 8 de la Constitución Política del Estado,

Decreto:

Artículo 1º.- La aplicación del Código de Minería se sujetará a las disposiciones del presente Reglamento, sin perjuicio de otras especiales que se dicten respecto del mismo Código.

TÍTULO I
NORMAS GENERALES

Artículo 2º.- La concesión minera puede ser de exploración o de explotación; esta última se denomina también pertenencia.

Cada vez que este Reglamento se refiere a la o las concesiones, se entiende que comprende ambas especies de concesiones mineras; cada vez que lo hace al «Servicio», se entiende que se trata del Servicio Nacional de Geología y Minería, y cada vez que alude al «Código», lo hace al Código de Minería.

Las publicaciones prescritas en este Reglamento, que no estén ordenadas por el Código, se sujetarán a las mismas disposiciones que son aplicables a las publicaciones previstas en el Código.

---

7 Reglamento del Código de Minería publicado el 27 de febrero de 1987. Última modificación actualizada por Decreto Nº 10 del 2 de agosto 2024. Versión anterior fue Decreto Nº 81 del 22 de noviembre del 2010.

DE LOS PERMISOS QUE EXIGE EL ARTÍCULO 17 DEL CÓDIGO

Artículo 3°.- La persona que desee obtener los permisos que prescribe el artículo 17 del Código, presentará su solicitud al gobernador de la provincia en que se proponga realizar las labores mineras, o al de cualquiera de ellas si fueren varias. En los casos de los números 2° y siguientes de este artículo, el gobernador la remitirá a la autoridad competente para resolver, en el caso del número 1°, si las labores se refieren a varias provincias, después de resolver la remitirá al gobernador que corresponda, en este mismo caso, si las labores se refieren, además, a lugares mencionados en los números 2° y siguientes, el gobernador, luego de resolver, la remitirá a la autoridad que corresponda.

Artículo 4°.- La solicitud señalará:

1°.- El nombre, la nacionalidad y el domicilio del solicitante y, en su caso, también los de la persona que presente la solicitud en nombre de otra. Si se trata de personas naturales se indicará, su profesión u oficio y estado civil;

2°.- La región y la provincia, o todas ellas si fueren varias, dentro de cuyo territorio se pretende ejecutar las labores; la naturaleza o clase del lugar o los lugares, mencionados en el artículo 17 del Código, respecto de los cuales se solicita el permiso, y la ubicación y superficie del área en que se desea realizar las labores. Cuando el permiso se solicite en calidad de titular de una concesión minera, la ubicación y configuración del área se señalarán en una copia autorizada del respectivo plano a que se refiere el inciso tercero del artículo 87 del Código, en la que se haya delimitado claramente dicha área. En los demás casos, la ubicación y configuración del área se indicarán en un croquis en el que el área esté delimitada y relacionada con accidentes topográficos conocidos y cercanos, y

3°.- La descripción de las labores que se desea realizar, para lo cual se indicará, a lo menos, su naturaleza y dimensiones aproximadas; el número de personas y las construcciones, instalaciones y los demás objetos que se emplearán en ellas, y, en su caso, el volumen estimado de la producción.

Artículo 5°.- La autoridad competente resolverá en el plazo máximo de 90 días. Antes de pronunciarse, deberá poner la solicitud en conocimiento de quien estime que pueda resultar afectado por las labores, y podrá solicitar de quien corresponda los informes y antecedentes que sean necesarios. En todos estos casos, si no se formulan observaciones dentro de treinta días, se entenderá que no las hay.

Artículo 6°.- La resolución deberá ser fundada. Al otorgarse el permiso, se podrán prescribir las medidas que convenga adoptar en interés de la defensa nacional, la 18 o la preservación de los lugares referidos en el artículo 17 del Código.

Sin perjuicio de lo establecido en el inciso anterior, tratándose de covaderas de guano blanco, el permiso observará lo dispuesto en el artículo 34 del D.F.L. Nº RRA 25, de 1963. Lo prescrito en este inciso no obsta a la aplicación de los artículos 25, 26, 27, 28 y 37, inciso segundo, del mismo cuerpo legal.

Artículo 7°.- Mientras se tramita una concesión minera el solicitante podrá pedir, desde luego, el o los permisos del artículo 17 del Código, para ejecutar las labores mineras que conforme a las normas generales podría realizar si su concesión llegara a constituirse. Por lo tanto, el o los permisos que se otorguen en virtud de esta disposición quedarán sujetos a la condición suspensiva de que la concesión se constituya.

Mientras tal condición no se cumpla, el solicitante no podrá, en caso alguno, ejecutar las respectivas labores.

Una vez constituida la concesión, el titular que solicite judicialmente alguna de las servidumbres a que se refiere al artículo 120 del Código deberá acompañar, antes que el juez resuelva sobre la constitución de la misma o sobre su uso desde luego, los permisos prescritos por el artículo 17 del Código que le fueren exigibles para ejecutar las labores mineras que, según su demanda, se propone realizar.

TÍTULO II
DE LA FORMA, CABIDA Y DIMENSIONES DE LAS CONCESIONES

Artículo 8°.- Para los efectos de lo dispuesto en el artículo 28 del Código, las expresiones «plano horizontal» y «horizontalmente» se entienden referidas a la proyección U.T.M.

Para los efectos indicados en el inciso segundo del citado artículo 28 se entiende, en relación con la pertenencia, que los múltiplos de cien metros son: doscientos, trescientos y así sucesivamente, de cien en cien metros, hasta un mil metros, inclusive. Para los mismos efectos se entiende, en relación con la concesión de exploración, que los múltiplos de un mil metros son dos mil, tres mil y así sucesivamente, de mil en mil metros, hasta quince mil metros, inclusive.

En el caso de la pertenencia, su lado más largo no podrá exceder, en ningún caso, de mil metros y la proporción entre su largo y ancho no podrá ser superior de diez a uno. Su cara superior no podrá comprender menos de una hectárea ni más de diez.

En el caso de la concesión de exploración, su lado más largo no podrá exceder de quince mil metros y la proporción entre su largo y ancho no podrá ser superior de quince a uno. Su cara superior no podrá comprender menos de cien hectáreas ni más de cinco mil.

Las medidas de los lados y las superficies mencionadas en los incisos segundo y tercero del aludido artículo 28 están referidas a la proyección U.T.M. También lo están las superficies a que hacen mención el número 4° del artículo 43, el número 4° del artículo 44 y el artículo 46 del Código.

TÍTULO III
DE LA DIVISIÓN FÍSICA DE LAS CONCESIONES

Artículo 9°.- Sólo la concesión minera ya constituida es susceptible de la división física a que se refieren los incisos primero a quinto del artículo 29 del Código; y siempre que, con arreglo a dicho inciso primero, todas y cada una de las partes resultantes de la división cumplan con los requisitos indicados en el artículo 28 del Código y, por lo tanto, subsistan como concesiones.

Si durante la vigencia de una concesión de exploración constituida conforme al Código, su titular desea prorrogar su duración por otro período de hasta cuatro años, deberá cumplir con las obligaciones establecidas en los incisos segundo a cuarto del artículo 112 del Código[8].

La pertenencia que se haya constituido o llegue a constituirse conforme a normas legales anteriores al Código, será susceptible de división física sólo una vez inscrita en el Registro Nacional de Concesiones Mineras con arreglo al inciso noveno del artículo 6° transitorio del Código; y siempre que todas y cada una de las partes resultantes de la división cumplan con los requisitos señalados en el artículo 28 del mismo cuerpo legal y, por lo tanto, subsistan como pertenencias. En el caso a que se refiere el presente inciso, la anotación ordenada en el inciso cuarto del artículo 29 del Código se practicará al margen de la respectiva inscripción del acto de mensura.

Artículo 10.- Si el interesado en la división de una concesión minera quisiere renunciar a una o más de las concesiones resultantes, deberá hacerlo una vez que la división quede perfeccionada de conformidad con lo prescrito en el inciso cuarto del artículo 29 del Código.

Artículo 11.- Cuando la concesión minera que se desea dividir proceda de otra que se dividió antes, deberá señalarse, de acuerdo con lo previsto en el inciso segundo del artículo 29 del Código, la inscripción de la división de la concesión de que proceda, que se hubiere practicado con arreglo al inciso cuarto del mismo precepto.

---

[8] Inciso modificado por Decreto 10, Ministerio de Minería. Art. único N° 1) D.O. 02.08.2024.

TÍTULO IV
DE LAS DEMASÍAS

Artículo 12.- El plano mencionado en el artículo 32 del Código deberá dibujarse a escala 1:5.000.

En el caso que de acuerdo con lo dispuesto en el inciso 1º del mismo artículo, el concesionario favorecido desee efectuar la anotación a que se refiere el mencionado artículo 32, el Servicio podrá emitir informe, si se le solicita.

TÍTULO V
DEL PROCEDIMIENTO DE CONSTITUCIÓN DE LAS CONCESIONES

Párrafo 1º Reglas Generales

Artículo 13.- Con arreglo a lo dispuesto en el inciso segundo del artículo 34 del Código, toda cuestión que se promueva en el curso del procedimiento de constitución de la concesión se iniciará y substanciará siempre en juicio separado, y en caso alguno procederá la acumulación de autos; todo ello, sin otras excepciones que las oposiciones contempladas taxativamente, respecto del procedimiento de constitución de la pertenencia, en el inciso final del citado artículo 34. Promovida la cuestión, el interesado podrá solicitar que se anote la existencia del juicio al margen de la inscripción del pedimento o de la manifestación, a que se refiere el inciso primero del artículo 52 del Código.

Párrafo 2º Del Pedimento y la Manifestación

Artículo 14.- De conformidad con lo dispuesto en el artículo 40 del Código, no afectará la validez de un pedimento la circunstancia de comprender terrenos ya pedidos y ya manifestados; ni la de una manifestación, la circunstancia de comprender terrenos ya manifestados o ya pedidos. Todo lo anterior, sin perjuicio de los derechos preferentes a que haya lugar.

De acuerdo con lo dispuesto en el Nº 2 del artículo 43 del Código, al señalar las coordenadas geográficas o las U.T.M. que corresponden al punto medio de la cara superior de la concesión pedida con precisión de segundo o de diez metros, respectivamente, indicará la provincia en que está indicado el punto medio.

Artículo 15.- En relación con lo dispuesto en el inciso segundo del artículo 41 del Código, y para todos los casos, se tendrá como fecha de presentación de una manifestación aquella en que se haya presentado el pedimento respectivo, únicamente cuando la manifestación se haga en uso del derecho que una concesión de exploración otorga a su titular y, además, se exprese esta circunstancia en la manifestación. Para hacer uso de ese derecho es necesario que la concesión de exploración esté constituida y vigente.

Artículo 16.- Si en el pedimento o en la manifestación se ubicare el punto medio o el punto de interés, respectivamente, en coordenadas U.T.M. referidas a un Datum específico, se estará a éste. En caso que las coordenadas U.T.M. no se encuentren referidas explícitamente a Datum alguno, se entenderá que ellas lo están al «Datum Provisorio Sudamericano. La Canoa 1956. Elipsoide Internacional de Referencia 1924», salvo cuando dichos puntos medio o de interés se encuentren ubicados al Sur de los 43° 30'00" de latitud sur, caso en el cual se entenderá que ellas están referidas al «Datum Sudamericano CHUA, Brasil 1969. Elipsoide Sudamericano de Referencia 1969».

Con todo, las coordenadas U.T.M. que se indiquen en cualesquiera actuaciones y tramitaciones posteriores al pedimento o a la manifestación, se entenderán referidas siempre al «Datum Provisorio Sudamericano La Canoa 1956. Elipsoide Internacional de Referencia 1924», salvo cuando el punto medio o el punto de interés hayan estado ubicados al Sur de los 43° 30 000 de latitud sur, evento en el cual ellas se entenderán referidas siempre al «Datum Sudamericano CHUA, Brasil 1969. Elipsoide Sudamericano de Referencia 1969». Sin perjuicio de lo anterior, el Datum que corresponda conforme a las normas del presente inciso se consignará, junto con el Huso respectivo, en el plano que se acompañe a la solicitud de sentencia constitutiva de la concesión de exploración o, en su caso, en el plano que se acompañe a la solicitud de mensura y en el acta y plano de mensura de la pertenencia o grupo de pertenencias.

Artículo 17.- Para los efectos de lo prescrito en el número 2° del artículo 43, en el inciso primero del artículo 45 y en el artículo 240 del Código, se entiende que las precisiones de segundo, de diez metros o de centímetros, allí exigidas, son solamente las mínimas y que, por lo tanto, el interesado puede señalar las coordenadas con mayor precisión.

Artículo 18.- En el caso del número 5° del artículo 44 del Código, el manifestante deberá, además, señalar el nombre de la respectiva concesión de exploración y acompañar copia autorizada de la inscripción de la sentencia constitutiva de esta última, con todas sus anotaciones marginales y subinscripciones. Si la concesión hubiese sido transferida o tramitada, se acompañará también copia autorizada de la inscripción de dominio que esté vigente.

Artículo 19[9]**.-** Derogado.

Artículo 20.- Las actuaciones posteriores a que se refiere el artículo 240 del Código son todas aquellas que se realicen en el procedimiento de constitución de la concesión, después de la solicitud de sentencia o de la solicitud de mensura, respectivamente, por el interesado, el ingeniero o perito, el Servicio o el juez.

Cuando en dichas solicitudes o actuaciones las coordenadas U.T.M. se indiquen sin señalar expresamente los centímetros, se entenderá que el valor de éstos es cero.

---

9 Artículo derogado por Decreto 10. Ministerio de Minería. Art. único N° 2) D.O. 02.08.2024. Texto anterior indicaba: "Si, en el caso del inciso segundo del artículo 45 del Código, el manifestante señalare, además, las coordenadas del punto de interés, se estará sólo a éstas para todos los efectos de la ubicación de dicho punto".

Párrafo 3º De la Solicitud de Sentencia de la Concesión de Exploración

Artículo 21.- En la solicitud de sentencia de la concesión de exploración se podrá abarcar todo o parte del terreno pedido, pero, en ningún caso, terrenos situados fuera de éste. No será necesario que en la solicitud se abarque el punto medio indicado en el pedimento.

La distancia a que se refiere el inciso segundo del artículo 55 del Código se calculará en la proyección U.T.M. y se señalará con precisión de centímetros. La relación que exige el mismo inciso segundo se hará expresando el rumbo o el azimut y refiriéndolos a orientación U.T.M. El rumbo o el azimut se expresará hasta el segundo centesimal.

Cuando en el pedimento se haya ubicado el punto medio en coordenadas geográficas, se aplicará a las coordenadas U.T.M. que exige el inciso segundo del aludido artículo 55, lo dispuesto en el inciso segundo del artículo 16 de este Reglamento.

Cuando la superficie abarcada por la solicitud de sentencia comprenda terrenos ubicados en ambos lados del meridiano 72º, las coordenadas de sus vértices deberán expresarse en valores de coordenadas correspondientes al Huso en que se encuentre la mayor proporción de la superficie solicitada, debiendo, si es el caso, convertirse las coordenadas del punto medio, a las correspondientes a ese Huso. Si la superficie solicitada tiene la misma proporción en ambos Husos, las coordenadas quedarán referidas al Huso correspondiente al punto medio.

Artículo 22[10].- El original del plano mencionado en el artículo 55 del Código se confeccionará en papel bond tamaño oficio, y representará la configuración del perímetro de la concesión en la proyección U.T.M.; y también la relación del mismo vértice —ligado en la solicitud— con el punto medio señalado en el pedimento, respecto de la cual se indicarán el sistema de graduación empleado para el rumbo o el azimut, y la distancia

---

10 Artículo modificado por Decreto 81, Ministerio de Minería. Art. UNICO Nº 1. D.O. 22.11.2010.

en la proyección U.T.M. con precisión de centímetros. El rumbo o el azimut se expresará hasta el segundo centesimal.

El plano indicará, además:

1°) El nombre de la concesión y el del interesado;

2°) La región, la provincia, la comuna, o todos ellos si fueren varios, que abarque la concesión;

3°) La superficie total abarcada por la solicitud, expresada en hectáreas y calculada en la proyección U.T.M.;

4°) La longitud de cada uno de los lados de la concesión, calculada en la proyección U.T.M. y expresada en metros;

5°) Las coordenadas U.T.M. del punto medio y de cada uno de los vértices del perímetro mencionado en el inciso primero, y el Datum y el Huso correspondientes;

6°) La fecha en que se presentó el pedimento y los datos de su inscripción;

7°) La escala gráfica del plano[11];

8°) El juzgado y rol del expediente, y

9°) El nombre y la firma del ingeniero o perito de aquellos a los que se refiere el inciso segundo del artículo 71 del Código.

El plano, con los requisitos y menciones establecidos en el presente artículo, se entregará al Juzgado en original y dos copias.

Párrafo 4° De la Solicitud de Mensura

Artículo 23.- Conforme a lo dispuesto en el inciso primero del artículo 59 del Código, el plazo de treinta días dentro del cual debe solicitarse mensura se considerará desde el día noventa y uno al día ciento veinte,

---

[11] Inciso modificado por Decreto 10, Ministerio de Minería. Art. único N° 3) D.O. 02.08.2024. Anterior artículo incluía como numeral 7°) "La correspondiente carta del Instituto Geográfico Militar escala 1:50.000 en donde se ubica el punto medio del pedimento".

ambos inclusive y contados desde la fecha en que la manifestación haya sido presentada al juzgado[12].

Para los efectos de la publicación de la solicitud de mensura, será aplicable lo dispuesto en el artículo 93 de este Reglamento.

Artículo 24.- En la solicitud de mensura se podrá abarcar todo o parte del terreno manifestado, pero, en ningún caso, terrenos situados fuera de éste. No será necesario que en la solicitud se abarque el punto de interés indicado en la manifestación.

Además de las indicaciones que prescribe el inciso segundo del artículo 59 del Código, la solicitud señalará el número de pertenencias que se desea mensurar y la superficie total abarcada por la solicitud, expresada en hectáreas y calculada en la proyección U.T.M. Al indicar el largo y ancho de cada una de las pertenencias, la solicitud los referirá a la proyección U.T.M.

Cuando la manifestación haya ubicado el punto de interés en coordenadas geográficas, a las coordenadas U.T.M. que exige el inciso segundo del artículo 59 del Código se aplicará lo dispuesto en el inciso segundo del artículo 16 de este Reglamento[13].

La distancia a que se refiere el inciso segundo del artículo 59 del Código se calculará en la proyección U.T.M., entre cualquiera de los vértices del perímetro de la cara superior de la pertenencia o grupo de pertenencias

---

[12] Inciso modificado por Decreto 10, Ministerio de Minería. Art. único N° 4) D.O. 02.08.2024. Inciso anterior indicaba: "Conforme a lo dispuesto en el inciso primero del artículo 59 del Código, el plazo de veinte días dentro del cual debe solicitarse mensura corre desde el día doscientos uno al día doscientos veinte, ambos inclusive y contados desde la fecha en que la manifestación haya sido presentada al juzgado".

[13] Inciso modificado por Decreto 10, Ministerio de Minería. Art. único N° 5) D.O. 02.08.2024. Anterior inciso indicaba: "Cuando la manifestación haya descrito la ubicación del punto de interés en la forma señalada en el inciso segundo del artículo 45 del Código y no sea aplicable lo dispuesto en el artículo 19 de este Reglamento, la solicitud de mensura deberá indicar las coordenadas U.T.M. que correspondan a esa ubicación, y con precisión de centímetros. En este mismo caso, y también cuando la manifestación haya ubicado el punto de interés en coordenadas geográficas, a las coordenadas U.T.M. que exige el inciso segundo del artículo 59 del Código se aplicará lo dispuesto en el inciso segundo del artículo 16 de este Reglamento".

y el punto de interés, considerando para el cálculo las coordenadas que se hayan asignado a éste en la manifestación o, en su caso, en la misma solicitud de mensura, según lo previsto en el inciso anterior; y la distancia se indicará con precisión de centímetros. La relación que exige el mismo inciso segundo se hará expresando el rumbo o el azimut al segundo centesimal y refiriéndolo a orientación U.T.M.

Cuando la superficie abarcada por la solicitud de mensura comprenda terrenos ubicados a ambos lados del meridiano 72°, las coordenadas de sus vértices deberán expresarse en valores de coordenadas correspondiente al Huso en que se encuentre la mayor proporción de la superficie que se pretende mensurar, debiendo, si es del caso, convertirse las coordenadas del punto de interés a las correspondientes a este Huso. Si la superficie mensurada tiene la misma proporción en ambos Husos, las coordenadas quedarán referidas al Huso correspondiente al punto de interés.

Artículo 25.- El plano mencionado en el artículo 59 del Código representará la configuración del perímetro de la pertenencia o grupo de pertenencias en la proyección U.T.M.; y también la relación del mismo vértice —ligado en la solicitud— con el punto de interés señalado en la manifestación. Respecto de esta relación, el plano indicará el sistema de graduación empleado para el rumbo o el azimut al segundo centesimal y la distancia en la proyección U.T.M. con precisión de centímetros.

El plano indicará, además:

1°) El nombre de la pertenencia o pertenencias y el del interesado;

2°) La región, la provincia, la comuna y el predio o asiento minero, o todos ellos si fueren varios, que abarque la pertenencia o grupo de pertenencias;

3°) El largo y ancho de la pertenencia o de cada una de ellas, calculados en la proyección U.T.M. y expresados en metros;

4°) Las coordenadas U.T.M. de cada uno de los vértices del perímetro de la pertenencia o grupo de pertenencias en la proyección U.T.M., las coordenadas U.T.M. del punto de interés, y el Datum y Huso correspondientes a todos ellos;

5º) La fecha en que se presentó la manifestación al juzgado y los datos de su inscripción;

6º) La escala del plano;

7º) El juzgado y rol del expediente, y

8º) El nombre y la firma de quien ha confeccionado el plano.

El plano se hará a escala 1:2.500 para superficies de hasta 20 hectáreas; a escala 1:5.000 para superficies mayores a ésta y hasta de 100 hectáreas; a escala 1:10.000 para superficies mayores a ésta y hasta de 500 hectáreas y a escala 1:25.000 para superficies mayores a esta última, y siempre sobre reticulado de 10 centímetros.

Párrafo 5º De la Mensura

Artículo 26.- Al aceptar el cargo, el ingeniero o perito encargado de la mensura cumplirá lo prescrito en el inciso primero del artículo 417 del Código de Procedimiento Civil; y deberá observarse, además, lo dispuesto en el inciso segundo del mismo artículo.

Artículo 27.- El ingeniero o perito deberá ejecutar la mensura de manera que la pertenencia o el grupo de pertenencias queden comprendidos íntegramente tanto dentro del terreno manifestado como del terreno que fue objeto de la solicitud de mensura.

Una vez efectuada la mensura, junto con entregar al juez el acta y el plano, el perito deberá remitir directamente al Servicio, copia de la cartera de terreno y de los demás antecedentes técnicos y copias simples del acta y plano de mensura.

Una vez entregada el acta y el plano de mensura al juzgado, dentro de los treinta días siguientes el ingeniero o perito entregarán al Servicio copia de la cartera de terreno y demás antecedentes técnicos, copia simple del acta y plano y la ficha de mensura, resumen de las coordenadas y vértices creados, con sus respectivas monografías[14].

---

[14] Inciso modificado por Decreto 71, Ministerio de Minería. Art. único Nº 2. D.O. 13.12.2004.

Si así no se hiciere, en el informe a que se refiere el artículo 79 del Código, el Servicio formulará la correspondiente objeción de carácter técnico.

Artículo 28.- El ingeniero o perito construirá hito ligado a vértices de la Red Geodésica Nacional o aprobados por el Servicio, o a hitos que correspondan a pertenencias constituidas con arreglo al Código y al presente Reglamento. El hito quedará ubicado sobre el perímetro de la pertenencia o grupo de pertenencias o dentro del área encerrada por dicho perímetro, y servirá como punto de partida para ejecutar la operación de mensura.

El ingeniero o perito relacionará el hito con tres puntos circunvecinos inamovibles y característicos, mediante tres visuales dirigidas a ellos. Cada una de las visuales deberá estar distanciada angularmente de la más próxima, a lo menos, en 30 grados centesimales. Se medirán el ángulo cenital, el ángulo horizontal, la distancia aproximada y el rumbo U.T.M. o azimut U.T.M. de cada visual. Las medidas angulares se expresarán al segundo centesimal, y la distancia se medirá en la carta correspondiente del Instituto Geográfico Militar, si ella existiere.

Artículo 29.- El hito tendrá la forma de un trompo de pirámide o de un tronco de cono de a lo menos 0,40 metros de base inferior, 0,20 metros de base superior y 0,40 metros de altura y será anclado en un cimiento de superficie mínima de un metro cuadrado y treinta centímetros de espesor, enterrado en veinte centímetros si se trata de terreno blando o anclado con pernos si es fundación en roca. Un fierro central de un mínimo de 12 milímetros de diámetro quedará sobresaliendo a lo menos dos milímetros desde la cara superior del hito.

Se constituirá en concreto compuesto de a lo menos 250 kilogramos de cemento por metro cúbico y no más de 30% de grava o ripio. Se ubicará en terreno estable, de preferencia de afloramiento rocoso, que no esté expuesto a deslizamiento, derrumbes o rodados. El agua; arena y ripio que se empleen deberán estar exentos de contenido salino.

Artículo 30.- El hito se pintará de color blanco y llevará, en su base o en su cuerpo superior, el nombre de la pertenencia o grupo de pertenencias y la fecha en que se presentó la solicitud de mensura.

Artículo 31.- El ingeniero o perito ubicará los vértices del perímetro de la pertenencia o grupo de pertenencias directamente desde el hito, o mediante el apoyo de redes auxiliares que se soporten directamente en vértices de la Red Geodésica Nacional o aprobados por el Servicio, o en hitos de aquellos referidos en el artículo 28 de este Reglamento, que correspondan a pertenencias constituidas con arreglo al Código y a este Reglamento.

Artículo 32[15].- Los hitos correspondientes a los vértices de la pertenencia o grupo de pertenencias, que para los efectos de este Reglamento se denominan linderos, se construirán en concreto y tendrán la forma de un tronco de pirámide o de un tronco de cono de a lo menos 0,40 metros de base inferior, 0,20 metros de base superior y 0,80 metros de altura, o serán tubos de Policloruro de Vinilo o concreto de un mínimo de seis pulgadas de diámetro interno, de una altura no inferior a 0,80 metros y rellenos completamente con concreto. En ambos casos se deberán empotrar los hitos firmemente en el suelo y sujetar al mismo con ancla de fierro.

Artículo 33.- Todas las mediciones angulares se harán al segundo centesimal, con no menos de cuatro reiteraciones en cada una de las posiciones del anteojo y con instrumentos que tengan lectura directa cada dos segundos centesimales o menos. Las distancias se medirán con instrumentos cuyo error relativo no exceda de 1:100.000.

Las coordenadas geográficas se indicarán al milésimo de segundo; las coordenadas U.T.M., al centímetro; y las alturas, al decímetro.

En el caso que el ingeniero o perito realice la operación de mensura o parte de ella con equipo de Sistema de Posicionamiento Global (GPS)

---

15 Artículo modificado por Decreto 81, Ministerio de Minería. Art. UNICO Nº 2. D.O. 22.11.2010.

deberá aplicar las instrucciones de carácter general que para el efecto imparta el Servicio[16].

Artículo 33 bis[17].- Si el ingeniero o perito realizare la operación de mensura en su totalidad con equipos GPS, y de acuerdo a las instrucciones de carácter general referidas en el artículo precedente, el Servicio podrá dar fe de haberse efectuado correctamente la operación de mensura y considerar suficientes dichos antecedentes para informar sus aspectos técnicos de acuerdo a lo establecido en los artículos 79 y 80 del Código de Minería.

Para los efectos de lo señalado en el inciso anterior, la operación de mensura deberá incluir la vinculación del hito de mensura a la Red Geodésica Nacional, aplicando a ella, necesariamente, la metodología post proceso, la ligazón de los linderos vértices con equipos GPS en tiempo real, y los archivos rinex que den fe del día, hora y año de la reedición efectuada, junto con la identificación de los equipos GPS utilizados.

La construcción del hito y de los linderos vértice, para los efectos del presente artículo, se demostrará al Servicio mediante fotografías de los mismos, que se adjuntarán a una declaración del ingeniero o perito, en la cual se acreditará, tanto la circunstancia de haberlos construido de acuerdo a lo señalado en el artículo 32, como de haberlos posicionado en las coordenadas indicadas en el acta y plano de mensura. La referida declaración constituirá antecedente técnico de aquellos que deberán acompañarse al Servicio en conformidad a lo señalado en el artículo 27 inciso segundo.

Para los efectos de lo previsto en este artículo, no regirá la obligación de ligar el hito a tres puntos circunvecinos inamovibles y característicos, establecida en el inciso segundo del artículo 28, en la parte final del literal (b) del artículo 37, y en el numeral 11 del artículo 38.

---

16 Inciso modificado por Decreto 71, Ministerio de Minería. Art. único Nº 4. D.O. 13.12.2004.

17 Artículo incorporado por Decreto 81, Ministerio de Minería Art. UNICO Nº 3. D.O. 22.11.2010.

Con todo, el Servicio podrá concurrir a revisar en terreno aquellas mensuras realizadas de acuerdo a este procedimiento cuando lo estimare necesario.

Artículo 34.- En ningún caso, se podrán obtener las coordenadas de los linderos de la pertenencia o grupo que se está mensurando, utilizando para ello los linderos de una pertenencia o grupo correspondientes a otra mensura.

Artículo 35.- La ligazón a que se refiere el inciso primero del artículo 28 de este Reglamento, se efectuará mediante métodos de triangulación, de trilateración o de poligonación electrónica, a partir de vértices de 1°, 2° ó 3er. orden de la Red Geodésica Nacional, de vértices catastrales aprobados por el Servicio, o de hitos de aquellos referidos en dicho precepto. Asimismo, en casos calificados previamente por el Servicio, se aceptará que la ligazón se efectúe mediante otros métodos, debiendo en todo caso obtenerse con ellos precisiones equivalentes a lo menos a las del tercer orden geodésico.

Los hitos de apoyo que sea necesario construir especialmente para los efectos de la ligazón, se harán en concreto, tendrán la forma de tronco de pirámide de a lo menos 0,30 metros de base inferior, 0,20 metros de base superior y 0,10 metros de altura sobre el suelo y quedarán enterrados a lo menos 0,30 metros si se trata de terreno blando o anclados con pernos si es fundación en roca. Un fierro central de un mínimo de 12 milímetros de diámetro empotrado al suelo sobresaldrá no menos de 2 milímetros desde la cara superior del hito. El ingeniero o perito confeccionará la correspondiente monografía respecto de cada uno de ellos.

En la triangulación se utilizará una base geodésica, formada por dos de los vértices o hitos señalados en el inciso primero, y se observarán las siguientes normas y tolerancias:

a) Los valores angulares no serán inferiores a 33 ni mayores de 134 grados centesimales; y, si resultaren ángulos fuera de esos límites, se medirán cuadriláteros con diagonales para obtener una mayor fuerza de figura;

b) La triangulación se controlará con otros vértices de la Red Geodésica Nacional o aprobados por el Servicio, o con hitos de aquellos referidos en el aludido artículo 28, cuando unos u otros se encuentren en su recorrido;

c) La tolerancia máxima en el cierre será de 30 segundos centesimales;

d) El límite de rechazo en la medición de un ángulo horizontal será de +- 17 segundos centesimales del promedio de cuatro reiteraciones;

e) Los ángulos cenitales se medirán en forma recíproca mediante tres determinaciones en cada una de las posiciones del anteojo, y el error de índice no excederá de 50 segundos centesimales, en cada medición;

f) La altura instrumental y la de la señal visada se tomarán al centímetro y referidas a la cara superior del hito, lindero o vértices, y

g) Las alturas de los vértices o hitos utilizados en la triangulación serán referidas al nivel medio del mar (N.M.M.).

En la poligonación electrónica se observarán las siguientes normas y tolerancias;

a) Los ángulos cenitales se medirán en forma recíproca mediante tres determinaciones en cada una de las posiciones del anteojo, y el error de índice no excederá de 50 segundos centesimales en cada medición;

b) Los ángulos horizontales interiores no serán inferiores a 40 ni superiores a 360 grados centesimales; y el límite de rechazo de la medición de un ángulo horizontal será +- 17 segundos centesimales del promedio de cuatro reiteraciones.

c) En cada polígono la longitud del lado menor no será inferior al 20% de la longitud del lado mayor;

d) La tolerancia en cierre angular será de 30 segundos centesimales por raíz cuadrada de n, donde n = número de lados;

e) El error del cierre en posición de cada polígono no excederá de 1:20.000;

f) La tolerancia, expresada en metros, en los errores de cierre en altura sobre el N.M.M. será 0,15 x L, donde L = desarrollo de cada polígono en kilómetros;

g) La altura instrumental y la de la señal visada se tomarán al centímetro y referidas a la cara superior del hito, lindero o vértice;

h) Las mediciones electrónicas de distancias se efectuarán al menos con cuatro reiteraciones de frecuencias finas; y se corregirán en razón del estado atmosférico y de las condiciones propias de cada instrumento;

i) Los instrumentos electrónicos que se utilicen deberán ser aptos para efectuar mediciones con un error relativo que no exceda de 1:100.000;

j) En el desarrollo de los polígonos se seguirá el camino más corto y que contenga el menor número de inflexiones;

k) La vinculación entre polígonos se hará siempre por un lado común, y

l) La poligonal siempre deberá ser cerrada. El cierre se hará sobre dos vértices, de 1º, 2º o 3er. orden de la Red Geodésica Nacional o aprobados por el Servicio, o sobre dos hitos de aquellos referidos en el citado artículo 28. Con todo, previa aprobación del Servicio, el cierre podrá hacerse sobre un solo vértice o hito, de los antes mencionados.

Artículo 36.- En ningún caso, y aunque en la solicitud de mensura y su plano así esté solicitado, se podrá efectuar la operación de mensura disponiendo las pertenencias que se mensuran de tal forma que entre ellas queden espacios libres en los que no pueda constituirse otra pertenencia.

Artículo 37.- El acta de mensura se redactará una vez que se hayan efectuado los cálculos relacionados con la operación.

El acta será mecanografiada, y se entregará al juzgado el original en papel proceso y dos copias. Su título será «Mensura de Pertenencia (s)» o «Reposición de Hitos», y su subtítulo será el nombre de la pertenencia o pertenencias de que se trata.

El acta se iniciará con la fecha en que se realizó la mensura, el nombre del ingeniero o perito, la superficie total de la pertenencia o pertenencias mensuradas, el nombre de su titular, la fecha de la presentación al juzgado de la manifestación y de la solicitud de mensura y los datos de la inscripción de la primera. Cuando se trate de una o más pertenencias manifestadas con arreglo a lo dispuesto en el número 5º del artículo 44 del Código, se indicará tal circunstancia y se señalará la fecha y el juzgado en que se presentó el pedimento respectivo.

El acta indicará, además, lo siguiente:

a) La ubicación. Se expresarán la región, la provincia, la comuna y el predio o asiento minero, o todos ellos si fueren varios, que abarque la pertenencia o grupo de pertenencias; los accidentes topográficos que sirvan para completar la individualización del terreno mensurado, y la descripción pormenorizada del acceso al hito;

b) La ligazón del hito. Se describirá la ligazón del hito a la Red Geodésica Nacional o a los vértices, aprobados por el Servicio o a otros hitos, en su caso; al hacer esta descripción se indicarán el nombre y las coordenadas U.T.M. y altura de cada uno de los vértices o hitos empleados. Asimismo, se describirá la ligazón del hito con los tres puntos circunvecinos inamovibles y característicos, consignándose el rumbo U.T.M. o el azimut U.T.M., el ángulo cenital, el ángulo horizontal y la distancia aproximada de cada visual;

c) La operación de mensura y la colocación de linderos. Se hará una descripción clara y precisa de la forma en que se ubicaron, en el terreno, los vértices de la pertenencia o grupo de pertenencias, señalándose las orientaciones U.T.M. y distancias U.T.M. Asimismo, se describirá la forma en que se colocaron los respectivos linderos;

d) El Datum y Huso. Se señalarán el Datum empleado en la mensura y el Huso correspondiente al área de la misma;

e) Las coordenadas y alturas. Se mencionarán las coordenadas U.T.M. y la altura sobre el N.M.M. del hito y las coordenadas U.T.M. de cada uno de los vértices del perímetro de la pertenencia o grupo de pertenencias. Cuando la superficie abarcada por la mensura comprenda terrenos ubicados a ambos lados del meridiano 72°, las coordenadas de sus vértices deberán expresarse en valores de coordenadas correspondientes al Huso en que se encuentre la mayor proporción de la superficie mensurada, debiendo, si es el caso, convertirse las coordenadas del punto de interés, a las correspondientes a este Huso. Si la superficie mensurada tiene la misma proporción en ambos Husos, las coordenadas quedarán referidas al Huso correspondiente al punto de interés;

f) El instrumental y método. Se señalarán el instrumental y el o los métodos utilizados, indicándose el tipo y graduación de aquél;

g) La descripción del perímetro. Se señalará la relación del hito con algún vértice del perímetro, expresada en términos de azimut U.T.M. o de rumbo U.T.M., y de distancia U.T.M. A partir de este vértice se relacionará sucesivamente cada uno de los restantes con el que le siga, en el orden de los punteros del reloj y expresando cada relación en los mismos términos ya señalados;

h) La individualización de la pertenencia. Cada pertenencia se individualizará por su nombre. Con todo, cuando se hayan manifestado varias pertenencias señalándolas por un nombre que les sea común seguido de un número, podrá omitirse el nombre de cada una, y en tal caso se numerarán las pertenencias y sus vértices en forma correlativa de Norte a Sur o de Oeste a Este, comenzando siempre desde el vértice Noroeste.

Las pertenencias se identificarán, además, por lo menos con su superficie expresada en hectáreas y con las longitudes de sus lados, todo ello calculado en la proyección U.T.M.;

i) Siempre que sea posible, indicará los nombres, ubicación y dueños de las pertenencias colindantes.

j) Las demasías, si se han producido con motivo de la mensura, se dejará constancia de ello y se las individualizará asignando un número a cada una y señalando la superficie en la proyección U.T.M. y las coordenadas U.T.M. de los vértices de cada una;

k) La sustancia mineral. Se indicará la sustancia mineral concesible más significativa que sea reconocible dentro de la superficie mensurada, si fuere posible;

l) El punto de interés. Se mencionarán las coordenadas geográficas o las coordenadas U.T.M. correspondientes a la ubicación del punto de interés, tal como ellas se hayan expresado en la manifestación, o en la solicitud de mensura en el caso previsto en la primera parte del inciso tercero del artículo 24 de este Reglamento, y

m) El ingeniero o perito. Se consignarán el nombre, domicilio y firma del ingeniero o perito.

Artículo 38.- El plano de mensura representará la configuración del perímetro de la pertenencia o de cada una de las pertenencias del grupo mensurado, en la proyección U.T.M., identificando estas últimas en la forma que corresponda según lo previsto en la letra h) del artículo anterior.

El plano indicará, además:

1°) El nombre de la pertenencia o pertenencias y el del interesado;

2°) La región, la provincia, la comuna y el predio o asiento minero, o todos ellos si fueren varios, que abarque la pertenencia o grupo de pertenencias;

3°) La superficie total mensurada y la de cada una de las pertenencias, calculadas en la proyección U.T.M.;

4°) El nombre y la ubicación de las pertenencias mensuradas colindantes y vecinas, si las hubiere;

5°) La longitud de cada uno de los lados de cada pertenencia y la de cada uno de los lados del grupo de pertenencias, calculadas en la proyección U.T.M. y expresadas en metros;

6°) Las coordenadas U.T.M. de cada uno de los vértices del perímetro de la pertenencia o grupo de pertenencias en la proyección U.T.M.; las coordenadas U.T.M. y la altura sobre el N.M.M. del hito, y el Datum y Huso correspondientes a todas ellas;

7°) La representación de cursos de agua, vías de comunicación, labores mineras, accidentes topográficos, etc.;

8°) Un croquis de ubicación a escala 1:500.000 ó 1:1.000.000, en el cual deberá figurar la ciudad o localidad más próxima;

9°) La ligazón del hito a la Red Geodésica Nacional o a vértices aprobados por el Servicio, según corresponda;

10°) Un croquis, a escala, que relacione el terreno manifestado, el terreno cuya mensura se solicitó y el terreno abarcado y por la pertenencia o grupo de pertenencias mensuradas, destacando las coordenadas del punto de interés en forma gráfica;

11°) La representación de las tres visuales a los puntos circunvecinos inamovibles y característicos, en la que deberán figurar el perfil detallado de los puntos observados y el rumbo U.T.M. o azimut U.T.M., los ángulos azimutal y cenital y la distancia aproximada de cada visual;

12°) La escala del plano;

13°) La fecha de la solicitud de mensura y la fecha de ejecución de la operación de mensura;

14°) El juzgado y rol del expediente, el número que corresponda a la pertenencia o grupo de pertenencias en el Rol Nacional de Concesiones Mineras, y

15°) El nombre y la firma del ingeniero o perito.

Artículo 39.- El plano de mensura se entregará al juzgado en original y dos copias, con un reticulado U.T.M. de 10 centímetros en el que se expresen las respectivas coordenadas U.T.M. El original se hará en papel de dibujo transparente e indeformable. El título del plano se dibujará con letras de dibujo normalizada, destacando el nombre de la pertenencia o grupo de pertenencias. La leyenda deberá ubicarse en forma tal que ésta quede libre al doblar el plano al tamaño del expediente.

El plano se hará a escala 1:2.500 para superficies de hasta 20 hectáreas; a escala 1:5.000 para superficies mayores a ésta y hasta de 100 hectáreas; a escala 1:10.000 para superficies mayores a ésta y hasta de 500 hectáreas, y a escala 1:25.000 para superficies mayores a esta última.

Párrafo 6º Otras Normas Relativas a la Mensura

Artículo 40.- En el caso del inciso segundo del artículo 69 del Código, el informe a que se refiere el artículo 79 del mismo señalará siempre, además, si la mensura de la parte que fue vencida en el respectivo juicio de oposición respeta íntegramente el derecho preferente de la parte vencedora.

En el caso del inciso primero del artículo 80 del Código, cuando el informe del Servicio señale que la mensura abarca en todo o parte una o más pertenencias ya constituidas, indicará, además, si los vértices de estas últimas han sido determinados en coordenadas U.T.M. o bien si ellos le han sido proporcionados en tales coordenadas. En el primer caso, el informe indicará sí esta determinación se hizo al mensurar las pertenencias o con arreglo a lo dispuesto en el artículo 6º transitorio del Código. En el segundo caso, el informe expresará si el Servicio verificó la correspondencia entre los vértices y las coordenadas U.T.M. que le han sido proporcionadas.

Artículo 41.- El titular de la pertenencia o grupo de pertenencias ya constituidas, cuyos vértices no estuvieren determinados en coordenadas U.T.M., podrá proporcionar al Servicio estas coordenadas, para los efectos previstos en el inciso primero del artículo 80 del Código. La comunicación respectiva deberá, en todo caso, ser suscrita, bajo su responsabilidad, por un ingeniero o perito de aquéllos referidos en el inciso segundo del artículo 71 del Código.

Junto con proporcionar tales coordenadas, el interesado deberá acompañar las correspondientes copias autorizadas de la inscripción del acta de mensura, con certificado de vigencia, y del plano respectivo. En caso que la legislación vigente a la época de la constitución no haya exigido plano, deberá acompañarse un plano, elaborado en la forma dispuesta en el artículo 38.

Párrafo 7º De la Sentencia Constitutiva y Otras Actuaciones

Artículo 42.- Dictada la sentencia constitutiva de la concesión de exploración, el original del plano respectivo se entregará al Servicio por el interesado; una copia del mismo se archivará en el Registro de Descubrimientos del Conservador de Minas en que se inscriba la sentencia, y la otra copia quedará agregada en el expediente.

Dictada la sentencia constitutiva de la pertenencia o grupo de pertenencias, el original del plano de mensura y una copia del acta de mensura se entregarán al Servicio por el interesado; una copia del plano se archivará en el Registro de Propiedad del Conservador de Minas respectivo; una copia del acta autorizada por el secretario del juzgado se inscribirá junto con la sentencia en el mismo Registro y Conservador, y el original del acta y una copia del plano quedarán agregados en el expediente.

Para proceder al archivo de los planos a que se refieren los incisos precedentes y a la inscripción del acta de mensura, el interesado deberá exhibir la constancia de haber entregado los originales de dichos documentos al Servicio.

Artículo 43.- El extracto de la sentencia constitutiva de la concesión, a que se refiere el artículo 90 del Código, será redactado por el secretario del juzgado.

Artículo 44.- En la publicación que dispone el inciso final del artículo 90 del Código el Servicio clasificará las concesiones de que se trate agrupándolas por la comuna de su ubicación.

En caso que una concesión de exploración, o una pertenencia o grupo de pertenencias mensuradas en conjunto, abarquen más de una comuna, bastará que en la nómina correspondiente a alguna de esas comunas se incluyan las menciones que exige el referido inciso final. Sin perjuicio de ello, en la nómina correspondiente a cada una de las demás comunas de su ubicación, se consignará al menos su nombre y el de cada una de las comunas que abarca.

TÍTULO VI
DE LA PRÓRROGA DE LA CONCESIÓN DE EXPLORACIÓN

Artículo 45[18].- La prórroga de la concesión de exploración, a que se refiere el inciso segundo del artículo 112 del Código, procederá si el titular, dentro de los primeros seis meses del último año de vigencia de su concesión, presenta al Servicio un reporte con toda la información geológica

---

18 Artículo modificado por Decreto 10, Ministerio de Minería. Art. único N° 6) D.O. 02.08.2024. Artículo anterior indicaba: "La prórroga de la concesión de exploración, a que se refiere el inciso segundo del artículo 112 del Código, procederá sólo si, excluyendo el abandono de a lo menos la mitad de la superficie total concedida, la superficie restante cumple con aquellos requisitos del artículo 28 del mismo Código que son aplicables a la concesión de exploración.
La solicitud de prórroga se presentará en el expediente de constitución de la respectiva concesión de exploración, antes de expirar el período de dos años.
La anotación que prescribe el inciso tercero del mencionado artículo 112 se practicará al margen de la inscripción de la sentencia constitutiva de la concesión".

obtenida en los trabajos de exploración que hayan sido realizados durante la vigencia de su concesión y que acrediten, por tanto, su realización. Para estos efectos, el titular deberá cumplir con lo dispuesto en el decreto supremo N°9, de 2024, del Ministerio de Minería, o la norma que lo reemplace.

Alternativamente, el titular podrá presentar al Servicio la documentación que acredite la obtención de una Resolución de Calificación Ambiental respecto a su proyecto minero en el periodo de duración de la concesión, que se encuentre vigente al momento del requerimiento, o bien la resolución emitida por el Servicio de Evaluación Ambiental en que se dé cuenta que su proyecto ha sido admitido a trámite en el Sistema de Evaluación de Impacto Ambiental.

Cumplido lo señalado en los incisos precedentes, el Servicio deberá emitir un certificado que dé cuenta de aquello, el cual deberá ser remitido al juzgado de letras competente, una vez que haya sido oficiado por éste para dichos efectos.

La resolución que conceda la prórroga deberá publicarse extractada, por una sola vez, dentro de treinta días contados desde la fecha de su dictación. El extracto contendrá las coordenadas U.T.M. de los vértices de la concesión. Dentro del mismo plazo la resolución deberá anotarse al margen de la inscripción respectiva.

La solicitud de prórroga se presentará en el expediente de constitución de la respectiva concesión de exploración, antes de expirar el período de cuatro años.

TÍTULO VII
DE LA REPOSICIÓN DE HITOS O DE LINDEROS

Artículo 46.- Siempre que sea necesario reponer cualesquiera hitos o linderos, el ingeniero o perito designado por el interesado deberá proceder previa resolución judicial, se ajustará fielmente a los datos y a la nomenclatura consignados en el acta y plano de mensura originales, y levantará acta y plano de la operación.

El Servicio a petición del interesado podrá informar acerca de los aspectos técnicos relacionados con la operación y con su acta y plano.

El interesado podrá hacer anotar la resolución judicial que apruebe la reposición al margen de la inscripción de la sentencia constitutiva de la pertenencia o al margen de la inscripción del acta de mensura, en su caso, y hacer archivar una copia del acta y del plano, en el Registro de Propiedad del Conservador de Minas respectivo.

En la anotación a que se refiere el inciso anterior, se indicarán los datos del archivo del acta y del plano.

Artículo 47.- Con todo, cuando la reposición se efectúe a petición de un colindante en el caso previsto en el inciso primero del artículo 119 del Código, el ingeniero o perito será designado por el juez y se procederá a la operación una vez que quede firme la sentencia que así lo ordene, librada contra el dueño de la pertenencia en el procedimiento sumarísimo del artículo 235 del Código. En lo demás, se aplicarán las normas del artículo anterior.

Artículo 48.- Cualquiera cuestión que se suscite respecto de la reposición, en el curso de la gestión respectiva o una vez aprobada la operación, se substanciará con arreglo al procedimiento sumarísimo del artículo 235 del Código.

TÍTULO VIII
DEL AMPARO

Párrafo 1º Del Amparo en General

Artículo 49.- El monto que corresponda pagar por patente minera se calculará siempre tomando como base el valor que la unidad tributaria mensual tenga en el mes en que se haga el respectivo pago efectivo. El valor adeudado, en los casos previstos en el inciso segundo del artículo 148 y en el inciso primero del artículo 149 del Código, se calculará a base del valor que la unidad tributaria mensual tenga en el mes en que se efectúe el remate; y, en el caso indicado en el inciso segundo del mismo artículo

149, sobre la base del valor que esa unidad tenga en el mes en que se haga el correspondiente pago efectivo.

Por las infracciones de hectáreas no se paga patente minera.

Artículo 50.- Para los efectos de calcular el monto de la primera patente, a que se refiere el inciso segundo del artículo 144 del Código, se considerarán tanto el día siguiente al de presentación de la solicitud de sentencia o solicitud de mensura, en su caso, como el último día del mes de febrero siguiente.

Artículo 51.- En la nómina de que trata el inciso primero del artículo 147 del Código, el monto adeudado se expresará también en su equivalente en unidades tributarias mensuales, considerando para ello el valor que ésta haya tenido el mes en que debió efectuarse el pago.

La nómina deberá especificar, además, los datos de la inscripción a que se refiere el artículo 52 del Código, tratándose del pedimento o la manifestación; o los datos de la inscripción a que se refiere el inciso final del artículo 87 del Código, si de concesiones ya constituidas se tratare.

Artículo 52.- El Servicio velará por que se practiquen las notificaciones respectivas y se cancelen las correspondientes inscripciones. Con este objeto y para los demás previstos en el artículo 159 del Código, el Servicio podrá hacer las presentaciones judiciales y los requerimientos que sean pertinentes.

Párrafo 2º De las Patentes Rebajadas

Artículo 53[19].- Los titulares de pertenencias podrán optar a la patente de un décimo de unidad tributaria mensual por hectárea establecida en

---

[19] Artículo modificado por Decreto 10, Ministerio de Minería. Art. único N°7) D.O. 02.08.2024. Artículo anterior indicaba: "Artículo 53.- Los titulares de pertenencias cuyo interés económico principal resida en las sustancias no metálicas o en los placeres metalíferos que existan en ellas y los titulares de pertenencias sobre sustancias existentes en solares, que hayan acreditado los hechos que los hagan

el artículo 142 bis del Código, siempre y cuando logren acreditar que se encuentran en alguna de las siguientes hipótesis.

a) Trabajo efectivo de la concesión: Aquellas concesiones en las que se realicen actividades, trabajos u obras que de modo permanente y continuo permitan el desarrollo de operaciones mineras, entendiéndose por tales a las que se refiere la letra l) del artículo 3 de la ley N° 20.551, que Regula el Cierre de Faenas e Instalaciones Mineras, incluidas aquellas que derivan del cumplimiento de un plan de cierre de faenas mineras.

b) Proyecto minero que cuente con Resolución de Calificación Ambiental favorable o en trámite: Aquellas concesiones que, sin estar en la hipótesis precedente, se encuentren contenidas en un proyecto de desarrollo minero con Resolución de Calificación Ambiental favorable o que haya sido admitido a tramitación en el Sistema de Evaluación de Impacto Ambiental.

c) Proyectos asociados al Título XV del Reglamento de Seguridad Minera: Aquellas concesiones que, sin estar en alguna de las hipótesis precedentemente expuestas, se encuentren tramitando alguno de los permisos establecidos en el Título XV del Reglamento de Seguridad Minera.

Para efectos de acreditar que las pertenencias se encuentran en alguna de las hipótesis señaladas anteriormente, el solicitante deberá acompañar los antecedentes que a continuación se indican, según corresponda:

i. Documentos mínimos para cada solicitud:

– Formulario dispuesto en el sitio web institucional del Servicio, el que será aprobado mediante resolución del Servicio.

– Certificado de dominio vigente de la(s) concesión(es) de una antigüedad no mayor a tres meses.

– Comprobante de pago de patente minera correspondiente al año de la postulación, emitido por Tesorería General de la República.

– Declaración Jurada simple sobre la veracidad de la información que se entrega. El Servicio dispondrá en su sitio web de un formato de ésta.

---

acreedores al beneficio contemplado en el artículo 142 del Código, en la forma establecida en el presente reglamento, pagarán una patente anual equivalente a un trigésimo de unidad tributaria mensual por cada hectárea completa que comprenda la pertenencia".

– Personería o representación jurídica, si correspondiere.

– Copia del contrato de arrendamiento, si corresponde, el cual deberá ser otorgado ante ministro de fe e identificar claramente las pertenencias que abarca.

– Croquis o plano legible en el cual se indiquen su escala gráfica; las concesiones cubiertas por la solicitud, individualizadas con su rol; la ubicación de las instalaciones y lugares de trabajo que forman parte del proyecto; y un cuadro resumen con las coordenadas de las instalaciones indicadas anteriormente.

ii. Para acreditar la hipótesis del literal a) de este artículo, el solicitante deberá presentar una(s) resolución(es) vigente(s) dictada(s) por el Servicio que apruebe(n) el proyecto minero, la declaración minera, el método de explotación y/o tratamiento de minerales, la disposición de residuos masivos mineros y/o el plan de cierre.

iii. Para acreditar la hipótesis de la literal b) de este artículo, el solicitante deberá presentar la Resolución de Calificación Ambiental vigente del proyecto minero o, en su defecto, la Resolución de Admisibilidad dictada por el Servicio de Evaluación Ambiental, que acredite que la evaluación ambiental del proyecto está en tramitación.

iv. Para acreditar la hipótesis del literal c) de este artículo, el titular deberá señalar el número de referencia del expediente de evaluación del proyecto presentado al Servicio.

Artículo 54[20].- Para efectos de determinar las pertenencias a las que se les aplicará la patente señalada en el artículo precedente, deberá con-

---

20 Artículo modificado por Decreto 10, Ministerio de Minería. Art. único N°8) D.O. 02.08.2024. Artículo anterior indicaba: "Artículo 54.- Con anterioridad al 31 de Enero del año en que se impetre el citado beneficio, los titulares de las pertenencias mencionadas en el inciso primero del artículo precedente deberán acreditar ante el Servicio los hechos, referidos en el mismo inciso, que los hacen acreedores a ese beneficio, mediante documentos fidedignos tales como liquidaciones o facturas de ventas de las sustancias minerales extraídas, informes de producción, documentos de embarque, informes geológicos o técnicos y cualquier otro medio de prueba útil al efecto.

siderarse a aquellas incluidas en una unidad productiva minera y sus posibles expansiones.

Se entenderá como unidad productiva minera al conjunto de instalaciones y lugares de trabajo que se organizan para asegurar el funcionamiento de operaciones mineras, entendiendo por tales a las instalaciones y lugares de trabajo señalados en la letra i) del artículo 3 de la ley N°20.551, sobre Cierre de Faenas e Instalaciones Mineras. Serán parte de dicho conjunto, las pertenencias en cuya superficie se encuentre o proyecte una o más instalaciones o lugares de trabajo de la faena minera.

Los permisos, proyectos en tramitación o estudios mencionados en el artículo anterior servirán para acreditar que una instalación o lugar de trabajo se encuentra o proyecta en una pertenencia.

Por su parte, las posibles expansiones de una unidad productiva comprenderán las áreas que abarquen los proyectos o planes de crecimiento, desarrollo o expansión de la operación minera, los que deberán estar vinculados directamente a la unidad productiva minera. Dichas características o condiciones deberán acreditarse a través de antecedentes que permitan fundadamente al Servicio determinar la aplicabilidad del beneficio solicitado.

Para efectos de acreditar la existencia de posibles expansiones, será necesario acompañar alguno de los siguientes antecedentes:

– Informe técnico de Persona Competente en Recursos y Reservas Mineras, la que deberá estar registrada en la Comisión Calificadora establecida en la ley N°20.235.

– Estudios o informes de pre-inversión, prefactibilidad o factibilidad.

– Documentos que acrediten la constitución de servidumbres a su favor.

– Declaraciones o estudios de impacto ambiental que se encuentren en tramitación o hayan obtenido una Resolución de Calificación Ambiental favorable.

No obstante lo anterior, el Servicio podrá dar por acreditada, mediante visita al terreno, la efectividad del hecho en que se funda en cada caso el beneficio que se impetra".

– Proyectos de métodos de explotación, tratamiento de minerales o disposición de residuos masivos mineros que se encuentren en tramitación ante el Servicio.

Adicionalmente, el solicitante deberá acompañar un reporte técnico que acredite que la posible expansión se encuentra vinculada directamente a la unidad productiva minera.

Artículo 55[21].- En caso de que existan instalaciones o lugares de trabajo en una o más pertenencias ubicadas total o parcialmente en un salar, se entenderá que toda otra pertenencia del mismo titular ubicada total o parcialmente en el mismo salar constituye una posible expansión de su unidad productiva minera, por lo que se le aplicará la misma patente que a las pertenencias donde se ubica ésta.

Para estos efectos, se entiende por salar, el depósito salino superficial constituido por una costra salina de espesor variable, con soluciones salinas o salmueras ocluidas, que descansa sobre rocas y/o material detrítico, como arcilla, limo, arena u otros similares, en una cuenca cerrada o con escaso drenaje, que constituye su basamento.

Artículo 56[22].- A partir del 1 de abril y hasta el 31 de julio del año anterior al que corresponda pagar la patente, los titulares de las pertenencias mencionadas en los artículos precedentes, deberán solicitar al Servicio

---

21 Artículo modificado por Decreto 10, Ministerio de Minería. Art. único N°9) D.O. 02.08.2024. Artículo anterior indicaba: "Artículo 55.- El Servicio comunicará a la Tesorería General de la República, antes del 1° de Marzo de cada año, la nómina de las pertenencias mineras que gozan de este beneficio, con especificación de su nombre y ubicación y del dueño que figura en el rol correspondiente. Si el interesado lo pide, el Servicio le extenderá, además, un certificado que acredite el beneficio y en el que consten las menciones referidas".

22 Artículo modificado por Decreto 10, Ministerio de Minería. Art. único N°10) D.O. 02.08.2024. Artículo anterior indicaba: "Artículo 56.- Sin perjuicio de lo dispuesto en el artículo siguiente, las pertenencias ya constituidas de conformidad con la legislación anterior a la vigente sobre sustancias no metálicas o sobre sustancias existentes en salares, y las que se constituyan de acuerdo a dicha legislación sobre las mencionadas sustancias, pagarán la patente a que se refiere el inciso primero del

que se les aplique la patente de un décimo de unidad tributaria mensual por hectárea, para lo cual deberán presentar todos los antecedentes que acrediten el cumplimiento de los requisitos para acceder a ello.

A más tardar el primer día hábil de diciembre del año anterior al que corresponde pagar la patente, el Servicio publicará la resolución que contenga la nómina de las pertenencias mineras que gozarán de este beneficio, con especificación de su nombre, ubicación, rol y dueño, así como las pertenencias cuya solicitud de patente rebajada fue rechazada, con expresa indicación del fundamento de ello.

El Servicio, antes del 1° de marzo de cada año, deberá comunicar a la Tesorería General de la República, la nómina de las pertenencias mineras que gozarán de este beneficio.

A través de la plataforma que el Servicio dispondrá para estos efectos, el interesado podrá obtener los certificados que acrediten el beneficio precedentemente aludido.

Artículo 57[23]**.-** Dentro del plazo de treinta días contados desde la publicación de la nómina señalada en el inciso segundo del artículo precedente, el solicitante a quien se le haya denegado el beneficio podrá reclamar fundadamente ante el Servicio.

Las reclamaciones serán resueltas por el Servicio previo a la remisión de la nómina a Tesorería General de la República, señalada en el artículo anterior.

---

artículo 53 de este Reglamento, sin necesidad de cumplir la exigencia contenida en el artículo 54 del mismo Reglamento.

El Servicio enviará a la Tesorería General de la República la nómina o nóminas de las pertenencias mineras a que alude el inciso anterior".

23 Artículo modificado por Decreto 10, Ministerio de Minería. Art. único N°11) D.O. 02.08.2024. Artículo anterior indicaba: "Artículo 57.- Los titulares de las pertenencias mineras que gocen del beneficio de la patente rebajada, están obligados a comunicar por escrito al Servicio el cambio en el interés económico principal que se produzca durante la explotación de las pertenencias y que los haga perder el referido beneficio".

Las reclamaciones deberán ser presentadas a través de la plataforma que el Servicio disponga para ello, la cual dará cuenta de su recepción y posterior resolución.

Artículo 58[24].- Para acceder al beneficio contemplado en el artículo 142 ter del Código, el solicitante deberá acompañar los antecedentes que a continuación se indican:

– Formulario dispuesto en el sitio web institucional del Servicio, el que será aprobado mediante resolución del Servicio.

– Certificado dominio vigente de la(s) concesión(es) minera(s) de una antigüedad no mayor a tres meses.

– Comprobante de pago de patente minera, correspondiente al año de la solicitud, emitido por Tesorería General de la República.

– Declaración Jurada simple sobre la veracidad de la información que se entrega y que indique que se cumplen los requisitos establecidos en el artículo 142 ter del Código.

– Personería o representación Jurídica, si correspondiere.

– Copia del contrato de arrendamiento, si corresponde, el cual deberá ser otorgado ante ministro de fe e identificar claramente las pertenencias que abarca.

– Resolución(es) vigente(s) dictada(s) por el Servicio que apruebe(n) el proyecto minero, la declaración minera, el método de explotación y/o tratamiento de minerales, la disposición de residuos masivos mineros y/o el plan de cierre.".

El solicitante deberá postular a este beneficio en los plazos y conforme al procedimiento establecido en los artículos 53 y siguientes de este Reglamento. El Servicio deberá informar a la Tesorería General de la

---

24 Artículo modificado por Decreto 10, Ministerio de Minería. Art. único N°12) D.O. 02.08.2024. Artículo anterior indicaba: "Artículo 58.- Las pertenencias que no figuren en alguna de las nóminas a que se refieren los artículos 55 y 56 de este Reglamento deberán pagar, por concepto de patente, un décimo de unidad tributaria mensual por cada hectárea completa que comprendan".

República, en el mismo plazo señalado en el artículo 56 y en una nómina distinta, las pertenencias que gozan de este beneficio.

Artículo 59[25]**.-** Será de exclusiva responsabilidad del titular presentar las solicitudes dentro de plazo y acreditar el cumplimiento de los requisitos correspondientes al beneficio que postula, sea este el establecido en el artículo 142 bis o el artículo 142 ter del Código.

Artículo 60[26]**.-** Respecto de las pertenencias que no figuren en alguna de las nóminas a que se refieren los artículos 56 y 58 de este Reglamento

---

[25] Artículo modificado por Decreto 10, Ministerio de Minería. Art. único N°13) D.O. 02.08.2024. Artículo anterior indicaba: "Artículo 59.- Se entenderá que el interés económico principal de una pertenencia reside en las sustancias no metálicas o en los placeres metalíferos, cuando aquéllas o éstos sean el objeto principal de la explotación del yacimiento o cuando se demuestre que éste los contiene en una proporción y calidad tales que constituirían el objeto principal de la explotación del yacimiento, si ella se realizare".

[26] Artículo modificado por Decreto 10, Ministerio de Minería. Art. único N°14) D.O. 02.08.2024. Artículo anterior indicaba: "Artículo 60.- Para los efectos a que se refiere el inciso primero del aludido artículo 53, se considerarán sustancias no metálicas las siguientes: azufre, nitratos, sulfatos, boratos, carbones, carbonatos, cloruros, silicatos, sílices, guano e hidrocarburos en estado sólido.
Para los mismos efectos, constituyen placeres metalíferos los depósitos naturales de ripio, grava, arena, limo, arcilla, o materiales similares, no consolidados, que contienen concentraciones de partículas o trozos de metal nativo o combinado que provienen de la destrucción mecánica, desintegración o erosión de rocas sólidas o vetas y que han sido transportados hasta el lugar de su acumulación. No se consideran placeres metalíferos los rodados de hierro ni los llamados «papeos» del mismo metal, es decir, los fragmentos de dicha sustancia mineral situados en los alrededores de cuerpos de hierro en la superficie o mezclados en profundidad, consolidados o no provenientes de afloramientos en esos cuerpos, de los cuales se han separado por procesos de meteorización o erosión.
También para los efectos mencionados en el inciso primero del mencionado artículo 53, se entiende por salar el depósito salino superficial, constituido por una costra salina de espesor variable, con soluciones salinas ocluidas, que descansa generalmente sobre material detrítico, como arcilla, limo, arena u otros similares, en una cuenca cerrada o con escaso drenaje, que constituye su basamento".

y que no les aplique la patente de un diezmilésimo de unidad tributaria mensual por hectárea establecida en el artículo 142 del Código, el monto de la patente por cada hectárea completa será equivalente a:

a) Cuatro décimos de unidad tributaria mensual para los primeros cinco años de vigencia de la concesión.

b) Ocho décimos de unidad tributaria mensual desde el año sexto al décimo de vigencia de la concesión.

c) Nueve décimos de unidad tributaria mensual desde el año undécimo al año décimo quinto de vigencia de la concesión.

d) Uno coma dos unidades tributarias mensuales desde el año décimo sexto al año vigésimo de vigencia de la concesión.

e) Tres unidades tributarias mensuales desde el año vigésimo primero al año vigésimo quinto de vigencia de la concesión.

f) Seis unidades tributarias mensuales desde el año vigésimo sexto al año trigésimo de vigencia de la concesión.

g) Doce unidades tributarias mensuales a partir del trigésimo primer año de vigencia de la concesión.

Para efectos del cómputo de estos plazos, se entenderá que todas las concesiones de explotación cuya obligación de amparo haya comenzado con anterioridad al primero de enero del año dos mil veinticuatro, cumplen su primer año de vigencia el último día del mes de febrero del año dos mil veinticinco. Con todo, no se contarán los años en los que el monto de la patente fue de un décimo o un diezmilésimo de unidad tributaria mensual por hectárea por aplicación de los artículos 142, 142 bis o 142 ter, según corresponda.

El Servicio deberá comunicar a la Tesorería General de la República, en el mismo plazo establecido en el artículo 56, la nómina de pertenencias sujetas a cada uno de los tramos señalados en el inciso primero de este artículo.

TÍTULO IX
DE LA RENUNCIA DE LAS CONCESIONES

Artículo 61.- Se puede renunciar a la concesión de exploración y a una o más pertenencias comprendidas en una misma acta de mensura, siempre que con la renuncia no se perjudique el derecho de terceros. La renuncia que no recaiga sobre el total de dichas pertenencias se denominará «parcial», y las que queden en poder del renunciante deberán tener a lo menos un punto de contacto con otra que quede también en su poder.

Sólo son susceptibles de renuncia, con arreglo a este Título, la concesión de exploración y la pertenencia ya constituidas.

En todo caso, la renuncia deberá comprender la totalidad de la concesión de exploración o de la pertenencia o de cada una de las pertenencias de que se trate.

La renuncia debe constar en escritura pública, y sólo se perfeccionará por la cancelación de la inscripción de la respectiva sentencia constitutiva o del acta de mensura, en su caso, en relación con la concesión de exploración o la o las pertenencias a que se haya renunciado, ordenada por el juez competente en el procedimiento que establece este Título.

Artículo 62.- Para renunciar a la concesión de exploración y a una o más pertenencias, se requerirán las mismas facultades y el cumplimiento de los mismos requisitos que para enajenarlas.

Así, la renuncia que haga una persona jurídica requerirá la aprobación de los órganos que, según la ley o sus estatutos, deban consentir; y la renuncia que afecte a un incapaz, de la intervención del representante legal, de autorización judicial y de los demás requisitos legales, salvo la pública subasta cuando la ley la exija para el caso de enajenación.

Artículo 63.- La escritura pública de renuncia deberá individualizar por su nombre la concesión de exploración o la o las pertenencias a las que se renuncia, mencionando los datos de la inscripción de la respectiva sentencia constitutiva o acta de mensura, en su caso. Deberán insertarse en la misma escritura los instrumentos que acrediten el cumplimiento de las exigencias legales o estatuarias que habiliten para renunciar.

Artículo 64.- La solicitud de aprobación de la renuncia da origen a un procedimiento de jurisdicción voluntaria, el cual se puede transformar en contencioso si se formula oposición por cualquiera a quien la renuncia perjudique.

Artículo 65.- La solicitud deberá contener las mismas indicaciones que para la escritura de renuncia exige el artículo 63 de este Reglamento, y en ella se pedirá que se acepte la renuncia y se ordene la cancelación de las inscripciones respectivas. La solicitud deberá ir aparejada de copia autorizada de los siguientes instrumentos: escritura de renuncia; inscripción de la respectiva sentencia constitutiva o del acta de mensura, en su caso, con todas sus subinscripciones y anotaciones marginales; plano de la concesión de exploración o plano de mensura, según corresponda; inscripción de dominio de la concesión de exploración de la o las pertenencias a que se renuncia, con certificado de vigencia a nombre del renunciante, y certificados de hipotecas y gravámenes y de prohibiciones e interdicciones, respecto de aquélla o de éstas, que cubran desde la inscripción de la sentencia constitutiva o del acta de mensura hasta, a lo menos, treinta días antes de la presentación de la solicitud.

Si de los antecedentes apareciere que la renuncia perjudica o puede perjudicar el derecho de terceros, el juez ordenará al renunciante acreditar la anuencia de estos terceros a la renuncia y en tal caso esa anuencia sólo podrá otorgarse por escritura pública o compareciendo los terceros a otorgarla ante el secretario del tribunal correspondiente. Si así no se hubiere acreditado la anuencia, el juez ordenará notificar, conforme a las normas de los artículos 40 ó 44 del Código de Procedimiento Civil, a las personas que pudieren resultar perjudicadas con la renuncia, notificación que deberá practicarse antes de la publicación señalada en el artículo siguiente.

Artículo 66.- El juez examinará la solicitud y los antecedentes acompañados y, encontrándolos conforme, dispondrá que aquélla sea publicada por una vez, para lo cual deberá darse copia autorizada al interesado. Si, por el contrario, notare defectos u omisiones, mandará que ellos se subsanen, cumplido lo cual dispondrá su publicación.

Artículo 67.- Dentro de los sesenta días siguientes a la publicación, podrá deducirse oposición a la renuncia, fundándose en que ella perjudica los derechos del opositor. Son causales de oposición, entre otras: la existencia de un contrato de promesa de venta, de opción de compra o de hipoteca, y la de un embargo, medida precautoria o prohibición que afecten a la concesión de exploración o a la pertenencia o pertenencias que se trate de renunciar; y la existencia de un contrato de avío, de arrendamiento, de explotación o de venta de minerales «in situ» que afecte a estas últimas.

La sola presentación de la demanda de oposición transformará el procedimiento en contencioso, el que se tramitará conforme a las normas del juicio sumario.

Los plazos de días en los asuntos contenciosos promovidos con arreglo a este Título se entenderán suspendidos durante los días feriados.

Todas las oposiciones se tramitarán en un solo cuaderno y se fallarán en una sola sentencia.

Artículo 68.- Ejecutoriada la sentencia que rechaza la o las oposiciones deducidas, o si no se ha formulado oposición y antes de que el Juez dicte sentencia el interesado deberá acompañar los certificados de hipotecas y gravámenes y de prohibiciones e interdicciones, debidamente actualizados.

El juez podrá rechazar la renuncia si, en mérito de los antecedentes de autos, se ha formado la convicción de que existan derechos de terceros que podrían ser afectados por la renuncia. El tribunal rechazará la solicitud si no se hubiere practicado oportunamente la notificación a que se refiere el inciso segundo del artículo 65 de este Reglamento.

Artículo 69.- Cumplida la resolución que aprueba la renuncia y ordena cancelar la inscripción o inscripciones respectivas, el interesado deberá proceder a derribar los hitos del grupo de pertenencias si la renuncia fuere total, o al derribo y colocación de los que corresponda, si la renuncia fuere parcial. En este último caso, el interesado se atendrá a las normas del inciso tercero del artículo 119 del Código y de las de este Reglamento que sean aplicables.

TÍTULO X
DE LOS CONTRATOS Y CUASI CONTRATOS

Párrafo 1º De los Contratos en General

Artículo 70.- Lo dispuesto en el artículo 168 del Código es aplicable a las manifestaciones hechas con arreglo al Código de 1932 y a las pertenencias constituidas o que se constituyan de acuerdo a la legislación anterior a la vigente.

Los datos de la inscripción a que alude el mencionado artículo con su foja, número, registro, año y Conservador.

Párrafo 2º De las Sociedades que Nacen de un Hecho

Artículo 71.- Para los efectos previstos en el inciso segundo del artículo 173 del Código, cada vez que se requiera una de las inscripciones mencionadas en el inciso primero de dicho artículo deberá señalarse al Conservador el nombre del asiento minero en que se encuentra ubicada la concesión o la primera que el título mencione, si fueren varias. A falta de nombre del asiento minero, se entenderá por tal el del lugar que se señale. Así, por ejemplo, si la pertenencia que da nombre a la sociedad se llamare Abundancia y se encontrare ubicada en un lugar conocido como Bellavista, la sociedad se denominará «Sociedad Legal Minera Abundancia de Bellavista».

No se aplicará lo dispuesto en el inciso anterior cuando en el pedimento o en la manifestación se haya indicado el nombre del asiento minero o el del lugar.

El artículo 174 del Código sólo es aplicable a las pertenencias, constituidas o en tramitación, y siempre que ellas hayan sido comprendidas en una misma manifestación.

TÍTULO XI
OTRAS NORMAS

Artículo 72.- Para los efectos del artículo 227 del Código, se entenderán por minerales arrancados de las labores, aquellos que ya han sido separados del depósito natural que formaban parte.

Artículo 73.- Se entenderá por minerales extraídos, los que han sido transportados desde el interior de la mina a la superficie o fuera del lugar en que fueron arrancados, tratándose de explotaciones a cielo abierto.

Artículo 74.- Las inscripciones que en cualquiera forma se relacionen con pertenencias constituidas o que se constituyan con arreglo a normas legales anteriores al Código de 1983, se practicarán en el mismo Conservador de Minas que era competente para efectuarlas de conformidad con la legislación que era aplicable al efecto.

TÍTULO XII
DEL REGISTRO CONSERVATORIO DE MINAS

Párrafo 1° Disposiciones Generales

Artículo 75.- En la capital de cada departamento habrá una oficina encargada del Registro Conservatorio de Minas.

Artículo 76.- El Registro Conservatorio de Minas se regirá, en cuanto le sean aplicables, por las mismas disposiciones que reglan el Registro Conservatorio de Bienes Raíces, sin perjuicio de las especiales que contienen el Código y el presente Título.

Artículo 77.- Los Conservadores de Minas llevarán, además del Repertorio, los siguientes libros:

1° Registro de Descubrimientos;

2° Registro de Propiedad;

3° Registro de Hipotecas y Gravámenes;

4º Registro de Interdicciones y Prohibiciones; y
5º Registro de Accionistas.

Artículo 78.- Se inscribirán en el Registro de Descubrimientos:

1º El pedimento, la manifestación y la transferencia y transmisión de los derechos que emanen de ellos, y 2º La sentencia constitutiva de la concesión de exploración y la transferencia y transmisión de ésta.

Artículo 79.- Se inscribirá en el Registro de Propiedad:

1º La sentencia constitutiva y el acta de mensura de la pertenencia y la transferencia y transmisión de ésta, y

2º La escritura de sociedad a que se refiere el artículo 201 del Código y las modificaciones de ésta.

Artículo 80.- Se inscribirán en el Registro de Descubrimientos o en el de Propiedad, según el caso, los títulos que dan origen a una sociedad legal minera y la sentencia ejecutoriada que declare la prescripción adquisitiva del dominio de una concesión minera o de derechos reales constituidos sobre ella.

Artículo 81.- Se inscribirán en el Registro de Hipotecas y Gravámenes los fideicomisos, hipotecas, servidumbres, usufructos, avíos, los contratos a que se refiere el artículo 169 del Código y los demás gravámenes que, en su caso, afecten a un pedimento, a una manifestación o a una concesión.

Artículo 82.- Se inscribirán en el Registro de Interdicciones y Prohibiciones los embargos, litigios, prohibiciones, interdicciones, y, en general, todo impedimento o prohibición, sea convencional, legal o judicial, que embarace o límite de cualquier modo el libre ejercicio de la facultad de enajenar, en todo o parte, los derechos emanados de un pedimento o de una manifestación, o una concesión.

Artículo 83.- Se inscribirán también en el Registro indicado en el artículo anterior, las interdicciones que se pronuncien contra personas que en el Conservador figuren como dueñas, en todo o parte, de los derechos emanados de un pedimento o de una manifestación, o de una concesión.

Artículo 84.- El Registro de Accionistas servirá exclusivamente para las sociedades que se rigen por el Código. En dicho Registro se practicarán no sólo las inscripciones relativas a la formación de tales sociedades, sino también las de transferencia y transmisión de acciones de ellas; las de los gravámenes y prohibiciones que las afecten, y las demás que señala el presente Reglamento.

Este Registro será completado con un Índice de Sociedades y Socios, que se llevará por orden alfabético, y se compondrá del Índice antes mencionado, del Libro de Accionistas y del Libro de Gravámenes y Prohibiciones.

Artículo 85.- Una vez hecha en el Registro de Descubrimientos o de Propiedad, según el caso, la inscripción de la concesión o concesiones a nombre de la sociedad, se inscribirá en el Libro de Accionistas, bajo el rubro de la sociedad de que se trata, la nómina de los socios de que se compone, con especificación del número de acciones o de la fracción de acción que cada uno tenga en ella de acuerdo con lo dispuesto en el artículo 176 o en el artículo 201 del Código, según el caso.

Al margen de dicha inscripción se anotará la escritura a que se refiere el inciso segundo del artículo 191 del Código.

Artículo 86.- En el Libro de Gravámenes y Prohibiciones se inscribirán las interdicciones que se pronuncien contra dueños de acciones mineras, los contratos a que se refiere el artículo 169 del Código y la prenda sobre ellas y, en general, todo impedimento o prohibición, convencional, legal o judicial, que embarace o limite de cualquier modo el libre ejercicio del derecho de enajenar las acciones de un socio o las facultades que conciernan al administrador de una sociedad.

En este mismo Libro, cuando lo pidiere un socio que figure actualmente como tal en el Libro de Accionistas, se anotará su domicilio, para los efectos de la notificación de que trata el artículo 182 del Código.

Artículo 87.- El Índice de Sociedades y Socios servirá para llevar, por orden alfabético, la nómina de aquéllas y de éstos.

Las páginas destinadas a cada letra del alfabeto estarán divididas en cuatro columnas. La primera tendrá un ancho mayor que las otras. El resto de la página se dividirá por partes iguales para las tres restantes.

En la primera columna se colocarán, a medida que vayan presentándose al Conservador los títulos correspondientes, los nombres de la sociedad y de cada uno de los socios de que ella se compone, debiendo expresarse, en letras, en la misma columna en que figura el nombre del socio, el número de acciones con que aparece en el Libro de Accionistas. Servirá la segunda para indicar al frente, cuando la anotación se refiera a alguna sociedad, la foja o fojas en que figura en el Registro de Descubrimientos o de Propiedad, según el caso, la inscripción a favor de ella de la concesión o concesiones mineras, materia de la sociedad; y cuando se refiera a un socio, el nombre de la sociedad de que forma parte. La tercera se destinará a señalar, al frente de las anotaciones anteriores, la foja o fojas en que figuran inscritas en el Libro de Accionistas la acción o acciones del socio y las mutaciones de dominio que éstas experimenten. Y la última columna servirá para indicar, también al frente, la foja o fojas del Libro de Gravámenes y Prohibiciones en que se anoten, ya las interdicciones, gravámenes o impedimentos que afecten a las acciones del socio, o ya la designación del domicilio del mismo, en el caso del artículo 182 del Código.

En el Índice figurará también, en la primera columna en la letra «A», y a continuación de la palabra «administrador», el nombre de la persona que se designe para desempeñar ese cargo en una sociedad, debiendo anotarse, en la segunda columna, en nombre de ésta; en la tercera, la foja en que aparece anotada en el Libro de Accionistas la correspondiente acta de nombramiento, y, en la cuarta, la foja o fojas en que se encuentre anotado en el Libro de Gravámenes y Prohibiciones algún impedimento que embarace o limite las facultades del administrador.

Artículo 88.- Para anotar en el Índice el nombre de una sociedad, se acogerá entre las distintas palabras de que se compone dicho nombre, aquella que más la caracterice, poniéndose enseguida, en la misma columna, el nombre completo de la sociedad. Así, por ejemplo, la Sociedad Aurífera Fortuna, deberá figurar en la letra F del Índice, con la palabra Fortuna, poniéndose enseguida, en la misma columna, el nombre de la Sociedad Aurífera Fortuna.

La misma regla se observará cuando deba anotarse en el Índice una sociedad en calidad de socio de otra sociedad.

Artículo 89.- El Repertorio, el Libro de Accionistas, el Libro de Gravámenes y Prohibiciones y el Índice de Sociedades y Socios, se foliarán, y se encuadernarán y cubrirán con tapa firme. El Juez Letrado de turno en lo Civil pondrá testimonio, en la primera página, sobre su firma y las del Conservador, del número de fojas que contiene el respectivo Libro.

Los Registros de Descubrimientos, de Propiedad, de Hipotecas y Gravámenes y de Interdicciones y Prohibiciones se llevarán en el papel que corresponda en conformidad a la ley, debiendo en todos ellos hacerse las inscripciones entre los márgenes.

Artículo 90.- En el Repertorio, como en cada uno de los Registros mencionados en el segundo inciso del artículo anterior, se harán respectivamente las anotaciones, inscripciones, subinscripciones y cancelaciones que correspondan, y asimismo se pondrán en ellos las notas de referencia que procedan, todo ello de acuerdo con las disposiciones pertinentes del Reglamento del Registro Conservatorio de Bienes Raíces.

En las inscripciones relativas a concesiones mineras bastará, para singularizar su situación y deslindes, citar los datos de la inscripción del respectivo pedimento, manifestación o sentencia constitutiva.

Lo dispuesto en el inciso anterior es aplicable a las manifestaciones hechas con arreglo al Código de 1932 y a las pertenencias constituidas o que se constituyan con arreglo a la legislación anterior a la vigente.

Para los efectos de lo dispuesto en los dos incisos precedentes, los datos de la inscripción son su foja, número, registro, año y Conservador.

Artículo 91.- Toda anotación o inscripción que se hiciere en los dos Libros mencionados en el inciso segundo del artículo 84 del presente Reglamento, consistirá en un certificado que el Conservador estampará en el Libro correspondiente, con los datos necesarios para precisar el origen y alcance de ella, y que terminará con la fecha de la diligencia, escrita en letras, y con su firma.

Entre un certificado y otro no deberán quedar líneas en blanco.

Artículo 92.- Al transcribir cualesquiera cantidades que mencione el título o el instrumento que se inscribe, la inscripción las expresará en cifras o en letras, según como ellas aparezcan en el título o en el instrumento.

En aquellas inscripciones que el Conservador deba practicar de oficio en conformidad con lo dispuesto en el inciso primero del artículo 176 del Código, y en aquellas que deban practicarse de acuerdo con lo prescrito en el número 2° del artículo 688 del Código Civil, las cantidades podrán expresarse, indistintamente, en cifras o en letras.

Artículo 93.- Para los efectos de su inscripción, la copia autorizada del pedimento, de la manifestación y del acta de mensura podrá consistir en una copia o fotocopia del respectivo escrito o instrumento, autorizada por el secretario del tribunal, en la cual se transcribirán, cuando sea procedente, las demás actuaciones pertinentes.

Artículo 94.- Verificada en el Registro de Descubrimientos o en el de Propiedad, en su caso, la inscripción de una sentencia constitutiva o de ésta y de una acta de mensura, el Conservador la anotará en el Registro de Descubrimientos, al margen de la inscripción del respectivo pedimento o manifestación.

La obligación impuesta al Conservador de Minas en el artículo 106 del Código, deberá cumplirla en forma gratuita y a más tardar al octavo día hábil de efectuada las inscripciones, cancelaciones o modificaciones a que se refiere dicho artículo.

Párrafo 2º Disposiciones Especiales Sobre las Sociedades Regidas por el Código

Artículo 95.- Presentado al Conservador para su inscripción un pedimento o una manifestación formulado en común por dos o más personas, procederá a inscribirlo en el Registro de Descubrimientos, e inmediatamente hará en el mismo Registro una nueva inscripción a favor de la sociedad, que queda formada, por ese hecho, entre las personas a cuyo nombre se hizo en común el pedimento o la manifestación.

En esta segunda inscripción pondrá por nombre de la sociedad el mismo que se le hubiere dado a la concesión solicitada en el pedimento o en la manifestación, agregándole el del asiento minero en que estuviere ubicada o, a falta de éste, el del lugar que se señale.

Así, por ejemplo, si se hubiere manifestado la pertenencia Fortuna, ubicada en el asiento minero de Las Condes, la inscripción la hará a nombre de la persona jurídica denominada Sociedad Fortuna de Las Condes.

Si fueren varias las pertenencias solicitadas en una misma manifestación y por las mismas personas y todas con igual participación en cada una de ellas, el nombre de la primera de las pertenencias que figuren en la manifestación servirá para darle el nombre a la sociedad.

Artículo 96.- Acto continuo, el Conservador inscribirá en el Libro de Accionistas los nombres de los socios, con designación del número de sus acciones o de fracción de acciones.

Para determinar el número de acciones que correspondan a cada socio, considerará dividido el interés social en cien acciones y las repartirá por partes iguales entre todos los socios, salvo que otra cosa se hubiere dispuesto en el pedimento o en la manifestación, o en otro instrumento auténtico, del cual tomará nota al margen de la inscripción hecha a favor de la sociedad en el Registro de Descubrimientos.

Finalmente, hará en el Índice las anotaciones prescritas en el artículo 87 de este Reglamento.

Artículo 97.- El procedimiento indicado en los dos artículos anteriores se observará también cuando se presente al Conservador de Minas, para su inscripción, cualquier título en virtud del cual una o más concesiones mineras que figuraban inscritas a favor de una sola persona, se transfieran o transmitan, en todo o parte, en forma de que varias queden con interés en ellas.

Si el título de que se trata es el de sucesión por causa de muerte, se observará, además, lo dispuesto en el artículo 688 del Código Civil.

Las inscripciones mencionadas en este artículo se harán en el Registro de Descubrimientos si el título se refiere a pedimentos, manifestaciones o a concesiones de exploración; en el de Propiedad, en el caso de pertenencias; y en uno y otro, si el título comprende a la vez pertenencias y uno o más de los otros derechos mencionados en este inciso.

Artículo 98.- Si una o más de las personas a cuyo nombre estaba inscrito el pedimento, la manifestación o la concesión que se inscribe a nombre de la sociedad, hubieren fallecido, no será indispensable en este caso hacer figurar en el Libro de Accionistas a todas las personas de que se compone la sucesión, sino que bastará con que se inscriba, en la letra correspondiente, el nombre del causante de ella, agregándole entre paréntesis la palabra «sucesión».

En el caso de que fuera copartícipe en una sociedad minera otra sociedad de cualquiera clase, se inscribirá en el Libro de Accionistas únicamente el nombre de la sociedad copartícipe en la letra que corresponda, en la forma indicada en el artículo 88º de este Reglamento.

Artículo 99.- Las escrituras de sociedades colectivas, comanditarias, anónimas, o de responsabilidad limitada, que se otorguen para la exploración o explotación de sustancias minerales, no se inscribirán en el Registro Conservatorio de Minas, sino cuando en ellas conste la transferencia de todo o de una parte alícuota de una concesión a favor de la sociedad de que se trata; pero, en tal caso, no corresponderá hacer anotación o inscripción alguna en el Registro de Accionistas, destinado sólo a las sociedades mineras que se rigen por el Código.

Artículo 100.- Si, de conformidad con el artículo 200 del Código, se constituyere una sociedad que deba regirse por las disposiciones de la sección 2a. del Párrafo 2º del Título XI del Código, se procederá a hacer las inscripciones y anotaciones que correspondan en el Registro Conservatorio de Minas, de acuerdo con las disposiciones pertinentes de este Párrafo.

Párrafo 3º Obligaciones Especiales del Conservador de Minas

Artículo 101.- El Conservador no inscribirá ningún pedimento o manifestación que se le presente después de transcurridos 30 días contados desde la fecha de la resolución judicial que ordena la inscripción.

Artículo 102.- El Conservador hará en el Registro de Descubrimientos una sola inscripción de la manifestación, cualquiera sea el número de pertenencias que en ella se hubiere solicitado.

Artículo 103.- El Conservador no inscribirá la sentencia constitutiva de la concesión minera ni el acta de mensura, en su caso, si se le requiere la inscripción después de transcurrido el plazo a que se refiere el inciso primero del artículo 89 del Código.

La sentencia constitutiva y el acta de mensura de la respectiva pertenencia serán objeto de una sola inscripción.

Artículo 104.- Al requerirse la inscripción de una sentencia constitutiva, el Conservador deberá exigir el ejemplar del Boletín Oficial de Minería en que se haya publicado el extracto de la misma, referido en el artículo 90 del Código y archivará el respectivo ejemplar.

Artículo 105.- Cuando el Código o los reglamentos exijan el archivo de un documento o de un plano, el Conservador procederá con arreglo a lo prescrito en el artículo 239 de aquél.

Sin perjuicio de las obligaciones de archivar a que se refieren el inciso final del artículo 87 y el inciso primero del artículo 156 del Código, los Conservadores archivarán, además, la copia autorizada del pedimento, de la manifestación, de las sentencias constitutivas y del acta de mensura, en su caso, que hayan inscrito, y la copia simple de la escritura pública a que se refiere el inciso segundo del artículo 191 del mismo Código, una vez que ésta haya sido anotada.

Para el archivo de otros documentos se estará a lo dispuesto en el Reglamento del Registro Conservatorio de Bienes Raíces.

DISPOSICIONES TRANSITORIAS

Artículo 1°.- Cuando no se haya indicado el Datum a que ellas se refieren, se presumirá que las coordenadas U.T.M. mencionadas respecto de las concesiones constituidas o en tramitación, están referidas al Datum que corresponda con arreglo al artículo 16 de este Reglamento. Con todo, si el interesado no se conformare con el Datum así presumido, deberá indicar el Datum correspondiente en el respectivo expediente, dentro de los sesenta días siguientes a la entrada en vigencia de este Reglamento, y de dicho Datum se tomará nota al margen de la inscripción del pedimento, de la manifestación o de la sentencia constitutiva, según corresponda, previa resolución judicial dictada con informe del Servicio.

Artículo 2°.- Un reglamento especial determinará las normas que serán aplicables al Boletín Oficial de Minería a que se refiere el artículo 238 del Código. Mientras dicho reglamento no entre en vigencia, regirá el artículo 222 del Código de Minería de 1932 y, en consecuencia, también el artículo 242 del mismo cuerpo legal.

Mientras se dicta el aludido reglamento, la obligación establecida en el inciso final del artículo 90 del Código se cumplirá por el Servicio haciendo publicar las respectivas nóminas de concesiones que se hayan constituido en el año calendario anterior, en el correspondiente Boletín Oficial de Minería.

Anótese, regístrese, tómese razón, comuníquese y publíquese.- AUGUSTO PINOCHET UGARTE, General de Ejército, Presidente de la República.- Samuel Lira Ovalle, Ministro de Minería.

Lo que transcribo a Ud. para su conocimiento.- Saluda atentamente a Ud.- Nelson Ferrada Aroca, Capitán de Navío, Subsecretario de Minería.

CONTRALORIA GENERAL DE LA REPÚBLICA División Jurídica Cursa con alcance decreto N° 1, de 1986, del Ministerio de Minería N° 6.207.- Santiago, 16 de Febrero de 1987.

La Contraloría General ha dado curso al documento del rubro, que aprueba el reglamento del Código de Minería, por cuanto se ajusta a derecho.

No obstante, entiende que la alusión que se formula en el inciso tercero del artículo 2° a «las publicaciones prescritas en este Reglamento, que no estén ordenadas por el Código», está referida exclusivamente a aquellas que se señalan en el artículo 66° del texto que se sanciona, cuyo fundamento se encuentra en el artículo 162 del indicado cuerpo legal normativo.

Con el alcance que antecede, se ha tomado razón del decreto del epígrafe.

Dios guarde a US.- Miguel Solar Mandiola, Contralor General subrogante.

Al señor Ministro de Minería Presente.

DECRETO Nº 132 DEL MINISTERIO DE MINERÍA, PROMULGADO CON FECHA 30 DE DICIEMBRE DE 2002, QUE APRUEBA EL TEXTO REFUNDIDO DEL REGLAMENTO DE SEGURIDAD MINERA[27]

Santiago, 30 de diciembre de 2002.-.- Hoy se decreta lo que sigue:

Núm. 132.- Visto: Lo dispuesto por el número 8 del artículo 2° y letra c) del artículo 9° del Decreto Ley N° 3.525 y las facultades que me confiere el N° 8 del artículo 32 de la Constitución Política del Estado.

Y considerando que los adelantos tecnológicos y la mayor exigencia ante las condiciones de nuestra industria extractiva minera, hacen necesario modernizar nuestros reglamentos,

Decreto:

TÍTULO I
DE LOS OBJETIVOS, CAMPO DE APLICACIÓN Y ATRIBUCIONES DEL SERVICIO

CAPÍTULO PRIMERO
PROPÓSITO Y ALCANCES

Artículo 1.- El presente reglamento tiene como objetivo establecer el marco regulatorio general al que deben someterse las faenas de la Industria Extractiva Minera Nacional para:

a) Proteger la vida e integridad física de las personas que se desempeñan en dicha Industria y de aquellas que bajo circunstancias específicas y definidas están ligadas a ella.

---

[27] Revisado y actualizado a la última modificación por Decreto N°1 del Ministerio de Minería de fecha 9 de abril del 2024 que modifica el Título XV sobre "Normas de seguridad minera aplicables a faenas mineras que indica". Incorpora la versión del 23 de febrero del 2022 (Decreto 30).

b) Proteger las instalaciones e infraestructura que hacen posible las operaciones mineras, y por ende, la continuidad de sus procesos.

Artículo 2.- Las disposiciones de este Reglamento son aplicables a todas las actividades que se desarrollan en la Industria Extractiva Minera.

Artículo 3.- Sin perjuicio de las disposiciones contenidas en este Reglamento, serán igualmente aplicables a la Industria Extractiva Minera aquellas normas de seguridad contenidas en la reglamentación nacional, en tanto sean compatibles con éstas.

Artículo 4.- De acuerdo a lo dispuesto en el artículo 2º, Título I del Decreto Ley Nº 3.525 de 1980, corresponderá al Servicio Nacional de Geología y Minería, la competencia general y exclusiva en la aplicación y fiscalización del cumplimiento del presente Reglamento.

CAPÍTULO SEGUNDO
DEFINICIONES Y CAMPO DE APLICACIÓN

Artículo 5.- Para los efectos del presente Reglamento, el nombre de Industria Extractiva Minera designa a todas las actividades correspondientes a:

a) Exploración y prospección de yacimientos y labores relacionados con el desarrollo de proyectos mineros.

b) Construcción de proyectos mineros.

c) Explotación, extracción y transporte de minerales, estériles, productos y subproductos dentro del área industrial minera.

d) Procesos de transformación pirometalúrgicos, hidrometalúrgicos y refinación de sustancias minerales y de sus productos.

e) Disposición de estériles, desechos y residuos. Construcción y operación de obras civiles destinadas a estos fines.

f) Actividades de embarque en tierra de sustancias minerales y/o sus productos.

g) Exploración, prospección y explotación de depósitos naturales de sustancias fósiles e hidrocarburos líquidos o gaseosos y fertilizantes.

La Industria Extractiva Minera incluye, además, la apertura y desarrollo de túneles, excavaciones, construcciones, y obras civiles que se realizan por y para dicha industria y que tengan estrecha relación con las actividades indicadas en el inciso anterior.

Artículo 6.- El nombre de faenas mineras comprende todas las labores que se realizan, desde las etapas de construcción, del conjunto de instalaciones y lugares de trabajo de la Industria Extractiva Minera, tales como minas, plantas de tratamiento, fundiciones, refinerías, maestranzas, talleres, casas de fuerza, muelles de embarque de productos mineros, campamentos, bodegas y, en general, la totalidad de las labores, instalaciones y servicios de apoyo e infraestructura necesaria para asegurar el funcionamiento de la Industria Extractiva Minera.

Para los efectos del presente reglamento, se entiende por:

Exploración al conjunto de acciones y trabajos que permiten identificar, mediante la aplicación de una o más técnicas de reconocimientos geológicos, zonas de características favorables para la presencia de acumulaciones de minerales y yacimientos;

Prospección al trabajo geológico minero conducente a examinar o evaluar el potencial de recursos mineros detectados en una exploración.

Operación Minera a la exploración, construcción, desarrollo, producción y cierre de faenas mineras.

Obras civiles a los trabajos desarrollados tanto para los estudios preliminares como para la construcción misma de una faena minera.

Artículo 7.- Para los efectos de este Reglamento, no se considerarán faenas mineras, las refinerías de petróleo, las industrias metalúrgicas no extractivas, las fábricas de vidrio, cemento, ladrillos, cerámica o similares, como también, las que expresamente señala el Código de Minería, vale decir: las arcillas superficiales y las arenas, rocas y demás material aplicables directamente a la construcción; tampoco se consideran faenas mineras las salinas artificiales formadas en las riberas del mar, lagunas o lagos.

Artículo 8.- Titular o Propietario es la persona natural o jurídica a cuyo nombre se encuentra inscrita la concesión minera en el Registro de Descubrimiento o de Propiedad del Conservador de Minas respectivo, según corresponda.

Artículo 9.- Empresa Minera es la persona natural o jurídica, Titular o Propietaria que, por cuenta propia o, en representación de otra mediante contrato oneroso, ejecute o entrega la ejecución, respectivamente, de las acciones, faenas y trabajos de la industria extractiva minera respecto de una concesión minera determinada, así como también lo es aquella a quién se le entrega dicha ejecución en el carácter que el correspondiente contrato lo señale.

Artículo 10.- El Titular o Propietario no perderá su calidad de tal, ni pasará a ser considerado como Empresa Minera por el hecho de traspasar la faena minera o parte de ella a terceros, a título gratuito, que no sea traslaticio de dominio.

Artículo 11.- La Empresa Minera, que decida hacer trabajos con terceros, pasará a llamarse «Empresa Minera Mandante», y la otra «Empresa Minera Contratista».

Artículo 12.- Cada vez que en el texto se aluda al término «Director», deberá entenderse como Director Nacional del Servicio Nacional de Geología y Minería; la expresión «Servicio» o «SERNAGEOMIN», indica Servicio Nacional de Geología y Minería, y la expresión «Reglamento», se refiere al presente Reglamento. Por otra parte, en cuanto a los plazos para la aprobación o autorización de las distintas materias que el presente Reglamento encarga al Servicio, se debe entender que dichos plazos son de días hábiles, y corren desde el momento de la presentación o llegada a la Oficina de Parte del Servicio de la solicitud correspondiente o de cualquier otro antecedente requerido o no por el Servicio y que tenga que ver con lo que se está solicitando su aprobación o autorización.

Los términos, Gerente, Administrador y Supervisor, se refieren a la o las personas que actúan en representación de la empresa minera, en sus respectivos cargos, cualquiera que sea el título o instrumento en que conste la representación.

La expresión «Experto», esta referida a los Expertos en Prevención de Riesgos de la Industria Extractiva Minera, formados y calificados por el Servicio, de acuerdo a la legislación.

CAPÍTULO TERCERO
FUNCIONES Y ATRIBUCIONES DEL SERVICIO

Artículo 13.- Corresponden al Servicio, en forma exclusiva, las siguientes funciones y atribuciones:

a) Controlar y fiscalizar el cumplimiento de las normas y exigencias establecidas por el presente Reglamento y de aquellas dictadas por el propio Servicio, en el ejercicio de sus facultades.

b) Investigar los accidentes del trabajo, con lesiones a las personas, daños graves a la propiedad que el Servicio estime conveniente, sin perjuicio de lo anterior, siempre deberá investigar aquellos accidentes que hayan causado la muerte de algún trabajador. El Servicio está facultado para tomar declaraciones del hecho al personal involucrado y a la supervisión; estas declaraciones quedarán debidamente registradas y firmadas por el declarante.

c) Exigir el cumplimiento de las acciones correctivas que resulten de las dos atribuciones anteriores.

d) Proponer la dictación de normas, instructivos, circulares y desarrollar todo tipo de actividades de carácter preventivo, tendientes a optimizar los estándares de seguridad en la Industria Extractiva Minera.

Artículo 14.- No serán fiscalizadas por el Servicio las siguientes obras civiles:

a) Obras viales de cualquier naturaleza que no estén directamente ligadas con una faena minera.

b) Obras públicas realizadas por reparticiones dependientes de los respectivos Ministerios o sus Contratistas.

Artículo 15.- Corresponde al Servicio, en forma exclusiva, la calificación de los Expertos, como asimismo de los Monitores en Prevención de Riesgos, que se desempeñarán en la Industria Extractiva Minera. El Servicio además, determinará la experiencia, materias y demás requisitos cuyo conocimiento deberán poseer los postulantes según sea el caso.

Para los efectos del presente Reglamento, los Expertos en Prevención de Riesgos de la Industria Extractiva Minera calificados por el Servicio, se clasificarán en las siguientes categorías:

I.- Categoría A: Los ingenieros Civiles de Minas,

II.- Categoría B: Ingeniero Civil o de Ejecución o Constructor Civil,

III. Categoría C: Técnico titulado en una institución de educación superior reconocida por el Estado, y

IV. Monitor: Toda persona que haya aprobado un curso de especialización en prevención de riesgos impartido por el Servicio.

Artículo 16.- Los funcionarios del Servicio, están facultados para inspeccionar y evaluar las condiciones de funcionamiento de la totalidad de las instalaciones que formen parte de las faenas mineras, con el objeto de controlar el cumplimiento del presente Reglamento.

Para tal efecto, la empresa minera, o quienes actúan en su representación, le facilitarán el acceso a la faena las veces que el Servicio estime necesario para el correcto cumplimiento de su cometido.

Con este propósito, será obligación de la Administración de la empresa disponer, que los funcionarios del Servicio sean atendidos por profesionales o empleados de la faena minera, cuyo poder de decisión sea aceptable, a juicio del Servicio, y que ofrezcan garantías de competencia y pleno conocimiento de los lugares y los procesos que se controlan.

Artículo 17.- Las observaciones y requerimiento del Servicio, serán anotadas por éstos en un libro registro, foliado y con copias, llamado «Libro del SERNAGEOMIN», destinado exclusivamente a este objeto y que deberá mantenerse en la Administración o Gerencia de la faena o en el Departamento de Prevención de Riesgos, si éste existiere.

Previamente, dicho libro, con indicación del nombre y dirección del (o los) ejecutivo(s) y del Experto de la faena minera, deberá ser presentado en la correspondiente Dirección Regional del Servicio donde se autorizará y registrará como documento oficial para todos los efectos posteriores a que haya lugar.

Por cada faena existirá un solo «Libro del SERNAGEOMIN»; las observaciones de prevención que se realicen a Empresas Contratistas también deberán quedar anotadas en él. Al final de cada anotación, se dejará constancia de la aceptación de ellas por medio de una firma del representante de la Empresa Mandante, de la Empresa Contratista, si es el caso, y del Profesional del Servicio. Una copia del escrito será para el Servicio.

Las observaciones y medidas correctivas indicadas por el Servicio en el libro aludido, deberán ser ejecutadas y respondidas en los plazos que específicamente se señalen. El incumplimiento de esta obligación, la pérdida o mal uso de este documento oficial facultará al Servicio, para aplicar sanciones que contemple el texto reglamentario.

Artículo 18.- El Servicio propiciará la participación de los trabajadores en las actividades de prevención de riesgos en las faenas mineras, las que se efectuarán de acuerdo a las siguientes formalidades generales:

a) En las faenas mineras en que esté constituido el Comité Paritario de Higiene y Seguridad, corresponderá a éste ejercer las facultades de acuerdo con las disposiciones legales vigentes sobre la materia. Si no existiese el Comité Paritario, lo podrán hacer otros representantes de los trabajadores. Ambos actuarán de acuerdo a las facultades y alcances que la legislación les asigne y conforme a los planes y programas que la empresa haya establecido.

b) En el caso que una faena minera no esté obligada a constituir un Comité Paritario de Higiene y Seguridad, los trabajadores por medio de su representante, podrán solicitar a la Administración de las faenas efectuar una inspección conjunta o con el Supervisor que la represente. En caso de no existir acuerdo, los representantes de los trabajadores antes mencionados, podrán solicitar por escrito al Servicio su intervención.

c) En el caso que el Servicio decida participar en la inspección señalada en la letra precedente, los resultados de dicha inspección serán consignados en el respectivo «Libro del SERNAGEOMIN».

d) El Servicio, en el ejercicio de sus funciones, podrá hacerse acompañar por uno o más integrantes del Comité Paritario de Higiene y Seguridad de la faena minera de que se trate.

Artículo 19.- El Servicio estará facultado para publicar y difundir total o parcialmente aquella información o conclusiones, producto de la aplicación del Reglamento y que, a juicio de la Dirección del Servicio, sea altamente provechosa para el Control de los Riesgos en la Industria Extractiva Minera.

En el ejercicio de esta facultad se deberá cautelar la debida reserva del origen específico de la información evitando la personalización.

Artículo 20.- El control sobre el transporte, uso y manipulación de los explosivos en el interior de las faenas mineras fiscalizadas por el Servicio, es de competencia exclusiva de este organismo.

El Servicio verificará que los explosivos y accesorios que se usen hayan sido previamente controlados y aprobados por el Instituto de Investigaciones y Control del Ejército (Banco de Pruebas de Chile) u otro organismo autorizado por dicho Instituto, lo que se acreditará con el timbre especial colocado en el envase.

En el caso de los Almacenes de Explosivos, el Servicio tendrá la competencia que le señala el Reglamento Complementario de la Ley sobre Control de Armas y Explosivos.

TÍTULO II
NORMAS GENERALES

CAPÍTULO PRIMERO
DE LAS OBLIGACIONES DE LAS EMPRESAS

Artículo 21.- Toda empresa minera que inicie o reinicie obras o actividades, deberá previamente informarlo por escrito al Servicio, señalando su ubicación, coordenadas U.T.M., el nombre del Propietario, del Representante Legal, y del Experto o Monitor de Seguridad si procediera, indicando su número de registro y categoría, a lo menos con quince (15) días de anticipación al inicio de los trabajos.

Si dichas obras o actividades las realiza a través de contratistas, deberá enviar además al Servicio, la siguiente información:

Tipo de obra y su ubicación

Razón Social del Contratista y su dirección

Fecha de iniciación y término de contrato

Autorización ambiental

Mientras tal información no sea entregada, el Servicio considerará a la empresa minera mandante, como ejecutora directa de dichas obras o actividades.

El traspaso de una faena minera o parte de ella a terceros, exime a la empresa minera que lo realiza, de sus obligaciones relacionadas con la conservación de la faena y de sus responsabilidades hacia terceros, con motivo de las labores que se realicen en dicha faena, en los siguientes casos:

a) Cuando el título que sirve de causa al traspaso sea traslaticio de dominio;

b) Cuando el título que sirve de causa el traspaso sea de mera tenencia y previa certificación de cumplimiento de las normas de seguridad minera, otorgada por el Servicio Nacional de Geología y Minería. Para estos efectos, el Servicio Nacional de Geología y Minería levantará un acta donde dejará constancia de las condiciones de la faena, o de la parte de ella que corresponda como asimismo, de los fundamentos que ha tenido en consideración para otorgar la referida certificación.

Lo precedentemente dispuesto regirá, sin perjuicio de las normas generales establecidas sobre responsabilidad respecto a terceros.

Semestralmente las empresas Mandantes deberán enviar al Servicio un registro actualizado de las empresas contratistas con contrato vigente, como asimismo el movimiento o rotación de ellas durante el período. Dicha información deberá ser acompañada con los respectivos indicadores de lesiones del período (estadísticas de accidentes).

Artículo 22.- Previo al inicio de sus operaciones, la empresa minera presentará al Servicio, para su aprobación, el método de explotación o cualquier modificación mayor al método aceptado, con el cual originalmente se haya proyectado la explotación de la mina y el tratamiento de sus minerales. Asimismo, se deberá presentar un proyecto de plan de cierre de las faenas mineras o cualquier modificación mayor que sufra a consecuencia de los cambios del método de explotación o del tratamiento de sus minerales, y sólo podrá operar después de obtener la conformidad del Servicio, el cual deberá pronunciarse dentro de los 60 días siguientes a la presentación.

Se entiende por modificación mayor, a cambios importantes de ritmos de explotación, de tecnología y diseño en los métodos de explotación, ventilación, fortificación o de tratamiento de minerales determinados y nuevos lugares de ubicación, ampliación o forma de depositación de residuos mineros, por alteraciones en el tipo de roca, leyes o calidad de los minerales, como también, adelantos tecnológicos, que impliquen más que una simple ampliación de tratamiento para copar las capacidades de proyecto de sus instalaciones.

Las Empresas Mineras deberán enviar, a petición del Servicio, una descripción de sus faenas, incluyendo datos o estimaciones acerca de las reservas de minerales clasificadas, capacidades instaladas y proyectos de ampliación.

De igual forma se deberá proceder con los botaderos de estériles, relaves y ripios de lixiviación.

Artículo 23.- Conjuntamente con la presentación del método de explotación o cualquier modificación mayor al método aceptado a las que se hace referencia en el artículo anterior, la Empresa Minera deberá presentar un Proyecto de Plan de Cierre de acuerdo a lo que en este Reglamento, en su Título X, se dispone, para la aprobación del Servicio.

Los planes de cierre deberán ser revisados cada cinco años en forma tal que se adecuen a la faena minera a través del tiempo y aseguren el cumplimiento de los objetivos del Título X del presente Reglamento. Sin perjuicio de lo anterior, si por una fiscalización del Servicio se determina que el Plan de Cierre aprobado no asegura el cumplimiento de los objetivos del Título X, debido a cambios en sus operaciones, la empresa minera deberá presentar un nuevo Proyecto de Plan de Cierre en el plazo que al efecto el Servicio determine.

La empresa Minera que por cualquier motivo deba detener transitoriamente la operación de una faena o instalación minera, la cual deberá ser previamente calificada como tal por el Servicio, deberá presentar un Proyecto de Plan de Cierre Temporal, de acuerdo a lo establecido en el Capítulo Tercero del Título X del presente Reglamento. La paralización temporal no podrá ser superior a dos años, salvo que con no menos de treinta días antes de la fecha de vencimiento de este plazo, la empresa minera demuestre que existe un plan de desarrollo futuro respecto de la faena paralizada, en cuyo caso la paralización temporal podrá ser prorrogada por otro periodo de hasta cuatro años, no pudiendo en ningún caso superar los seis años.

Se presumirá que la paralización es definitiva, y la empresa deberá presentar un proyecto de cierre definitivo y en caso de que este ya hubiere sido presentado y aprobado, ejecutará las actividades que correspondan, en los siguientes casos:

1. Si la empresa minera desmantela instalaciones fijas,
2. No solicita la prórroga de la paralización temporal,
3. No ejecuta las actividades contenidas en el proyecto de cierre temporal,
4. Desarrolla cualquier otro tipo de actividad que tenga como consecuencia la imposibilidad de reanudar la actividad productiva.

Si no da cumplimiento a lo establecido, el Servicio podrá disponer el desarrollo y ejecución del Proyecto de Plan de Cierre a expensas y responsabilidad de la empresa, sin perjuicio de la aplicación de sanciones de acuerdo al Título XIII del presente Reglamento.

Artículo 24.- Ninguna Empresa minera podrá electrificar su mina sin contar con la autorización previa del Servicio.

Artículo 25.- Sin perjuicio de la existencia de los Reglamentos de Orden, Higiene y Seguridad exigidos por la legislación del país, las Empresas Mineras deberán elaborar, desarrollar y mantener reglamentos internos específicos de las operaciones críticas, que garanticen la integridad física de los trabajadores, el cuidado de las instalaciones, equipos, maquinarias y del medio ambiente.

Artículo 26.- Las empresas mineras deberán elaborar y mantener un sistema documentado de procedimientos de operación que garanticen el cumplimiento de los reglamentos indicados en el artículo precedente.

El Servicio podrá solicitar a la Empresa Minera, cuando lo estime conveniente, el texto de los Reglamentos y Procedimientos aludidos en este artículo y en el anterior.

Artículo 27.- La Administración de la faena minera deberá adoptar las medidas pertinentes a objeto de que todos los equipos e instalaciones que utilicen fuentes radiactivas, cumplan con las normas nacionales dispuestas por la Comisión Chilena de Energía Nuclear y el Ministerio de Salud, tanto en su proceso de adquisición, como de transporte, almacenamiento, utilización y posterior desecho.

Artículo 28.- Las Empresas Mineras deberán capacitar a sus trabajadores sobre el método y procedimiento para ejecutar correctamente su trabajo, implementando los registros de asistencia y asignaturas, que podrán ser requeridos por el Servicio.

Artículo 29.- Las Empresas mineras, para la ejecución de sus trabajos, deberán regirse primeramente por las normas técnicas especificadas en este Reglamento, luego por las aprobadas por los competentes Organismos Nacionales y en subsidio, por aquellas normas técnicas internacionalmente aceptadas.

Artículo 30.- Todos los equipos, maquinarias, materiales, instalaciones e insumos, deberán tener sus especificaciones técnicas y de funcionamiento en idioma español.

Artículo 31.- La Empresa minera debe adoptar las medidas necesarias para garantizar la vida e integridad de los trabajadores propios y de terceros, como así mismo de los equipos, maquinarias, e instalaciones, estén o no indicadas en este Reglamento. Dichas medidas se deberán dar a conocer al personal a través de conductos o medios de comunicación que garanticen su plena difusión y comprensión.

Tanto el acceso de visitas, como personal ajeno a las operaciones mineras de la faena, deberá estar regulado mediante un procedimiento que cautele debidamente su seguridad.

Artículo 32.- Será deber de la Empresa Minera, proporcionar en forma gratuita a sus trabajadores los elementos de protección personal adecuados a la función que desempeñen, debidamente certificados por un organismo competente.

Las Empresas mineras deberán efectuar estudios de las reales necesidades de elementos de protección personal para cada ocupación y puesto de trabajo, en relación a los riesgos efectivos a que estén expuestos los trabajadores. Además, deberán disponer de normas relativas a la adquisición, entrega, uso, mantención, reposición y motivación de tales elementos.

Las líneas de mando de las empresas deberán incorporar en sus programas la revisión periódica del estado de los elementos de protección personal y verificar su uso por parte de los trabajadores, quienes están obligados a cumplir las exigencias establecidas en el reglamento interno de la empresa, en lo concerniente al uso de dichos elementos.

Artículo 33.- Las empresas mineras deberán contar en sus faenas, en forma permanente o esporádica, con la dirección o asesoría técnica de uno o más ingenieros de minas o metalurgistas, civiles o de ejecución, según corresponda, cuyos títulos hayan sido reconocidos en Chile, quienes firmarán todo proyecto y se harán responsables por las obras mineras cuya ejecución tengan a cargo.

Artículo 34.- El jefe de mina o de procesos de tratamiento de minerales, deberá ser ingeniero civil o de ejecución en la especialidad de minas o metalurgia, con experiencia acorde con las faenas. El desempeño como jefes de minas o de procesos de tratamiento de minerales por parte de prácticos en la pequeña minería, deberá contar con la supervisión de los profesionales anteriormente citados. El número de esos profesionales y su calidad de permanentes o esporádicos, como asimismo la forma y demás especificaciones de los servicios profesionales prestados a cada faena, estará de acuerdo a la envergadura y complejidad de ellas y sujetas a revisión por parte del Servicio.

Artículo 35.- Toda empresa minera con cien (100) o más trabajadores deberá contar en su organización con un Departamento de Prevención de Riesgos, el que deberá ser dirigido exclusivamente por un Experto Categoría «A» o «B», calificado por el Servicio.

El Servicio, atendiendo a la naturaleza o grado de riesgo que tengan las operaciones de una Empresa Minera, con menos de cien (100) trabajadores, también podrá exigirle la formación de un Departamento de Prevención de Riesgos. Estos Departamentos de Prevención de Riesgos deben ser dirigidos por un Experto calificado por el Servicio, a tiempo completo. En el caso de las empresas con menos de cien (100) trabajadores, el Servicio determinará la permanencia total o parcial del Experto.

La organización de Prevención de Riesgos debe tener permanencia en las faenas donde se realizan las operaciones mineras.

El Departamento de Prevención de Riesgos a que se refieren los incisos anteriores deberá depender directamente de la Gerencia General o de una organización que normalice y fiscalice en la Empresa acciones sobre Seguridad, Calidad y Medio Ambiente, la que, a su vez, debe depender de la Gerencia General o de la máxima autoridad de la empresa.

Artículo 36.- Los productores mineros y los compradores de minerales y de productos beneficiados, deberán confeccionar mensualmente las informaciones estadísticas de producción, de compras y accidentes en los formularios establecidos por el Servicio.

La información estadística deberá ser enviada al Servicio en el transcurso del mes siguiente al que correspondan los datos.

Las empresas mineras deberán enviar, cuando les sea requerido por el Servicio, el organigrama de su personal superior.

Artículo 37.- Las empresas mineras, dentro de los primeros 20 días siguientes al inicio de sus trabajos, deberán enviar al Servicio, sus planes y programas de prevención de accidentes y enfermedades profesionales.

Toda Empresa Minera deberá realizar evaluaciones anuales del cumplimiento de dichos planes y programas.

Estos planes y programas deben contener como mínimo actividades necesarias para detectar condiciones y acciones subestándar y capacitación del personal.

CAPÍTULO SEGUNDO
DE LAS OBLIGACIONES DE LOS TRABAJADORES

Artículo 38.- Es obligación de cada uno de los trabajadores respetar y cumplir todas las reglas que le conciernen directamente o afecten su conducta, prescritas en este Reglamento y en otros internos de la faena minera, o que se hayan impartido como instrucciones u órdenes.

Toda persona que tenga supervisión sobre los trabajadores, deberá exigir el cumplimiento de tales reglas o instrucciones.

La Empresa minera deberá disponer de los medios necesarios para que tanto los trabajadores como los supervisores cumplan con estas exigencias.

El incumplimiento por parte del trabajador a los reglamentos, normas y procedimientos o instrucciones entregadas para el correcto desempeño de su trabajo, podrá ser sancionado por la Empresa conforme a lo establecido por la Ley Nº 16.744.

Artículo 39.- Sin perjuicio de las mantenciones y/o revisiones realizadas por personal especialista; es obligación de todo trabajador verificar, al inicio de su jornada de trabajo, el buen funcionamiento de los equipos, maquinarias y elementos de control con que deba efectuar su labor. También, verificará el buen estado de las estructuras, fortificación, materiales y el orden y limpieza del lugar de trabajo.

Si el trabajador observa defectos o fallas en los equipos y sistemas antes mencionados en cualquier lugar de la faena, debe dar cuenta de inmediato a sus superiores, sin perjuicio de las medidas que pueda tomar, conforme a lo que él este autorizado.

Artículo 40.- Está estrictamente prohibido presentarse en los recintos de una faena minera, bajo la influencia de alcohol o de drogas. Esto será pesquisado por personal competente, mediante un examen obligatorio que se realizará a petición del Supervisor responsable.

La negativa del afectado al cumplimiento de esta disposición dará motivo a su expulsión inmediata del recinto de trabajo, pudiendo requerirse, si fuera necesario, el auxilio de la fuerza pública para hacerla cumplir, en conformidad con los procedimientos previstos en la legislación vigente.

Prohíbese la introducción, distribución y consumo de bebidas alcohólicas y/o drogas en los recintos industriales de las empresas mineras y todo juego de azar con apuestas de dinero o bienes de cualquier especie.

Artículo 41.- Se prohíbe a los trabajadores, cuya labor se ejecuta cerca de maquinarias en movimiento y/o sistemas de transmisión descubiertos, el uso de elementos sueltos susceptibles de ser atrapados por las partes móviles.

CAPÍTULO TERCERO
NORMAS GENERALES

Artículo 42.- Sólo podrán conducir vehículos y maquinarias motorizadas, tanto livianos como pesados, las personas que, expresamente, la Administración de la faena haya autorizado. En todo caso, y cuando deban conducir estos equipos en caminos públicos o privados de uso público, dichas personas deberán cumplir con los requisitos establecidos por la legislación vigente tales como: Ley Nº 18.290; D.S. Nº 170, del 02 de enero de 1986 y el D.S. Nº 97 del 12 de Septiembre de 1984, ambos del Ministerio de Transporte y Telecomunicaciones.

El personal designado deberá ser debidamente capacitado sobre la conducción y operación del móvil que debe conducir. Para ello, deberán cumplir con los siguientes requisitos:

a) Saber leer y escribir;

b) Ser aprobado en un examen Psico-senso-técnico riguroso;

c) Ser aprobado en un examen práctico y teórico de conducción y operación;

d) Ser instruido y aprobar un examen sobre el «Reglamento de Tránsito» que la Empresa Minera debe tener en funcionamiento.

Cada cuatro años debe establecerse un examen Psico- senso-técnico riguroso e ineludible para los chóferes que renuevan su carné interno.

Para choferes de equipo pesado, los que transporten personal, u otros que determinen las empresas, el examen Psico-senso-técnico será anual.

Artículo 43.- Se prohíbe la conducción de vehículos la operación de equipos pesados automotores por personas que se encuentren bajo la influencia del alcohol y/o drogas, o que se determine que son consumidores habituales de estas sustancias.

Toda persona que por prescripción médica, esté sometida a tratamiento con sustancias psicotrópicas o cualquier medicamento que a juicio de un facultativo, altere significativamente sus condiciones psicomotoras, deberá ser relevado de sus funciones de conductor u operador, en tanto perdure el tratamiento.

Artículo 44.- Todo vehículo o maquinaria que pueda desplazarse, como camiones, equipos de movimiento de tierra, palas, motoniveladoras, cargadores, equipos de levante y otros, deberán estar provistos de luces y aparatos sonoros que indiquen la dirección de su movimiento en retroceso, y en el caso de las Grúas Puente, en todo sentido.

Artículo 45.- El personal encargado del movimiento de materiales pesados, mediante el uso de equipos mecanizados, deberá recibir un entrenamiento completo sobre el equipo que usará para su labor incluido capacidades, resistencia de materiales, y toda otra información necesaria.

Artículo 46.- Por motivo alguno deberá permitirse el tránsito de personal debajo de lugares con riesgo de caídas de cargas, herramientas, materiales o líquidos que puedan causar daños a la integridad física de las personas.

Artículo 47.- Los lugares donde exista riesgo de caídas de personal a distinto nivel deberán estar provistos de protecciones adecuadas en todo su contorno.

Artículo 48.- Los senderos en altura para tránsito de personas deberán llevar barandas o cables de acero u otro material resistente, afianzados a las rocas de las cajas, pilares u otro lugar seguro.

Artículo 49.- Será responsabilidad de la empresa minera tapar o cercar y advertir sobre los piques, tanto en actividad como fuera de servicio, que lleguen a superficie o niveles de interior mina.

Artículo 50.- En todo trabajo que se ejecute en altura, donde exista el riesgo de caída a desnivel, o bien al borde de aberturas se deberá utilizar cinturón y/o arnés, con su respectiva cuerda de seguridad, debidamente afianzada a un lugar estable.

Artículo 51.- La Administración de la faena minera deberá disponer de los medios, planes y programas para la mantención de todas las instalaciones, equipos y maquinarias que se utilicen en una mina, sea ésta subterránea o rajo abierto, que garanticen su correcta operación, minimizando el riesgo a la integridad de los trabajadores, equipos e instalaciones y deterioro del medio ambiente.

Se deberán considerar, a lo menos y si corresponde, los siguientes aspectos:

a) Estado general de los sistemas de transmisión, suspensión, rodado, frenado, dirección y sistemas de seguridad.

b) Sistemas hidráulicos de operación.

c) Sistemas eléctricos.

d) Sistemas de luces, bocinas, alarmas y protecciones del operador.

e) Sistemas de protección contra incendios.

f) Control de emisión de gases, manteniendo registros con los resultados de las mediciones.

g) Todo otro que, ante una eventual falla de su funcionamiento, pudiera ocasionar lesiones a personas, equipos y procesos.

No debe ser permitido el uso de equipo o maquinaria que tenga algún desperfecto en los sistemas mencionados.

En toda faena minera, el uso de solventes para limpieza debe ser rigurosamente controlado. Se prohíbe usar gasolina, parafina, benzol o cualquier solvente que libere gases tóxicos o inflamables para la limpieza de herramientas, maquinarias u otros elementos en el interior de las minas subterráneas.

Artículo 52.- Previo a efectuar la mantención y reparación de maquinarias o equipos se deben colocar los dispositivos de bloqueos y advertencia, que serán retirados solo por el personal a cargo de la mantención o reparación, en el momento que ésta haya terminado.

Antes de que sean puestos nuevamente en servicio, deberán colocarse todas sus protecciones y dispositivos de seguridad y someterse a pruebas de funcionamiento que garanticen el perfecto cumplimiento de su función.

Artículo 53.- Si por cualquier razón, una persona debe introducir en el interior de una máquina su cuerpo o parte de él, la maquinaria deberá estar completamente bloqueada, desenergizada e inmóvil, enclavada de tal manera que no pueda moverse y lesionar a dicha persona o a otro. Tal operación será diseñada de forma que solamente la persona introducida en la máquina pueda desenclavarlo y que para hacerlo deba salir de ella.

Este tipo de operaciones debe ser realizado mediante un procedimiento específico de trabajo seguro.

Artículo 54.- Si la reparación de un equipo requiere pruebas o ajustes para los cuales sea necesario energizar y mover la máquina, habiendo personal expuesto, se deberá contar con un análisis de riesgo y procedimiento específico de la tarea y todo el personal participante deberá estar instruido al respecto.

Artículo 55.- Solo se permitirá el acceso de personal al interior de las tolvas, silos de almacenamiento, chancadores, molinos, chutes de traspaso o recintos similares, si se han tomado las siguientes medidas de control:

a) Poseer un procedimiento de trabajo seguro para ejecutar dicha actividad.

b) Contar con supervisión directa, entretanto se ejecutan estas tareas.

c) Evitar, por todos los medios, la alimentación o la caída de material u objetos al interior de estas instalaciones.

d) Proveer las defensas pertinentes y los Elementos de Protección Personal, como arnés y doble cuerda de seguridad.

e) Verificar que no existen gases nocivos ni polvo en concentraciones sobre los límites máximos permisibles ni deficiencias de oxígeno. En su defecto contar con los elementos de protección adecuados.

f) Cuidar que mientras se encuentre personal dentro de estos recintos o instalaciones no exista posibilidad de que terceras personas accionen el movimiento de los sistemas.

El personal que labore sobre parrillas de piques o tolvas en la reducción de colpas o bolones, deberá estar provisto de cinturón o arnés y cuerda de seguridad, previo bloqueo del vaciado de material, mientras se realizan estas tareas.

Artículo 56.- Todo sistema de transmisión de movimientos deberá estar convenientemente protegido para evitar el contacto accidental con personas.

Artículo 57.- Las protecciones de seguridad deberán ser diseñadas y construidas de tal manera que impidan el acceso hasta la zona peligrosa de cualquier parte del cuerpo humano.

Las protecciones deben identificarse a través de los respectivos códigos de colores según las normas nacionales o internacionales aceptadas.

Artículo 58.- Las faenas mineras deberán disponer de medios expeditos y seguros, para el acceso y salida del personal desde cualquier parte de ellas. Estos deberán ser mantenidos en forma conveniente.

Para facilitar la circulación, los caminos, senderos y labores deberán mantenerse en buenas condiciones y debidamente señalizadas.

Artículo 59.- Toda instalación utilizada como elemento calefactor de aire de ventilación en una mina subterránea, debe ser autorizada por el Servicio, previa presentación de un proyecto por parte de la Empresa Minera.

Artículo 60.- Toda Empresa Minera deberá mantener permanentemente actualizados, planos de las faenas los que deben incluir a lo menos la siguiente información básica:

a) Ubicación Geográfica con sus respectivas coordenadas U.T.M., curvas de nivel y sus deslindes de pertenencias.

Los planos se dibujarán a una escala adecuada a la magnitud de la faena o en conformidad a las instrucciones que imparta el Servicio.

La orientación se hará según el norte U. T. M. Con la indicación de la declinación local en cada año.

b) Ubicación de las distintas instalaciones de servicios y apoyo, como asimismo de eventuales vías fluviales o características geográficas de la zona.

c) Plano general de la explotación de la mina con indicaciones de avances, accesos, instalaciones de servicios y de emergencias.

d) Disposición de los circuitos y sistemas de ventilación si se trata de minas subterráneas.

Artículo 61.- Los originales de planos y registros de avance de los trabajos se guardarán en las oficinas de los asientos de explotación o bien en la oficina del administrador General de los mismos, en donde quedarán a disposición de los ingenieros del Servicio. El Servicio podrá requerir copia de dichos planos una vez por año.

Artículo 62.- Cuando los planos y registros no se encuentren en conformidad a lo dispuesto en los artículos anteriores, o no hayan sido entregados al ser solicitados por el Servicio, el Director, de oficio, los hará ejecutar a costa del propietario o arrendatario, sin perjuicio de las sanciones señaladas en este Reglamento.

CAPÍTULO CUARTO
CONDICIONES SANITARIAS MÍNIMA EN FAENAS MINERAS.

Artículo 63.- En lo que no está expresamente normado en este Reglamento, la Empresa Minera deberá cumplir con las normas Sanitarias vigentes, según lo estipula el «Reglamento sobre Condiciones Sanitarias y Ambientales Básicas en los Lugares de Trabajo», y el Código Sanitario.

Artículo 64.- La Empresa minera deberá proveer, para todos sus trabajadores, servicios higiénicos suficientes, sean excusados de agua corriente o excusados químicos y cuyo número se determinará aplicando la tabla siguiente, válida para operaciones de superficie:

Número de Trabajadores	Excusados o retretes
De 1 a 5	1
De 6 a 15	2
De 16 a 30	3
De 31 a 50	4
De 51 a 70	5
De 71 a 90	6
De 91 a 100	7

Las exigencias en cuanto al número de excusados o retretes para la mina subterránea, cuando no exista la posibilidad de ir a retretes de superficie, serán la mitad de las fijadas para superficie, subiendo al número entero superior en caso de fracción de estos sanitarios.

Si hay más de cien (100) trabajadores, deberá agregarse un excusado o retrete por cada diez (10) personas en exceso. En los establecimientos donde trabajan hombres y mujeres, deberán proveerse servicios higiénicos separados.

Queda prohibido el uso de pozos negros en la minería subterránea.

Artículo 65.- La Empresa minera debe disponer que el suministro de agua potable fresca sea suficiente y fácilmente accesible y que esté disponible en cualquier momento para sus trabajadores. El agua debe mantenerse limpia, pudiendo ser distribuida mediante cañerías equipadas de grifos, llaves o fuentes sanitarias o por medio de depósitos cubiertos que no requieran inclinarse, debiendo disponerse, por lo menos, de un bebedero por cada cincuenta (50) personas o fracción.

Está prohibido el uso de tazas comunes para beber.

El agua que no provenga de un servicio público debe ser muestreada y aprobada por la autoridad sanitaria local, por lo menos una vez cada seis (6) meses, o cuando lo solicite por escrito el Comité Paritario de Higiene y Seguridad o representante de los trabajadores. El Administrador será responsable de hacer cumplir esta disposición.

En minería subterránea, los bebederos deberán ubicarse en lugares libres de contaminación y de fácil acceso.

Se prohíbe el uso de envases de vidrio para llevar agua o bebidas al interior de la mina.

Artículo 66.- Las Empresas Mineras que ocupen más de quince (15) trabajadores en las operaciones directas de ellas, deberán dotar de baños y casas o salas de vestir fácilmente accesibles a todos los trabajadores, a menos que el campamento provea de facilidades equivalentes.

Tales lugares deben ser convenientemente calefaccionados, iluminados, ventilados y mantenidos en condiciones higiénicas en forma permanente. Asimismo, deberán estar provistos de sistemas adecuado para la protección de los elementos personales de los trabajadores, considerando dispositivos de seguridad para evitar robos o perdidas y contarán con suficientes sillas o bancos para el uso del personal.

Finalmente, en esos sitios también deberá existir, en todo momento, un suministro de agua caliente para los trabajadores, en proporción de por lo menos una llave por cada diez (10) personas o fracción.

CAPÍTULO QUINTO
OBLIGACIONES AMBIENTALES

Artículo 67.- La Empresa Minera, junto con la presentación del proyecto de explotación, enviará al Servicio la Resolución exenta emitida por la COREMA respectiva, donde se señale la aprobación del proyecto de explotación, desde la perspectiva ambiental. Esta resolución ambiental aprobatoria, constituirá requisito fundamental para la aceptación del proyecto presentado.

No obstante, y para agilizar los trámites previos al inicio de la construcción del proyecto, la Empresa Minera podrá presentar antes de la aprobación por la COREMA respectiva, su proyecto minero al Servicio para que éste lo estudie y señale cambios o solicite mayores antecedentes, si corresponde. Pero, el Servicio no podrá emitir su Resolución Aprobatoria mientras La Empresa Minera no presente la Resolución emitida por la COREMA, donde se señale la aprobación del proyecto de explotación, desde la perspectiva ambiental.

Artículo 68.- La Administración de la faena minera, será responsable de mantener bajo permanente control las emisiones de contaminantes al ambiente, en cualquiera de sus formas cuyos índices deben permanecer bajo las concentraciones máximas que señale la Resolución de la COREMA, sobre la base de los compromisos ambientales adquiridos.

Deberá contar además, con los medios y procedimientos aprobados para disponer los residuos y desechos industriales.

Artículo 69.- Será obligación de toda Empresa Minera establecer planes y programas que den satisfacción a los compromisos ambientales adquiridos, haciendo extensivas tales obligaciones a sus Empresas Contratistas y Subcontratistas.

Artículo 70.- El depósito y/o tratamiento de desechos de cualquier naturaleza, que se generen en los procesos mineros, deberá hacerse de acuerdo a compromisos ambientales y bajo las normas que para tal efecto dispongan los organismos nacionales competentes.

CAPÍTULO SEXTO
ESTADÍSTICAS, ACCIDENTES Y PLANES DE EMERGENCIA

Artículo 71.- Las Empresas Mineras deberán confeccionar mensualmente las estadísticas de accidentes de sus trabajadores. Además, deberán solicitar las estadísticas de las empresas contratistas que laboran en su faena y que deberán ser entregadas conforme a los formularios que el Servicio mantiene o en la forma como, de común acuerdo, se establezca.

La información estadística deberá ser entregada antes del día 15 del mes siguiente al que corresponden los datos. En caso de tratarse de los formularios, debe ser enviada a las respectivas Direcciones Regionales del Servicio.

El Servicio, anualmente, publicará las principales estadísticas de accidentes de la minería del país, entregando comentarios y acciones correctivas, con el fin de dar a conocer la situación de accidentalidad del país y propender a mantener un constante mejoramiento.

Artículo 72.- En toda faena minera en operaciones se deberá mantener, en forma permanente, los elementos necesarios de primeros auxilios y transporte de lesionados, los que como mínimo, consistirán en lo siguiente:

a) Camillas para rescate y transporte, instaladas en lugares accesibles y debidamente señalizados.

b) Mantas o frazadas de protección.

c) Botiquín de primeros auxilios, con los elementos necesarios para la primera atención de accidentados.

Artículo 73.- En toda Empresa minera deberá disponerse de trabajadores instruidos en primeros auxilios, cuyo número será determinado por la Administración de acuerdo con la extensión de las faenas y el número de trabajadores, de modo que se garantice, en caso de accidente, una atención eficiente y oportuna de los lesionados.

Estos trabajadores deberán actuar sólo en caso de emergencia, para atender al accidentado hasta que éste tenga atención profesional.

Los conocimientos que necesitarán poseer los trabajadores antes aludidos deberán comprender a lo menos las siguientes materias:

a) Restablecimiento de signos vitales

b) Control de hemorragias

c) Lesiones a la cabeza, pérdida del conocimiento y tratamiento de colapso

d) Fracturas e inmovilización y

e) Transporte de los lesionados.

Los trabajadores indicados deberán ser reinstruidos a lo menos anualmente en estas materias, en instituciones calificadas y con poder de certificación.

Todo supervisor que se desempeñe en áreas operativas, deberá estar instruido en primeros auxilios y participar en ejercicios prácticos que deberá organizar la empresa, dejando constancia en un registro de la asistencia y materias que fueron objeto de la práctica.

Artículo 74.- Dentro de un radio de cinco kilómetros (5 Km) de la faena, se debe contar con uno o más vehículos motorizados que puedan ser rápidamente equipados y adaptados para llevar, como mínimo, dos personas en camillas y dos personas con conocimientos de primeros auxilios al mismo tiempo.

Si existe un centro de comunicación y vehículos equipados con radiotransmisor, esta distancia podrá ser hasta de quince kilómetros (15 Km).

Las faenas mineras que se desarrollen a más de cincuenta kilómetros (50 Km) de un centro médico hospitalario o estación de primeros auxilios, deberán disponer de personal paramédico y de una o más ambulancias equipadas con medios de atención inmediata y de resucitación, las que deberán estar disponibles en la faena, las veinticuatro (24) horas del día.

Esta exigencia podrá cumplirse con medios propios o a través del Organismo Administrador de la Ley de Accidentes y Enfermedades Profesionales al que estuviese afiliada.

Artículo 75.- En las faenas mineras, se deberán establecer procedimientos de emergencia y rescate que a lo menos comprendan alarmas, evacuación, salvamento con medios propios o ajenos, medios de comunicación y elementos necesarios para enfrentar dichas emergencias.

En las minas subterráneas se deberá organizar y mantener Brigadas de Rescate Minero, cuyos componentes deben ser seleccionados, instruidos y perfectamente dotados de los equipos necesarios que les permitan desarrollar las operaciones de rescate y Primeros Auxilios.

Esta organización de emergencia podrá hacerse mediante convenios entre varias empresas mineras de localización cercana, como un medio de Brigada de Rescate Minero Zonal.

Artículo 76.- Es obligación de la Empresa Minera investigar todos los accidentes con lesiones o muerte a los trabajadores, analizar sus causas e implementar las acciones correctivas para evitar su repetición, sin perjuicio de lo establecido en la letra b) del artículo 13 del presente reglamento.

Artículo 77.- Se informarán inmediatamente a la correspondiente Dirección Regional del Servicio los accidentes que hayan causado la muerte de uno o más trabajadores o alguna de las siguientes lesiones:

a) Fractura de cabeza, columna vertebral y caderas.

b) Amputación de mano, pie o parte importante de estas extremidades.

c) Ceguera, mudez o sordera total.

d) Quemaduras susceptibles de ocasionar invalidez parcial o total.

e) Intoxicaciones masivas.

f) Toda lesión grave con el potencial de generar invalidez total y permanente.

g) Los hechos que, aún cuando no hubieren ocasionado lesiones a los trabajadores, revistan un alto potencial de daños personales o materiales, tales como: incendios, explosión, derrumbes, estallidos masivos de rocas, colapso de acopios, emergencias ambientales y otras emergencias que hayan requerido la evacuación parcial o total de la mina u otras instalaciones.

Cada uno de los accidentes aludidos precedentemente, como también aquellos que hayan ocasionado la muerte a uno o más trabajadores, deberá ser objeto de un informe técnico, suscrito por el ingeniero o jefe a cargo de la faena y por un Experto, en el cual se indicarán clara y explícitamente las causas, consecuencias y medidas correctivas del accidente. Este informe deberá ser enviado a la correspondiente Dirección Regional del Servicio donde se encuentre ubicada la faena, dentro del plazo de quince (15) días, contado desde el día del accidente. Este plazo podrá ser ampliado a petición del interesado y muy especialmente, si para su correcta conclusión, se necesiten mayores estudios.

El Servicio podrá publicar con fines didácticos, un resumen de dicho informe, evitando mencionar nombre de las personas y empresas afectadas. En dicha publicación podrá incluir comentarios, críticas, réplicas y conclusiones o parte de ellas que juzgue de utilidad para promover la prevención de los accidentes o para establecer las condiciones efectivas de seguridad de la faena.

TÍTULO III
EXPLOTACIÓN DE MINAS SUBTERRÁNEAS

CAPÍTULO PRIMERO
GENERALIDADES

Artículo 78.- La Empresa Minera deberá elaborar reglamentos específicos de a lo menos, las siguientes actividades:

a) Control de ingreso de personas a las faenas.

b) Transporte, uso y manejo de Explosivos.

c) Tránsito y Operación de Equipos en interior de mina.

d) Fortificación.

e) Emergencias.

f) Transporte, Manipulación, Almacenamiento y Uso de Sustancias y Elementos Peligrosos.

g) Operación del método de explotación, reconocimientos y desarrollos.

h) Otros de acuerdo a las necesidades operacionales.

Artículo 79.- En toda mina en explotación deberán existir, a lo menos, dos labores principales de comunicación con la superficie, ya sean piques, chiflones o socavones, de manera que la interrupción de una de ellas no afecte el tránsito expedito por la otra. Las labores en servicio activo de la mina deberán, a su vez, tener una comunicación expedita con las labores principales de comunicación a la superficie, las que se mantendrán siempre en buen estado de conservación y salubridad.

Las referidas labores principales de comunicación con la superficie, deberán tener los elementos necesarios para la fácil circulación de las personas, en tal forma que, en caso de emergencia, éstas no tengan necesidad de adaptar equipos especiales de izamiento o de movilización para salir a la superficie.

Artículo 80.- En las minas nuevas en explotación, las labores principales de comunicación con la superficie se construirán separadas por macizos de veinte (20) metros de espesor, a lo menos, y no podrán salir a un mismo recinto o construcción exterior. Las instalaciones de cabrías o edificios construidos sobre la entrada de las labores de comunicación con la superficie, serán de material incombustible y no podrán ser utilizadas, a la vez, como depósitos de materiales combustibles o explosivos.

En las instalaciones antiguas o provisorias que no cumplan con lo prescrito en el inciso anterior, se tomarán las precauciones indicadas por las circunstancias con el fin de evitar la propagación de un incendio y el efecto perjudicial del humo en la respiración de las personas que se encontrasen en las labores subterráneas.

En tal caso se deberán instalar puertas contra incendio y eficaces sistemas de detección y extinción de incendios, los que pueden ser automáticos o manuales; si dichos sistemas fueren manuales, en el recinto deberá permanecer una persona adecuadamente instruida mientras se encuentre una o más personas en las labores subterráneas.

Artículo 81.- Toda excavación minera, tales como piques de traspaso, debe contemplar los sistemas de protección para evitar la caída a ellas de personas, de objetos o de materiales, hacia los niveles inferiores.

Artículo 82.- No se permitirá en los socavones o niveles de acceso y transporte, construir chimeneas desde el techo de la galería. Dichas labores deberán siempre arrancar de las cajas laterales y sólo alcanzar la vertical del respectivo nivel o socavón después del puente de seguridad obligado de cada labor.

La inclinación y dirección de la chimenea deberá impedir que las rocas que caigan se proyecten sobre los socavones o niveles de acceso; si esto no fuera posible, se deberá utilizar un «tapado» o defensa que garantice el tránsito de personas y/o equipos.

Artículo 83.- Cuando se desarrollen labores verticales, horizontales o inclinadas y falten aproximadamente veinte (20) metros para comunicarse con otra labor, se deberán extremar las medidas de prevención antes de cada tronadura.

Artículo 84.- Las chimeneas verticales que se desarrollen en forma manual, deberán tener como máximo cincuenta metros (50 m) de altura y para pendientes inferiores, el desarrollo máximo estará dado por la siguiente tabla:

Inclinación Sexagesimal	Desarrollo Inclinado Máximo (m)	Altura Máxima (m)
80	65	64
70	80	75
60	97	84
50	116	90

Para inclinaciones de cuarenta y cinco grados sexagesimales o menos no habrá limitación para su desarrollo, siempre que las condiciones de la roca garanticen la plena seguridad del personal.

Artículo 85.- Las chimeneas construidas manualmente, deben estar correctamente habilitadas para tal efecto. Dicha habilitación debe ser como mínimo con los siguientes elementos: Un cordel de seguridad para facilitar el ascenso y descenso del personal, un cordel para subir y bajar materiales, una escalera de acceso, un andamio de trabajo y una malla de seguridad ubicada a una distancia máxima de 5 metros de la frente.

Artículo 86.- En las chimeneas con inclinación inferior a 70° grados sexagesimal y dimensiones de 1,5 por 1,5 de sección, la escalera de acceso puede ser reemplazada por patas mineras ubicadas, de dos en dos, en corridas separadas a una distancia tal que permita ascender y descender siempre afirmado con tres extremidades sobre ellas.

Artículo 87.- Los andamios de trabajo deberán cubrir totalmente la superficie de trabajo dejando solo una entrada de acceso a él. Estos deben estar firmemente fijados a las cajas con los tablones clavados o amarrados a su base. Se exceptúa el andamio para las chimeneas del artículo 83, que puede estar formado por dos tablones de 10 pulgadas de ancho por dos pulgadas de espesor, amarrados a patas mineras.

Los tablones que forman el piso del andamio deberán ser de madera con fibra resistente a la humedad, pandeo y ruptura, u otro material de similares o mejores características. En todo caso, el andamio deberá ser calculado para soportar el trabajo que se desarrollará sobre él, con un coeficiente de seguridad mínimo de 6.

Artículo 88.- Las chimeneas en ascenso no podrán romperse en forma ascendente a la galería superior existente, para ello se debe dejar como mínimo dos metros (2 m) de pilar para romper en forma descendente.

Artículo 89.- Para la construcción de chimeneas se permitirá el uso de equipos especialmente diseñado para ello, previa autorización del Servicio. El Servicio tendrá un plazo de quince (15) días, desde la fecha de presentación ante su Oficina de Parte, de la solicitud, para responder.

Artículo 90.- Antes de ingresar a una chimenea en construcción se debe chequear que no existan rocas sueltas en las cajas, escaleras o patas mineras con riesgo de desprenderse en el momento de ascender. Deberá chequearse además la presencia de gases nocivos y de oxígeno.

Artículo 91.- Cualquiera que sea el tipo de andamio utilizado en el desarrollo de una chimenea debe ser cuidadosamente revisado después de cada disparo y mantenerse en óptimas condiciones.

Artículo 92.- En aquellas labores cuya operación haya sido discontinuada por algún tiempo, el Administrador dispondrá que sea exhaustivamente inspeccionada antes de reanudar los trabajos, a fin de cerciorarse que en el lugar no existan condiciones de riesgos en la fortificación, sistemas de desagüe, superficies de tránsito, gases nocivos o deficiencias de oxígeno que pongan en peligro la vida o salud de las personas. Esta inspección deberá realizarse por un grupo formado por a lo menos de dos personas, avanzando de uno en uno separados por una distancia razonable, que les permita auxiliarse en caso de emergencia. Estos deberán contar con detectores y elementos de protección personal apropiados.

Artículo 93.- Cada vez que por estrictas razones de operación el personal deba transitar o trabajar sobre mineral o material de relleno en caserones, piques, tolvas u otros se deberán adoptar las medidas de seguridad pertinentes para evitar que éstos sean succionados por un eventual hundimiento del piso, tales como, cables vida, instalación de plataformas, tapados o pasarelas con sujeción independiente del material contenido en ellos.

Por ningún motivo se permitirá extraer material cuando exista personal parado sobre él. Se deberá bloquear el acceso y dispositivo que controla la extracción del relleno o mineral, quedando el bloqueo bajo control del personal involucrado.

Artículo 94.- Para el destranque de chimeneas se prohíbe el ingreso de personas por la parte inferior de ellas. La colocación del explosivo se debe hacer de tal forma de no exponer al personal a riesgos innecesarios, extremándose las medidas de seguridad.

Artículo 95.- En las minas cuyo método de explotación pudiere generar hundimientos o cráteres que alcancen hasta la superficie y en que exista la posibilidad de que personas ajenas a la faena, o sin el conocimiento necesario, puedan transitar por la zona de hundimiento, se deberán colocar barreras de protección y señalización para advertir el peligro existente en dicha zona, incluyendo toda la zona de posible subsidencia.

Artículo 96.- Para poder explotar labores subterráneas en la misma vertical o en zonas muy próximas a labores subterráneas pertenecientes a otra faena minera, se deberá presentar al Servicio un estudio técnico sobre la viabilidad del proyecto, con relación a cautelar debidamente la estabilidad de las labores mineras y la seguridad de personas e instalaciones.

Igual medida deberá tomarse cuando se explote zonas aledañas a otras explotadas con antelación, susceptible a la acumulación de agua o afecte la estabilización del sector. El Servicio tendrá un plazo de sesenta (60) días, desde la fecha de presentación ante su Oficina de Parte, de la solicitud, para aprobar el proyecto presentado.

Artículo 97.- La Empresa Minera debe documentarse en forma detallada respecto a la situación, extensión y profundidad de las labores antiguas, características del terreno, rocas, presencia de nieve y de los depósitos naturales de agua (fallas y cuevas acuíferas) que puedan existir dentro de sus pertenencias. Esta información deberá estar actualizada y disponible en todo momento.

Se tomarán las acciones necesarias para proteger a las personas contra inundaciones de agua o barro, cuando los trabajos mineros se desarrollen en las proximidades de napas o bolsones de agua.

En las vías principales o de tránsito deberán hacerse cunetas para mantener el escurrimiento de las aguas y evitar la existencia de lodo y aguas estancadas.

Artículo 98.- La construcción en superficie de: edificios, talleres, plantas de beneficio, fundiciones u otras, deben ser realizadas a una distancia tal que no puedan ser afectadas por la explotación de la mina o con ocasión de ella; a su vez toda obra o infraestructura de servicio y apoyo que se construya en los accesos a la mina o su cercanía deben garantizar a todo evento, que cualquier situación de emergencia que en ellas se produzca, como un incendio o explosión, no afectará la seguridad de las personas en interior mina.

Artículo 99.- El Administrador deberá elaborar y mantener actualizado un procedimiento de evacuación del personal en casos de emergencia en la faena minera.

Dicho procedimiento debe considerar, entre otras, las siguientes materias:

a) Tipo de emergencia.

b) Señalización interna de la mina e indicación de las vías de escape y refugios.

c) Sistemas de alarma y comunicaciones.

d) Instrucción del personal.

e) Simulacros y funcionamiento de brigadas de rescate.

Artículo 100.- Toda mina dispondrá de refugios en su interior, los que deberán estar provistos de los elementos indispensables que garanticen la sobrevivencia de las personas afectadas por algún siniestro, por un período mínimo de cuarenta y ocho (48) horas.

Estos refugios deberán estar dotados como mínimo de los siguientes elementos:

a) Equipos autorrescatadores, en un número relacionado con la cantidad de personas que desarrollan su actividad en el entorno del refugio.

b) Alimentos no perecibles.

c) Agua potable, la que deberá ser frecuentemente renovada.

d) Tubos de oxígeno.

e) Equipos de comunicación con la superficie o áreas contiguas.

f) Ropa de trabajo para recambio.

g) Elementos de primeros auxilios.

h) Manuales explicativos para auxiliar a lesionados.

La ubicación de los refugios, estará en función del avance de los frentes de trabajo, siendo en lo posible, transportables.

Artículo 101.- Ninguna persona podrá ingresar al interior de la mina, sin contar con un sistema de iluminación personal, aprobado por la Administración para tal objetivo.

Se deberá disponer de alumbrado de emergencia en todos los recintos, accesos, pasillos y vías de escape de una mina subterránea.

Artículo 102.- Las redes de aire comprimido deberán ir enterradas o sujetas a las cajas de la galería de tal forma que impida su desplazamiento en caso que se suelten de sus uniones.

Los acoplamientos de mangueras de aire comprimido cuyo diámetro sea igual o superior a cincuenta (50) milímetros, deben ser sujetos con abrazaderas y con cadenilla o asegurados de cualquiera otra forma para evitar que azote, la línea de aire comprimido, al romperse o desacoplarse.

Esta disposición se aplicará también a mangueras de diámetro menor de cincuenta (50) milímetros, si estuviesen sometidas a presiones superiores a siete (7) atmósferas y a los elevadores de presión (Booster).

Artículo 103.- Las chimeneas o piques usados para tránsito de personal deben ser debidamente habilitados para tal efecto con escaleras y plataformas de descanso.

La distancia máxima entre canastillos o plataformas de descanso en el compartimento de escalas en piques verticales o de fuerte inclinación, será de cinco metros (5 m), y el piso de cada canastillo deberá estar entablado con madera de un grueso mínimo de cinco centímetros (5 cm) o con otro material de resistencia equivalente o superior y colocarse alternadamente a lo largo del tramo total que cubre la escala.

En casos calificados por el Administrador, se podrá usar rejilla de acero Kerrigan o de resistencia equivalente para piso de los canastillos, con el fin de permitir la circulación del aire.

Artículo 104.- Toda escalera o escala fija colocada, ya sea en un canastillo, plataforma o en cualquier labor, debe sobresalir un mínimo de ochenta centímetros (0,80 m) sobre el piso correspondiente, apoyada en caja firme y sujetada por sus pisaderas o travesaños.

En la confección de estas escalas y escaleras, no solo se emplearán clavos para fijar las pisaderas o travesaños a los montantes. Estos, se deberán ajustar mediante ensambles, espigas o entalladuras.

Las escaleras fijas deberán estar provistas de sus correspondientes pasamanos y a lo menos, tres (3) peldaños por metro.

En instalaciones verticales se deberá disponer de canastillo de protección espaldar en toda su longitud, que impida caídas al vacío.

Las escaleras de «patilla» podrán usarse aisladas y no en serie consecutiva y no tendrán más de tres metros (3 m) de largo c/u. Sobre este largo, se deberá usar otro tipo de escaleras más seguras.

CAPÍTULO SEGUNDO
EQUIPOS DE TRANSPORTE EN INTERIOR MINA

Artículo 105.- Al transporte en minas subterráneas, le serán aplicables, en lo conducente, las disposiciones del Título IX, Capítulo Segundo, de este Reglamento.

Artículo 106.- El Administrador elaborará y mantendrá actualizado un reglamento interno de transporte que contenga, a lo menos y si es empleado:

a) Transporte de personal por todos los medios usados.
b) Transporte de materiales y equipos.
c) Transporte por ferrocarril.
d) Transporte por vehículos automotores.

Este reglamento estará a disposición del Servicio.

Artículo 107.- En los sitios en que se emplee tracción mecánica, deberá usarse señalización adecuada y los equipos deberán tener iluminación propia en buen estado de funcionamiento.

Artículo 108.- Durante la movilización mecánica de las personas se evitarán, por medio de un techo adecuado, los accidentes causados por la caída de piedras u otros objetos a los piques, y deberá disponerse de un jaulero o de los implementos automáticos que lo reemplacen.

La máquina contará con un dispositivo de seguridad (interruptores de carrera) que evite la pasada de la jaula más allá del punto terminal de su carrera, tanto inferior como superior.

Artículo 109.- Se prohíbe el tránsito de personas entre carros, como asimismo subir o bajar de trenes y/o equipos en movimiento.

Queda prohibido viajar en carros llenos de material, en sus pisaderas o en lugares con riesgo de caídas u otro tipo de accidente.

Artículo 110.- En los tráficos principales en que haya tránsito de personas y movimiento de trenes, se dispondrán refugios adecuados para el personal, identificados y señalizados debidamente a intervalos no mayores de veinte metros (20 m).

Condiciones diferentes a las señaladas en este artículo y en casos especiales, podrán ser autorizadas por el Servicio. El Servicio tendrá un plazo de quince (15) días para responder la solicitud, desde la fecha de presentación de ella en la Oficina de Parte.

Artículo 111.- En las vías de ferrocarril, se deberá dejar a lo menos cincuenta centímetros (0.50 m) libres entre los bordes de los carros más anchos y los costados de cualquier excavación, muro o de otro equipo ferroviario que se encuentre detenido o en movimiento en una vía adyacente.

Artículo 112.- Al final de cada tramo de línea férrea con pendiente superior al cinco por ciento (5%), deberán existir bloques mecánicos (topes) de detención o dispositivos de desrielamiento (botadero).

Artículo 113.- En las faenas mineras donde se utilicen correas transportadoras, la Administración deberá:

a) Poner en vigencia un procedimiento para la instalación, operación, mantención e inspección del sistema.

b) Seleccionar e instalar los elementos de extinción de incendios que cubran el riesgo en cualquier punto de su extensión.

Artículo 114.- La pendiente máxima de trabajo de una correa transportadora, en tramos inclinados, será de catorce grados (14°) sexagesimales; si ésta es mayor, se deberán utilizar correas diseñadas con elementos para retención de material.

Artículo 115.- Toda correa transportadora deberá estar equipada con elementos efectivos de seguridad, instalados a todo lo largo de la correa, que permitan una inmediata detención de ella, en caso de emergencia.

Deberán mantenerse protegidas todas las partes en movimiento, y se realizarán revisiones periódicas de las instalaciones y uniones de la correa.

Artículo 116.- Todo trabajo de mantención, reparación, control y limpieza de una correa transportadora como de los sistemas que la componen, debe hacerse con ésta totalmente detenida, y deberá tener un sistema sonoro y luminoso de advertencia que se activará antes de la puesta en marcha de ésta.

Artículo 117.- La extracción de mineral o de estéril por medio de «apires», queda limitado a diez metros (10 m) verticales y a veinte metros (20 m) de recorrido inclinado.

Para una mayor profundidad o recorrido, el Administrador debe proveer de los dispositivos o equipos tales como tornos, poleas, huinches o similares, los que se instalarán de acuerdo a estudios y diseños realizados por profesionales técnicos sobre la materia.

Artículo 118.- En las faenas mineras en que se empleen equipos automotrices de cualquier naturaleza, éstos deberán disponer de señalización e iluminación propia en buen estado de funcionamiento.

Los equipos en movimiento deberán mantener las luces encendidas en la dirección de avance.

Artículo 119.- El ancho útil de la labor por la cual transiten los vehículos será tal que deberá existir un espacio mínimo de cincuenta centímetros (0.50 m.), a cada costado del equipo y desde la parte más elevada de la cabina hasta el techo de la labor.

Cada treinta metros (30 m), como máximo, se deberán disponer refugios adecuados, debidamente identificados y señalizados.

Distancias mayores a treinta metros (30 m) podrán aplicarse siempre y cuando la sección de las galerías permita espacios mayores a un (1.0) metro a cada costado del equipo. Condiciones diferentes a las señaladas en este artículo y en casos especiales, podrán ser autorizadas por el Servicio. El Servicio tendrá un plazo de treinta (30) días para responder la solicitud, desde la fecha de presentación de ella en la Oficina de Parte.

Artículo 120.- Las vías de tránsito deben permanecer expeditas y en buen estado. Todo elemento que se instale en ellas deberá estar señalizado con distintivos de alta visibilidad.

Artículo 121.- Las personas que trabajen o transiten en áreas donde circulan equipos de carguío o carguío y transporte, deberán hacerlo provistas de distintivos reflectantes de alta visibilidad dispuestos de tal forma que puedan ser fácilmente visualizadas por el operador.

Artículo 122.- Cuando en una galería exista tráfico compartido, entre equipos o vehículos motorizados y peatones, la preferencia la tendrán estos últimos. En el caso, en que un vehículo o equipo alcance a algún peatón, deberá esperar que éste se ubique en un lugar seguro para adelantarlo. Si un vehículo se enfrenta a un peatón, el equipo o vehículo deberá detener su marcha y esperar que éste traspase completamente el móvil para ponerse en movimiento.

Esta disposición podrá ser diferente en zonas de operación de los equipos, donde debe estar prohibido el tránsito de peatones y sólo es permitida la permanencia del personal de operación del sector. Si ello es necesario, el Administrador deberá mantener actualizado un detallado procedimiento de trabajo seguro, avisos adecuados en la zona y adecuada capacitación del personal.

Artículo 123.- Se prohíbe realizar trabajos, trasladar personas y transportar explosivos y/o sus accesorios sobre el balde de equipos de carguío, o sobre cualquier equipo que no esté acondicionado para tal efecto.

Artículo 124.- Se prohíbe el ingreso de cualquier equipo a puntos de carguío u otro tipo de galerías en que el flujo de material se ha discontinuado por encontrarse colgado.

Artículo 125.- La pendiente máxima admitida para la operación de un equipo de transporte será la recomendada por el fabricante, no pudiendo sobrepasar la capacidad límite de diseño de la máquina.

Artículo 126.- Los equipos automotrices de carguío, carguío-transporte y transporte, deberán estar provistos de cabina resistente y de sistemas de protección para el operador.

Artículo 127.- Los lugares donde las máquinas diésel descarguen a piques o traspasos deberán poseer topes de seguridad, estar iluminados y contar con elementos supresores de polvo si fuese necesario, de manera tal que exista un ambiente apropiado y buena visibilidad en el lugar.

Se podrá prescindir de los topes cuando el pique tenga parrillas y estén a lo menos cincuenta centímetros (0,50 m) sobre el nivel del piso de la estación de vaciado.

Artículo 128.- El tránsito de vehículos para transporte de pasajeros en el interior de la mina, como buses y similares deberá estar regulado por un Reglamento aprobado por el Servicio, en el que se deberán considerar los siguientes requisitos mínimos:

a) Las dimensiones de los vehículos deberán ser tales que cumplan con las especificaciones contenidas en este Reglamento.

b) Proveer de iluminación reglamentaria.

c) Proporcionar la ventilación de acuerdo al número de máquinas que transiten por interior mina.

d) Establecer un sistema de flujos de tránsito con la respectiva señalización y restricciones.

El Servicio tendrá un plazo de treinta (30) días para responder la solicitud, desde la fecha de presentación de ella en la Oficina de Parte.

CAPÍTULO TERCERO
MAQUINARIA ACCIONADA MEDIANTE COMBUSTIBLE

Artículo 129.- Se prohíbe usar en minas subterráneas, vehículos o equipos accionados por motores bencineros.

Se permitirá el uso de vehículos o equipos automotores accionados por gas licuado o natural, siempre que cuenten con la aprobación de las autoridades nacionales competentes, debiendo contar con un sistema de seguridad que detecte fugas de combustible y un sistema incorporado contra incendio.

Los vehículos o equipos accionados por gas licuado o natural solo podrán estacionarse en lugares especialmente ventilados que faciliten la no-acumulación de gas por fugas de combustible.

También se permite, en general, el uso de máquinas y equipos automotrices diésel. Para que ellos trabajen en interior mina, deberán ser diseñados y acondicionados específicamente para este propósito. Los gases de escape de estos equipos deberán ser purificados y/o reducidos antes de ser descargados al ambiente.

Artículo 130.- El tubo de escape de las máquinas diésel deberá ubicarse en la parte baja del vehículo, paralelo al chasis del equipo y por el lado contrario del operador.

Artículo 131.- El combustible diésel usado por las máquinas debe tener un punto de inflamación mayor de cincuenta y cinco grados (55°) centígrados y no debe contener más de uno por ciento (1%) de azufre en peso. La temperatura de los gases de escape no debe ser mayor de ochenta y cinco grados (85°) centígrados.

Artículo 132.- En los frentes de trabajo donde se utilice maquinaria diésel deberá proveerse un incremento de la ventilación necesaria para una óptima operación del equipo y mantener una buena dilución de gases. El caudal de aire necesario por máquina debe ser el especificado por el fabricante. Si no existiese tal especificación, el aire mínimo será de dos coma ochenta y tres metros cúbicos por minuto (2,83 m3/min.), por caballo de fuerza efectivo al freno, para máquinas en buenas condiciones de mantención.

El caudal de aire necesario para la ventilación de las máquinas diésel debe ser confrontado con el aire requerido para el control de otros contaminantes y decidir su aporte al total del aire de inyección de la mina. De todas maneras, siempre al caudal requerido por equipos diésel, debe ser agregado el caudal de aire calculado según el número de personas trabajando.

Artículo 133.- En el interior de la mina donde trabajen máquinas diésel se deberá evaluar y registrar lo siguiente:

a) Las concentraciones en el ambiente de monóxido de carbono, óxidos de nitrógeno (NO+NO2), dióxido de nitrógeno y aldehídos.

La calidad del aire estará dada por los efectos sumados de todos los gases presentes. Se recomienda efectuar estas mediciones, a lo menos una vez por semana o cuando las condiciones ambientales lo aconsejen.

En áreas o labores que se consideran críticas, se deberá disponer de sensores y alarmas que alerten a los trabajadores cuando las concentraciones excedan los valores permitidos.

b) Periódicamente a intervalos que no excedan de un mes, en el tubo de escape de la maquinaria diésel, las emisiones de monóxido de carbono, y óxido de nitrógeno.

Artículo 134.- Las muestras de gases se tomarán directamente en el tubo de escape de la máquina con el motor funcionando, tanto en ralentí como en aceleración, a la temperatura de régimen de trabajo y sin embragar.

Las muestras ambientales de gases serán tomadas en lugares representativos del sector de trabajo, con la máquina en operación.

Artículo 135.- La operación de los equipos diésel en el interior de la mina, se deberá detener al presentarse cualquiera de las siguientes condiciones:

a) Cuando las concentraciones ambientales con relación a los contaminantes químicos, en cualquier lugar donde esté trabajando la máquina, exceda de:

Contaminante p.p.m.	p.p.m.
Monóxido de Carbono	40
Óxidos de Nitrógeno	20
Aldehído Fórmico	1,6

Para el resto de los contaminantes químicos deberá considerarse lo establecido en el «Reglamento sobre condiciones Sanitarias Ambientales Básicas en los lugares de Trabajo», del Ministerio de Salud.

Cuando se trate de lugares de trabajo en altitud, superiores a 1.000 m.s.n.m., y las concentraciones ambientales máximas estén dadas en mgr/m3 de aire o fibras/cc. de aire, deberán ser corregidas según la fórmula:

$$L.P.P.p = \frac{L.P.P. \times p}{760}$$

L.P.P.p = Límite permisible ponderado en la altura de presión «p».

L.P.P. = Límite permisible ponderado según tabla.

P = presión atmosférica a la altura considerada, en mm. de mercurio.

b) Cuando la concentración de gases, medidos en el escape de la máquina, excedan de dos mil (2.000) partes por millón de monóxido de carbono o de mil (1.000) partes por millón de óxido de nitrógeno; o

c) Cuando el equipo presente cualquier desperfecto o anormalidad que represente riesgo evidente parala integridad de las personas.

CAPÍTULO CUARTO
VENTILACIÓN

Artículo 136.- Todo proyecto de ventilación general de una mina subterránea, previo a su aplicación, deberá ser enviado al Servicio para su aprobación. El Servicio tendrá un plazo de treinta (30) días para responder la solicitud, desde la fecha de presentación de ella en la Oficina de Parte.

Artículo 137.- En toda mina subterránea se deberá disponer de circuitos de ventilación, ya sea natural o forzado a objeto de mantener un suministro permanente de aire fresco y retorno del aire viciado.

Artículo 138.- En todos los lugares de la mina, donde acceda personal, el ambiente deberá ventilarse por medio de una corriente de aire fresco, de no menos de tres metros cúbicos por minuto (3 m3/min) por persona, en cualquier sitio del interior de la mina.

Dicho caudal será regulado tomando en consideración el número de trabajadores, la extensión de las labores, el tipo de maquinaria de combustión interna, las emanaciones naturales de las minas y las secciones de las galerías.

Las velocidades, como promedio, no podrán ser mayores de ciento cincuenta metros por minuto (150 m/min.), ni inferiores a quince metros por minuto (15 m/min.).

Artículo 139.- Se deberá hacer, a lo menos trimestralmente, un aforo de ventilación en las entradas y salidas principales de la mina y, semestralmente, un control general de toda la mina, no tolerándose pérdidas superiores al quince por ciento (15%).

Los resultados obtenidos de estos aforos deberán registrarse y mantenerse disponibles para el Servicio.

Artículo 140.- En las minas en que se explote azufre u otro mineral cuya suspensión de partículas en el aire forme mezclas explosivas, se deberán tomar las medidas preventivas necesarias para controlar el riesgo, contemplándose las siguientes acciones mínimas:

a) Realizar un muestreo periódico y sistemático del aire en los lugares de trabajo, llevando registros actualizados con los resultados obtenidos.

b) Mantener una ventilación eficiente que permita la dilución del polvo en el aire a niveles permisibles.

c) Humedecer con agua los lugares de trabajo antes y después de cada tronadura. En los puntos en que se generen emisiones de polvo, deberá disponerse de sistemas colectores.

d) Usar solamente explosivos aprobados para este tipo de explotación.

e) Todo equipo con motor a combustión que realice actividades dentro de estas minas, debe disponer en el tubo de escape de una rejilla o malla que evite la proyección de partículas incandescentes al exterior.

Artículo 141.- En las galerías en desarrollo donde se use ventilación auxiliar, el extremo de la tubería no deberá estar a más de treinta metros (30 m) de la frente.

Para distancias mayores se deberá usar sopladores, venturi o ventiladores adicionales, tanto para hacer llegar el aire del ducto a la frente (sistema impelente) como para hacer llegar los gases y polvo al ducto (sistema aspirante).

Artículo 142.- La ventilación se hará por medios que aseguren en todo momento la cantidad y calidad necesaria de aire para el personal.

Artículo 143.- En todo caso, en lo que se refiere a temperaturas máximas y mínimas en los lugares de trabajo deberá acatarse lo dispuesto en el «Reglamento sobre condiciones Sanitarias Ambientales Básicas en los lugares de Trabajo», del Ministerio de Salud.

Artículo 144.- No se permitirá la ejecución de trabajos en el interior de las minas subterráneas cuya concentración de oxígeno en el aire, en cuanto a peso, sea inferior a diecinueve coma cinco por ciento (19,5%) y concentraciones de gases nocivos superiores a los valores máximos permisibles determinados por la legislación. Si las concentraciones ambientales fueren superiores, será obligatorio retirar al trabajador del área contaminada hasta que las condiciones ambientales retornen a la normalidad, situación que deberá certificar personal calificado y autorizado.

Artículo 145.- En toda labor minera que no ha sido ventilada, esté abandonada o se hayan detectado concentraciones de gases nocivos por sobre los límites permisibles, debe ser bloqueado el acceso de personas por medio de tapados de malla o similar, colocando las señales de advertencia correspondientes. En caso de ser necesario acceder a ella, se deberá realizar previamente un análisis exhaustivo tanto de los niveles de oxígeno como de gases nocivos, usándose, si es necesario, equipos autónomos de respiración u otro equipo de respiración aprobado.

Artículo 146.- En las frentes de reconocimiento o desarrollo en donde, por encontrarse a una distancia tal de la corriente ventiladora principal, la aireación de dichos sitios se haga lenta, deberán emplearse tubos ventiladores u otros medios auxiliares adecuados a fin de que se produzca la renovación continua del ambiente.

Artículo 147.- Toda corriente de aire viciado que pudiera perjudicar la salud o la seguridad de los trabajadores, será cuidadosamente desviada de las faenas o de las vías destinadas al tránsito normal de las personas.

No se permitirá el uso de aire viciado para ventilar frentes en explotación.

Artículo 148.- Toda puerta de ventilación debe cerrarse por sí misma, a menos que, por tratarse de puertas destinadas a enfrentar situaciones de emergencia, deban permanecer abiertas en circunstancias normales.

Las puertas que no cumplen ningún objetivo, aunque sea temporalmente, deben ser retiradas de sus goznes.

Artículo 149.- Todo ventilador principal debe estar provisto de un sistema de alarma que alerte de una detención imprevista.

Artículo 150.- Los ventiladores, puertas de regulación de caudales, medidores, sistemas de control y otros, deberán estar sujeto a un riguroso plan de mantención, llevándose los respectivos registros.

Artículo 151.- Todos los colectores de polvo, sistemas de ductos y captaciones en general, deberán ser sometidos, a lo menos cada tres meses, a un riguroso plan de mantención y control de eficiencia de los sistemas.

CAPÍTULO QUINTO
PERFORACIÓN Y TRONADURA

Artículo 152.- Para el transporte, almacenamiento y manipulación de explosivos en las faenas subterráneas serán aplicables, en lo concerniente, las disposiciones contenidas en el Título XI del presente Reglamento.

Artículo 153.- Las operaciones de perforación y tronadura deben estar reguladas por los respectivos procedimientos de trabajo, aprobados por la Administración de la faena.

Artículo 154.- La perforación de roca o mena en las minas subterráneas deberá efectuarse mediante el método de perforación húmeda. Si por razones especiales e inherentes a la operación no fuere practicable dicho método, el Servicio podrá autorizar la perforación en seco, sujeta a condiciones que garanticen la protección respiratoria de los trabajadores expuestos. El Servicio tendrá un plazo de sesenta (60) días para responder la solicitud, desde la fecha de presentación de ella en la Oficina de Parte.

Artículo 155.- El uso del agua como agente depresor de humos, gases y polvo, deberá ser utilizada por medio de dispositivos nebulizadores con o sin adición de agentes humectantes.

Artículo 156.- Después de realizada la tronadura, será obligatorio el uso de instrumentos detectores de gases nocivos, los que deberán ser utilizados por personal instruido y capacitado para evaluar las condiciones ambientales.

CAPÍTULO SEXTO
FORTIFICACIÓN

Artículo 157.- Los trabajos subterráneos deben ser provistos, sin retardo, del sostenimiento más adecuado a la naturaleza del terreno y solamente podrán quedar sin fortificación los sectores en los cuales las mediciones, los ensayos, su análisis y la experiencia en sectores de comportamiento conocido, hayan demostrado su condición de autosoporte consecuente con la presencia de presiones que se mantienen por debajo de los límites críticos que la roca natural es capaz de soportar.

Artículo 158.- Toda galería que no esté fortificada, debe ser inspeccionada periódicamente a objeto de evaluar sus condiciones de estabilidad y requerimientos de «acuñadura», debiendo realizarse de inmediato las medidas correctivas ante cualquier anormalidad detectada. En aquellas galerías fortificadas, deberá inspeccionarse el estado de la fortificación con el fin de tomar las medidas adecuadas cuando se encuentren anomalías en dicha fortificación.

Artículo 159.- En los piques cuya fortificación sea total o parcial, la revisión deberá efectuarse en períodos no superiores a seis meses, pudiendo el Servicio exigir, de acuerdo al estado de éstos, revisiones antes de la fecha límite.

Artículo 160.- En los piques para tránsito de personal y materiales que no estén protegidos o fortificados, se deberá disponer la acuñadura permanente a través de personal instruido y preparado para tales fines.

Artículo 161.- Se prohíbe trabajar o acceder a cualquier lugar de la mina que no esté debidamente fortificada, sin previamente acuñar.

Artículo 162.- La operación de acuñadura tendrá carácter permanente en toda mina y cada vez que se ingrese a una galería o cámara de producción, después de una tronada, además, de la ventilación, se deberá chequear minuciosamente el estado de la fortificación y acuñadura.

La Administración deberá elaborar el procedimiento respectivo, el que consigne a lo menos:

a) Obligatoriedad que tiene toda persona al ingresar al lugar de trabajo, de controlar «techo y cajas de galerías y frentes de trabajo», al inicio y durante cada jornada laboral y proceder, siempre y cuando esté capacitado para ello, a la inmediata acuñadura cuando se precise o en su defecto informar a la supervisión ante problemas mayores.

b) Obligatoriedad de la Administración de proporcionar los medios y recursos para ejecutar la tarea. Ello incluye «Acuñadores» apropiados, andamios, plataformas o equipos mecanizados si las condiciones y requerimientos lo hacen necesario.

c) Capacitación sobre técnicas y uso de implementos para llevar a efecto esta tarea.

Artículo 163.- Si se requiere acuñar un sector donde existan conductores eléctricos protegidos o desnudos, la acuñadura deberá hacerse hasta una distancia prudente en que se garantice que no ocurrirá contacto eléctrico, tanto con la barretilla acuñadora como con otros elementos que se usen. Si es necesario se deberá desenergizar los conductores.

Artículo 164.- El Administrador elaborará un reglamento interno de fortificación, de acuerdo con las condiciones de operación, el cual comprenderá todos los sistemas de fortificación usados en la empresa, y deberá obtener la aprobación del Servicio, respecto de esta materia, la técnica en uso y sus innovaciones. El Servicio tendrá un plazo de treinta (30) días para responder la solicitud, desde la fecha de presentación de ella en la Oficina de Parte.

Artículo 165.- Los sistemas de fortificación que se empleen, deben fundarse en decisiones de carácter técnico, donde se consideren a lo menos, los siguientes aspectos de relevancia:

a) Análisis de parámetros geológicos y geotécnicos de la roca y solicitaciones a la que estará expuesta a raíz de los trabajos mineros.

b) Influencia de factores externos y comportamiento de la roca en el avance de la explotación.

c) Sistema de explotación a implementar y diseño de la red de galerías y excavaciones proyectadas.

d) Uso y duración de las labores mineras.

e) Otros, según se observe.

Cualquiera sea el sistema que se aplique, éste debe estar claramente reglamentado, aplicado y controlado por la Administración de la faena minera, informando de ello al Servicio.

Artículo 166.- Para el caso de apernado y malla, se deberán cumplir a lo menos los siguientes requisitos mínimos:

a) Uso de materiales (malla y perno) de calidad probada y certificada.

b) Colocación de pernos de manera uniforme, cuyas longitudes y espaciamientos hayan sido calculados con criterio técnico.

c) Uso de golillas «planchuelas» o similar con una dimensión mínima de 20 cm. de diámetro o 20 cm. de lado si es un cuadrado.

d) En la colocación de pernos con cabeza de expansión, el apriete de la tuerca debe ser tan firme como para verificar que el anclaje trabaje, absorba la primera deformación y genere en la roca una fatiga de compresión vertical que impida su ruptura.

e) El elemento ligante aplicado en la colocación de pernos de anclaje repartido, debe emplearse encapsulado o inyectado cuidando que este elemento ligante se encuentre en buenas condiciones de uso.

f) Cuando se usen pernos en que la sujeción dependa de la fricción generada por la deformación radial del perno (split-set o swellex) el diámetro de la perforación debe ser el adecuado.

g) En los pernos que se coloquen usando como elemento ligante cartuchos de resina, todo el largo del perno debe quedar ligado a la perforación.

Artículo 167.- Cuando se emplee fortificación de madera deben observarse a lo menos las siguientes reglas:

a) El apriete del poste al sombrero o viga debe ser asegurado mediante la aplicación de un taco en forma de cuña u otro medio igualmente eficaz;

b) En las labores de convergencia pronunciada, la fortificación debe completarse colocando tendidos de madera entre el techo y el sombrero o viga, los cuales se afianzarán a presión;

c) El ensamble del poste a la viga debe ser practicado consiguiendo el mejor contacto directo entre las piezas ensambladas, sin intercalar en lo posible cuñas entre las superficies de contacto;

d) En las labores inclinadas, como chiflones, rampas u otras similares, la instalación de los postes se hará de modo tal que su base quede instalada en la bisectriz del ángulo que forman la normal al piso de la galería y la vertical al mismo punto;

e) Tanto los postes soportantes como las vigas principales de sostenimiento deben ser de madera de la mejor calidad, sin deterioros que afecten sus características de resistencia. De igual forma la instalación y reparación de los sistemas de fortificación, con maderas, deberán hacerse con personal entrenado y preparado para esos objetivos;

f) Todos los espacios que queden entre el sombrero y el techo deben ser rellenados con encastillados de madera bien apoyados y adecuadamente repartidos, para conseguir que la presión del cerro sea trasmitida uniformemente a la viga y no como una carga puntual que concentre dicha presión. El mismo criterio debe emplearse en los costados de galerías con presión lateral.

Artículo 168.- Los derrumbes se permiten como parte programada y controlada de un método de explotación aprobado por el Servicio.

Se prohíbe aceptar, en forma sistemática u ocasional, el uso de derrumbes accidentales, siendo obligatoria la prevención de estos últimos.

Se prohíbe la remoción o adelgazamiento de los estribos o pilares de sostenimiento sin que sean reemplazados por elementos que ofrezcan una resistencia similar o mayor. Ello solo se permitirá si se implementa un sistema de explotación técnicamente factible, el que deberá contar con la autorización del Servicio.

Artículo 169.- Los soportes para el control de techos, paredes y/o pisos, se deben ubicar de manera uniforme, sistemática y en los intervalos apropiados.

El personal destinado a la inspección, así como a la instrucción y ejecución de los trabajos de fortificación minera, será el necesario y con amplia competencia en la función que desempeña.

CAPÍTULO SÉPTIMO
EQUIPOS DE IZAMIENTO

Artículo 170.- Todos los equipos y accesorios utilizados para el transporte vertical o inclinado de personas, deben ser diseñados e instalados sobre la base de criterios técnicos y por personal competente, de modo de garantizar la plena seguridad y eficiencia de los sistemas.

En su operación se deberán adoptar todas las medidas de seguridad tendientes a evitar la caída de las personas que son transportadas o que éstas puedan ser afectadas por rocas u objetos que caigan a los piques.

Artículo 171.- Para el transporte vertical o inclinado de personas, se deberá disponer de jaulero o de sistemas de seguridad automáticos que lo reemplacen. La orden de movimiento se deberá dar sólo una vez que todo el personal este dentro de la jaula o balde.

No se permitirá el transporte de personal colgado o instalado fuera de la jaula o en plataformas anexas a él.

Artículo 172.- El transporte mecanizado de personal a través de piques o chiflones, se hará exclusivamente en jaulas o habitáculos especialmente diseñados para tal objetivo y aprobados por el Servicio. Para tal efecto, se deberán cumplir los siguientes requisitos mínimos:

La jaula o habitáculo deberá obedecer a un diseño técnico que ofrezca las mayores garantías de seguridad al personal; esto es que no exista posibilidad alguna de caídas al vacío, atrapamiento, aprisionamiento o posibilidad de ser golpeado por objetos que caen, mediante la construcción de un brocal en la labor, etc.

a) El sistema deberá poseer guías y giratorios para evitar la rotación o atascamiento en su recorrido.

b) Poseer sistemas de comunicación que permitan a los usuarios mantener contacto con la sala de máquinas o controles del huinche.

c) Su espacio útil deberá estar en relación con la cantidad de trabajadores que lo utilizan y obviamente a la capacidad de diseño del sistema de izamiento.

El Servicio tendrá un plazo de treinta (30) días para responder la solicitud, desde la fecha de presentación de ella en la Oficina de Parte.

Artículo 173.- No se permitirá viajar en baldes, skips u otro medio a persona alguna en forma simultánea con el mineral, estéril u otros materiales.

Artículo 174.- Todo trabajo que sea necesario realizar desde una jaula o plataforma suspendida debe ejecutarse de acuerdo a un procedimiento que para tal efecto ordenará confeccionar la Administración.

Los elementos de protección personal que se utilicen, como cuerdas, arneses, cinturones y otros, deben corresponder a elementos aprobados y certificados para tal efecto.

Artículo 175.- Cada vez que en un equipo de izamiento se transporten explosivos, detonadores o guías, deberá viajar en él, sólo personal encargado de su transporte y distribución.

Artículo 176.- El número máximo de pasajeros que pueda viajar en una jaula de pique vertical o en otros medios en piques inclinados, será determinado por las características técnicas de la instalación, dada por el fabricante, y la Administración la comunicará mediante nota o circulares. La cantidad autorizada deberá indicarse en un aviso fijado visiblemente en cada acceso al medio de transporte.

Artículo 177.- Todo equipamiento, motriz y accesorios, como huinches, poleas, guardacabos, motores, maquinarias y otros, corresponderán a equipos diseñados, construidos y adquiridos bajo estrictas normas y especificaciones de calidad. En dichos sistemas se exigirán, a lo menos, los siguientes requerimientos mínimos:

a) La instalación y puesta en marcha del sistema deberá hacerse bajo la responsabilidad de técnicos especialistas que garanticen la correcta instalación y funcionamiento de acuerdo a los requerimientos preestablecidos.

b) Poseer los sistemas necesarios para frenado y retención de modo que si falla uno de ellos el otro cubra eficientemente la función. Debe incluir el sistema comúnmente llamado «freno de hombre muerto».

c) Poseer los sistemas de alarma que adviertan su movimiento, como asimismo los dispositivos de seguridad que eviten la pasada de la jaula más allá de los puntos terminales de su carrera.

d) Mantener registros con estándares de mantención, tanto del equipo motriz como de la infraestructura componente.

e) Elaborar los manuales de mantención y operación, los que serán aprobados por la Administración de la faena minera.

Artículo 178.- Los baldes, skips o carros que se encuentren suspendidos de un cable, en los piques en construcción, deberán llenarse dejando una holgura de treinta centímetros (0,30 m) hasta el borde y los objetos que sobresalgan de este límite deben amarrarse al cable de tracción.

Artículo 179.- En la construcción de piques verticales, inclinados o de chiflones de fuerte inclinación, se deben contemplar compuertas en el brocal.

En el exterior del brocal, deberán instalarse parachoques y/o desvíos para carros o baldes.

El brocal de todo pique o de otra labor similar que comunique con galerías subterráneas y se encuentre ubicado en depresiones del terreno, debe contar con una adecuada protección si existe riesgo de inundaciones hacia el interior de la mina.

Artículo 180.- Los cables metálicos empleados en las instalaciones de izamiento, donde circule personal y/o carga, no deben someterse a una carga estática superior a un sexto de la resistencia a la ruptura, si se utiliza tambor como órgano de enrrollamiento y a un séptimo de la resistencia a la ruptura, cuando el órgano de enrrollamiento utilizado es la polea Koepe (a fricción).

Sin embargo, si el izamiento se efectúa desde profundidades mayores de quinientos metros (500 m), el coeficiente de seguridad de seis (6) para el caso de utilizar tambor y de siete (7) si se utiliza polea Koepe, podrá reducirse en un décimo (1/10) de unidad para cada tramo suplementario de cien metros (100 m), sin que en ninguna circunstancia pueda ser inferior a cinco (5) en el primer caso o a seis (6) en el segundo.

Artículo 181.- Si el coeficiente de seguridad del cable es inferior a los valores indicados en el artículo precedente, éste debe ser desmontado y reemplazado.

Artículo 182.- No podrán emplearse cables vegetales ni fibras sintéticas para el transporte de personas en instalaciones de izamiento accionadas por fuerza motriz.

Artículo 183.- Las cadenas, guardacabos y demás dispositivos de suspensión o enganche deben ser ejecutados de modo que su conjunto resista por lo menos a una carga igual a ocho veces la carga estática máxima a que serán sometidos en servicio.

Como carga máxima de extracción y como carga de ruptura de los cables, se admitirán las declaradas por el Administrador o dueño de la mina y bajo su responsabilidad, de acuerdo con las características técnicas dadas por el fabricante del cable. El Servicio podrá ordenar, cuando lo estime conveniente, la verificación de ensayos para determinar la carga de ruptura y carga máxima de extracción con cargo a la Administración o dueño de la mina.

El Servicio podrá dictar disposiciones complementarias, de carácter general o particular, acerca de las inspecciones y ensayos a que deban someterse los cables, poleas y dispositivos de enganche; de la periodicidad de las inspecciones y de los registros que deben llevarse, así como acerca de las condiciones y plazos en que los cables, poleas y dispositivos de enganche deben ser retirados de servicio.

Artículo 184.- Sin perjuicio del coeficiente de seguridad antes mencionado, se deberá cumplir con un coeficiente de seguridad total que considere, además de los esfuerzos estáticos, los siguientes:

a) El esfuerzo al paso del cable flexionándose sobre el tambor, y

b) El esfuerzo debido a las tensiones dinámicas sobre el cable.

El coeficiente de seguridad total no debe bajar de cinco (5) para tambor o de seis (6) para polea Koepe, en instalaciones que tengan hasta quinientos metros (500 m) de profundidad, reduciendo en un vigésimo (1/20) por cada cien metros (100 m.) adicionales de profundidad de pique, siendo el mínimo admisible cuatro coma cinco (4,5) para tambor, o cinco coma cinco (5,5) para poleas Koepe.

Artículo 185.- En los piques verticales donde exista transporte de personas, se sacará el guardacable o botella cada seis (6) meses, cortándose en frío la parte del cable adherida a aquéllos y colocándose nuevamente dicho guardacable o botella en el extremo del cable cortado.

Esta disposición no rige para los cables usados en huinches de fricción.

En casos determinados (piques mal conservados o desviados de la vertical), el Servicio podrá reducir a la mitad el tiempo indicado en el inciso primero.

Artículo 186.- En los cables metálicos, el diámetro mínimo de los tambores de enrollamiento no podrá ser inferior a setecientas cincuenta (750) veces el diámetro de los hilos elementales en los cables planos, o a mil (1.000) veces en los cables redondos.

En los planos inclinados se podrá tolerar para el tambor un diámetro igual a setecientas (700) veces el del hilo o hebra elemental.

Esta disposición se refiere a cables que sirvan para el traslado del personal.

Artículo 187.- El diámetro mínimo de las poleas Koepe, monocables o multicables, será determinado por:

$$D = n. d$$

Donde:
D = Diámetro de la polea Koepe en mm.
d = Diámetro del cable en mm.
n = 100 - 120 para cables cerrados.
80 - 110 para cables toronados.

Artículo 188.- Para todos los sistemas de extracción mediante cables, el término «límites de servicio» de dichos cables será determinado por procedimientos que contemplen inspecciones periódicas, mediciones y análisis de parámetros básicos, como desgaste plano (flat), número de hebras cortadas, diámetro útil y oxidación.

Para los cables de equilibrio se aplicará el mismo procedimiento anterior.

La frecuencia de dichas determinaciones será la siguiente:

- Para cables de extracción, cada seis (6) meses.
- Para cables de equilibrio, cada doce (12) meses.

En casos justificados, el Servicio podrá reducir las frecuencias antes citadas.

Artículo 189.- Se prohíbe el uso de cables corchados en el transporte vertical o inclinado de personas y materiales.

Artículo 190.- Los extremos del cable para tracción deben unirse a los carros o medio de carga que se trate por medio de un guardacable y cadena u otro medio técnicamente eficaz.

Artículo 191.- Cuando más del diez por ciento (10%) del número original de alambres de un cable esté cortado dentro de cualquier tramo correspondiente a tres metros (3 m) consecutivos, o cuando los alambres de la capa superior de un cordón estén gastados en un sesenta por ciento (60%) de su sección original, no deberá seguirse empleando el cable para el propósito de izamiento.

Artículo 192.- Todo cable debe estar firmemente sujeto en ambos extremos. El final de la envoltura en el tambor de tal cable debe estar asegurado por lo menos con tres (3) grapas sobre el interior del tambor o por un zoquete cónico de metal apropiado. El cable de acero debe asegurarse al transporte por medio de un zoquete de cono de metal apropiado, como zinc u otro, o de un mango apropiado en forma de pera. Si se usa mango, el cable debe estar asegurado por el empalme y por más de tres grapas.

Artículo 193.- Para el empleo de grapas, se designará con «M» el número de grapas; con «S» el espacio entre grapas, expresado en centímetros, y con «d» el diámetro del cable, también expresado en centímetros, de manera que se cumplan las siguientes condiciones:

M = 3,2 + 0,95 d (aproximado a entero)

S = 6 d

Artículo 194.- La Administración de cada mina llevará al día un libro especial en que se anotarán los siguientes datos relativos a los cables y accesorios de extracción en las vías principales, piques o socavones:

a) Composición y naturaleza del cable; sus características mecánicas, con indicación de su carga de ruptura y la carga límite superior para el servicio.

b) Nombre del fabricante.

c) Ensayos de resistencia del cable.

d) Garantía del cable.

e) Historia del cable, incluyéndose en ella la fecha de su primera utilización, las reparaciones principales y los cambios que haya experimentado.

f) Fecha y resultado de las inspecciones quincenales que se practiquen de acuerdo con lo dispuesto en el artículo siguiente. Entre otros datos, se indicarán los nombres y apellidos de los inspectores, las observaciones hechas y las reparaciones que se hayan efectuado; y

g) Fecha y causa del cambio definitivo o provisional del cable.

Artículo 195.- Cada quince (15) días, una comisión integrada por personal competente efectuará una inspección minuciosa a: huinches, peinecillos o salas de huinches, accesorios, cables, sistemas de seguridad, guías, señalización, estado de la roca, revestimiento y fortificación, estructuras, instalaciones, auxiliares, estaciones del pique, drenaje, entre otros aspectos.

El Administrador deberá anotar el resultado de la inspección, el que quedará a disposición del Servicio.

CAPÍTULO OCTAVO
PREVENCIÓN Y CONTROL DE INCENDIOS

Artículo 196.- La Administración de toda faena minera, deberá adoptar las medidas de prevención y control de incendios, tendientes a resguardar la integridad de las personas, equipos e instalaciones. En la elaboración y construcción de los proyectos, como también, en las operaciones, se deberán considerar las disposiciones contenidas en las normas nacionales e internacionales reconocidas, en lo que le sea aplicable.

Entre otras medidas, se deberá considerar:

a) Contar con los elementos e instalaciones de detección y extinción de incendios.

b) Disponer de la inspección y mantención permanente de estos elementos.

c) Desarrollar e implementar un programa de entrenamiento para su personal en técnicas de prevención y control de incendios.

d) Organizar y entrenar brigadas bomberiles industriales y de rescate minero.

e) Dictar normas de almacenamiento, uso, manejo y transporte de líquidos combustibles e inflamables y sustancias peligrosas.

f) Mantener registro de comportamiento de los sistemas de ventilación frente a una emergencia.

Las brigadas antes mencionadas deberán además estar capacitadas en técnicas de primeros auxilios.

Artículo 197.- Para afrontar situaciones de emergencia ante la ocurrencia de incendio, en toda mina subterránea se deberá:

a) Elaborar un procedimiento de evacuación del personal de la mina.

b) Establecer sistemas efectivos de control de ingresos y salidas del personal de la mina.

c) Contar con los sistemas de alarma que se requieran.

d) Dotar de equipos auxiliares de rescate y refugios señalizados.

e) Efectuar programas de simulacros de emergencia a lo menos una vez al año, para todo el personal de la mina.

Artículo 198.- Toda instalación que se ubique sobre la entrada de una mina o en sus inmediaciones (a una distancia menor de cincuenta metros (50 m)), debe ser construida de material incombustible y no podrán ser utilizados como depósitos de materiales combustibles y/o explosivos.

Para evitar que los gases y humos de un incendio de instalaciones cercanas puedan ingresar a la mina, se deberán instalar puertas metálicas en los accesos.

Artículo 199.- Los brocales y accesos a la mina, se deberán mantener limpios de toda acumulación de desechos o materiales combustibles.

Artículo 200.- Toda operación de soldaduras o corte que se ejecute en una mina subterránea debe contar con autorización de la supervisión, mantener elementos extintores en el lugar y cuidar que esta operación no provoque el recalentamiento e incendio de materiales combustibles.

Terminadas las operaciones, será responsabilidad del personal soldador, inspeccionar y verificar que no queden restos incandescentes.

Artículo 201.- En aquellas labores mineras, donde existan equipos, materiales, construcciones o cualquier sustancia combustible, deberán existir puertas contra incendios con mecanismos de cierre expedito frente a una eventual emergencia.

Artículo 202.- Todo lugar, equipo o instalación calificado como de alto riesgo de combustión, debe contar con sistemas automáticos de detección y extinción de incendios.

Artículo 203.- Las instalaciones y almacenamiento de elementos combustibles tales como petroleras, lubricanteras o zonas de suministro y mantención de vehículos automotrices de las minas subterráneas, deben contar con la autorización del Servicio, previa presentación de un proyecto que cautele debidamente el riesgo de incendio. Se deberá considerar entre otros aspectos los siguientes:

a) En lo que sea pertinente, para el diseño e instalación del proyecto, las disposiciones contenidas en el Reglamento sobre Almacenamiento y Distribución de Combustibles del Ministerio de Economía, Fomento y Reconstrucción.

b) Las instalaciones deben emplazarse de manera tal que ante una eventual emergencia, las descargas de humos y gases se hagan en forma directa a una galería de extracción general de aire viciado de la mina.

c) Poseer puertas de material incombustible automáticas de aislamiento que eviten la difusión del humo y gases hacia otros sectores de la mina.

d) Colocar la señalización pertinente sobre restricciones y advertencias respecto al no uso de llamas abiertas en estos lugares.

e) Además de la iluminación normal, se deberá considerar alumbrado de emergencia y una permanente ventilación, que de acuerdo a las dimensiones de los recintos, aseguren un ambiente libre de vapores o gases combustibles.

f) Establecer programas permanentes de ordenamiento y limpieza de la zona, evacuando permanentemente los residuos, fuera de la mina.

El Servicio tendrá un plazo de sesenta (60) días para responder la solicitud, desde la fecha de presentación de ella en la Oficina de Parte.

Artículo 204.- Cada unidad diésel deberá llevar los extintores reglamentarios, aunque tenga su propio sistema integrado.

Artículo 205.- Todo traspaso de líquidos inflamables o combustibles, deberá efectuarse en lugares ventilados y mediante el uso de dispositivos que eviten todo derrame de líquido.

Se prohíbe el uso de recipientes de vidrio para el transporte de estos líquidos.

Artículo 206.- Los estanques, tambores, recipientes o similares, de los cuales se traspase o se extrae líquidos inflamables, deben estar conectados a tierra.

Artículo 207.- Los productos inflamables y combustibles que se utilicen en las faenas mineras, deben ser almacenados en bodegas acondicionadas para ello, con murallas y puertas exteriores que resistan a lo menos dos horas de exposición al fuego.

Artículo 208.- El carburo de calcio, de uso habitual en la pequeña minería, deberá ser almacenado en superficie en lugar seco y ventilado.

Artículo 209.- La cantidad de combustible almacenado en el interior de la mina no debe exceder el consumo estimado para cinco (5) días de operación, pudiendo ser mayor, siempre que se cuente con una autorización del Servicio. El Servicio tendrá un plazo de treinta (30) días para responder la solicitud, desde la fecha de presentación de ella en la Oficina de Parte.

Artículo 210.- Los depósitos de combustible en superficie, deberán ubicarse de tal forma que las corrientes de aire alejen los gases de la bocamina en caso de incendio; la distancia horizontal a que se instalará un depósito de combustible de una bocamina estará dada por la expresión:

$$D = \frac{\text{N}^{\text{o}} \text{ de litros}}{200}$$

Donde la distancia mínima (D) es treinta metros(30 m)

Se considerarán estanques independientes, los ubicados a una distancia tal que la explosión o incendio de uno de ellos no afecte al otro, en caso contrario la distancia mínima (D), se calculará considerándolos como uno solo.

La distancia de seguridad entre estanques de combustibles está dada por:

Metros Cúbicos	Metros
0 - 200	3
200 - 4.000	5
4.000 o más	10

Artículo 211.- Las estaciones o lugares destinados a reabastecer de combustible a las máquinas diésel deberán estar adecuadamente ventiladas, ser de material incombustible y tener una superficie lisa impermeable, la cual siempre debe conservarse limpia. Deberán contar con un apropiado sistema de detección y extinción de incendio. Este será el único lugar autorizado para reabastecer de combustible a la máquina.

El piso de esta área dispondrá de canalizaciones que impidan el libre escurrimiento ante derrames accidentales y permitan la rápida recolección del líquido.

El abastecimiento de combustible en los lugares de trabajo, por medio de vehículos especiales, podrá ser autorizado por el Servicio siempre y cuando se solicite mediante un informe, el cual deberá contener, a lo menos, las características del vehículo y el procedimiento específico de abastecimiento. El Servicio tendrá un plazo de treinta (30) días para responder la solicitud, desde la fecha de presentación de ella en la Oficina de Parte.

Artículo 212.- Las personas que no estén autorizadas no podrán entrar a los lugares de reabastecimiento de combustible y ninguna persona podrá fumar o usar luz de llama abierta a menos de quince (15) metros de estos lugares, los cuales deben estar señalizados.

CAPÍTULO NOVENO
INSTALACIONES DE SERVICIOS

Artículo 213.- Serán aplicables a este Capítulo, en lo concerniente, las disposiciones contenidas en el Título IX de este Reglamento.

Artículo 214.- Los recintos destinados a talleres, bodegas y otros en que operen equipos y maquinaria estacionaria, deben ser dotados de la iluminación reglamentaria, poseer sistemas de ventilación y/o extracción de contaminantes, si allí se generasen.

Artículo 215.- Los lugares subterráneos destinados a la mantención o reparación de las máquinas diésel tendrán que ser:

a) Adecuadamente ventilados;

b) Construidos de material incombustible y tener un piso de concreto impermeable; y

c) Provistos con equipos extintores de incendios.

CAPÍTULO DÉCIMO
SISTEMAS ELÉCTRICOS

Artículo 216.- Serán aplicables, en lo concerniente, las disposiciones del Título IX, Capítulo V, de este Reglamento.

Artículo 217.- Todos los equipos eléctricos que se necesite introducir en la mina deben ser aprobados por la Superintendencia de Electricidad y Combustibles.

Artículo 218.- El administrador dará oportuno aviso al Servicio sobre:

a) Las características de equipos eléctricos diferentes a los aprobados que se desee introducir en el interior de la mina, y

b) Las modificaciones mayores que se introduzcan al proyecto original, en cuanto al cambio y reubicación de subestaciones principales, cambios de voltaje, frecuencia y, en general, todo cambio de tecnología, consumos y distribución que altere lo previamente autorizado.

Artículo 219.- Los cables multiconductores instalados en galerías deberán estar identificados de acuerdo a codificación de colores y a lo dispuesto por la Superintendencia de Electricidad y Combustibles. Cada cien metros de longitud o mayores distancias según se determine se colocarán marcas identificatorias que permitan su individualización.

Artículo 220.- Todo tendido eléctrico en una mina subterránea debe ir ubicado en cajas, opuesto a la ubicación de las redes de agua y de aire. En caso que esto no sea factible deberá ir ubicado en el techo o en un lugar más alto que las redes antes mencionadas.

Artículo 221.- No podrán emplearse tensiones mayores a seiscientos (600) volts. en máquinas portátiles que vayan a usarse en sectores inmediatos a los frentes de trabajo o en los frentes mismos, o en galerías que sirvan de tránsito a las personas.

Las tensiones superiores a seiscientos (600) volts. solo se usarán para la transmisión de energía al interior de la mina, o para la alimentación de transformadores, motores estacionarios o aparatos en los cuales los enrollamientos que reciben dicha tensión sean fijos.

Artículo 222.- Los alimentadores de tensión superior a seiscientos (600) volts. deben ser del tipo «armado», con cubierta metálica protectora. Esta armadura deberá conectarse a tierra.

Adicionalmente podrán usarse cables no armados siempre y cuando sus especificaciones técnicas controlen el riesgo de incendio (retardante de llama, gases no clorados, baja opacidad de los humos y no corrosivos) y garanticen plena aislación de la energía. En estos casos deberá solicitarse la autorización del Servicio. El Servicio tendrá un plazo de treinta (30) días para responder la solicitud, desde la fecha de presentación de ella en la Oficina de Parte.

Los cables armados podrán instalarse bajo tierra o suspenderse en los costados de las galerías, en soportes diseñados para tal efecto.

Se aceptarán cables alimentadores de tensión superior a seiscientos (600) volts., del tipo flexible, que lleven una malla metálica protectora concéntrica en cada fase. Dicha malla deberá conectarse a tierra.

Artículo 223.- En cada nivel electrificado deberá tenderse un cable de tierra, conectado eléctricamente al cable de tierra general de la faena minera.

Las subestaciones (transformadores) y centros de distribución de energía del nivel deberán conectarse a este cable de tierra del nivel, configurando la red o malla de tierra de éste.

Toda maquinaria fija, línea férrea (ferrocarril no electrificado), cañerías de aire y de agua instaladas en el nivel, las estructuras metálicas y artefactos metálicos, deberán ir conectados eléctricamente al cable de tierra.

Artículo 224.- Las carcasas de los motores, de los generadores, de los transformadores y de los equipos de maniobras y las estructuras y bases en que estén montadas, deberán conectarse eléctricamente a la malla de tierra del nivel.

La línea de tierra del nivel deberá ser eléctricamente independiente del retorno usado, donde exista tracción eléctrica.

Artículo 225.- Las canalizaciones que cruzan áreas de tránsito deben estar a lo menos a dos metros diez centímetros (2,10 m) sobre el nivel del piso, o deben ser instaladas bajo tierra.

Todas las redes eléctricas que deban pasar bajo tierra deben quedar debidamente protegidas y señalizadas.

Artículo 226.- En centros de distribución eléctrica, atendidos por personal, deberán mantenerse máscaras autónomas que permitan la inmediata y segura acción del operador, en caso de incendio.

Artículo 227.- Las subestaciones subterráneas deberán ser construidas de materiales incombustibles y estar provistas de elementos apropiados para extinción de incendios.

Artículo 228.- No deben instalarse, en minas subterráneas, transformadores con devanados sumergidos en aceites u otros líquidos aislantes cuya combustión genere humos o gases tóxicos. Instalaciones especiales, en cámaras herméticas y/o aisladas, podrán ser específicamente aprobadas y autorizadas por el Servicio. El Servicio tendrá un plazo de treinta (30) días para responder la solicitud, desde la fecha de presentación de ella en la Oficina de Parte.

Artículo 229.- El voltaje nominal en circuito de trole reglamentado en esta parte (ferrocarriles eléctricos subterráneos), no podrá exceder los trescientos (300) volts. Sistemas con voltajes superiores a trescientos (300) volts deben ser autorizados por el Servicio. El Servicio tendrá un plazo de treinta (30) días para responder la solicitud, desde la fecha de presentación de ella en la Oficina de Parte.

Artículo 230.- No podrán usarse, como vías de retorno de Ferrocarriles eléctricos subterráneos, cañerías de agua o de aire, estructuras, blindajes de cables eléctricos ni los cables de tierra.

Artículo 231.- Se deben colocar avisos visibles o señales luminosas para prevenir la existencia de línea de contacto en los cruces y bifurcaciones de las galerías con Ferrocarril eléctrico subterráneo.

Artículo 232.- Los cables eléctricos cuya falla pueda generar humo, no deben tenderse por labores de ingreso de aire y, si no fuere posible aplicar esta norma, los cables deberán ser confinados en canalizaciones que eviten la propagación del humo.

Artículo 233.- En las galerías de tracción con Ferrocarril eléctrico subterráneo se desviará el agua procedente del techo, evitando que caiga sobre los hilos de contacto o los alimentadores. La misma medida deberá tomarse cuando existan redes eléctricas en la galería, evitando el mojado de los cables e instalaciones.

Artículo 234.- Los conductores utilizados para la línea de trole o para los alimentadores, deberán instalarse aislados de modo tal que no puedan provocar incendio en la madera de fortificación.

Artículo 235.- Deben adoptarse todas las medidas necesarias para proteger el material eléctrico durante determinadas operaciones, como cachorreo, reparación de galerías y otras semejantes.

Artículo 236.- Cuando se emplee electricidad para la señalización, la tensión no deberá exceder de doscientos veinte (220) volts en cualquier circuito donde haya riesgos de contacto con personas.

Los dispositivos de contacto que se empleen en la señalización deberán construirse en forma que se evite el cierre accidental del circuito.

Los conductores de las instalaciones telefónicas y de señalización deberán estar protegidos contra cualquier contacto con otras canalizaciones y aparatos, y contra todo efecto de inducción.

TÍTULO IV
EXPLOTACIÓN DE MINAS A RAJO ABIERTO

CAPÍTULO PRIMERO
GENERALIDADES

Artículo 237.- Las minas a rajo abierto ya sean de minerales metálicos o no metálicos, deben ser explotadas mediante un sistema de «graderías» o «bancos», cuyo ancho, alto y ángulos de taludes, serán determinados de tal forma que garanticen los mejores estándares de seguridad para las operaciones, tomando en consideración, entre otros aspectos, factores tales como comportamientos geomecánicos de la roca, envergadura de los equipos de trabajo, planificación de expansiones, carpetas de rodados.

Artículo 238.- En las minas a rajo abierto, que se desarrollen en las proximidades de lagos, ríos, mares y otros afluentes, se deberán determinar las distancias mínimas a éstos, que aseguren la estabilidad de las excavaciones.

La Administración deberá realizar estudios tendientes a determinar las distancias antes mencionadas y establecerá los sistemas de monitoreo que garanticen un control permanente sobre esta condición.

Artículo 239.- La empresa minera deberá presentar, para la aprobación del Servicio, los respectivos Reglamentos que definan estándares de trabajo, a lo menos de las siguientes operaciones:

a) Tránsito de vehículos y personas en la mina.
b) Perforación y tronaduras.
c) Carguío y transporte de material.
d) Sistemas de emergencias.

El Servicio tendrá un plazo de treinta (30) días para responder la solicitud, desde la fecha de presentación de ella en la Oficina de Parte.

Artículo 240.- En la explotación de materiales estructuralmente no consolidados, el diseño de los bancos deberá estar en concordancia con la dimensión de los equipos, estableciéndose que el alto de los bancos no podrá exceder la altura a la que se encuentra la cabina del operador, y el ángulo de talud no superior al ángulo de reposo.

En la explotación de «placeres» por medios hidráulicos se deberán tomar las medidas de protección para evitar deslizamientos o derrumbes.

Artículo 241.- Toda mina a rajo abierto deberá estar a una distancia mínima de cien metros (100 m) de carreteras de circulación habitual, tendidos eléctricos de alta tensión, vías de ferrocarril, líneas de suministro, que no tengan que ver con la explotación de la mina, como también de zonas urbanas, debidamente señalizada y/o cercada, para evitar que personas extrañas a la faena minera, accedan inadvertidamente a las zonas de trabajo.

En casos especiales, el Servicio podrá exigir el cerco total o parcial de la faena, como de otras medidas que cumplan con igual propósito.

Artículo 242.- Cuando se requiera explotar a rajo abierto cerca o sobre explotaciones subterráneas abandonadas, se deberá contar con planos que indiquen la ubicación de las labores y caserones explotados, conocer el método de explotación subterráneo usado y mediante sondajes, determinar el límite de su socavamiento y posible presencia de agua.

Artículo 243.- Para poder explotar simultáneamente en una misma vertical zonas mineralizadas mediante labores subterráneas y a rajo abierto, se requerirá la autorización del Servicio, previa presentación de un proyecto, reglamento y procedimientos de explotación, que respalde la viabilidad del sistema desde el punto de vista de las condiciones de seguridad. El Servicio tendrá un plazo de sesenta (60) días para responder la solicitud, desde la fecha de presentación de ella en la Oficina de Parte.

Artículo 244.- No se permitirá el trabajo simultáneo de equipos de carguío en bancos, ubicados a diferente cota sobre una misma vertical, cuando dichos trabajos representen un peligro para la integridad de las personas y/o equipos.

Artículo 245.- Se deberá mantener un control permanente en los frentes de trabajo, respecto del desmoronamiento y desprendimiento de rocas susceptibles de generar accidentes, como asimismo de la estabilidad de las paredes y «crestas» de los bancos.

La operación de acuñadura de bancos, deberá hacerse mediante un procedimiento preparado por la empresa para tales fines, utilizando personal entrenado y con equipamiento que garantice una plena eficiencia de la operación.

Artículo 246.- Toda persona que por estrictas razones de trabajo deba ingresar, transitar o permanecer en las áreas de operación del «rajo», debe hacerlo premunido de elementos distintivos de alta visibilidad que denote su presencia a los operadores de equipos.

Artículo 247.- Todo vehículo menor, como camionetas, furgones, camiones tres cuartos (3/4) y vehículos con tracción en las cuatro ruedas, que transiten por las áreas en que circulan y trabajan equipos de gran tonelaje, deben hacerlo portando una pértiga, balizas u otros, que denoten su presencia frente a tales equipos. La pértiga tendrá una altura mínima de tres metros (3 m) medidos desde el suelo.

El uso de estos implementos será obligatorio dentro de los límites de la faena.

La pértiga, deberá poseer una luz intermitente en su extremo superior, la que se encenderá cuando las condiciones de visibilidad así lo exijan.

CAPÍTULO SEGUNDO
PERFORACIÓN Y TRONADURA

Artículo 248.- Para el transporte, almacenamiento y manipulación de explosivos en las faenas a rajo abierto serán aplicables, en lo concerniente, las disposiciones contenidas en el Título XI del Reglamento.

Artículo 249.- Será aplicable a las minas a rajo abierto lo dispuesto en el artículo 539 del presente Reglamento.

Artículo 250.- El tapado de los hoyos cargados con explosivos (colocación de taco), deberá hacerse en forma manual o con un equipo especialmente diseñado para ello, autorizado por el Servicio.

Para la autorización del equipo se deberá contar con un procedimiento de trabajo, indicando medidas tendientes a asegurar que la guía o cordón del detonador que sale del hoyo no pueda ser golpeado por el equipo u otro tipo de accidente que ponga en riesgo al personal que realiza la labor.

El Servicio tendrá un plazo de treinta (30) días para responder la solicitud, desde la fecha de presentación de ella en la Oficina de Parte.

Artículo 251.- El equipo mecanizado no podrá trabajar dando la espalda al borde del banco y a una distancia menor de veinte metros (20 m) de los equipos de carguío como camión fábrica o zona donde se realiza el carguío de explosivos de pozos.

Artículo 252.- En presencia o ante la proximidad de tormentas eléctricas, nevazones, ventiscas y vientos sobre cien kilómetros (100 km) por hora, se deberá suspender la operación de carguío de explosivos y cualquier manejo de ellos. Cuando una parte de la tronadura se encuentre cargada, se deberá aislar el área tal como si se tratara de la iniciación de un disparo programado y esperar hasta que la emergencia haya pasado.

Artículo 253.- La tronadura sólo se podrá realizar con luz natural. El carguío y transporte podrá hacerse con luz artificial, con una adecuada iluminación de depósitos y botaderos.

CAPÍTULO TERCERO
CARGUÍO Y TRANSPORTE

Artículo 254.- Las operaciones de carguío y transporte de mineral y estériles en una mina a rajo abierto, mediante el empleo de equipos mecanizados de cualquier naturaleza y magnitud, deberán ser regulados por un reglamento que la Administración de la faena deberá preparar y enviar al Servicio para su evaluación y aprobación. El Servicio tendrá un plazo de treinta (30) días para responder la solicitud, desde la fecha de presentación de ella en la Oficina de Parte.

Artículo 255.- El vaciado de material en puntos de descarga, como botaderos, parrillas, chancadores y otros, deberá estar regulado con las máximas medidas de protección en cuanto a barreras delimitadoras, iluminación, señalización y procedimientos de operación para evitar:

a) Deslizamientos o caídas de equipos por pendientes o en desniveles.

b) Vaciado accidental en lugares inhabilitados.

c) Lesiones a personas, daños a estructuras, equipos e instalaciones.

Artículo 256.- En el diseño de caminos, rampas, patios de estacionamiento y zonas de servicio, deberá considerar además de la envergadura de los equipos, los siguientes factores: pendientes máximas, salidas de emergencia o desahogos, bermas de protección y contención, señalización de advertencia efectiva y cruzamiento de vehículos y equipos.

Artículo 257.- Antes de trasladar y cambiar de posición un equipo como grúa, pala, perforadora u otro de gran envergadura y peso, se deberá comprobar que tanto el nuevo lugar de instalación como su trayecto poseen las condiciones mínimas requeridas para permitir el desplazamiento y las condiciones dinámicas que estos equipos involucran, en cuanto a presión sobre el terreno en que se apoyarán.

Artículo 258.- La cabina o habitáculo de los vehículos y/o equipos que operan en una mina a rajo abierto, deben ofrecer como condiciones mínimas a sus operadores; seguridad, confort, y otras tales como:

a) Aislamiento acústico, que garantice niveles de ruido conforme a las normas establecidas.

b) Buenas condiciones de sellado para evitar filtraciones de polvo y gases. Si es preciso se deberán considerar sistemas de presurización y acondicionamiento de aire.

c) Asientos con diseño ergonómico.

d) Climatización de acuerdo a las condiciones del lugar de trabajo.

e) Instrumental y mandos de operación de acuerdo a diseños ergonómicos y con instrucciones en idioma español.

f) Buena visibilidad (alcance visual).

La cabina de los camiones debe ser construida de acero y con resistencia suficiente para proteger efectivamente al chofer de eventuales lesiones causadas por la pala o por rocas que se proyectan durante la operación de carguío.

En el llenado de los neumáticos debe considerarse la recomendación del fabricante de ellos, en cuanto al uso de nitrógeno (N) comprimido u otro gas comprimido.

CAPÍTULO CUARTO
INSTALACIONES DE SERVICIOS

Artículo 259.- Se aplicará en las instalaciones de servicios en una mina a rajo abierto, las disposiciones legales, en lo relativo a requisitos de construcción y montaje, saneamiento básico, normas de control de incendios, almacenamiento y manejo de sustancias y productos peligrosos. Se considerarán, además, como aspectos de seguridad, los siguientes factores específicos:

a) Ubicación de las instalaciones con relación a factores climáticos y ambientales.

b) Incidencia de factores geomorfológicos (aludes, rodados, aluviones).

c) Exigencias y compromisos ambientales de los proyectos.

d) Ubicación de las instalaciones respecto a la subsidencia y expansiones de la mina.

Las instalaciones de servicios deberán formar parte de la presentación del proyecto al Servicio, para su revisión y aprobación.

Artículo 260.- En las instalaciones de servicios, se dispondrá de los medios, equipos y procedimientos pertinentes para controlar situaciones de contingencias que eventualmente puedan afectar las faenas. Especial énfasis se pondrá en:

a) Instalación de sistemas de comunicación, alarma y extinción de incendios, de acuerdo a normas y especificaciones estandarizadas.

b) Procedimientos de rescate y atención de lesionados.

c) Procedimientos de evacuación.

CAPÍTULO QUINTO
SERVICIOS ELÉCTRICOS

Artículo 261.- Serán aplicables, en lo concerniente, las disposiciones del Título IX, Capítulo V, de este Reglamento.

Artículo 262.- Todos los cables eléctricos utilizados para la transmisión de energía a las palas, grúas, perforadoras y maquinarias o equipos mayores, en general, deben contar con las aislaciones y protecciones estándares diseñadas para tales fines.

Dichos cables no deben ser expuestos a ser pisados o estropeados por vehículos.

Los cables enterrados, deberán ser convenientemente señalizados e indicados en un plano para evitar dañarlos o entrar en contacto accidental con ellos.

Artículo 263.- Al inicio de cada turno y cada vez que sea necesario su manipulación, el personal que utiliza tendidos eléctricos deberá revisar el estado de cables, conexiones e interruptores. Cualquier desperfecto detectado debe ser comunicado de inmediato al supervisor.

Se debe suspender la operación del equipo o instalación dañada, cuando aquella represente un alto riesgo a personas o equipos.

Artículo 264.- Los transformadores y distribuidores de energía, sean fijos o móviles, deberán ser de fácil acceso y estar resguardados de las operaciones inherentes al avance de la explotación.

Artículo 265.- Se prohíbe la manipulación, disposición y traslado de cables de alimentación a palas, perforadoras y en general de alta tensión, con equipos que no sean los adecuados para esa operación.

TÍTULO V
EXPLOTACIÓN MINERÍA DEL CARBÓN

CAPÍTULO PRIMERO
GENERALIDADES

Artículo 266.- Serán aplicables a las minas de carbón, todas las disposiciones del presente Reglamento, en especial las de los títulos III y IV, en todo lo pertinente y que no se oponga a las normas del presente título.

Artículo 267.- En las minas de carbón, los lugares de trabajo deberán ser inspeccionados en forma permanente y sistemática por los supervisores designados para estos efectos por la Administración de la mina.

Estos supervisores tendrán también, a su cargo la vigilancia de la ventilación de las labores, disponiendo su desalojo cuando las concentraciones de gases o condiciones de estabilidad del terreno representen un riesgo para la integridad de las personas. Las actividades podrán reiniciarse únicamente cuando se repongan los estándares normales de trabajo.

Artículo 268.- Se usará en las minas subterráneas de carbón, únicamente lámparas de seguridad aprobadas para tales fines, quedando prohibido al personal abrirlas o intervenirlas en el interior de la mina. La mantención y reparación de estos implementos se hará sólo por personal autorizado y en lugares asignados para ello.

Dichas lámparas de seguridad deberán estar dotadas de cerraduras u otros dispositivos similares que eviten que sean abiertas por personas no autorizadas.

Toda persona cuya lámpara de seguridad para alumbrado sufra algún desperfecto o deterioro accidental, debe apagarla de inmediato y dar cuenta a su supervisor.

Lo dispuesto en el inciso anterior, también, rige para las lámparas grisumétricas.

Artículo 269.- Toda Empresa carbonífera deberá desarrollar o explotar el yacimiento, de acuerdo a planos de diseño que permitan conocer la estructura de las galerías, pilares, orientaciones, avances de explotación y toda otra información relevante para la seguridad de la faena.

En los planos deberán quedar consignadas las coordenadas U.T.M. de la boca mina y su cota referida al nivel del mar.

Una vez terminada la explotación de una mina de carbón, la empresa deberá adoptar las medidas pertinentes para bloquear toda posibilidad de acceso; lo cual debe formar parte de un Plan de Cierre de acuerdo con las normas del Título X del presente Reglamento, que se debe presentar al Servicio para su revisión y aprobación.

Artículo 270.- Prohíbese en el interior de las minas de carbón, el uso de motores bencineros, así como de todo otro equipo, herramientas y en general de cualquier artefacto no autorizado por la Administración de la faena minera.

Artículo 271.- En la explotación submarina de carbón se aplicarán las siguientes normas:

a) No podrán explotarse mantos carboníferos submarinos que tengan un espesor de techo inferior a cien (100) metros, medido normalmente el estrato carbonífero en relación al fondo del mar. Las galerías de desarrollo o de acceso a los mantos, practicadas por terreno estéril, deberán tener un techo mínimo equivalente a veinte veces el alto de la galería.

b) La Empresa minera deberá dejar un pilar de seguridad de no menos de veinticinco (25) metros que circunvale el límite de su propiedad minera submarina, con el objeto de que los explotadores colindantes o que lleguen a ser colindantes queden separados por un pilar de al menos cincuenta (50) metros en la región submarina.

c) Antes de comenzar trabajos de reconocimiento, de preparación o de explotación de yacimientos carboníferos submarinos, el empresario deberá disponer de un proyecto del sistema de explotación aprobado por el Servicio. Este proyecto no podrá variarse fundamentalmente sin autorización escrita del Servicio y se deberá enviar al Director el croquis correspondiente de cada frente de arranque con treinta (30) días hábiles de anticipación al inicio de la faena.

d) En los casos en que la pendiente del manto sea superior a treinta (30) grados y el sistema de explotación adoptado contemple hundimientos del techo y existan razones para suponer presencia de fallas, deberán practicarse de antemano galerías de exploración por el manto, con una longitud mínima de cuarenta (40) metros en la dirección del mar. Esta exigencia podrá suprimirse cuando se tengan antecedentes geológicos que, a juicio del Servicio, justifiquen la supresión.

e) En casos de fallas con saltos superiores a quince (15) metros en los frentes de arranque, o con anchos superiores a treinta (30) centímetros, se deberán dejar pilares de seguridad de ocho (8) metros a cada lado de ellas. Para atravesar la falla con galerías de acceso al manto carbonífero del otro lado de la dislocación, se deberá disponer de medidas especiales de seguridad autorizadas por la Administración.

f) Cuando el espesor del techo de los laboreos submarinos sea inferior a ciento cincuenta (150) metros respecto del fondo del mar, se deberá disponer de un plano que contenga las cotas del fondo del mar en una extensión de por lo menos trescientos (300) metros más adelante, en la dirección que va a seguir el laboreo de los puntos más avanzados del trabajo subterráneo. En este plano deberán indicarse, también, las cotas de los laboreos mineros, para que puedan apreciarse con suficiente seguridad los espesores de techo que se van a encontrar en un futuro cercano de la explotación.

El Servicio tendrá un plazo de treinta (30) días para responder la solicitud, desde la fecha de presentación de ella en la Oficina de Parte.

CAPÍTULO SEGUNDO
SISTEMAS DE VENTILACIÓN

Artículo 272.- Los «portales» de inyección de aire fresco a una mina de carbón, deben estar ubicados de tal manera que no haya posibilidad alguna de ser afectados por derrumbes y obstrucciones, o que las corrientes de aire puedan ser afectadas por la aspiración de polvo de carbón o humo en casos de incendio.

Artículo 273.- Las minas, sectores y frentes de explotación de carbón, deberán disponer de dos galerías de ventilación. Por una de estas vías se introducirá el aire fresco requerido y por la otra se extraerá el aire viciado. Estas vías que se denominarán principal y revuelta, respectivamente, deberán ser mantenidas en buenas condiciones para que puedan cumplir con su objetivo.

Dichas galerías podrán servir, además, como eventuales salidas de emergencia.

Artículo 274.- No serán considerados lugares aptos para la presencia de personas, los frentes de trabajo, vías de acceso o de comunicación, si el aire contiene más de un dos por ciento (2%) de metano, en los frentes de arranque y más de un cero coma setenta y cinco por ciento (0,75%) de metano en las galerías de retorno general del aire de la mina.

Artículo 275.- Los ventiladores principales de la mina, se instalarán en lugares a prueba de fuego y deben disponerse de forma tal que pueda invertirse la ventilación si fuese necesario. Esta inversión de la ventilación sólo podrá ser autorizada por la Administración de la faena.

En caso de paralización imprevista de los ventiladores principales, el personal deberá ser evacuado de los frentes, hacia lugares ventilados, o a la superficie si es necesario, según las condiciones ambientales existentes.

Artículo 276.- Los reguladores de ventilación no deben ubicarse en galerías de acceso o de transporte.

Los ductos de ventilación y los ventiladores, deberán estar conectados a tierra.

Artículo 277.- Las puertas principales de ventilación y sus marcos, deben ser construidas de materiales incombustibles o resistentes al fuego y empotrados en la galería.

Tales puertas, serán dobles cuando constituyan la única separación entre los flujos de aire principal de entrada y de retorno de la mina. Deben instalarse convenientemente espaciadas para que durante su utilización, como el paso de personas y/o materiales, a lo menos una de ellas permanezca cerrada. En todo lugar en que las puertas de ventilación deban abrirse frecuentemente, deberán contar con un dispositivo de manera que su cierre sea automático.

Artículo 278.- En las minas en que se haya comprobado la presencia de gases explosivos, estará prohibido ventilar los «frentes» de explotación por medio de una corriente de aire descendente.

En las faenas de la minería del carbón se deberá contar con un barómetro ubicado en un sitio apropiado en superficie, a fin de conocer la tendencia de la concentración de metano en el interior, cuando la presión barométrica desciende.

Artículo 279.- En toda faena carbonífera subterránea, deberán efectuarse mediciones del contenido de metano (CH_4), por lo menos cada treinta (30) minutos en el flujo de ventilación y en los frentes de trabajo. Este control será efectuado por personal calificado y autorizado, consignando por escrito en libretas especiales o en otro medio adecuado, los valores obtenidos.

Cada vez que ocurra una acumulación de grisú, de cualquier valor que ella sea, deben adoptarse medidas inmediatas para desalojar el gas y medidas especiales para normalizar la ventilación, todo lo cual se registrará en el libro de novedades del turno.

CAPÍTULO TERCERO
EXPLOSIVOS, PERFORACIÓN Y TRONADURAS

Artículo 280.- En todo lo concerniente serán aplicables a la minería del carbón las disposiciones del Título XI «Explosivos en la Minería», del presente Reglamento, en tanto ellas sean complementarias y no se contrapongan a las normas de este capítulo.

Artículo 281.- En las minas de carbón en que se haya manifestado la presencia de gases inflamables, será obligatorio el empleo de explosivos denominados «Permisibles».

Artículo 282.- Para los efectos del uso de explosivos en las minas de carbón, éstas se clasificarán, según el grado de desprendimiento instantáneo de grisú, en las siguientes categorías.

A: Altamente grisutosas

B: Medianamente grisutosas

C: No grisutosas

La clasificación señalada se hará sobre la base de las mediciones que las Empresas Mineras productoras de carbón harán de las concentraciones de metano en cada uno de los turnos de trabajo; llevando registros, horarios de gas presente en los laboreos e informando al Servicio del inicio de dichas mediciones.

Sin perjuicio de la facultad que tiene el Servicio para revisar en cualquier momento el registro; cuando éste complete ciento ochenta (180) días de operación deberá ponerse a disposición del Servicio para que clasifique oficialmente a la mina.

Las condiciones de riesgo debido al polvo de carbón en las minas, serán consideradas como antecedente complementario para decidir la clasificación en una de las tres categorías referidas.

Artículo 283.- Los explosivos permisibles para la minería del carbón, son aquellos que cumplen con un determinado tipo de prueba en un túnel de ensayo en el interior del cual, se han simulado las condiciones ambientales de gas metano y/o polvo fino de carbón en rango explosivo, semejantes a las que eventualmente pueden producirse al interior de una mina. El explosivo en prueba, en forma de cartuchos se hace detonar en el interior del túnel, considerándose que éste ha cumplido con la prueba, cuando no inflama o explota el ambiente grisutoso creado artificialmente. La galería de ensayo estará construida de chapa de acero con revestimiento interior de concreto armado, cuyo diámetro mínimo es de un metro sesenta centímetros (1,60 m.) y su volumen de catorce metros cúbicos (14 m3).

Los explosivos destinados a ser empleados en zonas de rocas sin carbón, satisfarán la prueba del «bloque ranurado» de ranura normal y se les denominará «explosivos ROCA».

Los explosivos destinados al trabajo en «tosca», satisfarán la prueba de mortero de acero y la del bloque ranurado de ranura normal y se les denominará «Explosivos CAPA».

Los explosivos destinados al trabajo o arranque en frentes de carbón o con riesgo de grisú, satisfarán las dos pruebas indicadas en el inciso precedente y la de carga suspendida y se les denominará «Explosivos CAPA MEJORADA».

El número de ensayes por efectuar, será a lo menos de cinco (5) por cada prueba, tanto en grisú como en polvo.

Para los ensayes en grisú se usará gas metano a la concentración de máxima explosividad, o sea, entre ocho (8) y diez por ciento (10%) de metano en el aire. En su defecto podrán emplearse otros gases que satisfagan la misma condición.

Artículo 284.- En minas subterráneas de carbón, sólo se usarán explosivos permisibles que hayan sido aprobados por el Instituto de Investigaciones y Control del Ejército y avalados por el Servicio, de acuerdo con la pauta de uso obligatorio o permitido que contiene el cuadro siguiente:

Cuadro sobre uso obligatorio o permitido de Explosivos según Categoría de la Mina[28].

Artículo 285.- La tronadura se llevará a cabo, conforme a lo que disponga el respectivo reglamento interno para el uso de explosivos, aprobado por el Servicio y únicamente después de haber verificado, mediante detectores de metano o por observación de la llama de la lámpara grisumétrica, que la concentración de metano en el ambiente no supere el uno coma cinco por ciento (1,5%). Esta comprobación deberá hacerse antes de cargar los tiros, antes de disparar y después de efectuada la tronadura; lo que deberá ser realizado por una persona capacitada y expresamente autorizada por la Administración de la mina.

El Servicio tendrá un plazo de treinta (30) días para aprobar el reglamento, desde la fecha de presentación del reglamento en la Oficina de Parte.

---

28 Ver Diario Oficial de 07.02.2004, página 33.

Los barrenos deberán cargarse con cartuchos, cuyo diámetro deje un juego no mayor a seis milímetros (6 mm) y se taquearán con materiales incombustibles, llenando el barreno hasta la boca.

No se disparará en un mismo laboreo más de un tiro a la vez, a menos que sea por disparo eléctrico conectado en serie.

Artículo 286.- Si existiese el riesgo de emanaciones instantáneas de grisú, la distancia a la cual se ubicará la máquina disparadora será de por lo menos ciento setenta (170) metros y estará ubicada de manera que el disparador y el personal afecto queden fuera de la trayectoria recta explosiva; a menos que se disponga de refugios acondicionados con suministro de aire independiente del circuito de ventilación.

CAPÍTULO CUARTO
SISTEMAS DE FORTIFICACIÓN

Artículo 287.- En los frentes de explotación se debe arrancar el carbón en la forma más completa posible, especialmente en las partes poco estables y en las capas muy inclinadas, con el objetivo de evitar la combustión espontánea de éste en etapas posteriores de la explotación. Con este mismo propósito debe evitarse la práctica de dejar pilares o macizos de carbón sin extraer.

Artículo 288.- En el método de explotación por cámaras y pilares con recuperación de los pilares, el arranque de éstos debe emprenderse lo más rápidamente posible después de terminado el ciclo de trabajo.

Artículo 289.- La operación de recuperación de fortificación de la última calle, debe realizarse de acuerdo a un reglamento aprobado por la Administración.

Artículo 290.- Se deberá someter a la aprobación del Servicio, la reglamentación referente al empleo de fortificación en frentes de arranques, en el que se detallarán como mínimo:

Tipo de fortificación a utilizar;

Distribución geométrica e intervalos de distribución;

Pautas operativas y de mantención de equipos; Normas de recuperación de los elementos;

Sistema de empaquetado de las «ciegas»; y

Uso de encastillado de patente o empaquetados.

El Servicio tendrá un plazo de treinta (30) días para responder la solicitud, desde la fecha de presentación de ella en la Oficina de Parte.

Artículo 291.- Los sistemas de fortificación de subtechos, de maestras principales y retorno de ventilación de «frentes» de arranque, deberán ser reglamentados por la Administración.

El sistema de fortificación de fallas geológicas en frentes de arranque debe ser objeto de una norma especial aprobada por la Administración.

CAPÍTULO QUINTO
PREVENCIÓN Y CONTROL DE INCENDIOS Y EXPLOSIONES

Artículo 292.- Serán aplicables en las instalaciones de superficie de las minas de carbón, las disposiciones del Título IX, del presente Reglamento, en todo lo que sea concerniente.

Artículo 293.- Se prohíbe estrictamente, introducir a las minas de carbón, fósforos, encendedores, lámparas de llama descubierta y cualquier otro objeto u artefacto que pueda provocar un incendio o explosión.

Artículo 294.- El apilamiento de carbón, no deberá exceder los cuatro (4) metros de altura; a menos que se disponga de un sistema de compactación y de prevención de incendios diseñado para tal efecto.

Artículo 295.- Se entiende por «Índice de Explosividad Relativa» (IER), la relación entre el porcentaje de materia volátil y la suma de porcentajes de materia volátil y carbón fijo que se obtienen en el análisis del carbón que se considera. Ello, queda determinado por la siguiente expresión:

$$IER = \frac{\%\ \text{material volátil}}{\%\ \text{material volátil} + \%\ \text{carbón fijo}}$$

Artículo 296.- Todas las minas de carbón en las cuales el «Índice de Explosividad Relativa», sea superior a cero coma doce (0,12), quedan sujetas a las presentes disposiciones y no podrán eximirse de las obligaciones que ellas imponen, como de toda otra exigencia que el Servicio imponga.

Artículo 297.- En las minas de carbón se debe hacer un muestreo periódicamente, a lo menos cada seis (6) meses, e investigar la calidad y cantidad de polvo que se acumule o se produce en las vías de acceso a los frentes, en las galerías de revuelta de ventilación y en los lugares de trabajo en que exista riesgo de incendio o explosión.

A solicitud expresa del Servicio, dichos muestreos deberán hacerse en el momento que se estime necesario. Los resultados de los ensayos de las muestras de polvo y que representan la composición normal del polvo a lo largo de las galerías de la mina, sean accesos o revueltas de ventilación, se anotarán en un registro creado para tales fines.

Artículo 298.- En el tamizado de la muestra, si el residuo que pasa por doscientas (200) mallas, resulta superior a un quince por ciento (15%), la Administración de la mina estará obligada a tomar precauciones contra las explosiones del polvo de carbón, en todas aquellas secciones en que las muestras de polvo recogidas indiquen un porcentaje de materia combustible superior al veinticinco por ciento (25%); en la forma y modo que se indica en el artículo siguiente.

Artículo 299.- El piso, el techo y las cajas o costados de la totalidad o parte de cada sección, labor o camino, que requieran el tratamiento preventivo de propagación de explosiones de polvo de carbón, serán sometidos a cualesquiera de los siguientes procesos:

a) Se agregará polvo incombustible al piso, techo y costados, de manera uniforme y a intervalos de tiempo regulares, calculados para tener seguridad de que el polvo de dichas labores respectivamente, esté siempre formado por una mezcla que no contenga más de un veinticinco por ciento (25%) de materia combustible; y

b) Deberá tratarse con agua el piso, techo y costados a intervalos determinados de tiempo, dependiendo del tipo de mina, en tal forma que se pueda tener seguridad de que siempre el polvo de dichas labores esté combinado totalmente, a lo menos con un treinta por ciento (30%) en peso de agua, en mezcla íntima.

El tratamiento con agua resulta preferible en los casos en que naturalmente se presenten húmedos los costados, el techo o el piso, siempre que no sea este proceso un inconveniente para la conservación de las labores.

Artículo 300.- En los frentes de explotación se agregará agua en la zona de corte de las máquinas de arranque de carbón, en cantidad requerida y el carboncillo producido se humedecerá lo suficiente, para evitar la formación de nubes de polvo o la ignición del carboncillo.

Se deberán construir «barreras de polvo» incombustible a una distancia máxima de cien metros (100 m) de los frentes de explotación, especialmente en la Maestra Revuelta, donde se deberán colocar barreras de polvo adicionales cada cierto intervalo. Si se usan barreras de agua, también éstas deberán ubicarse a la referida distancia del frente.

En las minas en que se haya manifestado la presencia de gas grisú, la cantidad de polvo incombustible que debe agregarse será aumentada de diez (10) en diez por ciento (10%) por cada uno por ciento (1%) de gas existente en el sector a tratarse.

Se extraerán las acumulaciones de polvo de carbón o carboncillo humedecidas que se formen debajo de los transformadores o de los huinches cargadores y, en general, se extraerá toda acumulación que se forme en sitios no expresamente señalados en la presente reglamentación y que vayan a ser abandonados definitiva o temporalmente, debiendo procederse enseguida a realizar una amplia pulverización de esos lugares con polvo incombustible.

Artículo 301.- El polvo incombustible usado para las pulverizaciones o que se coloque en las «barreras de polvo» puede ser de caliza, dolomita, anhidrita u otros materiales inertes que no contengan materias higroscópicas.

Dicho polvo deberá pasar a través de un tamiz de veinte (20) mallas por pulgada lineal y por lo menos un cincuenta por ciento (50%) deberá pasar a través de un tamiz de doscientas (200) mallas.

Además, no podrá contener más de un cinco por ciento (5%) de materia combustible, ni más de un cinco por ciento (5%) de sílice libre.

Artículo 302.- Los carros usados para la extracción y movimiento del carbón dentro de la mina deberán ser tan herméticos como sea posible y se cargarán en forma de evitar que el carbón o polvo se caiga de ellos mientras están en tránsito.

Artículo 303.- A modo de complemento de las medidas indicadas en los artículos precedentes, se deberán adoptar los dispositivos apropiados para humectar y/o recolectar el polvo de carbón en los puntos donde éste se pueda formar con facilidad, como aquellos en que el carbón cambia de medio de transporte, por la entrega o descarga de los transportadores, ya sea a otros transportadores, carros o tolvas.

En los puntos de entrega en correas transportadoras se deberán instalar rociadores de agua para prevenir la dispersión de polvo.

Artículo 304.- Las correas transportadoras deben instalarse a la distancia necesaria de las cajas y del piso, a fin de que se pueda recoger sin peligro el carbón derramado y a la vez se puedan inspeccionar cómodamente todos los elementos móviles.

El material de construcción de las correas transportadoras debe ser incombustible o resistente al fuego. Sus partes mecánicas deben estar siempre engrasadas y los rodillos deben hallarse constantemente libres de polvo de carbón y de toda obstrucción que pueda provocar fricción. Respecto de estas correas deben adoptarse todas las medidas razonables para prevenir la acumulación de polvo de carbón en, o alrededor de sus partes en movimiento donde la fricción pudiere causar calentamiento.

Las correas transportadoras deberán ser inspeccionadas periódicamente a intervalos cortos cuando estén en funcionamiento; a intervalos regulares, por lo menos durante dos horas después de paradas o después de cualquier avería de funcionamiento; y, a horas apropiadas, en los días en que no funcionen.

Artículo 305.- En los diversos métodos de explotación, si no es posible arrancar la totalidad del carbón, los macizos dejados atrás deberán ser aislados por medio de relleno incombustible o por otro sistema de eficiencia equivalente.

CAPÍTULO SEXTO
ELECTRICIDAD

Artículo 306.- No deberá usarse la energía eléctrica de los circuitos de alumbrado o de fuerza para iniciar detonadores eléctricos.

La corriente eléctrica de prueba para ensayar detonadores eléctricos en el circuito será, a lo más, de cincuenta (50) mili amperes.

Los equipos y circuitos que tengan posibilidad de generar una explosión en ambiente grisutoso, serán a prueba de llamas (flame proof). Esta condición del equipo o del circuito es equivalente a la capacidad que tienen dichas instalaciones eléctricas para operar sin inflamación en una mezcla de control, en un ambiente creado en el túnel de pruebas, con dieciséis por ciento (16%) de oxígeno, sesenta y cuatro por ciento (64%) de nitrógeno, catorce por ciento (14%) de hidrogeno y seis por ciento (6%) de metano; y ejecutable con ochenta por ciento (80%) de aire comprimido y veinte por ciento (20%) de una mezcla compuesta de setenta por ciento (70%) de hidrógeno y treinta por ciento (30%) de metano.

La condición detallada que se indica en este artículo, será definida como «condición eléctrica intrínsecamente segura» (flama proof).

Artículo 307.- No debe instalarse ningún aparato eléctrico, si no cumple con la «condición eléctrica intrínsecamente segura» en lugares cuya atmósfera pueda alcanzar un contenido de grisú superior a dos por ciento (2%).

Todo aparato eléctrico debe instalarse en un lugar donde exista circulación de aire fresco.

El sistema de alumbrado eléctrico en el interior de una mina de carbón, debe ser protegido para evitar que eventuales cortocircuitos y otros contactos imprevistos generen calor y originen riesgo en un ambiente en que el gas metano se encuentre sobre los límites permisibles.

Artículo 308.- Se deben desconectar todas las instalaciones eléctricas que pudieren ser alcanzadas por una corriente de ventilación cuyo contenido de grisú sea circunstancialmente superior al dos por ciento (2%).

a) También se debe desconectar inmediatamente:

b) Toda instalación cuyas condiciones antigrisú acusan fallas por cualquier causa, y

c) Toda instalación o canalización en que se produzca un desprendimiento de chispas al medio ambiente, excepto en tráficos principales donde existan instalaciones de «trole».

Artículo 309.- No debe instalarse la línea de conductores de «trole» en los siguientes lugares:

a) En galerías de retorno de ventilación;

b) A menos de cincuenta metros (50 mt) de cualquier frente de explotación en actividad; y

c) En galerías o zonas donde puedan producirse, a causa de grietas, o de explotaciones antiguas, emanaciones anormales de grisú.

Artículo 310.- No debe introducirse modificación alguna a las cubiertas protectoras de equipo eléctrico antigrisú.

Cada equipo eléctrico de seguridad contra grisú debe ser examinado minuciosamente por personal autorizado, al inicio de cada turno, tomando todas las precauciones contra el riesgo de incendio o explosión.

A su vez, sólo personal autorizado podrá efectuar la reconexión de equipos o instalaciones, y luego que se hayan tomado las precauciones apropiadas.

Artículo 311.- Para la puesta en marcha de un ventilador auxiliar que se instale o reubique en un avance de carbón, debe existir un procedimiento escrito que detalle esta operación.

TÍTULO VI
EXPLOTACIÓN MINERÍA DEL PETRÓLEO

Artículo 312.- Serán aplicables a la explotación de la minería del petróleo las disposiciones pertinentes de los demás Títulos de este Reglamento.

Artículo 313.- Las Empresas Mineras que posean faenas destinadas a prospección o explotación de hidrocarburos líquidos o gaseosos, deben elaborar un reglamento interno de seguridad, el que será revisado y aprobado por el Servicio.

Dicho reglamento contendrá normas, cuando corresponda, al menos sobre los siguientes puntos:

a) Prospecciones de superficie y subterráneas terrestre y marina.
b) Perforación de pozos terrestres o costa afuera.
c) Motores, equipos e instalaciones eléctricas.
d) Delimitación de zonas peligrosas.
e) Sistemas de alumbrado.
f) Uso de material explosivo.
g) Sistema de Seguridad de Instalaciones.
h) Detectores de gas.
i) Elementos de protección personal.
j) Primeros Auxilios.
k) Prevención y control de incendios.
l) Procedimientos en casos de emergencias. Código de señales.
m) Manual de procedimientos de evacuaciones terrestres o de plataformas de perforación, en casos de tormenta, incendios o de erupciones.

El Servicio tendrá un plazo de treinta (30) días para responder la solicitud de aprobación del Reglamento, desde la fecha de presentación de ella en la Oficina de Parte.

TÍTULO VII
PROCESAMIENTO DE SUSTANCIAS MINERALES

CAPÍTULO PRIMERO
PLANTAS DE TRATAMIENTO DE MINERALES

Artículo 314.- Para los efectos del presente Reglamento se entenderá por Plantas de Tratamiento de Minerales a todas las instalaciones e infraestructura, ya sea en superficie o subterráneas, donde se desarrollen los procesos de chancado, aglomerado, almacenamiento, molienda y recuperación de sustancias minerales para su posterior tratamiento, ya sea por la vía hidrometalúrgica o pirometalúrgica.

Artículo 315.- Todo proyecto de instalación, ampliación o modificación significativa de las plantas de tratamiento de minerales tales como cambios tecnológicos en los procesos de recuperación o aumento en los tonelajes de tratamiento por sobre el veinticinco por ciento (25%) de la capacidad nominal, debe ser presentado al Servicio para su revisión y aprobación, debiendo éste cumplir con los siguientes requisitos básicos:

a) Tener regularizada su situación de carácter ambiental, de acuerdo a las disposiciones legales vigentes.

b) Contener en su etapa de construcción, las medidas preventivas y estándares de seguridad exigibles para cada caso, incluyendo aspectos de ordenamiento, distribución, codificación de colores y estética industrial.

c) Cautelar que el lugar de emplazamiento de las instalaciones reúna los requisitos necesarios, desde el punto de vista de los riesgos extra operacionales; debiendo efectuar para ello los estudios pertinentes relativos a remociones de terreno, aluviones, rodados e interferencias de cauces naturales de carácter cíclico.

d) Tener regularizada la situación de títulos de tenencia con relación al inmueble de emplazamiento y accesos hacia las instalaciones.

El Servicio tendrá un plazo de treinta (30) días para responder la solicitud de aprobación del reglamento, desde la fecha de su presentación en la Oficina de Parte.

Ninguna planta de tratamiento de minerales podrá emplazarse en radios urbanos o en las proximidades de cauces o afluentes de agua que puedan comprometer sus instalaciones o eventualmente generar algún grado de contaminación.

Artículo 316.- El administrador de las faenas dispondrá que todas las operaciones que se desarrollen en una planta de tratamiento de minerales y que, de acuerdo a un análisis de inventario crítico representen un alto potencial de riesgo, sean cubiertas por los respectivos manuales de operación y/o análisis de tareas, que cautele debidamente:

a) La integridad y la salud de las personas.

b) La protección de los bienes físicos propios o de terceros.

Artículo 317.- No se podrá vaciar material a buzones, chancadores, tolvas o chutes hasta que una señal visible o audible sea dada al operador del camión, maquinista de locomotora u operador del equipo, de acuerdo a procedimientos internos de la faena.

Artículo 318.- En todos los procesos en que se utilicen sustancias tóxicas, corrosivas, venenosas o radiactivas, se deberá dar estricto cumplimiento a la normativa legal vigente que regula la adquisición, transporte, almacenamiento y manipulación de dichas sustancias. Se deberá, además, cumplir con los siguientes requerimientos:

a) Elaborar y difundir cartillas informativas respecto de los productos que se utilizan.

b) Capacitar formalmente a todo el personal que interviene en la manipulación de estas sustancias.

c) Disponer de recintos bajo control para su almacenamiento, tratamiento de envases y residuos, y posterior depositación.

d) Disponer de los elementos, personal capacitado y medios de primero auxilios para actuar frente a eventuales incidentes.

e) Elaborar procedimientos específicos para la utilización del, o los productos.

Artículo 319.- Sólo se permitirá el ingreso de personal a las tolvas de almacenamiento o un chancador, cuando se tomen las siguientes precauciones:

a) Que las personas que se introduzcan estén provistas de casco y de cinturón de seguridad con cable;

b) Que un Supervisor vigile la operación;

c) Que mientras se encuentre personal dentro de la tolva, se suspenda la carga o descarga de material en o desde ella, colocando para ese efecto señales de advertencia y barreras efectivas que prevengan el peligro y eviten el vaciado;

d) Se prevenga la caída de material de los bordes o paredes de la tolva sobre el trabajador; y

e) Se verifique que no existen gases nocivos en concentraciones peligrosas ni deficiencia de oxígeno.

Artículo 320.- Las personas que trabajen sobre las aberturas de los alimentadores de un chancador en operación o sobre un carro o camión que se esté descargando en un chancador, usarán un cinturón de seguridad y un cable. Tal cable deberá estar lo suficientemente tirante y corto para prevenir que la persona allí empleada pueda ser atrapada por las partes en movimiento del chancador.

Ninguna persona que trabaje en la abertura de alimentación de un chancador, deberá pararse sobre el lado de la abertura directamente opuesto al vehículo cuyo contenido se está vaciando.

Artículo 321.- En el labio o tolva de todo chancador mientras se realicen reparaciones, deberán colocarse señales de advertencia y barreras efectivas para prevenir que materiales sean vaciados de la tolva.

Artículo 322.- El mineral no debe ser vaciado al buzón o pozo del chancador ni a la tolva de mineral hasta que una señal visible sea dada, por el auxiliar, al conductor del camión o maquinista de la locomotora para proceder a la operación de vaciado.

Artículo 323.- En las faenas mineras, donde se utilice cianuro, se mantendrá un antídoto y las instrucciones para su uso, ubicados en un lugar accesible a todo trabajador y disponibles para su inmediata aplicación. Para mayor seguridad en el uso del antídoto, se deberán instalar indicaciones claras en el lugar e inmediaciones, señalizando su ubicación y su objetivo.

El personal que trabaje expuesto a soluciones de cianuro o posibles emanaciones de ellas —ácido cianhídrico (HCN)— deberá contar con elementos de protección personal adecuados al peligro que entraña la operación y deberá ser instruido en las limitaciones de éstos.

Artículo 324.- Los productos inflamables y combustibles deben ser almacenados en bodegas, recintos o estanques dispuestos para tal objetivo, de acuerdo a normas nacionales vigentes, debiendo observarse, además, las siguientes medidas:

a) Toda bodega o recinto de almacenamiento de productos inflamables debe construirse de materiales incombustibles con una resistencia mínima al fuego de dos horas (2 hrs.).

b) Su ubicación debe quedar a no menos de quince metros (15 mt.) del edificio más próximo.

c) Disponer de sistemas de ventilación que aseguren la no formación y acumulación de mezclas inflamables o explosivas.

d) Mantener control permanente del almacenamiento y despacho de productos, a través de personal instruido para ello.

El almacenamiento y distribución de combustibles derivados del petróleo, se hará de acuerdo a las disposiciones vigentes del Ministerio de Transportes y Telecomunicaciones.

Artículo 325.- De acuerdo a lo indicado en el artículo 4º, capítulo primero, Título I del presente Reglamento y sin perjuicio de las atribuciones de otros organismos sobre la materia, el Servicio ejercerá el control de lo dispuesto en los dos artículos precedentes, en todo tipo de instalación minera, sin perjuicio de su actuación como miembro integrante del Comité Técnico Ambiental.

Artículo 326.- En toda planta de tratamiento de minerales se deberá disponer del, o los, procedimientos para actuar frente a situaciones de emergencia, ya sea por contingencias operacionales o extra operacionales. Ello debe ser complementado con la dotación necesaria de elementos y la realización periódica de simulaciones para evaluar, corregir o confirmar la validez de dichos procedimientos.

Artículo 327.- Tanto en el diseño, como en la construcción de cualquier edificio o instalación de una planta de tratamiento de minerales donde exista un alto riesgo de incendio, se deberá disponer de los medios y sistemas para detectarlos y controlarlos, considerándose para este efecto, todas las medidas que sean pertinentes a objeto de mantener bajo control tal riesgo. Ello incluye:

a) Elaboración de manuales preventivos y de emergencia.

b) Manuales de puesta en marcha.

c) Sistemas de evacuación.

d) Capacitación del personal.

e) Formación de Brigadas Especiales, las que operarán según los procedimientos que se señalen en el Reglamento.

f) Disposición de reservas de agua y elementos de combate de incendios, de acuerdo a la situación de más alto potencial de riesgo presente en las instalaciones.

Dichos sistemas y elementos de extinción, deben ser diseñados, instalados y mantenidos de acuerdo a criterios técnicos según se dispone en la legislación vigente y de acuerdo a exigencias que el Servicio imponga según casos especiales que se presenten.

CAPÍTULO SEGUNDO
FUNDICIONES - REFINACIÓN

Artículo 328.- Para los efectos de este Reglamento se entenderá por fundición, al conjunto de instalaciones, infraestructura y procesos que hacen posible la fusión y conversión de las sustancias minerales por la vía pirometalúrgica, tendientes a lograr su máxima pureza como elemento metálico.

Artículo 329.- La Administración de la Fundición deberá presentar al Servicio, para su aprobación, un «Programa de Mejoramiento del Ambiente de Trabajo» donde se considere la disminución gradual de los contaminantes químicos en los lugares de trabajo. Especialmente se deberá estudiar al Arsénico y sus compuestos donde dicho programa deberá considerar su disminución gradual, cumpliendo con el Límite Permisible Ponderado de 0,16 mgr. /m3 de aire. El Servicio tendrá un plazo de sesenta (60) días para responder la solicitud, desde la fecha de presentación de ella en la Oficina de Parte.

Artículo 330.- El administrador de la faena deberá confeccionar un reglamento general de las operaciones que se ejecutan en una fundición, el que deberá ser presentado al Servicio para su revisión y aprobación. El Servicio tendrá un plazo de treinta (30) días para responder la solicitud, desde la fecha de presentación de ella en la Oficina de Parte.

Sin perjuicio de lo anterior y de acuerdo al inventario crítico, todos los trabajos que se realicen en una fundición deberán contar con un procedimiento secuencial del desarrollo de las tareas, cuyos contenidos deberán ser ampliamente difundidos al personal que trabaja en estas actividades. Especial atención se deberá otorgar a los equipos de levante, grúas, estructuras, cables, cadenas y similares que deberán ser sometidos a revisiones periódicas por parte de personal calificado.

Artículo 331.- Los metales fundidos, matas o escorias se vaciarán solamente en moldes y recipientes secos y acondicionados para tal efecto, los cuales deben estar en buenas condiciones de operación.

Artículo 332.- En toda fundición, se deberá contar con procedimientos de emergencia que permitan mantener bajo control, eventuales contingencias como incendios, derrames, inundaciones, fallas imprevistas de equipos u otras. Dicho procedimiento debe contemplar la implementación de las siguientes medidas:

a) Sistemas de comunicación y alarmas.
b) Áreas y lugares de evacuación o refugios para el personal.
c) Organización de los niveles de mando frente al evento.
d) Organización y entrenamiento de brigadas de rescate y su equipamiento.
e) Primeros auxilios.
f) Realización periódica de simulacros.

Artículo 333.- El uso eventual de sustancias explosivas para demoler acreciones u obstrucciones en convertidores, hornos, reverberos, y similares, deberá estar rigurosamente regulado por un procedimiento interno que la Administración deberá aprobar para tal efecto. Se deberán considerar entre otros factores los siguientes:

a) Sistemas de enfriamientos para las perforaciones a objeto de evitar toda posibilidad de explosión prematura en la manipulación del explosivo.
b) Tipo de explosivos a utilizar y sistema de iniciación.
c) Resguardo y aviso de advertencia.
d) Supervisión permanente y especializada para ejecutar la tarea.

CAPÍTULO TERCERO
PLANTAS DE EXTRACCIÓN POR SOLVENTES Y REFINACIÓN POR ELECTRO-OBTENCIÓN

Artículo 334.- Serán aplicables, en lo concerniente, las disposiciones contenidas en el Título VII, Capítulo Primero de este Reglamento.

Artículo 335.- Tanto en el almacenamiento, como en el manejo de sustancias reactivas y de soluciones del proceso, deberán adoptarse efectivas medidas de protección a la salud e integridad de las personas.

Artículo 336.- En el diseño, disposición y construcción de sitios de almacenamientos se deberá establecer que estos permanecerán cercados, con accesos restringidos y convenientemente señalizados e identificados de acuerdo a codificación de colores aceptado.

Artículo 337.- En las naves de celdas electrolíticas se deberá asegurar un nivel de iluminación que permita el libre tránsito de personas en su interior y una ventilación, ya sea natural o forzada, que no permita concentraciones de acidez en la zona de tránsito y de operaciones, por sobre la norma establecida.

Todos aquellos elementos estructurales y de apoyo como pasillos, estructuras, grúas, cables y otros componentes, deberán estar sujetos a estrictas normas de mantención y control.

CAPÍTULO CUARTO
DEPÓSITOS DE RESIDUOS MINEROS

Artículo 338.- Lo concerniente a almacenamiento de relaves y operación de depósitos de residuos mineros, será regido por las normas contenidas en el Decreto Supremo que aprueba el «Reglamento de Construcción y Operación de Tranques de Relaves», y por lo dispuesto en el Título X del presente Reglamento. Para estos efectos, el Proyecto de Plan de Cierre deberá ser presentado conjuntamente con la solicitud señalada en el artículo 40 del D.S. N° 86 de 1970, del Ministerio de Minería.

Artículo 339.- Los botaderos de estériles y la acumulación de mineral se establecerán de acuerdo a un proyecto que la empresa deberá presentar al Servicio para su revisión y aprobación, donde se garantice su estabilidad y contenga las máximas medidas de seguridad tanto en su construcción como crecimiento. El Servicio tendrá un plazo de sesenta (60) días para responder la solicitud de aprobación del proyecto, desde la fecha de presentación de ella en la Oficina de Parte.

Será aplicable a los botaderos de estériles y la acumulación de mineral, lo dispuesto por el Título X del presente Reglamento, para lo cual la empresa deberá presentar su Proyecto de Plan de Cierre conjuntamente con el proyecto señalado en el inciso anterior.

Artículo 340.- Para conseguir la estabilidad de los depósitos de estériles se tendrá principalmente en cuenta en su diseño, la resistencia del terreno de emplazamiento, los materiales que serán depositados y sus características, el ángulo de talud que debe asegurar la estabilidad incluso para el Plan de Cierre, la altura que alcanzará, el correcto y expedito drenaje natural o artificial y los movimientos sísmicos, sean éstos naturales o inducidos.

Artículo 341.- Cuando la naturaleza del material depositado lo exija, se deberán tomar las medidas técnicas para evitar combustiones espontáneas; y cuando la granulometría del material depositado lo requiera, se tomarán las medidas de control pertinentes para evitar su arrastre por el viento; siempre y cuando esta polución implique un riesgo para la vida e integridad física de las personas que se desempeñan en la Industria Minera y de aquellas que bajo circunstancias específicas y definidas están ligadas a ella.

Artículo 342.- En los botaderos de estéril, se adoptarán las siguientes medidas de protección:

a) Control permanente de taludes y estabilidad de los bordes de vaciado a los botaderos.

b) Diseño y construcción de bermas de protección efectivas en los bordes. El cordón de seguridad en el borde deberá tener una altura mínima de 1/2 rueda del camión de mayor envergadura que descargue en él.

c) Los botaderos deberán ser construidos con una pendiente positiva, en dirección del borde, de a lo menos uno por ciento 1%.

d) Iluminación y señalización que facilite a los operadores su acercamiento al punto de vaciado.

Artículo 343.- Cuando se utilicen señaleros o coleros para dirigir el vaciado a los botaderos, éstos deben tener chalecos reflectantes e iluminación propia. Tanto los coleros como los operadores o choferes deben estar instruidos sobre la operación de descarga en botaderos, donde se incluyan las señalizaciones y ubicación para dirigir la maniobra.

Artículo 344.- No se permite el vaciado de desechos o residuos de cualquier otra naturaleza en los depósitos de estériles.

TÍTULO VIII
CONSTRUCCIÓN DE PROYECTOS Y OBRAS CIVILES EN LA INDUSTRIA EXTRACTIVA MINERA

CAPÍTULO PRIMERO
DEFINICIONES Y GENERALIDADES

Artículo 345.- Para los efectos de este Reglamento, se entenderá por construcción de proyectos y obras civiles, a las siguientes actividades que son necesarias para la habilitación, modificación e implementación posterior del proyecto minero:

a) Construcción de caminos, plataformas, terraplenes, excavaciones, presas y en general, todo movimiento de tierra y extracción de materiales que sean requeridos para una faena minera.

b) Montaje de estructuras, edificaciones, instalación y armado de equipos, construcción de campamentos y obras de servicios.

c) Instalación y tendidos de líneas de energía, en tanto ellas se realicen en el área de la propiedad minera de que se trate.

Artículo 346.- En una mina subterránea, en caso de existir dos o más accesos principales paralelos comunicados a superficie, éstas deben quedar separadas por un macizo rocoso de no menos de veinte metros (20 m.) de espesor y de acuerdo con lo que determinen los cálculos de resistencia del material. Estos accesos no podrán salir al mismo recinto o construcción exterior.

Artículo 347.- La construcción de cavernas que se desarrolle desde el techo socavando el piso (Tipo Glory Hole), se debe trabajar con el techo y paredes fortificado convenientemente.

Con el termino Cavernas se designan a todas aquellas excavaciones subterráneas que de cualquier forma y volumen, son destinadas a contener una instalación de cualquier tipo.

Artículo 348.- Toda construcción de edificación superficial, debe cumplir con las especificaciones técnicas y de seguridad, indicadas en las normas chilenas de la construcción.

Artículo 349.- Los Andamios usados en construcciones de obras civiles deben ser proyectados y construidos en forma sólida, rígida y serán tan amplios como sea posible. En el cálculo se deberá considerar las cargas máximas de trabajo, con un Factor de seguridad de seis (6).

Sobre los andamios se trabajará y transitará siempre amarrado a una cuerda especialmente dispuesta para ello o a un lugar seguro independiente del andamio. Este lugar de amarre deberá estar ubicado en una altura sobre la cintura del trabajador.

Artículo 350.- Los caminos de accesos e interior de la faena deben ser de amplitud tal que permita el cruce de dos vehículos, de mayor envergadura, que se usen en faena. Si lo anterior no es posible deberán dejarse zonas de cruce, debidamente señalizadas. Estas deberán estar ubicadas en forma tal que permitan la visibilidad entre ellos.

Estos caminos deberán ser mantenidos en forma transitable y libre de polución.

Artículo 351.- Los caminos de fuerte pendiente se deben dotar con salidas de emergencia cada 200 metros y si además, tiene zonas de curvas y /o su trazado está sobre barrancos se debe disponer de un pretil, a la orilla exterior del camino, con una altura mínima de 2/3 de la altura de la rueda del equipo o vehículo que circulará por el lugar.

Artículo 352.- Las curvas y los peraltes de los caminos deben ser diseñados de acuerdo a las características técnicas de los vehículos que circulen, velocidad máxima permitida en el lugar y la pendiente del camino.

La velocidad máxima permitida en caminos de tierra será de 50 Km./Hora, excepto en aquellos lugares donde existan señalizaciones diferentes.

Artículo 353.- Para la construcción de túneles regirá lo establecido en el Título III (Explotación de Minas Subterráneas), de este Reglamento.

TÍTULO IX
INSTALACIONES Y SERVICIOS DE APOYO

CAPÍTULO PRIMERO
GENERALIDADES

Artículo 354.- En concordancia con lo dispuesto en el artículo 6° del presente Reglamento, se entenderá por «instalaciones y servicios de apoyo», a toda infraestructura, equipamientos, construcciones y actividades que se establezcan en los recintos de una faena minera, para apoyar y asegurar el funcionamiento de sus operaciones.

Normalmente corresponden a instalaciones y labores de superficie, aunque indistintamente algunas de ellas podrán estar emplazadas en labores subterráneas, en cuyo caso serán igualmente aplicables las disposiciones que aquí se señalan, en complementación con la normativa del Título III del presente Reglamento.

Artículo 355.- En el diseño, construcción y funcionamiento de los recintos administrativos, bodegas, talleres, campamentos u otras dependencias; se deberán considerar los mejores estándares de funcionamiento de acuerdo a las condiciones ambientales y permanencia del personal en los lugares de trabajo.

Artículo 356.- Serán aplicables, en los recintos descritos precedentemente, las disposiciones legales contenidas en la legislación nacional respecto a higiene, seguridad y saneamiento básico, como de igual forma, los estándares de diseño y construcción definidos por las normas nacionales o internacionales aceptadas.

Toda situación de duda o interpretación será resuelta por el Servicio, en consulta con los organismos con competencia sobre las materias de que se trate.

CAPÍTULO SEGUNDO
TRANSPORTE

Artículo 357.- La conducción y el tránsito de vehículos en una faena minera se regirán, en lo esencial, por las disposiciones contenidas en la Ley de Tránsito; las que serán complementadas con medidas de carácter específico propias de las condiciones operacionales de cada faena, las que no podrán estar en discordancia con dicha ley, pero sí pueden ser más exigentes.

No obstante lo anterior, el Servicio, atendiendo las particulares condiciones que impone el tránsito de equipos y maquinarias mineras, podrá autorizar modalidades distintas.

Artículo 358.- Todas las operaciones de transporte, tanto de materiales como personas, en las faenas mineras, deben estar regulados por un reglamento interno de operaciones aprobado por el administrador de la faena, quien deberá disponer de las medidas y medios que sean necesarios para capacitar al personal y mantener actualizados dichos reglamentos.

Estos, deberán considerar aspectos específicos tales como:

a) Condiciones geográficas ambientales y climáticas de las faenas.
b) Requerimientos de especificaciones técnicas de equipos y vehículos.
c) Implementación de equipamiento anexo.
d) Normas específicas de circulación o movimientos.
e) Requerimientos específicos de capacitación.

Artículo 359.- Los carros de volquete, tipo mecedoras o cuna, deben mantenerse cerrados mientras operan sin carga.

Artículo 360.- Los carros cuya capacidad de carga exceda de cinco (5) toneladas deberán contar con manillas de extensión y, en lo posible, con un acoplamiento automático de seguridad.

Artículo 361.- Durante la operación de carguío, los carros deberán permanecer bloqueados, a menos que estén acoplados a una locomotora.

La carga deberá acomodarse convenientemente, a fin de evitar la caída de parte de ella durante el transporte.

Artículo 362.- Durante el acoplamiento y desacoplamiento de locomotoras y carros, ninguna persona, excepto la encargada de este trabajo, transmitirá las señales de movimiento al maquinista o motorista. Durante estas operaciones, las personas que realizan tales tareas deberán permanecer a una distancia prudente de los carros hasta que ellos se detengan.

Artículo 363.- Se prohíbe al personal que es transportado por un móvil sobre rieles viajar en la pisadera, peldaños o que su cuerpo sobresalga de los límites físicos del móvil.

Asimismo, se prohíbe que el personal lleve consigo equipos o herramientas en posición tal que sobresalgan de los límites físicos del carro.

Artículo 364.- Dentro de las faenas mineras debe proveerse de medios de transporte seguros, adecuados y confortables al personal, en su traslado desde y hacia sus lugares de trabajo.

Esta exigencia se hará extensiva a cualquier medio de transporte que se utilice, ya sea ferrocarriles o vehículos montados sobre neumáticos u orugas.

Artículo 365.- Toda transformación, adaptación o modificación que la empresa realice sobre estos medios para el transporte de personal y en atención a estrictas y justificadas razones operacionales, debe contar con la autorización del Servicio, previa presentación de las respectivas certificaciones que garanticen el cumplimiento de lo indicado en el presente Reglamento.

El Servicio tendrá un plazo de treinta (30) días para responder la solicitud, desde la fecha de presentación de ella en la Oficina de Parte.

Artículo 366.- En las vías de ferrocarril será obligatorio cumplir con las siguientes disposiciones:

a) Instalación de semáforos y señales de advertencia en todo sector donde transite personal.

b) Protección mediante barreras, señaleros u otros medios en los cruces de peatones y vehículos.

c) Instalación de topes de contención en los terminales de vías. Si dichos terminales son colindantes con instalaciones, estructuras, edificios o lugares de alto riesgo; dichos topes deberán ser construidos de tal forma que se minimice toda posibilidad de ser traspasados por el equipo.

d) Sistemas de desrielado en las vías que conduzcan a talleres de mantención/reparación y en las vías laterales cuya conexión con la vía principal implique un alto riesgo.

e) Uso de chalecos reflectantes para el personal que deba, por cualquier motivo, realizar operaciones en la vía; ello independientemente de los bloqueos y señales de advertencia que deban colocarse en forma obligatoria.

Artículo 367.- La Administración de las faenas deberá disponer de un programa periódico y sistemático de inspecciones a todos los elementos que constituyen el sistema de vías férreas, tales como señalizaciones, rameado, desvíos, cambios y otros.

Se deberá mantener un control sobre el equipo rodante, registrándose el resultado de estas inspecciones y el personal calificado responsable de su realización.

Artículo 368.- En todo lugar donde exista movimiento de trenes, particularmente andenes de embarque, puertos de carga y descarga, cambios de vías y otros, se deberá disponer de las protecciones y medidas de seguridad pertinentes para controlar los riesgos presentes.

Artículo 369.- En superficie, la distancia mínima entre los equipos ferroviarios y cualquier instalación, estructura, edificio, corte de cerro o equipos que se encuentren en una vía adyacente, deberá ser de un metro veinte centímetros (1,20 m.).

La distancia indicada en el inciso anterior podrá ser diferente en los sectores de vaciaderos o botaderos. El asiento de los durmientes será bien lastrado o bloqueado y mantenido en condiciones seguras.

Artículo 370.- Las locomotoras y carros de servicio estarán equipados con pisaderas, ganchos, pasamanos y peldaños de construcción antideslizante. Cada locomotora estará equipada con un dispositivo capaz de producir fuertes y claras señales de alarma y deberá contar con elementos de iluminación adecuados.

Toda locomotora que se use en interior mina deberá tener techo resistente, para proteger al operador de caídas de piedras u otros objetos.

Artículo 371.- En los montacargas, palas mecánicas, retroexcavadoras, dragas y en cualquier tipo de unidad móvil industrial será obligatorio señalar las limitaciones operativas de precaución y de carga del equipo, las que deben estar impresas en instructivos y/o placas, en sistema métrico decimal y en idioma español.

Artículo 372.- Se prohíbe el transporte de personal en máquinas industriales, sobre la carrocería de cualquier vehículo o sobre la carga.

Artículo 373.- En las operaciones de grúas móviles y fijas, será obligatorio:

a) Confeccionar procedimientos para el traslado y utilización del equipo, tomando en cuenta las condiciones de operación.

b) Rigurosidad en los controles de mantención.

c) Operación del equipo sólo por personal autorizado por la Administración.

Artículo 374.- Los vehículos automotores serán inspeccionados diariamente, en especial los frenos, dirección, luces, bocina y depurador de gases, cuando corresponda. Al comienzo de cada jornada, antes de ser puestos en servicio, deberá asegurarse que se han efectuado las reparaciones necesarias. Ningún vehículo automotor podrá transitar si tiene algún defecto en cualquiera de los sistemas antes mencionados.

Artículo 375.- Los ascensores utilizados para el transporte de personal o de materiales en los edificios de plantas, fundiciones, campamentos o estructuras similares deben cumplir con los siguientes requisitos básicos:

a) Mantener registro u hoja de vida de la instalación, consignando especificaciones técnicas, procedencia e intervenciones por razones de reparación o mantención.

b) Registro riguroso de la vida de los cables como así mismo el tipo de pruebas a que es sometido el sistema y su periodicidad.

c) Instalación de sistemas de seguridad que impidan en forma absoluta el movimiento del equipo, cuando alguna de sus puertas se encuentra abiertas.

CAPÍTULO TERCERO
TALLERES Y MAESTRANZAS

Artículo 376.- En la instalación y operación de equipos y máquinas-herramientas en las áreas de talleres, deberán considerarse los siguientes aspectos básicos:

a) Definición de áreas específicas de trabajo y pasillos de tránsito debidamente demarcados.

b) Sistemas de ventilación, iluminación, ergonómicos y de control, de acuerdo a normas nacionales reconocidas y aprobadas.

c) Instalación de defensas y protecciones de partes móviles susceptibles de generar accidentes.

d) Instalación de dispositivos de bloqueo y parada de emergencia.

e) Uso de elementos de protección personal.

Artículo 377.- La instalación y operación de un equipo o máquina-herramienta que por la naturaleza de su funcionamiento genere algún tipo de contaminación acústica, luminosa o de otro tipo, se hará en recintos separados y acondicionados para ello.

Artículo 378.- La instalación y operación de calderas y generadores de vapor en que se produzcan fluidos a temperaturas y presiones superiores a las normales, sean aquellas móviles o estacionarias, deben cumplir con las disposiciones reglamentarias contenidas en el respectivo «Reglamento de Calderas y Generadores de Vapor».

Artículo 379.- La instalación y operación de compresores de aire debe cumplir con lo siguiente:

a) Contar con ventilación e iluminación que permitan el correcto funcionamiento de los equipos.

b) Mantener acceso restringido al lugar.

c) Control y registros actualizados de las mantenciones y reparaciones.

d) Mantener un estricto orden y limpieza del área, como de todo componente del sistema.

e) Utilizar líneas de transmisión, coplas y uniones diseñadas y aprobadas para tales fines.

f) Operar los equipos con personal capacitado y autorizado por la Administración de la faena.

g) Efectuar toda mantención o reparación bajo estricto procedimiento de bloqueo y sin energía residual en el equipo.

Artículo 380.- Todo recipiente destinado a contener fluido bajo presión, como acumuladores o similares, deberá ser construido con materiales de resistencia especificada para ello; provistos de manómetro con indicación en su esfera de la presión máxima de trabajo, válvulas de reducción de presión y de seguridad debidamente selladas, las que deberán ser probadas periódicamente, y un sistema de drenaje de humedad. El recipiente deberá además, tener una placa con especificaciones técnicas donde se indique entre otros, la presión máxima a que puede ser sometido.

Artículo 381.- Se prohíbe estrictamente el uso de acumuladores o recipientes a presión construidos de materiales no apropiados, o que se encuentren visiblemente dañados.

Artículo 382.- Se prohíbe introducir petróleo, gasolina u otro solvente volátil en el interior de un cilindro, recipiente o tubería de aire, o usar esos solventes para lavar el cárter de un compresor.

Artículo 383.- Toda maquinaria se instalará en el taller sobre bases bien diseñadas, dejando espacio amplio a su alrededor y dotándola de dispositivos y elementos de protección, de tal manera que ofrezca el máximo de seguridad para las personas.

Artículo 384.- Los esmeriles mecánicos o electromecánicos deberán estar provistos de protección tal que resistan el impacto de los fragmentos de la piedra esmeril, en la eventualidad que ésta se quiebre en operación. Los operadores de esmeriles deben usar protección facial.

Las piedras de los esmeriles deberán ser las adecuadas para las revoluciones por minuto (R.P.M.) del eje donde irán colocadas y el almacenamiento de dichas piedras debe hacerse de acuerdo a indicaciones del proveedor.

Artículo 385.- Las defensas y elementos de protección de las máquinas no deben ser retirados de ellas, excepto para realizar reparación, mantención o lubricación. Una vez cumplidas estas labores, las defensas y elementos de protección deben reponerse inmediatamente.

Artículo 386.- La operación de lubricación en vehículos, equipos o maquinarias, que por diseño estén acondicionados para ser lubricados sobre la marcha, se deberá ejecutar sólo con personal debidamente entrenado. La empresa deberá tomar todas las medidas del caso para evitar que el operario pueda resultar lesionado.

Artículo 387.- Los equipos de oxicorte deben poseer manómetros en buenas condiciones de uso, tanto para medir la presión de los cilindros como la presión de trabajo y estar provistos de válvulas cortallamas.

Los cilindros y demás elementos de dichos equipos deben mantenerse a resguardo en un sitio seguro, estar limpios de aceite o grasa y alejados de toda fuente de calor.

Dichos cilindros deben ir montados sobre carros, cuando se deban mover de un lugar de trabajo a otro. Al almacenarlos, manipularlos o transportarlos se deberá mantener éstos con la cápsula protectora de las válvulas.

Cuando se use el equipo deberá cuidarse que el metal fundido no caiga sobre las mangueras de éste o sobre otros materiales combustibles y en la operación se debe tener un extintor a mano.

Artículo 388.- En trabajos de soldadura eléctrica, el operador deberá usar guantes y careta con lentes protectores adecuados y, dependiendo del tipo de trabajo, traje protector completo. Además, el resplandor de los rayos del arco eléctrico deberá aislarse con pantallas o biombos.

Artículo 389.- Toda polea, correa, engranaje o parte en movimiento de una máquina debe estar debidamente protegida, dejándola fuera del alcance de cualquier contacto físico con el operador, herramientas o materiales que éste manipule. Tales protecciones de seguridad deberán contar con un dispositivo que mantenga estable su posición cuando ellas están cerradas.

Artículo 390.- Las máquinas accionadas por correa, a las cuales sea necesario detener o poner en marcha sin interferir con el funcionamiento del motor (polea loca), estarán acondicionadas en forma permanente con un dispositivo mecánico adecuado para tal efecto.

Artículo 391.- Ninguna persona montará o desmontará una correa de transmisión de una máquina durante el período en que ésta se encuentre en operación.

Artículo 392.- Para cada compresor, equipo auxiliar y recipiente del aire se llevará un registro que incluirá datos sobre la limpieza, inspección, reparación y mantención realizadas.

CAPÍTULO CUARTO
INSTALACIÓN DE FAENAS Y CAMPAMENTOS

Artículo 393.- Se prohíbe el emplazamiento de campamentos en proximidades de cauces de agua o sus afluentes, o en áreas con potencialidad de derrumbes y/o aluviones.

Artículo 394.- El diseño y construcción de un campamento minero deberá cumplir estándares máximos de seguridad y confort, según las condiciones ambientales del lugar en que se emplaza y de acuerdo a las condiciones sanitarias básicas, dispuestas por la reglamentación.

CAPÍTULO QUINTO
SISTEMAS ELÉCTRICOS

Artículo 395.- Serán aplicables a las instalaciones, equipos, materiales y dispositivos, como asimismo a la operación de sistemas eléctricos de las faenas mineras, las normas nacionales dictadas por la Superintendencia de Electricidad y Combustibles, y las normas específicas que establece el presente Reglamento.

En caso de conflicto en el alcance de las citadas normas, prevalecerán las más exigentes.

Artículo 396.- En toda faena minera donde se utilice energía eléctrica se deberán mantener planos y registros actualizados de todos los equipamientos y sistemas instalados, como asimismo, la información necesaria y detallada, referida a:

a) Potencias instaladas, consumos y distribución de la energía por áreas o centros de operación.

b) Descripción y características de los equipos de generación y distribución y también de aquellos de consumo como, motores, palas, ferrocarriles eléctricos y demás aparatos utilizados.

c) Descripción de los sistemas y redes de alumbrado.

d) Descripción de los sistemas de protección y control, incluido pararrayos.

Artículo 397.- En cada faena minera que utilice energía eléctrica se deberán mantener en las oficinas que corresponda, disponibles al Servicio:

– Registros de las inspecciones, control y mantenimiento de los equipos e instalaciones principales; y

– Registros del personal autorizado para intervenir en instalaciones y equipos eléctricos y del personal autorizado para operar equipo eléctrico.

Artículo 398.- En cada local o recinto destinado a contener equipos o instalaciones eléctricas energizadas, se debe mantener disponible un diagrama unilineal de los circuitos eléctricos que le son propios.

Artículo 399.- El administrador deberá adoptar las medidas pertinentes para que en las faenas mineras se elaboren los procedimientos específicos que se requieren para ejercer un eficiente control sobre los riesgos operacionales. Se deberá regular entre otros aspectos:

a) Procedimiento de trabajo ante detección de fallas o desperfectos de instalaciones y/o equipos.

b) Procedimientos de intervención de equipos, ya sea por razones de reparación o mantención, en el que se estipule claramente el concepto de intervención en Estado de Energía Cero.

c) Procedimientos de puesta en marcha.

d) Instrucciones para actuar ante casos de emergencias, provocados por aparatos eléctricos y sus riesgos inherentes.

e) Instalación y operación de equipos generadores ante emergencias.

f) Otros, según se estime necesario.

Artículo 400.- No se debe utilizar el material o equipo eléctrico en tensiones más elevadas, ni someterlo permanentemente a corrientes más intensas que las indicadas por el fabricante.

Cualquiera modificación de algún elemento del equipo eléctrico debe ser realizada por personal capacitado y autorizado para el efecto.

Artículo 401.- Después de la desconexión de un interruptor automático a consecuencia de un cortocircuito, no se debe reponer su servicio antes de descubrir y eliminar la causa que la originó.

Su reposición sólo debe realizarla personal facultado para ello.

Artículo 402.- Sólo personal autorizado podrá poner en servicio el equipo eléctrico desconectado a causa de la reparación o de la mantención, y únicamente después que los montadores hayan entregado el equipo y de cerciorarse que tal acción no involucra riesgo de accidentes personales o de equipos.

Artículo 403.- Toda instalación, equipos y recinto destinado a contener equipos, materiales, repuestos, etc., debe estar identificado de acuerdo a código de señales y/o colores especificados por la normativa nacional o internacionales aceptadas.

Artículo 404.- Los avisos de advertencia e instrucciones destinados a restringir y advertir al personal respecto de los riesgos presentes, las limitaciones de acceso a recintos energizados y las restricciones para la intervención de sistemas deberán ser instalados en lugares destacados.

Artículo 405.- Toda instalación que se canalice bajo tierra debe estar señalizada en superficie con letreros que adviertan su presencia y replantearse en un plano que estará disponible en las faenas.

Artículo 406.- En plantas generadoras, subestaciones, centros de distribución y otros lugares en que exista el riesgo de contacto con equipos energizados, se deberá disponer de instrucciones escritas para el rescate de personas electrocutadas y su reanimación, así como de los medios necesarios para ello.

Artículo 407.- Se establece como norma permanente y obligatoria el uso de sistemas de bloqueos y advertencia para la intervención de equipos y sistemas; lo que deberá estar regularizado por procedimientos internos.

Artículo 408.- Ninguna persona podrá instalar, operar, ajustar, reparar o intervenir equipos e instalaciones, sin haber sido instruida y autorizada por la Administración.

Artículo 409.- Las personas encargadas de la operación de equipos móviles o de máquinas portátiles eléctricas u otras similares, deberán:

a) Desenergizar y/o desconectar el equipo cada vez que deban abandonarlo.

b) En caso de desperfectos, dejar la información pertinente en el equipo y comunicar de ello a la supervisión respectiva.

c) Por ningún motivo operar o utilizar equipos que estén con sistema de bloqueo y advertencia colocados, en tanto no sean expresamente autorizados por la supervisión; previa verificación de su estado y de cerciorarse que tal acción no involucra riesgo para la integridad de las personas, equipos e instalaciones.

Artículo 410.- Todo recinto, equipos, instalaciones y todos los sistemas de una faena minera deben ser sometidos a un riguroso plan de mantención, llevando registros actualizados de esta actividad, los que en cualquier momento podrán ser solicitados por el Servicio.

En los planes de mantención, sin perjuicio de lo establecido en los textos legales y normas técnicas, se deberán considerar a lo menos los siguientes aspectos específicos:

a) Orden, limpieza y disposición de los residuos o desechos.

b) Requisitos y estado de la señalización de advertencia e identificación de comandos y controles.

c) Identificación y estado de los diferentes equipos de maniobras.

d) Protecciones y conexiones a tierra.

e) Fundaciones, anclajes, estructuras soportantes y gabinetes de maniobras.

f) Alumbrado y sistema de ventilación y presurización en aquellos casos que corresponda.

g) Sistema de detección y control de incendios y de emergencia en general.

h) Vías de acceso.

Artículo 411.- Todo recinto o lugar destinado a contener instalaciones eléctricas, como asimismo las estructuras de transmisión deben proyectarse y construirse de manera tal que:

a) Estén protegidas contra los riesgos propios de las operaciones mineras, como proyecciones de rocas, tronaduras, impactos, aguas ácidas, polvo, humedad u otro tipo de agentes con potencial de deterioro.

b) Estén protegidos razonablemente contra los riesgos extra operacionales como, aludes, aluviones, movimientos de terreno, subsidencia u otros.

Artículo 412.- Los locales importantes que contengan equipo eléctrico en funcionamiento, tales como salas de bombas o estaciones de distribución, deben estar provistos de facilidades para efectuar la evacuación, en casos de emergencia, del personal que transitoria o permanentemente permanezca en el lugar, desde cualquier punto del recinto. Las puertas deben:

a) Abrirse al exterior;

b) Poder abrirse en todo momento desde el interior con facilidad; y

c) Abrirse desde el exterior con llave especial de la que se mantendrá una copia en lugar accesible, para casos de emergencia.

Artículo 413.- Personal expresamente designado debe realizar:

a) Por lo menos una vez dentro del turno o jornada de trabajo, la lectura de los aparatos de control permanente del aislamiento de las redes, cuando se disponga de tales elementos;

b) Por lo menos una vez al mes, una inspección minuciosa de todos los equipos e instalaciones eléctricas estacionarias y semiestacionarias de la faena; y

c) Por lo menos una vez a la semana, una inspección de todas las instalaciones móviles de la faena.

Artículo 414.- Los equipos y aparatos móviles y portátiles deberán ser llevados al taller de mantención, para su revisión técnica después de cumplir, en cada tipo, con una cantidad preestablecida de horas o carga de trabajo.

Artículo 415.- Se deben inscribir en los respectivos registros indicados en el artículo 397 todos los desperfectos notables detectados, y también las medidas adoptadas, al realizar las tareas de mantención.

Artículo 416.- Debe mantenerse correctamente el ajuste de los aparatos automáticos de ruptura, de los termostatos y de todos los dispositivos de protección y de control en general.

Artículo 417.- Al realizar una tarea de reparación, deben adoptarse las medidas de precaución necesarias, como retiro de los fusibles de control y poder, puesta en cortocircuito y a tierra de las fases, inhabilitación de mando a distancia, bloqueado por medio de tarjeta y otros elementos equivalentes, para impedir, mientras dure el trabajo, que puedan energizarse los elementos bajo intervención.

Artículo 418.- La aislación de los conductores y equipos eléctricos debe ser la adecuada al voltaje aplicado y mantenido en forma que no se produzcan fugas o cortocircuitos.

Los cables de comunicación deben tenderse lo suficientemente alejados de los cables de fuerza o alta tensión, de acuerdo al reglamento de cruces y paralelismos de la Superintendencia de Electricidad y Combustible, aprobado por Resolución No 692 de 24 de septiembre de 1971, publicado en el Diario Oficial de 24 de septiembre de 1971.

Artículo 419.- Los cables flexibles deberán:

a) Mantenerse constantemente apartados de las aristas cortantes y de las piezas en movimiento;

b) Substraerse a toda tracción excesiva; y

c) Guardarse convenientemente en lugar seguro, cuando no se hallen en servicio.

Artículo 420.- Los enchufes o clavijas de conexión no deben retirarse de las tomas de corriente tirando del cable flexible, sino tomándolos del mismo enchufe o clavija.

Artículo 421.- Las vías y soportes de cables deberán revisarse anualmente, o con mayor frecuencia si las condiciones de trabajo lo exigen, efectuando las reparaciones necesarias a todos los elementos dañados, así como la limpieza y extracción de material extraño que pueda deteriorar los cables o afectar la disipación térmica.

Artículo 422.- Los materiales y equipamientos destinados a utilizarse en el interior de la mina o en cualquier lugar de las faenas debe ser de calidad certificada por algún organismo autorizado.

Artículo 423.- Toda reparación, de cables eléctricos debe hacerse de tal forma que se reconstituyan fielmente sus características de conductividad, sus aislaciones y cubiertas protectoras.

Artículo 424.- Las líneas y «mallas de tierra» deberán inspeccionarse a lo menos una (1) vez al año, revisando conductores, conexiones y efectuando las mediciones eléctricas correspondientes de cuyos resultados se deberá llevar un registro.

Artículo 425.- En los transformadores deben tomarse precauciones para impedir en el circuito de baja tensión toda sobretensión que pueda producirse a consecuencia de una derivación o inducción del circuito de alta tensión.

Para tal efecto, se puede aplicar uno o varios de los siguientes procedimientos:

a) La puesta a tierra permanente de un punto del circuito de baja tensión.

b) La puesta a tierra automática del punto neutro del circuito de baja tensión, mediante un dispositivo adecuado.

c) La puesta a tierra de un cuerpo metálico intercalado entre los bobinados primario y secundario de los transformadores.

d) La interrupción automática de la alimentación del transformador en caso de elevarse la tensión en el circuito de baja tensión; y

e) Cualquier otro medio apropiado, aprobado por el Director.

Artículo 426.- Los lugares donde las personas deben permanecer mientras operan cualquier interruptor u otro dispositivo de control, instalaciones o equipos eléctricos y que tengan terminales expuestos al contacto, deben permitir el seguro y libre movimiento de dichas personas, debiendo su piso mantenerse seco en todo tiempo y estar provisto de material aislante.

Los desconectadores de subestaciones o aparatos de maniobras que deben operarse en forma manual, a través de una transmisión mecánica solidaria a la estructura, deben tener una plancha metálica de operación donde debe pararse el operador. Esta plancha debe estar sólidamente conectada a la estructura y a tierra, para no someter al operador a una diferencia de potencial en caso de falla.

Cuando se use una pértiga para una operación similar, la persona debe estar aislada de tierra.

Artículo 427.- Las cubiertas, rejillas de protección y envolventes deben ser de material incombustible, tener resistencia mecánica suficiente a los requerimientos y estar sólidamente fijados.

Artículo 428.- Se deberán adoptar las medidas para evitar todo contacto accidental de personas con elementos energizados de una instalación o equipo cuya tensión sea superior a cincuenta (50) volts. Se deben aplicar medidas tales como:

a) Disponer en las instalaciones de espacios necesarios para ejecutar las tareas.

b) Los terminales de conductores, deberán poseer sus sistemas de aislación y protección aprobados.

c) En las instalaciones de toda faena minera, los sistemas eléctricos, deberán diseñarse e instalarse de tal forma de evitar todo contacto de cables energizados con tendidos de cañerías, rieles u otros elementos metálicos, como asimismo con eventuales focos de agua.

d) La instalación de cables para los sistemas de comunicación o tendidos de otra naturaleza, deberán diseñarse e instalarse de tal forma que no exista posibilidad alguna de que estos entren en contacto con cables eléctricos energizados o que puedan recibir algún tipo de inducción de corriente.

Artículo 429.- Se deberá instalar en superficie equipos de interrupción general automática para desenergizar todas las instalaciones, tanto del interior como del exterior de la mina. Tales dispositivos deben ser accesibles, pero lo suficientemente mantenidos y resguardados para asegurar su óptimo funcionamiento, y su operación sólo por personal autorizado.

Artículo 430.- Los terminales de un conductor, que presenten riesgo de contacto accidental para personas o instalaciones, deberán protegerse con aislación equivalente, manteniendo la resistencia de aislación del conductor, a lo menos.

Los terminales de un conductor expuestos a originar fallas en el circuito por contaminación del medio ambiente, deben ser protegidos con aislación apropiada, resistente al contaminante. La aislación de los terminales debe ser adecuada a la tensión máxima a que éstos estén conectados.

Artículo 431.- Toda instalación y equipo eléctrico en funcionamiento en una faena debe contar con los sistemas de protección que, en caso de sobrecarga, fallas a tierra, cortocircuitos, sobrecalentamiento u otra anormalidad, actúen eficientemente, desenergizando los circuitos.

Dichos sistemas que deben ser regularmente conservados, responderán a especificaciones y diseños aprobados por la normativa legal y a normas técnicas reconocidas para ello.

Artículo 432.- Los aparatos utilizados en la protección contra las sobrecargas y los cortocircuitos deben aislarse y mantenerse de manera tal que su estado asegure el corte de la corriente antes que los elementos alcancen la temperatura máxima de diseño.

Artículo 433.- Se deben instalar dispositivos que desenergicen automáticamente los circuitos, con neutros conectados a tierra, en los que la corriente de tierra sobrepase los valores permitidos por la Superintendencia de Electricidad y Combustibles.

Artículo 434.- Se deberá proveer de «malla de tierra» individual a:

a) Subestaciones que operen con tensiones superiores a seiscientos (600) volts. En subestaciones móviles, la malla de tierra podrá ser reemplazada por barras metálicas enterradas.

b) Los centros de distribución o maniobras y equipos que operen con tensiones superiores a seiscientos (600) volts.

c) Los almacenes de explosivos e instalaciones anexas. Estas mallas de tierra deberán estar conectadas eléctricamente al cable de tierra general de la faena minera.

d) Contenedores de instalación de faenas y/o campamentos, y a las instalaciones de combustibles.

Artículo 435.- Se debe además conectar a tierra, en los aparatos o instalaciones con tensión superior a cincuenta (50) volts, lo siguiente:

a) Las armaduras y las cubiertas metálicas exteriores de los cables.

b) Las piezas metálicas exteriores que formen parte de un aparato eléctrico y que no se encuentren normalmente en tensión.

c) Las piezas metálicas que se encuentren en la proximidad de los conductores en tensión.

d) Las estructuras metálicas en que se instalen los dispositivos de control.

e) Los equipos de comunicación o transmisión de datos deben contar con mallas de tierra exclusivas y unirse a la tierra general.

Artículo 436.- Se usará neutro aislado de tierra cuando se comprueben riesgos de que las corrientes de neutro puedan inducir tensiones en áreas en que se emplea disparo eléctrico.

Artículo 437.- Todas las conexiones entre los conductores de tierra, así como las conexiones a tierra de las cubiertas metálicas de los cables, deben ser ejecutadas con terminales apropiados, que permitan una conexión segura al conductor de tierra de protección.

Artículo 438.- En los conductores de tierra no debe colocarse ningún cuchillo, fusible, interruptor u otro mecanismo que pudiera interrumpir el enlace a tierra, excepto cuando se realicen las revisiones periódicas.

La revisión de las condiciones eléctricas y mecánicas de los cables a tierra, de sus conexiones y remates se hará anualmente.

Artículo 439.- Todos los fusibles, interruptores y equipos de control deberán estar instalados en cajas herméticas al polvo y agua. Se exceptúan los desconectadores fusibles tipo intemperie.

Las bases aislantes que se utilicen para montaje de equipos de protección o control, deberán ser de material incombustible y no higroscópico.

Artículo 440.- No se deberá usar ningún tipo de fusible abierto. Sólo se permitirá el uso de fusibles encapsulados.

Artículo 441.- La capacidad de los fusibles empleados para proteger los circuitos alimentadores no debe exceder la corriente máxima permanente del conductor que protege. Esta capacidad debe estar claramente indicada en el cartucho, balín del fusible o en la placa del interruptor, así como también su tensión nominal de trabajo y si es de acción lenta o rápida.

Artículo 442.- Los interruptores, partidores u otros elementos de control instalados en terreno deberán montarse en forma tal que queden protegidos de daños mecánicos y humedad. El lugar debe mantenerse limpio y despejado.

En caso de falla de contactos, debe ser reemplazado por otro de capacidad requerida por el sistema.

Tales elementos deberán poseer un piso o plataforma de maniobras aislado, que obligue a operar desde allí, para así evitar una eventual descarga a tierra a través del operador.

Esta plataforma es innecesaria cuando el elemento es de una tensión menor de ciento quince (115) volts, o cuando está encerrado en una caja metálica efectivamente conectada a tierra.

Artículo 443.- Cada circuito debe estar provisto de un interruptor de capacidad nominal, instalado dentro del recinto y a no más de quince metros (15 mt) del punto de derivación.

Cada circuito derivado debe protegerse con fusibles u otros dispositivos de sobrecarga de acuerdo a especificaciones técnicas al respecto.

Artículo 444.- Los interruptores de cuchillo deben ser instalados de modo que la manilla vaya hacia abajo cuando se corta la corriente.

No podrán usarse tipos de interruptores que no hayan sido aprobados por la Superintendencia de Electricidad y Combustibles.

Artículo 445.- Los generadores deben ser protegidos, por lo menos, con dispositivos de sobrecorriente.

A su vez, los transformadores deben ser protegidos, por lo menos, con dispositivos de sobrecorriente, tanto en el lado de alta tensión como en el de baja tensión.

Artículo 446.- Los motores deben ser protegidos con dispositivos de sobrecorriente y bajo voltaje, que impidan su involuntaria reenergización después de una interrupción de corriente. En los motores fraccionales, cuya reenergización involuntaria no origine riesgos, podrá omitirse la protección de bajo voltaje.

Artículo 447.- Todo equipo eléctrico debe protegerse apropiadamente de:

a) La humedad, con cubiertas protectoras y calefactores si fuere necesario.

b) La acumulación de polvo.

c) La acción de los roedores, cerrando las aberturas con rejillas para no impedir su ventilación.

d) Daños mecánicos por caída de piedras u otro motivo; y

e) Sobrecarga, cortocircuito y fallas a tierra.

Artículo 448.- Las operaciones de reparación, conexión o desconexión, o cualquier intervención que se efectúe en los cables portátiles, como los utilizados en perforadoras, palas y equipos de levante, deben hacerse con la energía desconectada y los sistemas de bloqueo colocados.

Artículo 449.- Las estructuras utilizadas en el montaje de los tableros principales deben ser de material incombustible. Las partes metálicas que no transporten energía deben estar conectadas a tierra.

Artículo 450.- Deberá proveerse con pisos aislantes a ambos lados de cada tablero principal que contenga partes energizadas expuestas y accesibles. Estos pisos deberán ser de tamaño tal que imposibiliten alcanzar la parte energizada a cualquier persona que esté situada fuera del piso aislante.

Artículo 451.- El acceso a las áreas posteriores de los tableros descubiertos deberá ser restringido por barreras sólidas o puertas, ubicadas de tal manera que impidan el ingreso a personal no autorizado. Las entradas a estas áreas permanecerán siempre cerradas con llave, excepto cuando se realicen trabajos en el tablero.

Artículo 452.- Las salas de transformadores deben mantenerse bien ventiladas para evitar el sobrecalentamiento de los transformadores. La ventilación debe efectuarse con aire limpio y factible de ser suspendida en caso de incendio en la sala.

Artículo 453.- La iluminación de las salas de transformadores debe realizarse de acuerdo a las normas establecidas por la Superintendencia de Electricidad y Combustibles.

Artículo 454.- Los transformadores de distribución instalados en superficie deben montarse sobre postes, a una altura mínima de cuatro metros cincuenta centímetros (4,50 m.) desde el suelo. Si lo anterior fuere impracticable, los transformadores serán protegidos por una defensa de un metro ochenta centímetros (1,80 m.) de alto, la que se mantendrá cerrada a fin de evitar el ingreso de personas no autorizadas. Con todo, el libre ingreso será permitido cuando se trate de subestaciones unitarias totalmente cerradas, en todo caso éstas deben protegerse de posibles daños producidos por vehículos o maquinarias en movimiento.

Artículo 455.- Las estaciones de transformadores deben estar equipadas con los dispositivos necesarios para efectuar rápidas y seguras maniobras de desconexión o conexión.

Artículo 456.- Todos los transformadores deben estar equipados con fusibles u otros dispositivos de desconexión automática, tanto en el circuito primario como en el secundario.

Artículo 457.- Las instalaciones de transformadores con devanados sumergidos en líquidos aislantes, deben regirse por las normas establecidas por la Superintendencia de Electricidad y Combustibles, además de las establecidas en este Reglamento.

Artículo 458.- Los interruptores deberán:

a) Tener capacidad de ruptura y de cierre que responda a las exigencias de su normal funcionamiento; y

b) Llevar indicaciones visibles de sus características fundamentales.

Además, los interruptores no deben poder abrirse ni cerrarse accidentalmente por efecto de la gravedad o de los choques mecánicos.

Artículo 459.- Debe existir un sólo dispositivo de partida de los equipos eléctricos, instalado tan cerca del equipo como sea posible.

Se exceptúan las instalaciones con control centralizado, en las que debe existir elementos de detención junto al equipo y en otros lugares, si fuese necesario.

Artículo 460.- Los conductores enterrados, excepto los cables de tierra, deben poseer aislación apropiada contra la humedad y deben ser instalados en ductos metálicos o bajo otra cubierta protectora equivalente, a menos que estos estén especificados para ser directamente enterrados y cuenten con la aislación propia. Tal cubierta deberá ser reforzada en los lugares más expuestos a daños.

Artículo 461.- Al atravesar barreras, puertas de ventilación y otras instalaciones semejantes, los cables deberán estar protegidos contra el riesgo de aplastamiento.

Artículo 462.- Las herramientas portátiles eléctricas deben contar con un interruptor incorporado, que corte automáticamente la corriente cuando el operador suelte el interruptor de la herramienta.

Artículo 463.- Todo conductor debe poseer adecuada protección eléctrica y mecánica para que:

a) Su aislación soporte la máxima tensión de operación, sin originar fugas ni cortocircuitos;

b) Sus cubiertas protectoras soporten los esfuerzos mecánicos a que pueda estar sometido el conductor, sin dañar ni deformar la aislamiento, y

c) Toda cubierta metálica de conductores debe ser eléctricamente continua.

Artículo 464.- La sección de todo conductor debe estar de acuerdo con las normas prescritas en las disposiciones de la Superintendencia de Electricidad y Combustibles.

Artículo 465.- Las líneas aéreas desnudas de transmisión y distribución en superficie, exceptuando las de trole, no deben estar a menos de seis metros veinte centímetros (6,20 mts.) sobre la superficie, a través de todo su recorrido. Las instalaciones de esta naturaleza, deben cumplir con el Reglamento de la Superintendencia de Electricidad y Combustibles.

En los lugares en que se produce constante movimiento de equipos bajo las líneas eléctricas aéreas, se deberán adoptar a lo menos las siguientes medidas:

a) Instalar avisos de advertencia sobre el riesgo eléctrico.

b) Indicar altura o distancias de seguridad de modo que las personas y equipos queden fuera del campo eléctrico.

c) Colocar esferas anaranjadas en los cables más bajos.

Artículo 466.- Los empalmes de los conductores deben ser asegurados por soldaduras o por conectores mecánicos, de modo que la unión a lo menos sea igual en conductividad y resistencia a la tracción del conductor. Tales empalmes deben ser adecuadamente cubiertos con una aislación equivalente a la del conductor de mayor aislación.

Artículo 467.- Los puntos por los cuales un conductor blindado entra a una carcasa de metal, deben estar provistos de un acoplamiento que afiance firmemente el conductor a la carcasa y asegure la continuidad eléctrica entre el blindaje y la carcasa.

Los puntos por los cuales los conductores entran en una carcasa de madera, deberán estar provistos de una mordaza con boquilla aislada, de modo que la mordaza no dañe a los conductores.

Artículo 468.- No se podrán efectuar reparaciones en conductores eléctricos energizados. Sin embargo, cuando lo anterior deba ser excepcionalmente practicable, las personas que hacen estas reparaciones deberán estar debidamente capacitadas y usar los elementos de protección adecuados al voltaje del conductor (guantes de goma, herramientas aisladas, pértigas aisladas, etc.).

Artículo 469.- Los conductores de los cables multiconductores deberán identificarse por colores u otros medios.

Artículo 470.- Las conexiones de los conductores a tierra y las conexiones a la cubierta metálica de los cables deberán ser ejecutadas con terminales adecuados, que aseguren en forma permanente la correcta conexión electromecánica.

Artículo 471.- Las líneas eléctricas deberán suspenderse mediante aisladores diseñados y aprobados para tal efecto.

Artículo 472.- Toda nueva instalación de tracción con hilo de contacto o trole debe ser notificada previamente al Servicio.

Artículo 473.- Los conductores desnudos, utilizados para la línea de contacto o para los alimentadores, deben instalarse de forma tal:

a) Que estén protegidos al máximo posible contra el riesgo de cortaduras; y

b) Que estén fijados a soportes aisladores convenientemente espaciados.

Artículo 474.- Los circuitos principales de trole se deben proteger con interruptores automáticos, que se desconecten por sobrecarga o cortocircuito.

En toda derivación del circuito de trole deberá instalarse un interruptor seccionador que permita desenergizar dicha rama cuando se desee intervenir en ella. Los interruptores deben:

a) Ser perfectamente visibles.

b) Poderse bloquear en la posición de apertura mediante una llave especial o candado.

c) Tener un mecanismo que indique si están en posición abierta o cerrada.

Artículo 475.- Los conductores y demás elementos instalados en las locomotoras eléctricas, deben estar protegidos contra eventuales daños causados por agentes externos.

Artículo 476.- Toda máquina eléctrica debe estar dotada de un sistema de frenos complementario con la potencia requerida para detener el móvil y poseer los correspondientes sistemas de detección y extinción de incendios.

Artículo 477.- Los rieles se conectarán eléctricamente en cada juntura, conformando un conductor continuo. Estas conexiones deben inspeccionarse periódicamente, reacondicionando las uniones que se hayan soltado.

Artículo 478.- Cuando se use uno de los rieles de la vía, aislado, con fines de señalización u otros, debe instalarse un cable de retorno que lo reemplace.

Este cable de retorno debe tener una sección equivalente a la del cable conductor, y debe conectarse al riel continuo, cada cien (100) metros.

Artículo 479.- Los conductores de trole serán de cobre duro estirado, de sección adecuada, pero no inferior a 1/0 AWG 53,5 mm2 norma nacional o equivalente.

Artículo 480.- Los conductores de trole, deberán instalarse a un mínimo de dos metros cuarenta centímetros (2,40 m.) desde la superficie.

Alturas menores serán autorizadas sólo por el Servicio, siempre que el trole se proteja con defensas aisladas del contacto accidental con personas, sus herramientas o equipos. El Servicio tendrá un plazo de treinta (30) días para responder la solicitud desde la fecha de presentación de ella en la oficina de parte.

Artículo 481.- Los trole de las locomotoras eléctricas deberán ser del tipo de arrastre (zapata o pantógrafo).

Artículo 482.- Los locales, estructuras, salas y bodegas destinadas a contener instalaciones, equipos o material eléctrico deben ser construidos con materiales incombustibles, a prueba de fuego. Deberán disponer de sistemas y procedimientos de rigor para la prevención y control de incendios y toda emergencia que pudiera producirse.

Artículo 483.- La zona inmediatamente circundante a cualquier subestación eléctrica debe mantenerse libre de hierba, césped o maleza que pueda incendiarse.

La franja de servidumbre de las líneas eléctricas debe mantenerse libre de edificaciones y vegetación que puedan provocar incendios.

Artículo 484.- Los transformadores sumergidos en algún tipo de líquido, instalados dentro de alguna construcción en superficie, deben estar protegidos con materiales a prueba de fuego que impidan que éste se extienda si el aceite o líquido contenido llegara a inflamarse.

Si tales transformadores están instalados en lugares que representen riesgo, como cerca de la entrada de la mina o cerca de construcciones inflamables, se deben disponer los medios necesarios para evacuar o represar el aceite si la cubierta del transformador llegara a romperse.

Artículo 485.- Se prohíbe la utilización de extintores, espumantes o soluciones acuosas en el combate de incendios en instalaciones, equipos y dispositivos eléctricos energizados, solo está permitido el uso de agua cuando ésta es atomizada mediante equipos especiales aprobados por el Servicio.

Artículo 486.- Se prohíbe mantener y almacenar materiales de todo tipo en subestaciones y salas eléctricas. Solo se podrá mantener en estos recintos, los equipos, herramientas y dispositivos que sean necesarios para las operaciones regulares.

Artículo 487.- Las mediciones eléctricas deben efectuarse con las precauciones necesarias para evitar los riesgos derivados de la producción de chispas.

Artículo 488.- En todos los lugares de superficie en que sea necesario, deben colocarse pararrayos adecuados para proteger las instalaciones de las sobretensiones debidas a la electricidad atmosférica.

TÍTULO X
NORMAS SOBRE CIERRE DE FAENAS MINERAS

CAPÍTULO PRIMERO
NORMAS GENERALES

Artículo 489.- Plan de Cierre es el documento en el que se determinan las medidas a ser implementadas durante la vida de la operación, con la finalidad de prevenir, minimizar y/o controlar los riesgos y efectos negativos que se puedan generar o continúen presentándose con posterioridad al cese de las operaciones de una faena minera, en la vida e integridad de las personas que se desempeñan en ella, y de aquellas que bajo circunstancias específicas y definidas están ligadas a ella y se encuentren en sus instalaciones e infraestructura.

Todo Proyecto de Plan de Cierre deberá considerar medidas propias y adecuadas a las características de la faena minera y su entorno, los que serán planteados para cumplir con los objetivos de este Título y que dependerán, a lo menos, de los siguientes factores:

- características de la faena minera, ubicación geográfica,
- cercanía a centros poblados,
- atributos relevantes del entorno, entendiéndose por tal al relieve, clima, cercanía a cuerpos de agua,

- tipo de mineralización, Riesgo de sismos.

Artículo 490.- Las Empresas Mineras deberán presentar su Proyecto de Plan de Cierre de Faenas Mineras, ya sea de la totalidad de las obras contempladas en la faena minera o de una parte de ella, en las oportunidades señaladas en el artículo 23 del Reglamento.

Artículo 491.- Corresponderá al Servicio otorgar la Resolución aprobatoria a los Proyectos de Planes de Cierre de Faenas Mineras presentados por las empresas mineras. Para ello deberá tener en consideración lo establecido en este Reglamento y, si lo hubiere, lo señalado en la Resolución de la COREMA respectiva que aprueba el Proyecto Minero desde el punto de vista ambiental. El Servicio tendrá un plazo de sesenta (60) días para responder la solicitud de aprobación del proyecto, desde la fecha de presentación de ella en la Oficina de Parte.

Artículo 492.- SERNAGEOMIN deberá velar porque se cumplan los compromisos relativos al Cierre de Faenas Mineras, para ello deberá ejercer sus atribuciones en lo relativo a su facultad de inspeccionar las Faenas Mineras, debiendo controlar que las obras y acciones indicadas en los Proyectos de Planes de Cierre se cumplan, y se efectúen las modificaciones necesarias al proyecto de acuerdo a las variaciones que experimente el proyecto de explotación.

CAPÍTULO SEGUNDO
ASPECTOS TÉCNICOS DE LOS PROYECTOS DE PLANES DE CIERRE

Artículo 493.- Los contenidos técnicos a considerar para la preparación de los Proyectos de Plan de Cierre de Faenas Mineras respecto de las principales instalaciones que componen una faena minera y de las instalaciones menores o complementarias, podrán ser establecidas por el Director por medio de Resoluciones, las que corresponderán a las materias que se individualizan por tipo de instalación en los artículos 494 al 499 del Presente Reglamento.

Artículo 494.- En Minas Subterráneas, Rajo Abierto y Canteras, el Proyecto de Plan de Cierre deberá al menos contemplar los siguientes aspectos:

- Desmantelamiento de instalaciones, si fuere necesario,
- Cierre de accesos,
- Sellado de bocaminas y/o piques a superficie,
- Estabilización de taludes,
- Señalizaciones,
- Cierre de almacenes de explosivos,
- Caracterización de efluentes.

Artículo 495.- El Proyecto de Plan de Cierre de Depósitos de Relaves deberá contener lo siguiente:

- Desmantelamiento de instalaciones,
- Secado de lagunas de aguas claras,
- Mantención de canales perimetrales,
- Sistema de evacuación de aguas lluvias,
- Cierre de accesos,
- Recubrimiento de cubeta y taludes,
- Estabilización de taludes,
- Señalizaciones,
- Habilitación de vertedero de emergencia,
- Cercado de torres colectoras,
- Instalación de cortavientos,
- Compactación de berma de coronamiento,
- Piscinas de emergencia (evaporación),
- Construcción de muro de protección al pie del talud, y
- Medidas de reparación.

Artículo 496.- El Proyecto Plan de Cierre de Botaderos y Ripios de Lixiviación deberá referirse a los siguientes aspectos:

- Construcción de diques interceptores y canales evacuadores de aguas lluvia,
- Estabilización de taludes,

- Cubrimiento con membranas impermeables y/o suelo natural, u otros,
- Compactación y definición de pendientes de superficie, y
- Lavado de ripios.

Artículo 497.- El Proyecto de Plan de Cierre de Caminos deberá incluir los siguientes aspectos:

- Evaluar los caminos que se dejarán transitables ya sea para control de la etapa de cierre, para estudios posteriores o para público en general, y los caminos que deben ser cerrados
- Señalizaciones, y
- Perfilamiento de caminos

Artículo 498.- El Proyecto de Plan de Cierre de Plantas, Edificios e Instalaciones auxiliares deberá referirse a los siguientes aspectos:

- Desmantelamiento de instalaciones, edificios, equipos y maquinarias, cuando fuese necesario,
- Desenergizar instalaciones,
- Cierre de accesos,
- Estabilización de taludes,
- Señalizaciones,
- Retiro de materiales y repuestos,
- Protección de estructuras remanentes.

Artículo 499.- El Proyecto de Plan de Cierre de Manejo de residuos y otros deberá incluir lo siguiente:

- Retiro de escombros,
- Protección de estructuras remanentes,
- Retiro y disposición final de residuos que no permanecerán en el lugar,
- Cierres y letreros de advertencia, y
- Disposición final de residuos que permanecerán en el lugar.

CAPÍTULO TERCERO
ASPECTOS TÉCNICOS DE LOS PROYECTOS DE PLAN DE CIERRES TEMPORALES

Artículo 500.- El Proyecto de Plan de Cierre Temporal deberá incluir lo siguiente:

MINAS SUBTERRÁNEAS Y DE RAJO ABIERTO:

- Cierre de accesos.
- Sellado de bocaminas y/o piques.
- Señalizaciones.
- Cierre de Almacén de Explosivos.

PLANTAS DE PROCESAMIENTO DE MINERALES:

- Desenergizar instalaciones.
- Cierre de accesos.
- Señalizaciones.

DEPÓSITOS DE RELAVES:

- Secado de lagunas de aguas claras.
- Mantención de canales perimetrales.
- Sistema de evacuación de aguas lluvias.
- Cierre de accesos.
- Estabilización de taludes (sismo máximo).
- Señalizaciones.
- Habilitación de vertedero de emergencia (diseño máxima crecida probable).
- Cercado de torres colectoras.
- Instalación de cortavientos.
- Compactación de berma de coronamiento.
- Piscinas de emergencia (evaporación).
- Medidas de reparación.

DEPÓSITOS DE ESTÉRILES

- Construcción de diques interceptores y canales evacuadores de aguas lluvia.

RIPIOS DE LIXIVIACIÓN

- Cubrimiento con membranas impermeables y suelo natural u otros.

- Construcción de diques interceptores y canales evacuadores de aguas lluvia.

OTROS

- Retiro de escombros.
- Tratamiento y disposición final de residuos no mineros.
- Cierres y letreros de advertencia.

TÍTULO XI
GENERALIDADES DE EXPLOSIVOS EN LA MINERÍA

CAPÍTULO PRIMERO
CONSTRUCCIÓN DE POLVORINES Y TRANSPORTE DE EXPLOSIVOS

Artículo 501.- La construcción de Almacenes de Explosivos y la adquisición de explosivos quedarán sujetas a lo dispuesto por la Ley 17.798 sobre Control de Armas y Explosivos y sus Reglamentos Complementarios del Ministerio de Defensa Nacional.

Artículo 502.- El control de calidad, desde el punto de vista de la seguridad para su uso y manipulación, será ejercido por el Instituto de Investigaciones y Control del Ejército, en su carácter de Banco de Pruebas de Chile, en conformidad a lo establecido por la legislación vigente.

Artículo 503.- Todo almacén de explosivos deberá ser ubicado y protegido de tal manera que se prevengan los impactos accidentales de vehículos, rocas, rodados de nieve, bajadas de aguas u otros. Su área circundante deberá mantenerse permanentemente limpia, ordenada, debidamente identificada y exenta de materiales combustibles e inflamables.

Artículo 504.- Toda Empresa Minera deberá presentar y someter a la aprobación del Servicio un Reglamento de Explosivos, el que debe considerar a lo menos, las siguientes materias:

a) Organización del transporte, almacenamiento y distribución de los explosivos, detonadores y medios de iniciación y disparo, así como su conservación, en los lugares de trabajo o en sus cercanías;

b) Medidas de seguridad que deben adoptarse para el almacenamiento, transporte, carguío, primado, taqueado y detonación de los barrenos, inspección posterior al tiro, ventilación y eliminación de los tiros quedados;

c) Condiciones de prueba y mantención de las baterías de disparo;

d) Devolución de explosivos no utilizados y eliminación de explosivos deteriorados;

e) Deberes de los trabajadores y supervisores autorizados para emplear los explosivos;

f) Conocimientos y requisitos mínimos que se exigirán a los manipuladores de explosivos; y

g) Elaboración de procedimientos específicos de trabajo que regulen la operación de equipos, instalaciones y toda actividad que requiera del uso de sustancias explosivas, tales como «tapa hoyos» mecánicos.

En un plazo de sesenta (60) días, contado desde su aprobación, éste se deberá imprimir, capacitándose al personal involucrado.

El Servicio deberá aprobar o rechazar el Reglamento dentro del plazo de 30 días hábiles contados desde su presentación en la Oficina de Parte.

Artículo 505.- El transporte de explosivos y su equipamiento cumplirán, en la vía pública, con las normas del Reglamento Complementario de la Ley Nº 17.798, y con las del Instituto Nacional de Normalización.

Artículo 506.- Todo vehículo que se use para el transporte de explosivos deberá cumplir con las disposiciones establecidas en el Reglamento Complementario de la Ley Nº 17.798 que Establece el Control de Armas y Explosivos, como también, con las normas chilenas NCH 385.Of55 y NCH 391.Of60.

Artículo 507.- En casos especiales, el Servicio podrá autorizar vehículos que transporten explosivos y detonadores al mismo tiempo, en compartimentos distintos, mediante separación adecuada, debiendo la empresa dar estricto cumplimiento a las condiciones y requisitos impuestos en la autorización.

También deberán ser autorizados por el Servicio los vehículos que transportan materias primas y que preparan el explosivo al momento de cargar el disparo.

El Servicio tendrá un plazo de treinta (30) días para responder estas solicitudes, desde la fecha de presentación de ella en la Oficina de Parte.

Estos vehículos se deberán mantener en perfectas condiciones mecánicas, llevándose para tal efecto una bitácora de mantención y un listado de verificación que el conductor estará obligado a inspeccionar antes de su utilización.

Artículo 508.- Los vehículos destinados para el transporte de explosivos en las faenas mineras, mantendrán una distancia mínima, entre ellos, de a lo menos cien (100) metros y su velocidad máxima deberá ser aquella que permita al conductor mantener siempre el control del vehículo ante cualquier contingencia que se presente. Cada faena deberá establecer en su Reglamento interno las velocidades máximas permitidas según sus condiciones de operación, como asimismo de toda restricción que sea necesaria para garantizar la seguridad del transporte.

Artículo 509.- Se prohíbe el transporte simultáneo de personas y explosivos en cualquier medio de transporte, excepto el personal involucrado en la tarea.

Artículo 510.- El sistema eléctrico del equipo de transporte deberá ser a prueba de chispas y su carrocería mantenerse a tierra mediante empleo de cadenas de arrastre o cualquier otro sistema aprobado. La posibilidad de chispas por rozamiento será eliminada aplicando al camión o vehículo un revestimiento interno de aluminio, cobre, goma o madera, con fijación de metal no ferroso.

En lo posible, el trayecto no deberá incluir cruce con instalaciones de alta tensión, ni ejecutarse con riesgo de tempestad eléctrica.

Artículo 511.- Solamente podrá utilizarse el ochenta por ciento (80%) de la capacidad de carga de un camión u otro vehículo para el transporte de explosivos. En aquellos casos debidamente justificados se podrá utilizar el cien por ciento, (100%) previa autorización del Servicio.

Artículo 512.- Cuando se transporte explosivos en ferrocarril, hacia los almacenes o frentes de trabajo, los vagones deberán estar claramente identificados, indicando su contenido, y su interior revestido de material eléctricamente aislante.

No se podrán transportar, en el mismo vagón, material explosivo y accesorios.

Artículo 513.- Si el tren es energizado eléctricamente, por medio de un trole, los vagones que contienen explosivos se separarán uno o más carros detrás de la locomotora, fuera del alcance de los elementos de contacto con la línea de fuerza (trole).

Artículo 514.- Se podrán transportar detonadores eléctricos sólo en cajones originales completos o en receptáculos aislantes cerrados que eviten toda posibilidad de contacto con elementos ferrosos e inducción de corrientes extrañas.

CAPÍTULO SEGUNDO
MANIPULACIÓN DE EXPLOSIVOS

Artículo 515.- La persona que manipule explosivos, deberá contar con licencia vigente otorgada por la autoridad fiscalizadora.

Sin perjuicio de las exigencias de conocimientos técnicos en el uso de los explosivos impuestas por la ley Nº 17.798 sobre Control de Armas y Explosivos, las empresas deberán capacitar específicamente al personal en el uso de los explosivos utilizados en la faena.

Toda instrucción que las Empresas mineras consideren para preparar a su personal en el manejo, uso y transporte de explosivos, deberá estar de acuerdo con lo indicado en este Reglamento.

Artículo 516.- En las labores mineras sólo se emplearán explosivos, accesorios, aparatos para disparar tiros y taqueadores autorizados por la

Administración de la faena, que hayan sido controlados y aprobados por el Instituto de Investigaciones y Control del Ejército (Banco de Pruebas de Chile) o por quién éste designe.

Artículo 517.- Los equipos y herramientas utilizados en el carguío, tronaduras y disparos se deben guardar en lugares fuera de polvorines y mantenerse en buenas condiciones de trabajo.

Artículo 518.- Los explosivos, detonadores y guías serán introducidos en las minas para ser guardados en los almacenes autorizados, o para ser empleados inmediatamente en conformidad a las instrucciones escritas que deben ser conocidas por todos los trabajadores expresamente autorizados para manipular explosivos.

Se deberá llevar a los frentes de trabajo solamente la cantidad de explosivos, detonantes y guías necesarios para el disparo y esto deberá hacerse en el momento de cargar los tiros. Cuando existan explosivos y/o accesorios sobrantes, éstos deberán ser devueltos al almacén o a cajones de devolución con llave, especialmente diseñados y autorizados por el Servicio. El Servicio tendrá un plazo de treinta (30) días para responder la solicitud de autorización de dichos cajones, desde la fecha de presentación de ella en la Oficina de Parte.

Artículo 519.- El transporte peatonal de explosivos y accesorios deberá efectuarse en distintos tiempos y no conjuntamente. Si se necesitare realizarlo al mismo tiempo por dos personas, éstas deberán mantener entre sí una distancia de seguridad mínima de quince (15) metros.

Artículo 520.- En las faenas mineras, sean a rajo abierto o subterránea, en que se disponga de la fabricación, suministro y de la operación de tronaduras mediante el servicio de terceros, corresponderá a éstos adoptar todas las medidas de carácter legal vigentes sobre la materia, como asimismo de las señaladas en el presente Reglamento.

Por otra parte, corresponderá a las Empresas Mineras Mandantes ejercer las medidas de control pertinentes, incluidas las exigencias que a continuación se señalan:

a) Certificación de aprobación, por parte de organismos autorizados y competentes de los productos explosivos utilizados en la faena.

b) Registro y pruebas periódicas de la formulación de los explosivos, por parte de organismos técnicos de certificación.

c) Idoneidad y capacitación del personal, mediante la certificación respectiva.

d) Normas y procedimientos en los procesos de fabricación y tratamiento de materias primas.

e) Planes y programas de control de riesgos.

Artículo 521.- Los explosivos no podrán ser llevados a los frentes de trabajo sino en forma de cartuchos, en envases cerrados, dentro de cajas de madera, aluminio o envase original. Cada caja contendrá sólo una clase de explosivos, las que deberán ser protegidas de caídas de rocas, explosiones de tiros o de choques violentos.

Los detonadores de retardo deben ser transportados sin que por motivo alguno se produzca la mezcla con retardos de distinto tipo.

Las lámparas de llama abierta a fuego se mantendrán lejos de estas cajas.

Artículo 522.- No se proporcionará a los trabajadores explosivos congelados o exudados, por lo que cualquier sustancia explosiva que presente estas características será entregada inmediatamente al Supervisor, quien designará a un empleado especializado en tal materia para que lo destruya conforme a los procedimientos establecidos.

Está estrictamente prohibido deshelar los explosivos exponiéndolos a la acción directa del fuego. Tratándose de cualquiera clase de explosivos, los que tienen más tiempo en el almacén deberán ser usados primero

Artículo 523.- Serán destruidos aquellos explosivos que estén deteriorados o que hayan sido dañados. Se deberá llevar un registro de las causas que provocaron su deterioro.

Artículo 524.- Se prohíbe a las Empresas mineras, y a toda persona que trabaje en actividades controladas por el Servicio, llevar explosivos a sitios ajenos a las labores en que deben emplearlos, o usar éstos ilícitamente.

Artículo 525.- No se permitirá el «carguío de una frente con explosivos», en tanto no se haya terminado la extracción del material del disparo anterior.

Artículo 526.- Después de cada disparo se deberá examinar el área para detectar la presencia de tiros quedados. La persona que detecte tiros de este tipo, dará cuenta inmediata al Supervisor, procediéndose a resguardar el lugar y a eliminarlos siguiendo las instrucciones establecidas en los procedimientos de trabajo fijados para tal efecto por la Administración.

En la eliminación de tiros quedados el Supervisor debe estar presente durante toda la operación, empleando solamente el personal mínimo necesario, despejando previamente el área comprometida de personal y equipos no relacionados directamente con la operación.

Artículo 527.- En los tiros quedados, cargados con mezclas explosivas sobre la base de nitratos, se sacará el taco y a continuación se anegará con agua, se colocará un cebo y se tronará.

Si se trata de tiros quedados cargados con explosivos que no sean sobre la base de nitratos, se debe sacar el taco hasta dejar el explosivo a la vista y luego se tronará.

En tiros cargados con nitrocarbonitratos en que el cartucho del cebo es de un diámetro lo suficientemente menor que el diámetro de la perforación, para que el agua a presión haga salir con facilidad el cebo, el Administrador podrá autorizar esta modalidad, dirigida por un supervisor. Una vez recuperado el cebo deberá extraerse inmediatamente el detonador.

Si por razones técnicas u otras, el Administrador deseare establecer un método diferente para eliminar tiros quedados, podrá implantarlo, una vez que sea aprobado por el Servicio. El Servicio tendrá un plazo de treinta (30) días para responder la solicitud de aprobación diferente a la establecida en el Reglamento, en cuanto al método de eliminación de tiros quedados, desde la fecha de presentación de ella en la Oficina de Parte.

Artículo 528.- En toda faena minera, será obligatorio llevar un registro de tiros quedados, como asimismo, elaborar los procedimientos pertinentes para eliminarlos, de acuerdo al tipo de explosivo utilizado y sistema de iniciación aplicado. Con relación a ello se deberán adoptar las siguientes medidas mínimas:

a) Ante la presencia de un tiro quedado, se deben suspender de inmediato los trabajos, procediendo a aislar el sector.

b) La supervisión responsable deberá adoptar las medidas pertinentes para eliminar esta condición en forma inmediata.

c) Iniciar la investigación pertinente para determinar las causas del problema.

Artículo 529.- El cartucho del cebo para iniciar un tiro quedado debe ser de igual o de mayor potencia que el usado en el cebo original. Este cartucho debe ser primado con cordón detonante o un detonador de las mismas características del cebo original.

Artículo 530.- Los tiros quedados serán eliminados en el turno en que se detecten; si por alguna razón, no es posible hacerlo, se deberá informar al Supervisor del turno siguiente a fin que proceda conforme al Reglamento General de Explosivos aprobado por el Servicio y a los procedimientos internos establecidos por la Administración.

Durante este tiempo, el área comprometida deberá permanecer aislada.

Artículo 531.- En toda mina deberá existir un libro para la información de los tiros quedados y su eliminación. Los Supervisores anotarán en dicho libro los tiros quedados detectados, eliminados o sin eliminar y respaldarán esta información con su firma.

Artículo 532.- Los restos de explosivos que se encuentren después de una quemada o bajo la marina, se deberán recoger y llevar a los cajones de devolución autorizados o al polvorín.

Artículo 533.- Si se encuentra un cartucho cebado, el área deberá ser aislada, procediendo a detonarlo insitu, de acuerdo al procedimiento para tiros quedados.

Artículo 534.- Para iniciar el ANFO u otras mezclas explosivas a base de nitratos, se empleará un iniciador de explosivos potente y en cantidad suficiente, debidamente primado mediante una adecuada combinación de explosivos auxiliares, cordón detonante, mecha, detonador de mecha, detonador eléctrico, primadet, nonel, u otros autorizados.

La cantidad de iniciador empleado en un taladro cargado con una mezcla explosiva a base de nitratos, será determinada por la empresa en base a las indicaciones entregadas por los fabricantes.

La utilización del ANFO o mezclas explosivas a base de nitratos en tiros menores de 21/2 pulgadas de diámetro requiere de adecuado confinamiento, el que se dará taqueándolo en forma manual, como se hace con la dinamita o mediante presión de aire de las máquinas cargadoras.

En caso de usar máquinas neumáticas, la presión de carguío debe ser controlada de manera de no confinar en exceso, aproximándose demasiado a la densidad crítica.

El empleo de cargadores neumáticos donde circule el ANFO, exige la aplicación de mangueras semiconductoras y su respectiva unión a tierra.

Artículo 535.- En la preparación mecánica de mezclas explosivas en base a nitratos, se autoriza el empleo de motores eléctricos acoplados con reducción adecuada, siempre que las cajas de los reductores y las carcasas de los motores eléctricos sean blindadas y estas últimas se conecten a tierra, empleando un tipo de arrancador a prueba de incendios. La instalación eléctrica será ejecutada con entubación metálica conectada a tierra y con no más de quinientos (500) volts. entre fases.

Artículo 536.- Ningún explosivo fabricado sobre la base de nitroglicerina podrá ser manipulado o puesto en contacto con herramientas o materiales ferrosos.

CAPÍTULO TERCERO
PERFORACIÓN Y TRONADURA

Artículo 537.- Las operaciones de perforación y tronadura deberán estar normalizadas por procedimientos internos, donde se contemplen a lo menos los siguientes puntos:

a) Requisitos y exigencias para el personal que se desempeña en estas funciones.

b) Normas Específicas para la operación de equipos, tanto de perforación como de carguío mecanizado de sustancias explosivas.

c) Reglas para el carguío de bancos y frentes, evacuación y tronaduras.

d) Normalización de toda otra actividad que de acuerdo a las condiciones específicas y particulares de la faena, constituya un factor de riesgo de alto potencial.

Artículo 538.- Se prohíben los trabajos de perforación en el área de un banco o frente, que se esté cargando o esté cargado con explosivos.

Artículo 539.- La perforación, en toda mina, deberá efectuarse usando el método de perforación húmeda.

Cuando por causas inherentes a las condiciones de operación, no sea posible utilizar dicho método y previa autorización del Servicio, la perforación podrá efectuarse en seco, utilizando un sistema de captación de polvo que cumpla con los siguientes requisitos:

a) La captación del polvo debe ser automática durante toda la operación.

b) El polvo debe ser recolectado sin que pase al ambiente.

c) El sistema de captación debe ser mantenido al cien por ciento (100%) de su capacidad.

El Servicio tendrá un plazo de treinta (30) días para responder esta solicitud de autorización, desde la fecha de presentación de ella en la Oficina de Parte.

Artículo 540.- El uso de explosivos en áreas especiales, ajenas a las operaciones normales de producción y desarrollo minero, sólo se hará con autorización expresa del administrador de las faenas y previa confección de un procedimiento que cautele la seguridad del personal e instalaciones.

Artículo 541.- Los cebos para tronadura deberán hacerse inmediatamente antes de ser usados y su número no deberá ser mayor que los necesarios para dicha voladura. Los cebos no deberán ser preparados en el interior de los polvorines; además, el recinto de preparación elegido deberá estar limpio y convenientemente resguardado y señalizado.

Artículo 542.- Todo barreno deberá ser de diámetro apropiado, de modo que los cartuchos de explosivos puedan ser insertos hasta el fondo del mismo, sin ser forzados, para no dañar el cebo.

Artículo 543.- Los explosivos no deberán ser removidos de su envoltura original antes de ser cargados dentro del barreno. Para barrenos cortos en cachorreo se podrá usar menos de un cartucho, el que deberá ser seccionado transversalmente.

El Supervisor podrá autorizar el uso de explosivos para quebrar piedras, usando cartuchos o medios cartuchos, colocados sobre ellas, sin sacar el envoltorio.

Esta regla no se aplicará a los explosivos granulados, slurries o a los explosivos líquidos.

Artículo 544.- Cuando se carguen explosivos granulados o a granel, podrá usarse un método de carguío manual, mecanizado o neumático.

En el carguío de tiros de gran diámetro utilizando camiones, la manguera de carguío deberá tener un diámetro menor que el diámetro crítico del explosivo que está siendo cargado.

Artículo 545.- Cuando se use cordón detonante para «primar» un cebo que irá en un barreno, éste se introducirá hasta al fondo de la perforación, cortando inmediatamente la guía del carrete. El cordón, se sostendrá firmemente para mantenerlo fuera del barreno como también separado de otros explosivos en la superficie, procurando que no interfiera en la operación de carguío.

Artículo 546.- Ningún transmisor radial debe estar en operación a una distancia menor a veinte metros (20 mts) del área en la que se efectuará una tronadura con encendido eléctrico.

Artículo 547.- La iniciación de un disparo por medios eléctricos podrá adoptarse, sólo después que la Administración haya efectuado los análisis de riesgo pertinentes y dispuesto las medidas necesarias para evitar explosiones accidentales por inducción de corrientes indeseadas a los sistemas.

Artículo 548.- Cuando se carga una voladura con detonantes eléctricos, los explosivos no deberán ser transportados hacia el área del disparo hasta que todos los circuitos eléctricos hayan sido previamente desconectados hasta un punto alejado por lo menos treinta (30) metros del área de disparo. Después de la tronadura, los circuitos eléctricos se energizarán con autorización del Supervisor encargado de la tronadura.

Artículo 549.- En el caso de usar detonadores eléctricos y explosivos en base a nitroglicerina deberá evitarse el golpe excesivo en el taqueo y se deberán usar para este efecto solamente taqueadores de madera o de plástico especial endurecido, sin partes metálicas ferrosas.

Artículo 550.- Cuando se prime con detonadores eléctricos, éstos deberán ser probados con un galvanómetro de voladura o instrumento apropiado individualmente antes de usarlos.

Artículo 551.- En las áreas autorizadas para tronadura eléctrica, deberá conectarse a tierra todo elemento susceptible de acumular y transmitir energía eléctrica, de cualquier naturaleza, como estructuras, cañerías, rieles, anclajes y otros. Dichas conexiones a tierra deben, además, tener continuidad hacia la línea general de descarga de la mina o bien a lugares apartados del sector de riesgo.

Artículo 552.- Antes de iniciar el carguío con detonadores eléctricos, deberá comprobarse, con instrumentos debidamente calibrados, que en el lugar no exista amperaje superior a cincuenta (50) miliamperes. Esta comprobación se hará midiendo entre cañerías, rieles, estructuras, equipos, agua y la roca.

Artículo 553.- En el encendido eléctrico deberá proveerse, como mínimo, la potencia necesaria para suministrar la corriente teórica requerida por la voladura. En cada caso de encendido eléctrico, cualquiera que sea la fuente de potencia, deberán observarse las limitaciones indicadas por el fabricante del explosivo o de la máquina para voladuras.

Artículo 554.- Los circuitos de disparos deberán consistir en dos conductores en perfectas condiciones. Los conductores de la fuente de energía y los de la línea de disparo deberán estar completamente aislados y mantenidos libres de contactos con cualquier otro conductor eléctrico, líneas aéreas y/o charcos de agua.

Artículo 555.- Los terminales del alambre del detonador deberán permanecer siempre en cortocircuito hasta que se conecten al circuito o a la línea de disparo.

Artículo 556.- Toda conexión desnuda deberá ser aislada o cubierta, de modo que prevenga fugas de la corriente en el momento del disparo o ingreso de corrientes extrañas al circuito.

Artículo 557.- Cuando se hagan conexiones en el área de disparo, la línea de tiro deberá estar en cortocircuito en el extremo próximo a la fuente de energía, pero no a tierra, y deberá quedar bajo el control del Supervisor.

Los alambres deberán ser estirados desde el área de disparo hacia la fuente de potencia para hacer la conexión final y efectuar el disparo.

Artículo 558.- Antes de conectar las líneas de tiros al circuito de fuerza, el Supervisor deberá asegurarse, por prueba, que no existe diferencia de potencial entre los dos alambres de la línea de disparo. Se cortocircuitarán los conductores de la línea de tiro, cada ciento cincuenta metros (150 mts) o fracción.

Artículo 559.- Para hacer la conexión de los terminales de los conductores de los detonadores y los conductores de la línea de disparo, se deberán usar pinzas especiales que mantengan cortocircuitado, en todo momento, el sistema. Dicho dispositivo estará formado por un conductor revestido, con una pinza (caimán) en cada extremo.

Artículo 560.- El circuito de potencia usado para disparar, deberá ser controlado por un interruptor localizado a una distancia determinada por el Supervisor. Tales interruptores, cuando se hallen en servicio, deberán permanecer en una caja hermética, cerrada todo el tiempo, excepto cuando se enciendan, y sólo el Supervisor tendrá acceso al interruptor. Este deberá estar en cortocircuito en la posición «desconectado» y dispuesto de modo que la tapa de la caja pueda ser cerrada solamente cuando esté en dicha posición.

Artículo 561.- Cuando se dispara por medio de un circuito de potencia, éste deberá estar cortado por lo menos en un lugar y separado por un tramo mínimo de un metro cincuenta centímetros (1,50 m.) del lado de entrada de la corriente al interruptor, excepto durante la operación de encendido. El tramo de separación sólo deberá ser conectado inmediatamente antes del encendido por medio de un dispositivo eléctrico de cables con enchufes y fusibles, el cual deberá ser guardado en un estante con llave, cuando no se use.

Artículo 562.- Cuando se detona con máquina disparadora, ésta deberá estar localizada a una distancia determinada por el Supervisor. Los alambres de la línea de disparo deberán permanecer en cortocircuito hasta que la frente esté lista para detonarse, debiendo ser desconectados de ésta y puestos en cortocircuito tan pronto se haya efectuado el disparo.

Artículo 563.- Si se dispara con guía a fuego (mecha para minas), el usuario verificará la información del fabricante sobre velocidad de combustión de la mecha adquirida, la que deberá constatarse en el envase. Se usará un largo mínimo de setenta y cinco centímetros (0,75 m.) de guía para encender cualquier carga o tiro.

En desquinche o disparos de producción, la longitud de la guía deberá equivaler a la del tiro más largo, más setenta y cinco centímetros (0,75 m.).

En caso de frentes de gran sección la guía deberá ser de tal longitud que evite que el personal tenga que usar escaleras o andamios para encenderlas.

En el desarrollo de piques se permitirá el uso de guía corriente, sólo sí, dicho desarrollo ofrece las condiciones necesarias para evacuar en forma rápida y oportuna al personal que participa en el encendido del disparo.

La guía deberá ser encendida con un encendedor eficaz. Se consideran eficaces los fósforos mineros, thermalite o equivalente.

Artículo 564.- Para fijar los detonadores a fuego o conectores sobre las guías se deberá usar, solamente, el alicate minero diseñado para este propósito.

Artículo 565.- En la operación de carguío con explosivos, como en su manipulación, deben estar determinadas previamente, la distancia y el área dentro de las cuales no se podrán efectuar trabajos diferentes a dicha operación.

Sólo se permitirá permanecer en el área al personal autorizado e involucrado en la manipulación del explosivo. El supervisor a cargo de la tronadura, excepcionalmente autorizará, el ingreso de personas ajenas a la operación de carguío.

Artículo 566.- Será obligatorio el uso de señalización de advertencia en el área, como asimismo el uso de distintivo especial para el personal que interviene en dicha operación.

Artículo 567.- En la operación de carguío de explosivos y antes de encender cualquier disparo, se deberá aislar convenientemente el área a tronar, colocando las señalizaciones de advertencia que corresponda y bloqueando el acceso de personas, equipos y vehículos a ésta.

Se deberá suspender toda actividad ajena a las operaciones con explosivos, en el sector comprometido.

Artículo 568.- Todas las vías de acceso a la zona amagada deben estar protegidas con loros vivos (personas), perfectamente instruidos por el Supervisor. En casos debidamente justificados y reglamentados, se podrán utilizar loros físicos como «tapados», barreras y letreros prohibitivos.

Los loros vivos deben ser colocados por el Supervisor, anotando su ubicación y nombre. Cuando se trate de una zona muy extensa, más de un Supervisor puede colocar los loros que resguarden la zona, pero cada uno de ellos debe reportar a un Supervisor general. Una vez efectuada la tronadura, el mismo Supervisor que los colocó deberá retirarlos.

Artículo 569.- Las tronaduras se avisarán por medio de procedimientos específicos, que alerten a los trabajadores tanto la iniciación de los tiros como la cesación del peligro. Todo lo anterior, debe estar indicado en el procedimiento interno de tronaduras de la Empresa.

Artículo 570.- Toda vez que los efectos de una tronadura en términos de vibraciones, transmisión de ondas aéreas o ruidos de impacto medidos y fundados en parámetros técnicos, puedan eventualmente afectar a instalaciones, estructuras, construcciones o poblados cercanos; la Administración de la empresa deberá adoptar las medidas de control pertinentes a objeto de minimizar dichos efectos.

Cuando las tronaduras se realicen en lugares próximos a edificios, propiedades o instalaciones, éstos deberán utilizar implementos protectores que eviten que las proyecciones, producto de la tronadura, los afecten.

Artículo 571.- Nadie podrá retornar al área de disparo mientras ello no sea permitido por el Supervisor a cargo, quien instruirá por algún medio de comunicación o señales estandarizadas para tal efecto.

Artículo 572.- Se deben tomar todas las precauciones para cargar explosivos en perforaciones calientes o que contengan cualquier material extraño caliente.

Los barrenos con temperaturas superiores a sesenta grados Celsius (60° C) deben ser enfriados con agua u otro medio; si esto no es posible, se aplicarán procedimientos especiales de operación aprobados por la Administración.

Artículo 573.- Se prohíbe estrictamente volver a barrenar en los restos de perforación de disparos anteriores (culos) o en perforaciones hechas anteriormente para otra finalidad diferente de la tronadura. En los casos en que un tiro hubiere detonado, pero sin alcanzar a «botar», estará permitido recargar el barreno, siempre que esté en condiciones adecuadas, pero solamente después que la temperatura del barreno haya sido reducida.

Artículo 574.- Los fondos de barrenos, o culos, de tiros anteriores, serán señalados con estacas de madera para evitar penetración accidental o involuntaria de las brocas que intervienen en la perforación siguiente.

Los nuevos barrenos, deberán perforarse a no menos de veinte centímetros (0,20 m.) debiendo mantenerse paralelos al culo más cercano.

Artículo 575.- Se puede emplear la iniciación múltiple, colocando iniciadores en varios puntos de la columna explosiva.

En tal caso, cada iniciador deberá estar conectado a su cordón detonante el que a su vez se unirá a la línea principal o troncal, lo que se puede aplicar a detonadores eléctricos o no eléctricos.

Artículo 576.- Cada uno de los tiros cargados deberá ser taqueado adecuadamente para asegurar el debido confinamiento de la carga y disminuir la posibilidad de tiros soplados.

Artículo 577.- Se prohíbe estrictamente taquear los cebos de tronadura, los que deberán ser depositados suavemente en la perforación.

Artículo 578.- No se deberá mantener dentro del área a tronar, una cantidad de explosivos superior a la necesaria para el disparo, la que será indicada por el Supervisor. Tales explosivos deberán ser apilados a no menos de ocho metros (8 mts) del barreno más cercano que está siendo cargado, de manera que cualquiera explosión prematura no se propague de una pila a otra.

Lo dispuesto en el inciso anterior no se aplicará a los tiros que se carguen directamente con vehículos que posean sistema mecánico o neumático.

Artículo 579.- Las operaciones de la voladura deberán efectuarse con el menor número de personas que la práctica lo permita. Ninguna persona que no haya sido autorizada podrá estar presente, en o cerca del área de disparo.

Artículo 580.- Cuando se inicie un disparo con cordón detonante, el detonador o detonadores requeridos para el encendido del disparo no deberán ser unidos al cordón hasta que todas las personas, excepto el disparador y ayudante, se hayan alejado a una distancia segura.

Artículo 581.- Cuando el encendido de un disparo pueda dañar a otros dentro del área vecina, todos los barrenos que han sido cargados en el entorno, deberán ser incluidos y encendidos en la tronadura.

Artículo 582.- Antes del carguío de tiros para el cachorreo, se detendrá toda actividad ajena a estas operaciones y no se permitirá la permanencia de personas extrañas, ni tránsito de vehículos o equipos, en el área delimitada por el Supervisor a cargo del cachorreo.

Artículo 583.- Para cubrir la carga explosiva de los «parches», se usará arcilla u otro material similar, libre de partículas que puedan proyectarse peligrosamente al ocurrir el disparo.

Se autoriza el empleo de explosivos de forma cónica en la operación de cachorreo, capaces de actuar sin cubierta de confinamiento y firmemente asegurados para mantenerlos en la posición escogida.

Artículo 584.- Para el encendido de una o más guías en cualquier disparo, se deben emplear como mínimo dos personas, cualquiera sea la cantidad de tiros.

Artículo 585.- Cuando se utilice guía corriente para iniciar un disparo en labores subterráneas, el ingreso del personal a la frente no deberá ser antes de treinta minutos (30 min) después de la tronada, siempre que las condiciones ambientales lo permitan.

Artículo 586.- Previo al carguío, los barrenos deberán ser soplados con aire comprimido para limpiarlos; y bajo ninguna circunstancia se deberá soplar y cargar en la misma frente simultáneamente.

Esta medida no se aplicará a perforaciones de gran diámetro de minas a rajo abierto, en cuyo caso se deberá aplicar las distancias de seguridad autorizadas por la Administración.

TÍTULO XII
PUERTOS DE EMBARQUE DE MINERALES

Artículo 587.- En lo esencial, su accionar se regirá por la normativa prescrita en este Reglamento, sin perjuicio de aquellas específicas que, a este respecto dicta el Ministerio de Defensa Nacional, aludida en el Artículo N° 17, Números Uno (1°) y Cinco (5°) del Código de Minería, y por aquellas privativas que norma la actividad portuaria.

Artículo 588.- Serán aplicables a los Puertos de Embarque de minerales, concentrados o pastas, todas las disposiciones del presente Reglamento, en todo lo pertinente.

Artículo 589.- Las Empresas Mineras que posean puertos de embarque de minerales propios o que hagan usufructo de instalaciones de terceros, deben poseer un reglamento interno de seguridad, el que será revisado y aprobado por el Servicio. El Servicio tendrá un plazo de treinta (30) días para responder esta solicitud de aprobación del reglamento, desde la fecha de presentación de ella en la Oficina de Parte.

Dicho reglamento contendrá normas, cuando corresponda, al menos sobre los siguientes puntos:

a) Perforación de pozos terrestres o costa fuera;
b) Motores, equipos e instalaciones eléctricas;
c) Delimitación de zonas peligrosas;
d) Sistemas de alumbrado;

e) Uso de material explosivo;

f) Sistema de Seguridad de Instalaciones;

g) Elementos de protección personal;

h) Primeros Auxilios;

i) Prevención y control de incendios;

j) Procedimientos en casos de emergencias. Código de señales; y

k) Manual de procedimientos de evacuaciones terrestres, en caso de tormentas, incendios o maremotos.

TÍTULO XIII
SANCIONES

Artículo 590.- Las contravenciones a las disposiciones del presente Reglamento y a las Resoluciones que para su cumplimiento se dicten, en que incurran las Empresas mineras, y sin perjuicio de las medidas correctivas que se establezcan, podrán ser sancionadas con multas de veinte (20) a cincuenta (50) Unidades Tributarias Mensuales por cada infracción. En caso de reincidencia, las infracciones serán sancionadas con el doble de dichas multas.

El Servicio mediante Resolución establecerá las diversas categorías de contravenciones a las disposiciones del presente Reglamento, señalándose en cada caso la multa que corresponda aplicar.

Artículo 591.- Las penas de multas aludidas en el artículo anterior se impondrán en Resolución del Director Nacional del Servicio, previa solicitud del Subdirector Nacional de Minería, para los efectos de su aplicación administrativa.

Las reclamaciones y el cumplimiento de la Resolución mediante la cual se apliquen sanciones, se regirán por el procedimiento establecido en el artículo 474 del DFL Nº 1, del año 1994, del Ministerio del Trabajo y Previsión Social.

Artículo 592.- En caso de reincidencias, se podrá determinar el cierre temporal o indefinido, ya sea total o parcial de la faena minera respectiva. Asimismo, en los casos en que a juicio del Servicio, atendida la naturaleza de la infracción y los perjuicios que se hayan ocasionado o se puedan causar, se trate de infracciones graves de las empresas, se podrá también disponer el cierre temporal o indefinido, parcial o total de la faena minera respectiva.

TÍTULO XIV
DISPOSICIONES FINALES

Artículo 593.- Para todos los efectos de este Reglamento, las palabras o frases que se indican a continuación, tendrán el siguiente significado:

a) Minería

1. Acuñar:

Operación de desprender mena o estéril desde zonas agrietadas determinando una remoción sistemática y controlada.

2. Balde:

Receptáculo destinado a la extracción de mena o estéril por los piques.

3. Barreno o tiro:

Agujero hecho en la roca, con una herramienta de perforación.

4. Barretilla de acuñadura:

Barra metálica, confeccionada de cañería o material liviano, con ambos extremos aguzados, uno de ellos con leve inclinación.

5. Broca, barra o barreno:

Herramienta de perforar.

6. Cabezal de poste metálico:

Extremo superior de poste metálico que recibe la carga del techo de la labor, que va apoyado a la viga, usado en la minería del carbón.

7. Cachorro:

Tiro generalmente de corta longitud que se hace en tronadura secundaria.

8. Cajas:

Paredes laterales de una labor minera o roca encajadora que limita una veta.

9. Caverna:

Excavación subterránea, de cualquiera forma y volumen, destinada a contener una instalación o equipos para la operación de una mina.

10. Chiflones:

Labores inclinadas que se abren desde arriba hacia abajo.

11. Chimenea:

Labores inclinadas o verticales que se abren desde abajo hacia arriba.

12. Choca o ciega:

Se emplea en la minería del carbón, para designar la zona de derrumbe de las estratas del techo sobre las estratas del piso, consecuente con la extracción del manto de carbón que se encontraba intercalado entre ambas.

13. Colapso o derrumbe:

Rotura de material pétreo debido a sobre deformaciones de sus límites plásticos o elásticos, provocando su caída.

14. Circuito de Ventilación:

Conjunto de aberturas mineras y ductos que, conectados a un ventilador u otra fuente capaz de generar una diferencia de presión y a eventuales dispositivos de control, constituyen un sistema de ventilación minera.

15. Colpas:

Trozos de mena o estéril de un tamaño superior al necesitado.

16. Combo, macho o maza:

Herramienta usada para reducir a golpes trozos grandes de mena o estéril.

17. Convergencia en labores:

Movimiento de aproximación entre cajas o entre piso y techo de una labor minera, consecuente con la tendencia al cierre del vacío que se practica en la ejecución de dicha labor, generando presiones capaces de inducir deformaciones plásticas y deformaciones elásticas que pueden colapsar la estructura pétrea circundante.

18. Corte y relleno:

Método de explotación subterránea mediante el cual se extrae la mena y se ubica sistemáticamente en su lugar material estéril, que puede proceder de clasificación de relaves de proceso de concentración húmeda hidráulicamente transportado, rocas u otros.

19. Desarrollos mineros:

Nombre genérico dado a toda excavación en forma de túnel, construidos por su aprovechamiento potencial como conductos de vías interiores de comunicación y/o transporte de personal, equipo, menas, estériles o flujos de desagüe o ventilación mineras.

20. Durmiente:

Pieza de apoyo para rieles sobre el piso de una labor.

21. Enmaderar:

Fortificar con madera.

22. Enmallado:

Es la aplicación de una malla metálica sobre una red de fortificación por apernado que limita el tamaño del posible planchoneo entre pernos, a lo menos al hueco que la malla define o que es posible de usar como elemento de apoyo de gunitización o shotcreteadura.

23. Entibar:

Sinónimo de fortificar. Prevenir los desprendimientos de roca consecuentes con la convergencia en labores mediante el uso de elementos soportantes.

24. Estampillas:

Golillas o planchas de fierro para repartir la presión de la tuerca que se utiliza en la colocación de pernos usados en fortificación.

25. Estéril:

Material económicamente inútil que sale con la mena o en desarrollos mineros.

26. Formación minera de vetas:

Se trata de agrietamientos mineralizados según planos definibles con inclinaciones superiores a 45° respecto de la horizontal.

Las formaciones pétreas vecinas a las vetas se denominan «Roca Encajadora».

27. Fortificación por apernado:

Es un sistema de fortificación mediante el cual, por medio de pernos, se amarran las estratas o formaciones pétreas agrietadas, con las que se encuentran menos afectadas hacia el interior del macizo, para evitar su desprendimiento imprevisto.

28. Gunitización:

Es un sistema de fortificación o mejoramiento de las condiciones superficiales de laboreos mineros mediante una proyección de mezcla fraguable de cemento, arena y agua lanzada con aire o gas a presión.

29. Jack-legs:

Perforadoras manuales con émbolo de empuje.

30. Jumbo:

Carro diseñado para perforación mecanizada, neumática o electrohidráulica.

31. Labor:

Nombre dado a los trabajos mineros.

32. «La Frente» o «El Frente de Avance»:

Zona de apertura de un túnel.

33. Marchavante:

Maderas o fierros que sirven para afirmar el cerro, con el objeto de colocar marcos, antes de continuar el avance de un túnel.

34. Maestra de revuelta:

Es un laboreo practicado, según una horizontal, en la parte superior del manto original por el cual se extrae el aire viciado que se desprende de la frente de trabajo en el arranque de carbón.

35. Maestra principal:

Es un laboreo de acceso a la frente de carbón situada al pie de la frente, según una horizontal, del manto original por la cual se extrae el carbón explotado y el exceso de tosca de los laboreos de desarrollo y por donde se introduce el aire fresco necesario para asegurar una correcta ventilación.

36. Mangueras semiconductoras:

Son aquellas cuya resistencia eléctrica se encuentra entre cinco mil (5.000) y cincuenta mil (50.000) ohm/pie lineal. El valor máximo de una instalación no debe exceder los dos millones (2.000.000) de ohm.

37. Manto:

Formación minera que tiene una inclinación inferior a 45° con respecto a la horizontal.

38. Marcos metálicos:

Elementos de fortificación soportantes con piezas de fierro o acero. Existen sistemas rígidos y cedentes.

39. Marina:

Roca o mena fracturada, por los explosivos, en un disparo o tronadura; la marina puede tener valor comercial.

40. Máscara de filtro, respirador o trompa:

Elemento usado para la protección personal contra polvo y/o gases dañinos para la salud.

41. Menas:

Estructuras pétreas que contienen elementos minerales en proporción suficiente para ser seleccionadas como especímenes útiles a los propósitos productivos de la explotación minera.

42. Método de explotación subterránea de minas de carbón:

Se define por los tres métodos que se indican:

a) Cámara y pilares.

b) Frentes cortas (short wall)

c) Frentes largas (long wall)

d) El método de cámaras y pilares se desarrolla en las siguientes etapas:

1. Definir un macizo a explotar y realizar entradas en éste; éstas deben ser paralelas entre sí y en el sentido del avance de la mina.

2. Se forman pilares haciendo estocadas perpendiculares entre las entradas paralelas; en esta etapa las áreas abiertas por las entradas paralelas y las estocadas deben ser sólo las necesarias, extrayendo solamente alrededor del 30% del volumen total.

3. Se completa la extracción de los pilares prácticamente en retirada, los que pueden ser adelgazados o totalmente recuperados.

El método es fácilmente mecanizable.

b) El método de frentes cortas consiste en la apertura de una faja de acceso según la línea de máxima pendiente del manto, o según una inclinación compatible con su satisfactorio trabajo gravitacional de medios mecanizados de transporte que pueden consistir en canoas metálicas, transportadoras de canjilones sobre superficie metálica u otros medios equivalentes.

El carbón es previamente circado y debilitado con disparos subcríticos para ser arrancado mediante picos neumáticos, cepillos mecánicos, tambores mecánicos o, según su dureza mediante simple picota. La fortificación de las labores de las frentes está constituida por un sistema de postación metálica o de madera para mantener a lo menos tres sistemas de calles, a saber:

- calle del barretero,
- calle de la canoa o transportador, y
- a lo menos una calle de seguridad.

c) El método de explotación de frentes largas, sólo difiere del de frentes cortas por la magnitud de la frente operativa.

La ventilación de las frentes de carbón es desarrollada desde abajo hacia arriba, en tanto que el transporte del carbón se desarrolla desde arriba hacia abajo, o sea, en sentido gravitacional.

43. Mono:

Poste de madera de diámetro variable, resistente, utilizado en fortificación provisoria.

44. Parche:

Carga explosiva que se coloca en hendiduras o adherido a la superficie de la roca que se desea romper.

45. Perforación o barrenado:

Acción de perforar la roca con una herramienta de perforación.

46. Perforista:

Operador de máquinas perforadoras.

47. Perno coquilla:

Perno, tuerca y coquilla de expansión como conjunto fijable en el interior de un barreno apropiado.

48. Perno cuña:

Perno con cuña a presión en su extremo interior.

49. Perno lechada:

Perno de fierro con resalte, fijado con lechada de cemento.

50. Perno marchavante o pre anclaje:

Perno de fierro con resalte ubicado con función de fortificación adelantada, que será complementada posteriormente con pernos de anclaje.

51. Perno resina:

Perno de fierro con resalte, fijado en el barreno mediante resina sintética.

52. Perno split-set (Tudex):

Tubo de acero ligeramente cónico, con una ranura longitudinal, de diámetro algo mayor que la perforación donde se introducirá.

Su diámetro disminuye al introducirlo al barreno, generando presiones de fijación por el efecto elástico de expansión del tubo.

53. Piques:

Labores verticales o inclinadas, que se corren de arriba hacia abajo.

54. Pilar:

Soporte de material pétreo dejado como fortificación.

55. Pirquineo:

Explotación artesanal de las zonas más enriquecidas, sin programación de las secuencias operativas, buscando maximizar la utilidad y minimizar el capital invertido a expensas de la vida útil del yacimiento minero y/o de la seguridad de sus trabajadores.

56. Piso:

Parte inferior de una galería o socavón.

57. Planchón:

Roca generalmente de gran tamaño semidesprendida.

58. Pepping:

Es el fenómeno de desprendimiento y/o proyección repentina de lajas de la superficie de las rocas.

Este se presenta sólo en rocas duras y quebradizas en minas profundas.

59. Pre-splitting:

Sistema de trizadura de la roca con explosivos, previa al disparo propiamente tal.

60. Protector de oídos:

Son elementos usados para proteger al personal del ruido industrial.

61. Refugio:

Frontón hecho en las cajas de las galerías con el propósito de proteger al personal, que transita por una galería por la cual circulan vehículos.

62. Roof-bolt (perno de techo):

Perno de fierro, cuyo trabajo es sujetar la periferia de la roca, afirmándose del interior del cerro.

63. Shotcreteadura:

Es un sistema de fortificación o mejoramiento de las condiciones superficiales de los laboreos mineros, mediante aplicación por aire comprimido de un mortero, en el cual las partículas pétreas incorporan arenas de granulometrías gruesas y/o granzas finas.

64. Socavones:

Labores mineras horizontales o cercanas a la horizontal.

65. Tablestacado:

Operación intercalada entre la ventilación de la frente y la fortificación, después de la acuñadura, que incorpora una protección temporal y que se apoya en la fortificación anterior o que utiliza barrenos practicados en el techo, rellenados con cementante que alcanza a fraguar con anterioridad al disparo y, que permite un soporte que mejora las condiciones de resistencia para actuar en la etapa del ciclo siguiente, reduciendo el riesgo de derrumbes que afecten al personal destinado a la operación de extracción de la marina.

66. Techo:

Parte superior de una labor minera subterránea.

67. Tiro:

Perforación o barreno cargado con explosivos.

68. Torno o huinche:

Equipo utilizado para izar o arrastrar materiales, mediante cables que arrollan en tambores.

69. Tornero o huinchero:

Persona encargada de la operación de un torno o huinche.

b) Electricidad

70. Aislación:

El resultado del empleo de materiales para separar eléctricamente un conductor de otros conductores de partes conductoras a tierra.

71. Aislado:

Separado permanentemente de otras superficies conductoras por un elemento dieléctrico o por un espacio de aire que ofrece una alta resistencia al paso de corriente y a la descarga disruptiva a través de la sustancia o espacio. Cuando un objeto cualquiera se dice que está aislado, se entiende que está aislado de manera adecuada para las condiciones a que está sometido. La cubierta aislante de los conductores es un medio para hacer que los conductores estén aislados eléctricamente.

72. Aislante:

Referido a la cubierta de un conductor o a vestimentas, resguardo, barras y otros dispositivos de seguridad, significa que cuando esté interpuesto entre las partes conductoras y las personas, las protege contra un choque eléctrico.

73. Ascareles (Bifenilos-Policlorinados - PCB):

Se denominan ascareles a una clase de líquidos orgánicos constituidos por Bifenilos clorinados. Se les conoce también con los nombres comerciales de Pyrano, Inerteen, Aroclor, etc. Tienen muy buenas propiedades dieléctricas; son además, inflamables y de muy alta estabilidad.

Este compuesto no es biodegradable y es altamente tóxico, por lo cual se ha prohibido su uso.

74. Canalización:

Cualquier canal (bandejas) para contener conductores o cables de instalaciones que se diseña y usa para ese fin. Las canalizaciones pueden ser de metal o material aislante.

75. Cable:

Conductor sólido o trenzado con aislación o sin ella o una combinación de conductores aislados entre sí.

76. Cable armado:

Conductor o conductores eléctricos aislados y protegidos mecánicamente por una o varias cintas metálicas. Sobre éstas, normalmente va una cubierta de protección contra el polvo, humedad, etc.

77. Circuito:

Un conductor o sistema de conductores por los cuales circula una corriente eléctrica.

78. Conductor:

Material metálico, usualmente en forma de alambre o cable, adecuado para el transporte de corriente eléctrica.

79. Conductores de puesta a tierra:

Conductor que se usa para poner a tierra el equipo o el sistema de alambrado a un electrodo o electrodos a tierra.

80. Ducto:

Canalización tubular para cables o conductores subterráneos.

81. Equipos:

Término general que comprende accesorios, dispositivos, artefactos, aparatos y similares, usados como una parte o en conexión a una instalación eléctrica.

82. Expuesto:

No aislado o resguardado. Dispositivo que puede ser tocado accidentalmente o al que una persona pueda aproximarse más cerca de la distancia segura. Se aplica a aquellos objetos que no están aislados o resguardados en forma conveniente.

83. Interruptor:

Aparato para abrir o cerrar o para cambiar la conexión de un circuito. Se entenderá que un interruptor es maniobrado manualmente, a menos que se indique otra cosa.

84. Líneas eléctricas:

Los conductores, aisladores y sus soportes o estructuras que las contengan, usados para el transporte de energía eléctrica. Este término se refiere a líneas aéreas.

85. Línea de transmisión:

Conductor o grupo de conductores con o sin aislación montados sobre aisladores, destinados a transportar energía eléctrica. Estas líneas pueden ir montadas sobre paredes de edificios industriales, paredes de galerías o en postación.

86. Operador de equipo eléctrico:

Es la persona autorizada para maniobrar un equipo que funciona sobre la base de energía eléctrica, tales como: locomotoras, cargadores frontales, perforadores, trituradores, tableros de comando para señales de ferrocarril u otros.

87. Pararrayos:

Dispositivo protector para limitar un impulso transitorio sobre el equipo, por descarga o derivaciones de la corriente del rayo.

88. Puesto a tierra:

Conectado a tierra o a algún cuerpo conductor extenso que sirve como tierra.

89. Sistema puesto a tierra:

Sistema de conductores en el cual por lo menos un conductor o punto (usualmente el alambre central o el punto neutro de los devanados de un transformador o generador) está intencionalmente puesto a tierra, sólidamente o a través de un dispositivo limitador de corriente.

90. Trole:

Conductor eléctrico que cumple la función de hilo de contacto, al cual se conecta el toma corriente del equipo móvil (tren, camión, pala, cargador, grúa, etc.); éste va soportado sobre aisladores.

91. Trole encapsulado:

Conductor eléctrico que cumple la función de hilo de contacto. Este va cubierto por una aislación y sólo es accesible por una ranura, en la cual se introduce la zapata del toma corriente del equipo.

c) Otras definiciones

92. Cebo:

Cartucho preparado con un detonador corriente y la respectiva guía, otro tipo de detonador o cordón detonante.

93. Prima o guía armada:

Trozo de guía corriente (a fuego) con el respectivo detonador corriente; puede también llevar conector.

94. Llauca o barretilla:

Herramienta metálica que se usa para diferentes tareas, entre otras para hacer correr saca, excavar, acuñar.

95. Pinzas corto circuitadoras o pinzas especiales:

Es un dispositivo de seguridad compuesto por un cable de cobre con revestimiento en cuyos extremos lleva soldado una «pinza eléctrica» (caimán).

96. Culos:

Fondos de tiros anteriores.

97. Botaderos:

Lugares destinados a la depositación de desmontes o desechos sólidos.

98. Botaderos (Ferrocarriles):

Mecanismo de seguridad que se ubica antes de instalaciones importantes, para desrielar algún equipo ferroviario fuera de control.

99. Freno de hombre muerto:

Sistema de freno de Seguridad que tienen algunos huinches y locomotoras, que se accionará cuando el operador deja de presionar el pedal. Frenaría automáticamente en caso de pérdida de conocimiento del operador.

100. Apir:

Minero artesanal que transporta el mineral extraído en un capacho que carga sobre su espalda.

101. Apir (mina de carbón):

Trabajador equivalente al jornalero de interior mina.

102. Escala patilla:

Escala labrada en un tronco o palo de gran sección.

103. Escalas huesilleras de gato o de cable:

Escalas construidas de cables de acero y travesaños metálicos, o de madera que van insertos en el cable.

104. Canastillo:

Descanso de madera o rejilla de acero, que se coloca cada cinco (5) metros en las chimeneas o pique escalerados.

105. Chuzo o barreta:

Herramienta metálica de mayor peso que la llauca.

106. Explosor:

Llamado también «máquina de voladura».

Son dispositivos electromecánicos portátiles usados para iniciar disparos eléctricos. Existen dos tipos básicos, a saber (1) Generador y (2) Descarga de condensadores (C.D.).

El tipo de generador consiste en un pequeño generador eléctrico, activado a mano. La energía manual se entrega a través de un mecanismo de giro o de bajada de una cremallera y alcanza su máximo al final de la carrera de bajada.

El tipo de condensadores posee uno o varios condensadores que almacenan una gran cantidad de energía eléctrica proporcionada por pilas o baterías secas. Esta es entregada a la línea de disparo en una fracción de segundo al operar un interruptor de disparo.

TÍTULO XV
NORMAS DE SEGURIDAD MINERA APLICABLES A FAENAS MINERAS QUE INDICA[29]

CAPÍTULO PRIMERO
ÁMBITO DE APLICACIÓN

Artículo 594.- A las faenas mineras cuya capacidad de extracción subterránea o a rajo abierto o tratamiento de minerales sea igual o inferior a cinco mil toneladas por mes, les serán aplicables las normas que se establecen en el presente Título, así como las disposiciones de los Títulos I, V, XIII y XIV.

Artículo 595.- Las empresas o productores mineros cuya capacidad de extracción y/o tratamiento sea igual o inferior a cinco mil toneladas de mineral por mes, deberán solicitar al Servicio alguno de los siguientes permisos, los que se aplicarán de acuerdo al tamaño y características de su proyecto[30]:

a. Proyecto de Explotación Artesanal (PEA), cuyo rango de producción será de hasta quinientas toneladas de mineral por mes. Las secciones autorizadas para este permiso no podrán exceder los 3 x 3 metros en caso de minería subterránea, sin perjuicios de situaciones excepcionales como desquinches, estocadas, entre otros. Para el caso de minería rajo abierto o canteras, se autorizan por este permiso bancos de hasta 5 metros de altura.

b. Proyecto de Explotación Simplificado (PES), cuyo rango de producción será de hasta dos mil toneladas de mineral por mes.

---

29 Título modificado por Decreto 30 Ministerio de Minería. Art. Único. D.O. 23.02.2022.

30 Título modificado por Decreto 30 Ministerio de Minería. Art. Único. D.O. 23.02.2022.

c. Proyecto de Explotación y/o Tratamiento (PET), cuyo rango de producción será de hasta cinco mil toneladas de mineral por mes.

Los proyectos asociados a estos permisos deberán ser presentados al Servicio y deberán comprender las operaciones necesarias para la extracción de minerales, su acopio, y/o el beneficio y disposición de residuos mineros, excluyendo a los relaves, cuya regulación está comprendida en el decreto supremo N° 248, de 2006, del Ministerio de Minería. El titular del respectivo proyecto no podrá comenzar las operaciones mineras sin un permiso aprobado y vigente.

Lo anterior, es sin perjuicio de lo dispuesto en el artículo 21 del presente Reglamento.

Artículo 596.- Los permisos enunciados en el artículo anterior tendrán una duración máxima de 3 años, pudiendo ser renovados por períodos máximos de 3 años, cuya duración se determinará sobre la base de la vigencia del título de la empresa o productor minero sobre la pertenencia minera que ampara al proyecto, salvo que el titular del proyecto sea al mismo tiempo dueño de la concesión minera, en cuyo caso el permiso podrá tener la duración que se defina en el proyecto[31].

El proyecto minero de tratamiento de minerales, cualquiera sea su magnitud, tendrá la duración que se defina en el proyecto, sobre la base de plan de negocio, título de ocupación del suelo y sobre la base de los antecedentes que resulten ser pertinentes para definir su extensión, sin perjuicio de lo dispuesto en el artículo 597 literal c).

En cualquier caso, la duración del proyecto comprenderá la totalidad del tiempo que abarcan las etapas de preparación, construcción, desarrollo o beneficio y cierre de faena.

La actualización de la duración del permiso requerirá acreditar la vigencia del título sobre la pertenencia que ampara al proyecto y se deberá acompañar croquis o planos, dependiendo del tipo de permiso, que muestre las dimensiones y secciones de la mina en su estado actual. El Servicio, por fundamentos técnicos, podrá solicitar antecedentes o informes técni-

---

31 Título modificado por Decreto 30 Ministerio de Minería. Art. Único. D.O. 23.02.2022.

cos que den cuenta de la estabilidad estructural de la mina para dar lugar a la actualización solicitada.

La actualización deberá ser solicitada a lo menos con tres meses de anticipación del vencimiento del respectivo período. Su aprobación se tramitará conforme el procedimiento abreviado señalado en el artículo 605 del presente Reglamento.

Los permisos asociados a plantas de tratamiento de minerales no requerirán ser actualizados, sin perjuicio de la obligación de informar modificaciones mayores para su evaluación y aprobación. Lo mismo ocurrirá en el caso que el titular del proyecto de explotación sea al mismo tiempo titular de la pertenencia minera que ampara al proyecto.

Artículo 597.- La modificación mayor de un Proyecto de Explotación deberá ser informada al Servicio para su aprobación.

Se entiende por modificación mayor, para estos efectos, a lo siguiente[32]:

a. Aumentos importantes de ritmos de explotación o tratamiento de minerales, entendiendo por tales, para el Proyecto de Explotación Artesanal, un exceso en su rango de producción de hasta 500 toneladas de mineral por mes y en un 50% del rango en más de dos meses durante un año corrido o natural, y una extracción acumulada anual de hasta 6.500 toneladas.

b. Para el caso del Proyecto de Explotación Simplificado, se entenderá por modificación mayor a aumentos importantes en ritmos de producción un exceso en su rango de producción máximo en un 25% de lo aprobado, mientras no exceda el límite de 2.000 toneladas mensuales de mineral establecido para este tipo de proyecto.

c. Para el caso del Proyecto de Explotación y/o Tratamiento, se entenderá por modificación mayor a aumentos importantes en ritmos de producción o tratamiento un exceso en su rango de producción máximo en un 25% de lo aprobado, mientras no exceda el límite de 5.000 toneladas mensuales de mineral establecido para este permiso.

---

[32] Título modificado por Decreto 30 Ministerio de Minería. Art. Único. D.O. 23.02.2022.

d. Cambios tecnológicos que incidan considerablemente en las condiciones de seguridad y salubridad del proceso minero, por ejemplo, la inclusión de sistemas de electrificación; cambio de ventilación natural a forzada; la dimensión de los equipos, entre otros.

e. Cambios de diseño y/o de métodos de explotación o tratamiento o secciones de labores mineras aprobadas por el Servicio, cambios en los volúmenes y diseños de los acopios de minerales y estériles.

f. Extensión de las labores de explotación fuera del ámbito de la concesión que ampara originalmente al proyecto, y

g. Nuevos lugares de ubicación de acopios y/o nuevos puntos de extracción mientras no se extienda el rango máximo de producción de acuerdo al tipo de permiso.

Las modificaciones mayores deberán ser informadas al Servicio para su aprobación, en cuyo caso se deberán presentar todos aquellos antecedentes que tengan directa relación con lo que se modifica o incorpora al proyecto. La letra g) de este artículo se tramitará y aprobará conforme el procedimiento abreviado del artículo 605 de este Reglamento.

Artículo 598.- Para los efectos de la aprobación de cualquiera de los permisos señalados en el artículo 595 de este Reglamento, la empresa o productor minero deberá presentar al Servicio los siguientes antecedentes generales[33]:

1. Identificación del titular del proyecto, indicando nombre o razón social, representante legal, si aplica; número de cédula nacional de identidad, de pasaporte o rol único tributario, según corresponda; domicilio comercial dentro de un radio urbano; correo electrónico y número de teléfono de contacto. Para las notificaciones deberá señalar el medio de notificación, pudiendo ser electrónico o por carta certificada, de acuerdo a lo dispuesto en la ley Nº 19.880 que establece bases de los procedimientos administrativos que rigen los actos de los órganos de la Administración del Estado.

---

[33] Título modificado por Decreto 30 Ministerio de Minería. Art. Único. D.O. 23.02.2022.

2. Identificación del responsable de la faena, indicando nombre, profesión u oficio, número de cédula nacional de identidad, domicilio y correo electrónico.

3. Identificación del Ingeniero elaborador del proyecto (ingeniero proyectista), cuya profesión debe ser Ingeniero Civil en Minas, Ingeniero de Ejecución en Minas o Ingeniero en Minas para faenas de extracción o Ingeniero Civil Metalúrgico, Ingeniero de Ejecución Metalúrgico o Ingeniero Civil o de Ejecución Químico para tratamiento de minerales, cuyo título haya sido reconocido o convalidado en Chile; número de cédula nacional de identidad; copia autorizada ante notario del certificado de título; domicilio; y correo electrónico.

El Servicio mantendrá, en carácter informativo y de publicidad, un catastro de ingenieros proyectistas para efectos de la presentación de proyectos.

4. Identificación del nombre del proyecto o permiso minero, indicando:

4.1.- Ubicación de la Faena Minera, indicando región, provincia, comuna y sector. Se deberán indicar las coordenadas U.T.M. de acuerdo al datum de referencia determinado en la propiedad minera respectiva, del polígono del proyecto, e indicar altura en relación al nivel del mar.

4.2.- Descripción del acceso, indicando si los caminos son de uso públicos o privados para acceder a la faena y sus instalaciones. En este último caso, se debe informar también si el camino es propio o de un tercero, señalando las coordenadas U.T.M., en el datum señalado, de la ubicación de los controles de acceso. Incluir un plano ubicación, para lo cual se podrá utilizar una imagen de archivo KMZ.

4.3.- Descripción general de la faena minera y de cada una de sus instalaciones distinguiendo la infraestructura principal y auxiliar, incluyendo las instalaciones y lugares de almacenamiento de elementos combustibles tales como petróleo, lubricantes o zonas de suministros, conforme a las guías que se elaborarán para tales efectos.

En este punto se debe realizar una descripción de las instalaciones mineras con los elementos geográficos relevantes, tales como quebradas, pendientes, cuerpos y cursos de agua, líneas de alta tensión, entre otros.

Para estos efectos, se deben incorporar planos o imagen en formato KMZ que den cuenta de elementos geográficos.

4.4.- Si el yacimiento ha sido explotado con anterioridad, descripción de los desarrollos mineros existentes, señalando lo que sea necesario para su individualización, denominación de la faena, si se tiene el antecedente, su ubicación con coordenadas, tipo de labor (chimeneas, rajos, socavones antiguos, entre otros), estimación de metros de avance existente mediante un croquis, si están las condiciones de seguridad para elaborarlo; definición de barreras, señalética, sus características, entre otros, para evitar el acceso a zonas peligrosas e identificación de zonas o sectores que no sean parte del permiso sectorial o proyecto de explotación y con prohibición de explotación.

4.5.- Para el caso de proyectos de extracción, se debe individualizar la pertenencia minera que ampara al proyecto mina, indicando nombre, rol único nacional, relación jurídica con la pertenencia o concesión minera constituida. Se debe acompañar copia autorizada de la inscripción del Registro de Propiedad del Conservador de Minas respectivo, con certificado de vigencia emitido dentro de los tres meses anteriores a su presentación.

En caso de que el productor o empresa minera no sea al mismo tiempo titular de la pertenencia, deberá acompañar el contrato que le da derecho a aprovecharse de ella. Si el título dado en arrendamiento pertenece a una sociedad regida por el Código de Minería, se deberá, además, acompañar un certificado del Registro de Accionistas del Conservador de Minas respectivo, emitido dentro de los tres meses anteriores a su presentación.

4.6.- Para el caso que el productor o empresa sea dueña de la pertenencia minera, se deberá presentar un informe básico sobre la estimación de la duración del proyecto minero sobre la base de estimación de recursos mineros, dividido por la capacidad de extracción y/o procesamiento de mineral, el cual podrá ser suscrito por el propio ingeniero proyectista.

4.7.- Indicar las resoluciones aprobatorias del Servicio relacionadas.

5.- Descripción de los cargos, dotación, y turnos de trabajo de la faena.

Artículo 599.- Para los efectos de la evaluación de un Proyecto de Explotación Artesanal (PEA), se requiere de la presentación de los siguientes antecedentes técnicos, adicionales a los señalados en el artículo 598[34]:

1.- Descripción del método de explotación en términos de estabilidad de la estructura, considerando la seguridad y salubridad de los trabajadores, tanto para mina subterránea como para rajo abierto, conforme lo dispuesto en el artículo 595 y lo siguiente:

1.1.- En caso de minería a rajo abierto se debe anexar un esquema del tipo geometría y dimensión de los bancos y bermas, ángulo de talud, considerando la competencia de la roca y dimensión de los equipos.

1.2.- En caso de minería subterránea se debe describir la labor principal de comunicación y extracción y las secundarias. El método de explotación debe ser descrito, definido y justificado en términos de competencia de la roca, producción, ventilación y equipamiento.

1.3.- Se debe describir el sistema de extracción de mineral. El transporte de material deberá estar desarrollado de acuerdo con las características de los vehículos y equipos de manera que sean consistentes con el ancho y pendiente de pistas, labores y rampas, bermas y pretiles de contención, si corresponde.

2.- Descripción del estado del macizo rocoso en donde se realizarán los trabajos mineros, considerando el nivel de fracturamiento, presencia de agua, presencia de fallas o diques. En casos que el Servicio lo estime necesario, de acuerdo a los antecedentes previos que el Servicio tenga del distrito minero o de la faena minera en particular, se podrá requerir un informe de estabilidad, el cual deberá ser elaborado por el ingeniero proyectista de la empresa o productor minero o por una empresa asesora en geomecánica.

Se debe señalar la definición del mineral principal, metálico o no metálico, tales como: Cobre, Oro, Plata, Carbonato de Calcio, u otros.

3.- Descripción de los tipos de sostenimientos o fortificaciones a utilizar y de las secciones que requieran uno u otro tipo.

---

34 Título modificado por Decreto 30 Ministerio de Minería. Art. Único. D.O. 23.02.2022.

4.- Describir sistema de ventilación de la mina subterránea, si corresponde, indicando si es natural o forzada.

5.- Sistema de electrificación de la faena, que deberá cumplir con las normas conforme a las guías que se elaborarán para tales efectos por el Servicio, las que se aprobarán por medio de resolución, de forma de garantizar las condiciones de seguridad y controlar los riesgos eléctricos.

6.- Listado de equipos, maquinarias e instalaciones que va a utilizar.

7.- Descripción de las Operaciones Unitarias a realizar: perforación, tronadura, carguío y transporte de minerales y estériles.

8.- Evaluación de los riesgos operacionales para aplicar las medidas de control definidos en las Operaciones Unitarias. Se deberán aplicar los criterios establecidos en las guías establecidas por el Servicio.

9.- Evaluación de riesgo e identificación de peligros. Para estos efectos se deberá presentar:

9.1.- Declaración de procedimientos sobre la base de las actividades críticas y Operaciones Unitarias. Para estos efectos el Servicio dispondrá de guías o formatos que orientarán la confección de dichos procedimientos, los que podrán ser utilizados directamente o deberán adaptarse a las características de la faena, si corresponde.

9.2.- Programa de capacitación de seguridad al personal de los procedimientos internos de operaciones críticas. Para estos efectos, deberá indicarse si se realizará por personal interno o externo de la empresa o productor minero.

9.3.- Indicar los elementos de protección personal (EPP) a utilizar por el personal.

10.- Descripción del Polvorín, tipo y ubicación en coordenadas U.T.M., según el Código de Minería, el cual deberá cumplir con el decreto Nº 400, de 1977, del Ministerio de Defensa Nacional, que fija el texto refundido, coordinado y sistematizado de la ley Nº 17.798 sobre control de armas y señalar si es propio o comunitario.

Cabe señalar que, al momento de presentar el Inicio de actividades, el titular deberá acompañar certificados de Consumidor Habitual de Explosivos y copia de Licencias de Manipuladores de Explosivos de los trabajadores.

11.- Acumulación de mineral, botadero o depósito de ripios. Deberá presentarse la información requerida en los numerales 25 y 26 del artículo 601 del presente Reglamento.

12.- Agregar todo otro antecedente técnico que sea necesario para la seguridad de la faena, que complementen lo anterior o lo ajusten a la naturaleza de los proyectos.

Todo lo anterior es sin perjuicio de la facultad del Servicio para solicitarle a la empresa o productor minero antecedentes adicionales en relación a la evaluación del Proyecto de Explotación Artesanal (PEA).

Artículo 600.- Para los efectos de la evaluación de un Proyecto de Explotación Simplificado (PES) se requiere de la presentación de los siguientes antecedentes técnicos, adicionales a los señalados en el artículo 598[35]:

1.- Descripción del método de explotación en términos de estabilidad de la estructura, considerando la seguridad y salubridad de los trabajadores, tanto para mina subterránea como para rajo abierto, conforme se desarrolla a continuación:

1.1.- En caso de minería a rajo abierto se debe anexar un esquema del tipo geometría y dimensión de los bancos y bermas, ángulo de talud, considerando la competencia de la roca y dimensión de los equipos.

1.2.- En caso de minería subterránea se debe describir y justificar la sección de la labor principal de comunicación y las secundarias de extracción. El método de explotación debe ser descrito, definido y justificado en términos de competencia de la roca, producción, ventilación y equipamiento.

1.3.- Se debe describir el sistema de extracción de mineral. El transporte de material deberá estar desarrollado de acuerdo con las características de los vehículos y equipos de manera que sean consistentes con el ancho y pendiente de pistas, labores, rampas, bermas y pretiles de contención, si corresponde.

---

[35] Artículo modificado por Decreto 30 Ministerio de Minería. Art. Único. D.O. 23.02.2022.

2.- Descripción del estado del macizo rocoso en donde se realizarán los trabajos mineros, considerando el nivel de fracturamiento, presencia de agua, presencia de fallas o diques. En casos que el Servicio lo estime necesario, de acuerdo a los antecedentes previos que el Servicio tenga del distrito minero o de la faena minera en particular, se podrá requerir un informe de estabilidad, el cual deberá ser elaborado por el ingeniero proyectista de la empresa o productor minero o por una empresa asesora en geomecánica.

Se debe señalar la definición del mineral principal, metálico o no metálico y la relación estéril mineral (REM) y el plan de Producción señalando la extracción y/o beneficio de mineral mensual por frente de trabajo o instalación.

3.- Descripción de los tipos de sostenimientos o fortificaciones a utilizar y de las secciones que requieran uno u otro tipo.

4.- El sistema de ventilación de la mina subterránea, si corresponde, deberá incluir el circuito o diagrama de flujos. Para estos efectos se requerirá de un cálculo simplificado de caudal requerido en función de producción, equipos y personal que asegure las condiciones de ventilación interior mina.

5.- Sistema de electrificación de la faena, que deberá cumplir con las normas conforme a las guías que se elaborarán para tales efectos, de forma de garantizar las condiciones de seguridad y controlar los riesgos eléctricos.

6.- Junto con señalar el listado de equipos, maquinarias e instalaciones, se debe informar la dimensión de los mismos.

7.- Descripción de las Operaciones Unitarias a realizar: perforación, tronadura, carguío y transporte de minerales y estériles.

8.- Evaluación de los riesgos operacionales para aplicar las medidas de control definidos en las Operaciones Unitarias. Se deberán aplicar los criterios establecidos en las guías establecidas por el Servicio.

9.- Evaluación de riesgo e identificación de peligros, debiendo presentar:

9.1.- Declaración de procedimientos sobre la base de las actividades críticas y Operaciones Unitarias, debiendo incluirse procedimientos de emergencias, de tránsito y transporte de personas. Para estos efectos el Servicio dispondrá de guías o formatos que orientarán la confección de dichos procedimientos, los que podrán ser utilizados directamente o deberán adaptarse a las características de la faena, si corresponde.

9.2.- Programa de capacitación al personal sobre los procedimientos internos de operaciones críticas y/o los manuales de fabricante de los equipos. Se debe indicar si las capacitaciones serán realizadas por personal interno o externo de la empresa o productor minero.

9.3.- Los elementos de protección personal (EPP) que deberán ser utilizados por el personal.

10.- Antecedentes y descripción del polvorín, tipo y ubicación, en coordenadas U.T.M., según el Código de Minería, medidas de seguridad con las que deberá contar el polvorín, conforme a los artículos 640 y 641 del presente Título. Asimismo, se deberá señalar si el polvorín es propio o comunitario.

Cabe señalar que, al momento de presentar el Inicio de actividades, el titular deberá acompañar certificados de Consumidor Habitual de Explosivos y copia de Licencias de Manipuladores de Explosivos de trabajadores.

11.- Se deberá describir una propuesta del diagrama de disparo estándar, que será utilizado en labores de avance.

12.- Acumulación de mineral, botadero o depósito de ripios. Deberá presentarse la información requerida en los numerales 25 y 26 del artículo 601 del presente Reglamento.

13.- Agregar todo otro antecedente técnico que sea necesario para la seguridad de la faena, que complementen lo anterior o lo ajusten a la naturaleza de los proyectos.

Todo lo anterior es sin perjuicio de la facultad del Servicio para solicitarle a la empresa o productor minero antecedentes adicionales en relación a la evaluación del Proyecto de Explotación Simplificado (PES).

Artículo 601.- Para los efectos de la evaluación de un Proyecto de Explotación y/o Tratamiento (PET), se requiere de la presentación de los siguientes antecedentes técnicos, adicionales a los señalados en el artículo 598[36]:

I. Antecedentes generales.

1.- En relación al requisito señalado en el punto 4.1, del artículo 598, se debe incorporar, además, planos que den cuenta de elementos geográficos relevantes, tales como quebradas, pendientes, cuerpos y cursos de agua, líneas de alta tensión.

2.- La descripción solicitada en el punto 4.3. del artículo 598, debe acompañarse a través de un plano en planta.

3.- En relación al punto 5 del artículo 598, se debe agregar el organigrama general y las respectivas dotaciones de las distintas unidades productivas y de servicio.

II. Antecedentes técnicos del método de explotación.

4.- Descripción del método de explotación en términos de estabilidad. Para estos efectos, se debe considerar:

4.1.- Justificación de la selección del método de explotación. Describir la justificación del método de explotación seleccionado.

4.2.- Diseño de los desarrollos. Describir las características de los desarrollos, su ubicación, sus dimensiones, su diseño, entre otros. Para las labores inclinadas, se deben indicar las medidas de seguridad para su construcción, utilizando planos como apoyo.

4.3.- Secuencia de construcción de los desarrollos. Se debe indicar la secuencia de construcción de cada uno de los desarrollos. Se puede apoyar con una gráfica tipo Gantt, señalando la extensión en el tiempo.

4.4.- Diseño de las labores de preparación. Se debe describir las características de las labores de preparación, tales como embudos, zanjas, chimeneas, entre otros, indicando cantidad de cada una, ubicación, dimensiones, y diseño, apoyándose con figuras o planos.

Para las labores inclinadas se deben indicar las medidas de seguridad para su construcción.

---

[36] Artículo modificado por Decreto 30 Ministerio de Minería. Art. Único. D.O. 23.02.2022.

4.5.- Diseño de las unidades de explotación. Se deben describir las características de la unidad de explotación, indicando su ubicación, dimensiones, diseño, y dimensiones de las losas, pilares, puentes, entre otros, además de los ingresos y las salidas a ellas. Se deben apoyar con figuras o planos.

4.6.- Arranque de mineral. Se debe describir la secuencia de arranque de mineral de la unidad de explotación, para lograr el diseño proyectado.

4.7.- Secuencia de explotación. Se debe indicar la secuencia de toda la explotación de la mina, que permita extraer el mineral de los distintos niveles o sectores, sin afectar la estabilidad de la mina. Para ello se deberán apoyar con figuras o planos.

4.8.- Diseño final de la explotación y su emplazamiento respecto a las labores actuales. Se debe describir cual es el diseño final de la explotación, indicar la cantidad de unidades de explotación consideradas que permitan el agotamiento de los recursos identificados en la duración del proyecto determinado. Se debe presentar su emplazamiento respecto a las labores actuales si las hubiese. Para todo lo anterior se deberá apoyar con figuras o planos.

4.9.- Describir las medidas de seguridad apropiadas al método de explotación que se utilizará. Para estos efectos el Servicio, a través de su sitio web institucional, pondrá a disposición de la empresa o productor minero guías, aprobadas previamente por resolución, que permitan dar cumplimiento a lo anterior.

4.10.- Salidas de Emergencias. Se debe describir e identificar en una figura o plano las salidas de emergencia conforme al diseño de la explotación. Se debe indicar la secuencia de construcción, apoyándose con una gráfica tipo Gantt, si así fuese necesario, y los elementos necesarios para su funcionalidad.

4.11.- Análisis de Estabilidad de las labores. Se debe describir el análisis de los diferentes sectores de la mina y labores que se desarrollarán, principalmente de la unidad de explotación en condición más crítica, usando algún modelo establecido para cálculo de estabilidad.

5.- Descripción del estado del macizo rocoso en donde se realizarán los trabajos mineros, considerando nivel fractura, presencia de agua, presencia de fallas o diques.

También se deberá describir el tipo de yacimiento y sus características geomorfológicas, tales como potencia, manteo, rumbo, profundidad de ubicación, entre otros. Sin perjuicio de lo anterior, el Servicio podrá requerir a la empresa o productor minero un informe de estabilidad, cuando de los antecedentes previos que tenga del distrito minero o de la faena minera en particular, así aparezca necesario.

6.- Recursos minerales y estériles. Indicar los recursos del yacimiento, generalmente en calidad de "potenciales" con su respectiva Ley media, así como también la estimación de la cantidad de material estéril a extraer. Se debe señalar la definición del mineral principal, metálico o no metálico y la relación estéril mineral (REM) y el Plan de Producción señalando la extracción y/o beneficio de mineral mensual por frente de trabajo o instalación.

Se deben señalar los minerales a explotar, sean metálicos o no metálicos. También se deben indicar los minerales primarios, secundarios e impurezas que serán extraídos.

7.- Plan de Producción, señalando la extracción y/o beneficio de mineral mensual.

8.- Descripción de los tipos de sostenimientos o fortificaciones a utilizar. Se deben indicar los sistemas de fortificación a usar en cada tipo de roca y labor y su justificación.

9.- Sistema de ventilación de la mina subterránea. Se debe indicar la cantidad necesaria de aire en base al personal que trabaja simultáneamente en interior mina, la cantidad y potencia de los equipos diésel que trabajan simultáneamente, y la cantidad de explosivos por tronadura.

Se debe indicar el tiempo necesario para ventilar el disparo que permita la evacuación de los gases de la tronadura y dejar el ambiente en condiciones de trabajo.

Se debe indicar las secciones y rugosidad de las galerías y chimeneas del circuito de ventilación. En caso de ventilación forzada, se debe indicar el cálculo de la potencia de los ventiladores, y la velocidad del aire en las galerías donde circula el personal. De utilizarse ventilación natural, se debe indicar el cálculo de ella, con el objeto de evaluar el requerimiento de aire necesario.

Se debe mostrar en un esquema o plano el circuito de ventilación. En caso de ventilación forzada indicar, además, la ubicación de los ventiladores y de las puertas de control de flujo, si hubiese.

10.- Sistema de electrificación y/o iluminación de la faena, que deberá cumplir con las normas conforme a las guías que se elaborarán para tales efectos, de forma de garantizar las condiciones de seguridad y controlar los riesgos eléctricos. Se debe adjuntar diagrama de sistema de electrificación e iluminación utilizados en la faena.

11.- Listado de equipos y maquinarias, señalando la dimensión de los mismos y un plan de mantención:

11.1 Equipos o maquinarias para la perforación. Se deben describir los equipos de perforación y sus características. A su vez, se deben indicar las medidas de seguridad para las mangueras de aire comprimido.

Se debe señalar el tipo y la capacidad de los compresores. También se deben indicar su ubicación y distancias a bocas de mina y chimeneas. En caso de ubicarse en interior mina, describir los sistemas de evacuación de gases y las medidas de control y extinción de incendios.

11.2 Equipos o maquinarias para el carguío y transporte. Se debe indicar las características de los equipos de carguío y transporte, sus medidas de seguridad y sus sistemas de control y extinción de incendios.

Se deben señalar las dimensiones de éstos y en un perfil su relación respecto de la labor más estrecha por la cual circulan.

En caso de utilizarse transporte vertical, se debe describir completamente el sistema, sus factores de seguridad y las medidas de seguridad de este.

12.- Operaciones Unitarias: perforación, tronadura, carguío y transporte de minerales y estériles.

12.1 Perforación. Describir, apoyándose con figuras o planos, el diagrama de disparo para cada una de las labores o tipo de sección, así como el diagrama de disparo utilizado para el arranque. Se debe señalar el diámetro de la perforación y profundidad de esta para cada una de las labores.

12.2 Tronadura.

a. Describir los distintos explosivos, agentes de tronadura y accesorios que se utilizarán. Indicar las cantidades por tiro y por disparo.

b. Indicar el tipo de conexión, si lo hubiere, y la secuencia de iniciación por cada tipo de disparo diferente que hubiese.

c. Indicar el sistema de encendido o activación del disparo, describiendo las medidas de seguridad y los respaldos en caso que falle.

d. Indicar el factor de carga para cada tipo de labor (chimeneas, frentes de avance, arranque, etc.)

e. Indicar el avance esperado por disparo para cada una de las labores.

f. Para los métodos de explotación que corresponda, se deben indicar los parámetros de perforaciones a tronar por cada disparo y las corridas de perforaciones que se deben dejar sin tronar. Para estas últimas, se deben indicar las medidas de seguridad para efectuar el carguío de explosivo.

g. Indicar los métodos de revisión y eliminación de tiros quedados.

h. Indicar el sistema de aviso, alarma o ubicación de loros, para comunicar al resto del personal la realización de una tronadura y su ubicación, junto con el método para evitar la entrada de personas extrañas a la cercanía de un lugar donde se va a efectuar un disparo.

12.3. Carguío y transporte.

a. Describir el sistema de carguío y transporte de mineral y de material estéril en las distintas etapas del proyecto: Desarrollos, preparación y arranque, desde la frente hasta su destino.

b. Indicar la cantidad máxima de equipos que circulen en un mismo momento al interior mina. Se deben describir las consideraciones previas antes de efectuar el carguío de mineral.

c. Describir, además, si lo hubiere, el carguío de mineral de la cancha de acopio al camión de transporte de minerales y sus respectivas medidas de seguridad.

12.4 Acuñadura. Describir en forma general el procedimiento de acuñadura, las herramientas y las medidas de seguridad para realizar esta tarea.

13.- Plan de Prevención de Riesgos Operacionales.

13.1.- Evaluación de riesgo e identificación de peligros.

13.2.- Declaración de procedimientos que se elaborarán sobre la base de las actividades críticas. Para estos efectos el Servicio dispondrá de guías o formatos que orientarán la confección de dichos procedimientos, los que podrán ser utilizados directamente o deberán adaptarse a las características de la faena si corresponde.

14.- Programa de capacitación de seguridad al personal de los procedimientos internos de operaciones críticas y/o los manuales de fabricante de los equipos.

15.- Elementos de protección personal (EPP) a utilizar por el personal.

16.- Antecedentes y descripción del Polvorín, tipo y ubicación, en coordenadas U.T.M., según el Código de Minería, el cual deberá cumplir con el decreto N° 400, de 1977, del Ministerio de Defensa Nacional, que fija el texto refundido, coordinado y sistematizado de la ley N° 17.798, sobre Control de Armas, su Reglamento Complementario, aprobado por el decreto supremo N°83, de 2007, y el decreto supremo N° 73, de 1991, ambos del Ministerio de Defensa Nacional. Se debe indicar la cantidad de explosivos a utilizar y el diagrama de disparo a utilizar.

Al informar el inicio de actividades la empresa o productor minero deberá acompañar los certificados de Consumidor Habitual de Explosivos y copia de Licencias de Manipuladores de Explosivos del personal responsable.

17.- Se deberá describir una propuesta del diagrama de disparo estándar, que será utilizado en labores de avance.

18.- Indicar el sistema de transporte de explosivos.

19.- Instalaciones Auxiliares. Describir las instalaciones auxiliares necesarias para el desarrollo del proyecto, su ubicación y las distancias a bocas de mina y chimeneas, las medidas de control y extinción de incendio.

20.- Diseño y medidas de seguridad de los caminos.

Se deben describir las medidas de seguridad de los caminos de la faena, salidas de emergencia, dimensiones de pretiles, señalizaciones, y otros elementos de seguridad.

III. Antecedentes técnicos del proyecto de tratamiento de minerales

21.- Sistema de tratamiento de minerales. Debe contener descripción del proceso con apoyo de diagrama de flujo, especificando las cantidades mensual y la ley estimada que se procesará y los productos que se obtendrán. Se debe señalar el tipo de mineral, la procedencia de los minerales a tratar y los insumos requeridos en el proceso.

22.- Identificación, ubicación y descripción de los equipos móviles, fijos, principales y auxiliares que requerirá la operación. Debe contener especificación de la superficie de intervención en metros cuadrados o hectáreas de las plantas de chancado, de beneficio y los depósitos.

Tanto en el diseño, como en la construcción de cualquier edificio o instalación de una planta de beneficio de minerales donde exista riesgo de incendio, se deberá disponer de los medios y sistemas para controlarlos, considerándose para este efecto, todas las medidas que sean pertinentes, considerando evacuación y disposición de reservas de agua y elementos de combate de incendios, de acuerdo a la situación de más alto potencial de riesgo presente en las instalaciones.

23.- Protecciones en los sistemas de transmisión de movimientos para evitar el contacto accidental con personas.

24.- Evaluación de los riesgos operacionales para aplicar las medidas de control definidos en las Operaciones Unitarias.

24.1.- Evaluación de riesgo e identificación de peligros.

24.2.- Procedimientos que se elaborarán sobre la base de las actividades críticas y emergencias.

24.3.- Programa de capacitación de seguridad al personal de los procedimientos internos de operaciones críticas y/o los manuales de fabricante de los equipos.

Deberá indicar si se realizará por personal interno o externo de la empresa o productor minero.

IV. Antecedentes del botadero

25.- Describir la cantidad y la disposición de estéril, botaderos, acumulación de mineral y depósito de ripios. Asimismo, se debe señalar el sistema de disposición.

Se deben indicar las dimensiones del depósito en cuanto a su ancho, largo, alto, pendiente, número de terrazas, entre otros, y la ubicación en coordenadas U.T.M. del polígono superficial del botadero.

26.- En los depósitos de estériles o botaderos, se deberá describir los tipos de zanjas interceptoras y/o canales evacuadores de aguas lluvias, la construcción y ritmo del pretil al pie del talud, el procedimiento de compactación y definición de superficie de los botaderos.

26.1.- De las capacidades y diseño. Indicar la cubicación, el ángulo de talud y dimensiones principales del depósito.

Se debe mostrar en planos de planta y perfil, la configuración de las sucesivas fases, si las hubiere, y el diseño final.

26.2.- De la construcción del depósito. Se debe describir la forma de llenado, secuencia de llenado y precauciones.

26.3.- Manejo de las aguas lluvias o cursos de agua. Se deben describir los sistemas de manejo de aguas lluvias ubicadas aguas arriba del botadero.

26.4.- Estabilidad del depósito. En caso que corresponda a un depósito de gran envergadura, se deberá detallar el estudio de estabilidad considerando la resistencia del terreno basal, y los posibles movimientos sísmicos en el área.

26.5.- Depósitos de ripios de lixiviación. Se debe describir la construcción de zanjas interceptores y canales evacuadores de aguas lluvia, lavado de ripios, estabilización de taludes, cobertura superficial, compactación y nivelación de superficie superior y cierres perimetrales para evitar el paso de vehículos, personas y animales.

27.- Se debe incorporar todo otro antecedente técnico que sea necesario para la seguridad de la faena.

Todo lo anterior es sin perjuicio de la facultad del Servicio para solicitarle a la empresa o productor minero antecedentes adicionales en relación a la evaluación del Proyecto de Explotación y/o Tratamiento (PET).

Artículo 602.- Se podrán aprobar dos o más proyectos de explotación de diferentes productores, en una misma pertenencia o colindantes, en la medida en que sean compatibles desde el punto de vista de la seguridad minera y se encuentren debidamente amparados en un título o contrato sobre la propiedad minera. En caso que exista o pueda existir incompatibilidad, el Servicio podrá requerir acuerdos entre productores para la debida coordinación y compatibilidad de las operaciones mineras que cada uno realiza, los que deberán ser previamente aprobados por el Servicio[37].

Artículo 603.- Se pueden utilizar instalaciones de una faena operativa vecina para brindar seguridad y salubridad a la propia. Sin embargo, se deberá acreditar fehacientemente que existe un acuerdo entre los productores mineros para estos efectos.

Si existen instalaciones comunes o compartidas, todos los productores se hacen solidariamente responsables del cumplimiento de la normativa de seguridad minera respecto de dichas instalaciones[38].

Artículo 604.- El procedimiento aplicable para evaluar los proyectos mineros contemplados en el artículo 595 será el siguiente[39]:

1. Ingresada la solicitud de aprobación del proyecto, el Servicio realizará un examen de admisibilidad en relación a sus aspectos formales, dentro del plazo de cinco días hábiles computados desde su ingreso. Este examen consistirá en una revisión respecto a si constan en la solicitud los antecedentes señalados en los artículos precedentes y si está debidamente suscrito por el productor minero o su representante legal, y por el ingeniero proyectista. En caso que existan observaciones de forma, se requerirá al interesado para que, en un plazo de cinco días hábiles desde la comunicación de las observaciones, subsane la falta o acompañe los documentos respectivos, con indicación de que, si así no lo hiciere, se tendrá por desistido de su petición.

2. Cumplido lo anterior, o no existiendo observaciones de forma, el Servicio podrá solicitar aclaraciones, rectificaciones u observaciones de fondo dentro del plazo de treinta días hábiles, por oficio. Las observaciones de fondo respecto al contenido del proyecto deberán estar vinculadas al cumplimiento de los requisitos legales establecidos en el presente Re-

---

37 Artículo modificado por Decreto 30 Ministerio de Minería. Art. Único. D.O. 23.02.2022.

38 Título modificado por Decreto 30 Ministerio de Minería. Art. Único. D.O. 23.02.2022.

39 Título modificado por Decreto 30 Ministerio de Minería. Art. Único. D.O. 23.02.2022.

glamento para realizar actividades y operaciones mineras y/o estar orientadas a las condiciones de seguridad del proyecto, conforme lo establecido en este Título. Lo no observado se entiende aprobado por el Servicio, salvo que, de manera excepcional, a través de resolución fundada se retrotraiga el proceso.

La empresa o productor minero tendrá treinta días hábiles para responder las observaciones formuladas por el Servicio.

3. Presentadas las respuestas de las observaciones por parte de la empresa o productor minero, el Servicio podrá realizar excepcionalmente, y dentro del plazo máximo de treinta días hábiles contados desde la presentación de las respectivas respuestas, una segunda y última solicitud de aclaraciones, rectificaciones o ampliaciones, por oficio, las cuales deberán remitirse exclusivamente a lo ya observado en el requerimiento señalado en el numeral 2 precedente. Lo no observado se tendrá por aprobado por el Servicio, salvo que, de manera excepcional, a través de resolución fundada, se retrotraiga el proceso. La empresa o productor minero, tendrá igual tiempo para dar respuesta a las observaciones formuladas.

4. Recibida la respuesta por parte de la empresa o productor minero, el Servicio emitirá la Resolución Final de aprobación o rechazo del proyecto minero, dentro del plazo para emitir observaciones o quince días hábiles después de la última respuesta, para el caso que se haya emitido el oficio señalado en el numeral 3 precedente. Esta resolución es susceptible a ser recurrida conforme a los recursos contenidos en la ley N° 19.880, que establece Bases de los Procedimientos Administrativos que rigen los Actos de la Administración del Estado, que correspondan.

5. Los plazos señalados precedentemente, que le empecen tanto al interesado como al Servicio, podrán ampliarse por una vez por resolución fundada. Los plazos ampliados no podrán exceder el período de tiempo establecido como plazo original.

Artículo 605.- Las solicitudes de actualizaciones y cambios de punto de extracción en una misma concesión minera, y todos aquellos trámites que expresamente señale el presente Reglamento se tramitarán por un procedimiento abreviado, que se sustanciará conforme a las siguientes reglas[40]:

1. El Servicio, a través de su oficina de partes, realizará un examen de admisibilidad del proyecto en relación a sus aspectos formales, previo a su ingreso a la oficina de parte.

2. Ingresado el proyecto, y dentro del plazo de treinta días hábiles, el Servicio podrá solicitar rectificaciones o aclaraciones a la empresa o productor minero de los requisitos generales, legales, técnicos y de organización, información geológica y minera estén acorde a lo establecido en el presente Reglamento.

3. La empresa o productor minero tendrá un plazo de treinta días hábiles para responder los requerimientos del Servicio desde que están notificados, quien podrá solicitar al Servicio una ampliación en dicho plazo por no más de quince días adicionales, a solicitud de la empresa o productor minero.

4. Recibida la respuesta por la empresa o productor minero, el Servicio emitirá la resolución de aprobación o rechazo del Proyecto de Explotación Artesanal dentro del plazo de quince días hábiles. Excepcionalmente, por motivos justificados en caso de retrotraer el procedimiento al punto 2, se dispondrá de treinta días hábiles.

Artículo 606.- Toda empresa y productor minero que inicie o reinicie actividades, deberá informarlo previamente al Servicio, por escrito, mediante el formulario de Inicio de actividades. El Servicio, mediante resolución, determinará los requisitos que deberá contener el formulario de Inicio de actividades, debiendo contener por lo menos la ubicación del proyecto, coordenadas U.T.M., según datum que corresponda de acuerdo al Reglamento del Código de Minería, el nombre de la empresa minera y su representante legal, si procediese, al menos con quince días de anticipación al inicio de los trabajos. El formulario de Inicio de actividades será publicado en la página web del Servicio. Al presentar el inicio de

---

40 Artículo modificado por Decreto 30 Ministerio de Minería. Art. Único. D.O. 23.02.2022.

actividades en el Servicio, se deberá adjuntar el Certificado de Consumidor Habitual de Explosivos, la resolución aprobatoria del polvorín por la autoridad fiscalizadora y copia de Licencias de Manipuladores de Explosivos del personal responsable.

En todo caso, el productor minero deberá iniciar la ejecución del proyecto en un plazo no superior a seis meses desde la fecha de aprobación del mismo. En caso que se inicien actividades sin dar el respectivo aviso, la duración del proyecto se contabilizará desde la fecha de aprobación de este. Si se iniciaren actividades luego de los seis meses, se deberá informar al Servicio, el cual podrá verificar si las condiciones del lugar no han sufrido variaciones respecto al proyecto aprobado. La infracción a esta norma no puede en ningún caso ser sancionada con la caducidad del permiso[41].

Artículo 607.- Las empresas o productores mineros deberán informar al Servicio los cambios de razón social y de titularidad de los proyectos mineros una vez que se produzcan, acompañando los antecedentes que acrediten fehacientemente dicha modificación, dentro del plazo de treinta días de verificado el traspaso o cambio de razón social. Los antecedentes acompañados no podrán tener una antigüedad mayor a seis meses desde su presentación al Servicio[42].

El Servicio podrá autorizar el traspaso o cambio de titularidad conforme al procedimiento abreviado del artículo 605, en la medida que el nuevo titular acredite un título dominio, usufructo, u otro de mera tenencia respecto de la concesión minera y en la medida que lo observado por el Servicio no requiera de una modificación mayor de proyecto. En caso que se requiera tramitar una modificación mayor de proyecto o un nuevo proyecto, el Servicio podrá autorizar de todas formas el cambio de titularidad del proyecto, pero este no podrá ser operado sino hasta que la modificación o nuevo proyecto sea aprobado. Para estos efectos, funcionarios del Servicio inspeccionarán la faena y levantarán un acta donde dejarán constancia de las condiciones de la faena, o de la parte de ella que corresponda.

---

41 Título modificado por Decreto 30 Ministerio de Minería. Art. Único. D.O. 23.02.2022.

42 Título modificado por Decreto 30 Ministerio de Minería. Art. Único. D.O. 23.02.2022.

En cualquier caso, aprobado el cambio de titularidad, el tradente se eximirá desde ese momento de las obligaciones establecidas en el presente reglamento relativas al proyecto traspasado.

Artículo 608.- Si estando vigente el proyecto de explotación y/o tratamiento de minerales aprobado por el Servicio, el arrendatario u otro mero tenedor de la faena minera la abandona, un tercero podrá solicitar un nuevo proyecto minero, el cual deberá hacerse cargo de los riesgos operacionales de la faena y de las medidas correctivas pendientes que hayan sido dispuestas por el Servicio, si ello así correspondiere.

En este caso el Servicio oficiará al titular de la faena abandonada para que manifieste su interés en la faena y acredite que conserva un título válido para realizar las operaciones mineras respectivas, y los motivos de la paralización o abandono, lo que deberá realizar dentro de un plazo de treinta días hábiles. En caso de que no se manifieste ni acredite su titularidad o amparo, el Servicio deberá declarar la extinción del acto administrativo que aprueba el proyecto aprobado y abandonado, sin perjuicio de las responsabilidades administrativas por eventuales incumplimientos a la normativa de seguridad minera y de cierre de faenas mineras. La resolución que declare la extinción podrá ser recurrible administrativamente de acuerdo a la ley Nº 19.880.

Por su parte, estando vigente el proyecto de explotación y/o tratamiento de minerales, el Servicio fuere informado por el titular de la concesión minera o del predio superficial, del término anticipado del contrato que lo ampara, el Servicio deberá oficiar a la parte arrendataria, para que se manifieste dentro del plazo de treinta días hábiles computados desde que sea notificado.

Concluida esta instancia, y existiendo dudas respecto de la vigencia del contrato de arriendo, el proyecto de explotación y/o tratamiento de minerales no podrá ser dejado sin efecto si no existe una resolución judicial que la precediere. En caso contrario, el Servicio podrá dejar sin efecto anticipadamente el proyecto de explotación y/o tratamiento de minerales. La resolución que declare la extinción podrá ser recurrible administrativamente de acuerdo a la ley Nº 19.880.

CAPÍTULO TERCERO
NORMAS GENERALES

Párrafo 1[43] Obligaciones de las empresas

Artículo 609.- Las empresas mineras o productores mineros deben cumplir con las medidas, requisitos y condiciones de seguridad dispuestas en el presente Reglamento que le sean aplicables, y deberán velar permanentemente por la seguridad e integridad física de las personas, equipos e instalaciones. Para dicho efecto, las empresas y/o productores mineros deberán cumplir con las siguientes obligaciones generales:

a) Informar al personal sobre las medidas de control de los riesgos de seguridad e integridad que se apliquen en la faena, y mantener un registro diario escrito de las personas que ingresan y egresan de ella.

b) Disponer de los procedimientos de trabajo declarados en el proyecto, los que, dependiendo de la naturaleza y riesgos operacionales de éste, deberán considerar, si aplican, los siguientes procedimientos internos de operaciones críticas:

i. Acuñadura y fortificación.

ii. Carguío y transporte de minerales, tránsito de personas, equipos y vehículos.

iii. Aislación y bloqueo de energías.

iv. Instalaciones y mantención de sistemas eléctricos.

v. Trabajo en altura (sobre 1,8 metros).

vi. Transporte, almacenamiento y distribución de explosivos y accesorios y tronadura.

vii. De tiros quedados.

viii. Perforación.

ix. Manejo de Insumos Industriales peligrosos.

x. Manejo de Residuos Peligrosos.

xi. Procedimiento o protocolo de emergencia.

---

43 Párrafo modificado por Decreto 30 Ministerio de Minería. Art. Único. D.O. 23.02.2022.

xii. Otros procedimientos internos de operaciones críticas que correspondan o que exija el Servicio en caso de ser procedente, conforme los riesgos operacionales.

Dichos procedimientos deberán cumplir la función y finalidad de resguardar la seguridad de las personas, equipos e instalaciones de la faena, pudiendo utilizar los modelos y formatos que el Servicio aprobará por resolución y publicará en su página web, en conformidad al artículo 612 del presente Reglamento, o adecuarlos a su realidad operacional.

c) Capacitar a los trabajadores sobre los procedimientos de emergencia y de operación para ejecutar su trabajo de forma correcta y segura; en primeros auxilios y conforme al número de trabajadores, con el objeto de asegurar que en caso de accidente se brinde una atención eficiente y oportuna de los afectados. Además, capacitar sobre el método de explotación aprobado por el Servicio, en la medida que corresponda, debiendo cumplir el programa de capacitación propuesto en el proyecto de explotación.

Para estos efectos se deberán implementar registros de asistencia y asignaturas que podrán ser requeridos por el Servicio.

d) Proporcionar a sus trabajadores, en forma gratuita, los elementos de protección personal (EPP) certificados y adecuados a la función que cada uno de ellos desempeñe.

e) Implementar protecciones y señaléticas de advertencias de seguridad en instalaciones y equipos, de tal manera que impidan el acceso o contacto de los trabajadores a lugares o a elementos peligrosos, tales como sectores con riesgo de caída a distinto nivel, lugares energizados, entre otros.

f) Suspender las operaciones en las áreas que presenten riesgos no controlados a la seguridad e integridad de los trabajadores, señalizar e instalar barreras duras para impedir el acceso a ellas.

g) Disponer de medios expeditos y seguros para el acceso y salida del personal hacia y desde cualquier parte de la faena minera y sus instalaciones. Para estos efectos, los caminos deberán mantenerse en buenas condiciones e incorporar señalización mínima de seguridad vial.

h) Conservar en la faena el "Libro de Faena", distinto e independiente a los libros requeridos en el artículo 17 del presente Reglamento, y artículo

86 del Reglamento de la Ley de Cierre de Faenas e Instalaciones Mineras. En este libro se dejará registro de los hechos o actos que señala este Reglamento y, además, de lo siguiente:

i) Registro de la mantención de equipos e instalaciones, que permita realizar un seguimiento con el objeto de minimizar los riesgos a la seguridad y salubridad.

ii) Registro del diagrama de disparo utilizado.

iii) Registro actualizado de existencia de sectores con filtraciones o presencia de agua, labores antiguas no identificadas, fallas u otras condiciones estructurales que afecten la seguridad.

iv) Modificaciones en el diagrama de disparo de acuerdo a lo señalado en el artículo 648 de este Reglamento.

v) Extracción de material de caserones o similares, de acuerdo a lo señalado en el artículo 657 de este Reglamento.

El libro quedará en faena y deberá escribirlo el responsable de la faena o por el experto en prevención de riesgos, debiendo actualizarse permanentemente.

Este libro es sin perjuicio del libro de tiros quedados a que trata el artículo 646 y 651 de este Reglamento.

j) Mantener y actualizar los planos de la mina, los cuales no deben tener una vigencia que exceda de seis meses desde la última actualización. Las empresas o productores que tengan un Permiso de Explotación Artesanal, deberán mantener croquis o planos del avance de sus minas.

k) Toda empresa o productor minero deberá definir el punto o barrera que indique claramente el acceso y salida de ella, que contenga la totalidad de sus instalaciones. Estas deberán ser indicadas en coordenadas U.T.M.

l) Contar con asesoría, mínimo una vez cada seis meses, prestada por un Experto en Prevención de Riesgos de Categoría C, a lo menos, certificado por el Servicio, quien deberá emitir un informe técnico y entregarlo al responsable de la Faena con los peligros identificados. El productor minero o empresa, deberá implementar las medidas correctivas y de control señaladas en dicho informe, debiendo todo lo anterior quedar registrado en el "libro de faena".

m) Facilitar el ingreso de funcionarios del Servicio que realizan labores de fiscalización y proporcionar la información requerida por los fiscalizadores y cumplir las medidas correctivas. Facilitar información para los procesos de investigación de accidentes, realizados en conformidad al artículo 13 letra b) del presente Reglamento.

n) Contar con un medio de transporte y/o vehículo motorizado para el caso de emergencia, dentro de un radio no superior a cinco kilómetros de la faena.

o) Mantener un registro de contactos y un sistema expedito de comunicación con los servicios públicos de emergencia más cercanos, tales como, centros médicos hospitalarios, ambulancias, Carabineros, bomberos, el Servicio, entre otros.

Artículo 610.- Sin perjuicio de otras disposiciones, las empresas y/o productores mineros estarán obligados a informar al Servicio lo siguiente[44]:

a. Enviar al Servicio el aviso de inicio de actividades del artículo 606 del presente Reglamento, las estadísticas mensuales de accidentes, producción, mano de obra utilizada y material acumulado en los depósitos de residuos masivos mineros de cada faena minera, proveedores en caso de plantas de tratamiento de minerales, todo lo cual deberá realizarse por medio de los formularios, aprobados por resolución del Servicio, que para estos efectos el Servicio mantendrá en su página web.

b. Informar al Servicio los cambios de representante legal, datos de identificación y domicilio dentro del área urbana, lo cual se tramitará conforme al procedimiento abreviado del artículo 605 del presente Reglamento.

c. Informar de inmediato al Servicio, dentro de las 24 horas siguientes, de la ocurrencia de todo accidente que haya causado la muerte de una o más personas y los que de acuerdo con la normativa de la Superintendencia de Seguridad Social y este reglamento deban calificarse como graves.

---

[44] Artículo modificado por Decreto 30 Ministerio de Minería. Art. Único. D.O. 23.02.2022.

También deberán informarse los hechos que, aun cuando no hubieren ocasionado lesiones a los trabajadores, revistan un alto potencial de daños personales o materiales, tales como incendios, explosión, derrumbes, estallidos masivos de rocas, colapso de acopios, fallas operacionales y otras emergencias que hayan requerido la evacuación parcial o total de la mina u otra instalación.

d. Para productores sobre las 500 toneladas mensuales deberá enviar al Servicio un informe técnico de investigación de los incidentes y accidentes mencionados en el literal anterior, que indique claramente las causas y consecuencias del accidente y las medidas correctivas derivadas del mismo. Dicho informe deberá ser enviado dentro de los quince días siguientes desde ocurrido el accidente. Este plazo podrá ser ampliado, a petición justificada del interesado, por hasta seis meses por medio de resolución fundada del Servicio.

Artículo 611.- Los trabajadores estarán obligados a[45]:

a. Participar en las capacitaciones, rendir las evaluaciones respectivas, conocer y cumplir las normas que les aplique y que se encuentren prescritas en el presente reglamento y en los procedimientos y documentos internos de seguridad de la empresa o productor minero, así como en su contrato de trabajo;

b. Avisar inmediatamente a sus superiores los incidentes, condiciones y actos inseguros y/o situaciones de emergencia real o potencial;

c. Verificar, al inicio de su jornada, el buen funcionamiento de los equipos, maquinarias y elementos de control con que deban ejecutar sus funciones. También deberán verificar el buen estado de las estructuras, fortificación, materiales y el orden y limpieza del lugar de trabajo. Si observan defectos o fallas en los equipos y sistemas mencionados u observaren conductas inapropiadas en temas de seguridad, en cualquier lugar de la faena minera, independiente de la tarea que corresponda, deberá dar

---

[45] Artículo modificado por Decreto 30 Ministerio de Minería. Art. Único. D.O. 23.02.2022.

cuenta de inmediato a sus superiores, sin perjuicio de las medidas que pueda tomar, conforme a lo que él esté autorizado;

d. Utilizar el equipo de protección personal proporcionado por la empresa o productor minero, de conformidad con las tareas que desarrolle en la faena minera;

e. Cumplir las instrucciones que la empresa o productor minero disponga para la seguridad y conforme al plan de emergencia y, en su caso, prestar auxilio durante el tiempo que se les requiera, en caso de emergencia; y

f. No ingresar al trabajo bajo la influencia del alcohol o drogas ilícitas, ni introducir o consumir dichos elementos en los recintos de trabajo.

Artículo 612.- El Servicio pondrá a disposición de las empresas y productores mineros en la página web del Servicio y en sus direcciones regionales, guías que orienten la elaboración de métodos de explotación conforme lo exige este Título y también modelos o formatos de los procedimientos señalados en el artículo 609 letra b) del presente Reglamento y otros que el Servicio estime necesario. También pondrá a disposición de las empresas, productores mineros y trabajadores formatos de análisis de riesgo de la tarea.

Las guías, modelos y formatos referidos en el inciso anterior deberán ser aprobados previamente por resolución del Servicio.

CAPÍTULO CUARTO
NORMAS DE DISEÑO Y OPERACIONES EN MINERÍA

Párrafo 1[46]. Los sistemas para el trabajo minero

Artículo 613.- Sin perjuicio de los límites establecidos para cada permiso de acuerdo a los artículos 595, 599, 600 y 601 de este Reglamento, se deberá cumplir por la empresa o productor minero con las siguientes condiciones:

---

46 Párrafo modificado por Decreto 30 Ministerio de Minería. Art. Único. D.O. 23.02.2022.

a. Solo se podrá realizar el adelgazamiento de la sección de los pilares, losas de soporte, o alguna otra estructura de soporte del método aprobado, si cuenta con un proyecto específico aprobado por el Servicio que así lo permita.

b. El ancho útil de la labor por la que transiten vehículos mecanizados, tales como cargadores, equipos LHD, entre otros, deberá dejar un espacio mínimo de 50 centímetros a cada costado del equipo, considerando el vehículo más ancho que transite o pueda transitar por esa labor y desde la parte más elevada de la cabina hasta el techo de la labor.

c. Deberán existir estocadas de paso ubicadas cada 50 metros, cuyas dimensiones mínimas serán de un metro por un metro.

d. Para minas de una producción superior a las 2.000 toneladas mensuales por mineral se deberá considerar estaciones de paso para vehículos y equipos en circulación interior mina.

e. La pendiente máxima admitida para los caminos de la faena minera será la recomendada por el fabricante del equipo de transporte que se utilizará. Si hay más de uno, la especificación del fabricante que primará será aquella que exija un menor ángulo de pendiente. En caso de que no se disponga de esta información, la pendiente no podrá ser mayor a 10%.

f. Los caminos que conectan las diferentes instalaciones de una faena minera o en las zonas de bancos de una mina a rajo abierto donde transiten vehículos o equipos, deberán contar con bermas de seguridad y pretiles de contención de una dimensión igual a dos tercios de la altura del neumático del vehículo de mayor tamaño de la faena. Deberán disponerse de zona de cruzamientos de vehículos y equipos.

g. Todos los caminos, senderos y labores que se encuentren dentro de la faena, y en donde transiten personas, vehículos y equipos, deberán mantenerse en buenas condiciones, libres de obstáculos y debidamente señalizados.

h. Para el caso de extracción de mineral por piques, se debe contar con una plataforma y su correspondiente portalón, de manera de asegurar la estabilidad del balde hacia el pique.

i. En caso de utilizar huinche, este deberá poseer los sistemas necesarios de frenados, de modo que, si falla uno de éstos, el otro cubra eficientemente la función.

j. Si se requiere bajar o subir personal por el sistema de extracción, se debe contar con una jaula o habitáculo diseñado para tal objetivo.

Artículo 614.- Si se utilizan líneas de electrificación en minas rajo abierto, éstas deberán construirse considerando la relación de sus instalaciones con los equipos utilizados.

Artículo 615.- En toda mina subterránea deberán existir, al menos, dos labores de comunicación con la superficie cuando la distancia entre la superficie y el frente de trabajo más alejado sea superior a 100 metros en su extensión lineal, sin perjuicio de la facultad del Servicio de requerir distancias menores de acuerdo con las características de la faena minera, previo informe emitido por el Servicio para tal efecto. Estas labores deberán estar separadas, al menos, por macizo rocoso o puente de seguridad, cuyo espesor deberá responder a la relación respecto de la dimensión de cada sección de la labor con la competencia de la roca.

Para estos efectos, se podrán considerar las siguientes situaciones especiales:

a. Habiendo labores preexistentes y/o contiguas, se podrán habilitar éstas como labores de comunicación a la superficie, previa evaluación por profesional especialista, el cual podrá ser elaborado por el ingeniero proyectista, y/o fortificación que garantice la evacuación expedita y segura de los trabajadores, de acuerdo a lo prescrito en el artículo 603.

b. En labores ciegas, ya sean socavones y chiflones, se aceptará la habilitación de estocadas como refugios de seguridad cuando estas tengan una distancia inferior a los 100 metros, los que deberán cumplir con lo señalado en el artículo 616.

c. En el caso de socavones horizontales sin la existencia de niveles en la vertical, el Servicio podrá autorizar distancias mayores a los 100 metros, previo informe emitido por profesional especialista el cual podrá ser elaborado por el ingeniero proyectista, los que deberán garantizar el sostenimiento, e instalación de refugios cercanos a las frentes de trabajo y medidas que resguarden la seguridad de los trabajadores. Esta autorización se tramitará conforme el procedimiento abreviado.

d. Para empresas y productores mineros con capacidad de producción menor o igual a 500 toneladas de mineral por mes, en caso de socavones sin la viabilidad técnica de conexión adicional a la superficie, el Servicio podrá autorizar dentro del permiso, una única labor de comunicación con la superficie, la que en ningún caso podrá exceder los ciento treinta metros. Lo anterior es sin perjuicio de la implementación de refugios cercanos a las frentes de trabajo y a medidas de seguridad y estabilidad que resguarde la seguridad de los trabajadores.

Con todo, dichas labores deberán contar con los elementos necesarios para la circulación segura de las personas y ser funcionales en caso de emergencia.

Artículo 616.- La implementación y habilitación de refugios se realizará de acuerdo con el avance de la faena, la que no podrá exceder los 50 metros desde la frente de trabajo. Dichos refugios podrán ser estocadas de seguridad, contenedores móviles u otras construcciones similares y deberán estar acondicionados para atender las necesidades de subsistencia básica ante una emergencia.

Estos refugios deberán, contar con los elementos indispensables que garanticen los primeros auxilios y la sobrevivencia de las personas afectadas por algún siniestro, por un periodo mínimo de 96 horas, tales como alimentos no perecibles, agua potable fresca, sistema de comunicación con la superficie o áreas contiguas, elementos de primeros auxilios y manuales explicativos para auxiliar a las personas lesionadas.

Artículo 617.- Toda excavación minera, tales como piques de traspaso, caserones abiertos, labores antiguas o desconocidas, deben contemplar los sistemas de señalización y protección como barreras duras (muros, camellones, pretiles, pircado) para evitar la caída de personas, objetos o materiales hacia los niveles inferiores.

Artículo 618.- No está permitido en los socavones o niveles de acceso y transporte, construir chimeneas desde el techo de la galería. Dichas labores deberán siempre arrancar mediante estocadas de las cajas laterales y sólo alcanzar la vertical del respectivo nivel o socavón después de un puente de seguridad, acorde a las dimensiones de cada labor.

La inclinación y dirección de la chimenea deberá impedir que las rocas que caigan se proyecten sobre los socavones o niveles de acceso; si ello no fuera posible, se deberá utilizar un tapado o defensa que asegure el tránsito seguro de personas y/o equipos.

Artículo 619.- Cuando se desarrollen labores verticales, horizontales o inclinadas y falten aproximadamente veinte metros para comunicarse con otra labor, se deberá notificar y coordinar cada tronadura con quienes se desempeñen en las labores vecinas que puedan verse afectadas. Lo anterior deberá ser considerando en el acuerdo señalado en el artículo 602 del presente Reglamento, cuando corresponda.

Las chimeneas verticales que se desarrollen en forma manual deberán tener como máximo cincuenta metros de altura y para pendientes inferiores, el desarrollo máximo estará dado por la siguiente tabla:

Inclinación Sexagesimal	Desarrollo Inclinado Máximo (mts.)	Altura Máxima (mts.)
80	65	65
70	80	75
60	97	84
50	116	90

En cualquier caso, para quedar habilitadas para el desarrollo deberán contar como mínimo con una cuerda de seguridad para facilitar el ascenso y descenso del personal.

En todo momento, se deberá usar arnés de seguridad con línea de vida.

Para inclinaciones de cuarenta y cinco grados sexagesimales o menos no habrá limitación para su desarrollo, siempre que las condiciones de la roca garanticen plena seguridad del personal.

Artículo 620.- Para el destranque de chimeneas se prohíbe el ingreso de personas por la parte inferior de ellas. En la maniobra de destranque, los trabajadores se posicionarán detrás de un pretil de seguridad de manera que no se exponga al personal al riesgo de caída de roca.

Además de ello, se deberán adoptar las siguientes acciones:

a. La colocación del explosivo deberá ser supervisada por el encargado de la operación, previo análisis de riesgo de la tarea.

b. Se prohíbe el ingreso de cualquier vehículo o equipo a puntos de carguío u otro tipo de galerías en que el flujo de material se ha discontinuado por encontrarse colgado.

Lo anterior deberá quedar establecido en el respectivo procedimiento de trabajo.

Artículo 621.- En las minas cuyo método de explotación pudiere generar hundimientos, cráteres o subsidencia que alcancen hasta la superficie y en que exista la posibilidad de que personas puedan transitar por la zona de hundimiento, se deberá colocar barreras duras de protección, pretiles de material de empréstito para impedir acceso y señalización de advertencia de peligro existente en dicha zona.

Artículo 622.- Se adoptarán las acciones y medidas para proteger a las personas e instalaciones contra inundaciones de agua o barro, cuando los trabajos mineros se desarrollen en las proximidades de napas, bolsones de agua o en general, cuerpos de agua de acuerdo a las características del proyecto minero aprobado, y contenidas en los reglamentos y procedimientos respectivos.

En las vías principales o de tránsito deberán realizarse desvíos como canales, cunetas para asegurar el escurrimiento de las aguas y evitar la existencia de lodo y aguas estancadas.

Artículo 623.- La construcción en superficie de edificios, talleres, plantas de beneficio u otras, deberá ser realizada a una distancia fuera del radio de afectación, subsidencia y explotación de acuerdo al proyecto minero aprobado.

Toda obra o infraestructura de servicio y apoyo que se construya en los accesos a la mina o su cercanía deberá garantizar, en todo evento, que cualquier situación de emergencia que en ellas se produzca, como un incendio o explosión, no afectará la seguridad de las personas ubicadas en el interior de la mina.

Artículo 624.- Las chimeneas o piques usados para tránsito de personal deben ser debidamente habilitados para tal efecto con escalas y plataformas de descanso.

La distancia máxima entre plataformas de descanso en el compartimento de escalas en piques verticales o de fuerte inclinación mayor a 75°, será de cinco metros, y el piso de cada plataforma deberá estar entablado con madera de un grueso mínimo de cinco centímetros o dos pulgadas, o con otro material de resistencia equivalente o superior e instalarse alternadamente a lo largo del tramo total que cubre la escala.

Para empresas o productores mineros con una producción menor o igual a 500 toneladas mensuales de mineral, las chimeneas o piques usados para tránsito de personal deben ser debidamente habilitados con los accesorios necesarios para permitir una evacuación segura, tales como patas mineras, cuerdas, escaleras, arnés de seguridad con cuerdas de vida, entre otros.

Artículo 625.- En aquellas labores cuya operación haya sido descontinuada y sus actividades de mantención, extracción u observación fuesen interrumpidas por algún tiempo que permita presumir que las condiciones de seguridad y estabilidad han cambiado, se dispondrá una exhaustiva inspección antes de reanudar los trabajos para cerciorarse y corregir las condiciones de riesgos. Por ejemplo: estado de la fortificación, falta de acuñadura, presencia de agua, sistemas de desagüe, superficies de tránsito, gases nocivos o deficiencias de oxígeno, u otros riesgos que pongan en peligro la vida o salud de las personas. El personal encargado de realizar este trabajo debe realizar un análisis previo de riesgo de la tarea, considerando los peligros, riesgos y las medidas de control y resguardo para que este trabajo se haga de modo seguro. De lo anterior, se deberá dejar registro o constancia en el libro de faena.

Párrafo 2[47]. Ventilación

Artículo 626.- Toda mina subterránea con labores que alcancen los 100 metros de avance de construcción de túneles deberá disponer de circuitos de ventilación, natural y/o forzado, para mantener un suministro permanente de aire fresco y retorno del aire viciado hacia el exterior, lo cual deberá quedar reflejado en el proyecto de explotación.

Artículo 627.- El caudal de aire que circule por la mina dependerá del número de trabajadores, la extensión y sección de las labores, el número y tipo de maquinarias de combustión interna y las emanaciones de gases naturales de la mina. De esta forma, el ambiente deberá ventilarse por medio de una corriente de aire fresco de no menos de tres metros cúbicos por minutos (3 m3/min) por persona y por cada HP de equipo de combustión interna utilizado, en cualquier ubicación de la mina. La velocidad promedio del aire no podrá ser mayor de ciento cincuenta metros por minuto (150 m/min) ni inferior a quince metros por minuto (15 m/min).

Artículo 628.- En las minas subterráneas, se deberá mantener un ambiente de trabajo libre de gases nocivos productos de tronaduras o descomposición de materiales orgánicos. No se permitirá la ejecución de trabajos en el interior de las minas subterráneas cuya concentración de oxígeno en el aire, en cuanto a peso, sea inferior a diecinueve coma cinco por ciento (19,5%) y concentraciones de gases nocivos superiores a los valores máximos permisibles determinados por la legislación. Si las concentraciones ambientales fueren superiores, será obligatorio retirar al trabajador del área contaminada hasta que las condiciones ambientales retornen a la normalidad.

Para productores cuya de extracción de mineral sea igual o inferior a las 500 toneladas por mes, con objeto de respetar las condiciones ambientales seguras de trabajo, se deberá velar por mantener las labores libre de personal, ventilar y esperar el tiempo necesario para garantizar la existen-

---

47 Párrafo modificado por Decreto 30 Ministerio de Minería. Art. Único. D.O. 23.02.2022.

cia de oxígeno que permita trabajar de manera segura, lo que deberá ser considerado en el proyecto que se someta a aprobación por el Servicio.

En las minas subterráneas cuya capacidad de producción sea mayor a quinientas 500 toneladas de mineral por mes, e inferior o igual a las 2.000 toneladas de mineral por mes, se deberán realizar mediciones mensuales de concentración de oxígeno, monóxido de carbono y humos nitrosos, siendo estos registrados en el libro de faena. No se permitirá la ejecución de trabajos en el interior de las minas subterráneas cuya concentración de oxígeno en el aire, en cuanto a volumen, sea inferior a diecinueve coma cinco por ciento de oxígeno (19,5%). Se deberá realizar en forma trimestral un aforo de ventilación en las entradas y salidas principales y, anualmente un control general de ventilación de toda la mina. Los resultados obtenidos a estos aforos deberán registrarse en el libro de faena y mantenerse disponible para el Servicio.

En las minas subterráneas cuya capacidad de producción sea mayor a dos mil 2.000 toneladas de mineral por mes, se deberán realizar mediciones diarias de concentración de oxígeno, monóxido de carbono y humos nitrosos, siendo estos registrados en el libro de faena. No se permitirá la ejecución de trabajos en el interior de las minas subterráneas cuya concentración de oxígeno en el aire, en cuanto a volumen, sea inferior a diecinueve coma cinco por ciento de oxígeno (19,5%). Se deberá realizar en forma mensual un aforo de ventilación en las entradas y salidas principales y, anualmente un control general de ventilación de toda la mina. Los resultados obtenidos a estos aforos deberán registrarse en el libro de faena y mantenerse disponible para el Servicio.

Los medidores de gases deben encontrarse debidamente calibrados según patrones correspondientes.

Párrafo 3[48]. Operación y tránsito de equipos, vehículos y personas

Artículo 629.- Los operadores y/o conductores de vehículos y equipos en las faenas mineras deberán contar con la autorización de la empresa

---

48 Párrafo modificado por Decreto 30 Ministerio de Minería. Art. Único. D.O. 23.02.2022.

o productor minero, y la respectiva licencia de conducir que corresponda. En ningún caso podrán conducir vehículos u operar equipos personas con ingesta de alcohol, drogas ilícitas o medicamentos que generen somnolencia, letargo o afecten sus habilidades psicotécnicas y reflejos.

Artículo 630.- Todos los vehículos y equipos que se utilicen en la faena minera deberán ser mantenidos según el plan de mantenciones, en relación con sus funciones, componentes mecánicos y eléctricos, según los requerimientos del fabricante. Dichas mantenciones deberán ser registradas y mantenerse en el libro de faena.

Artículo 631.- Toda empresa o productor minero, que utilice vehículos y/o equipos al interior mina, deberán mantener todas sus luces operativas, luces direccionales, extintor, cuñas y barra antivuelco, además, deberán estar provistos de alarmas sonoras para su retroceso.

Artículo 632.- Los equipos que se usan en minería subterránea deben contar con una cabina o techo que proteja al operador de caída de roca o material.

Artículo 633.- Las personas y equipos que trabajen o transiten en las labores deberán hacerlo provistas de distintivos reflectantes de alta visibilidad dispuestos de tal forma que puedan ser fácilmente identificados. Ninguna persona podrá ingresar al interior de la mina, sin contar con un sistema de iluminación personal, sin perjuicio de los demás elementos de protección personal que corresponde a acuerdo al artículo 609, letra d) de este Reglamento.

Artículo 634.- Se prohíbe usar en minas subterráneas, vehículos o equipos accionados por motores bencineros.

Artículo 635.- Los vehículos y equipos que circulen en galerías o rampas deberán hacerlo a una velocidad definida por la empresa o productor minero, la que en ningún caso podrá sobrepasar los treinta kilómetros por hora. El Servicio podrá autorizar velocidades superiores a treinta kilómetros por hora en función de las condiciones de los caminos y características de los equipos, pendientes y otros antecedentes descritos en el proyecto.

Artículo 636.- La carga de los camiones no debe sobrepasar la altura de las paredes de la tolva.

Antes de iniciar el carguío y transporte, los operadores deberán verificar que existan condiciones seguras de trabajo en las frentes de carguío y galerías de transporte, y que los equipos e instalaciones estén en buenas condiciones de operación. Para estos efectos, se debe limpiar las vías de acceso de piedras y/o elementos que obstaculicen el paso de los equipos y vehículos, y solicitar acuñadura en cualquier parte susceptible de caer, tanto desde el techo como de las cajas de las galerías.

Artículo 637.- Se prohíbe el traslado de personas en equipos o partes de equipos que no estén diseñados para tal efecto. No se debe permitir que personas suban a un equipo cuando esté en movimiento o en proceso de carga.

Los operadores de equipos mecanizados deberán mantener todo su cuerpo dentro del compartimiento de la cabina, y no se permitirá llevar pasajeros.

Artículo 638.- Todo sistema de transmisión de movimiento o correa transportadora deberá estar equipada con parada de emergencia y/o cable de seguridad, instalada a lo largo de la correa, que permita su inmediata detención en caso de emergencia. Además:

a. Los sistemas de transmisión mecánico deben contar con protección que impida el contacto con las personas.

b. Donde se utilicen correas transportadoras en una faena minera, se debe mantener y aplicar procedimientos para la operación, mantención e inspección del sistema.

c. En el sistema de transmisión mecánico, el tambor motriz y el tambor de cola deberán encontrarse protegidos

d. Todo trabajo de mantención, reparación, control y limpieza de una correa transportadora como de los sistemas que la componen, debe hacerse con ésta totalmente detenida, y el sistema de energización bloqueado.

Artículo 639.- Cada vez que, por estrictas razones de operación, el personal deba transitar o trabajar sobre material de relleno en caserones, piques, tolvas u otros, se deberán implementar las medidas de seguridad pertinentes para evitar que las personas sean succionadas por un eventual hundimiento del piso, tales como: cuerda de vida, plataformas, tapados o pasarelas con sujeción independiente del material de relleno.

Párrafo 4[49]. Explosivos

Artículo 640.- La construcción de almacenes de explosivos y la adquisición de explosivos quedarán sujetas a lo dispuesto por el decreto N° 400, de 1977, que fija el texto refundido, coordinado y sistematizado de la ley N° 17.798 sobre Control de Armas y sus Reglamentos Complementarios del Ministerio de Defensa Nacional. Los polvorines deben ser construidos según el proyecto aprobado por la autoridad fiscalizadora.

Artículo 641.- Todo almacén de explosivos superficiales y subterráneos deberá ser ubicado y protegido de tal manera que se prevengan los impactos accidentales de vehículos, rocas, rodados de nieve, bajadas de aguas u otros. Su área circundante deberá mantenerse permanentemente limpia, ordenada, debidamente identificada y exenta de materiales combustibles e inflamables. El polvorín, en la faena, deberá conservar correctamente el cierre perimetral, extintores, barras antiestáticas, pararrayos, pretil de seguridad y otros.

Artículo 642.- Solo se podrán emplear explosivos y sus accesorios que previamente hayan sido controlados y aprobados por el Instituto de Investigaciones y Control del Ejército de Chile y/o el Banco de Pruebas de Chile o por la autoridad competente, lo que se acredita con el timbre especial en el envase de los explosivos y accesorios. Se prohíbe llevar

---

49 Párrafo modificado por Decreto 30 Ministerio de Minería. Art. Único. D.O. 23.02.2022.

explosivos a sitios ajenos a las labores en que deben emplearlos, o usar éstos ilícitamente.

Artículo 643.- Todo vehículo que se utilice para el transporte de explosivos dentro de una faena minera deberá ser previamente aprobado por el Servicio, sobre la base de los antecedentes y requerimientos establecidos por éste, a través de resolución que publicará y pondrá a disposición de las empresas, productores mineros y trabajadores, por medio del sitio web institucional.

Artículo 644.- La empresa o el productor minero debe tener a disposición del Servicio y sus inspectores las licencias de manipulador de explosivo de sus trabajadores, guías de despacho, facturas de compras de explosivo de un lugar autorizado y el procedimiento de manipulación, transporte y almacenamiento de explosivos.

Artículo 645.- Se deberá suspender cualquier operación que implique el manejo de explosivos ante la presencia o proximidad de tormentas eléctricas, nevazones, ventiscas y vientos fuertes. De esta circunstancia se deberá dejar registro en el libro de faena.

Artículo 646.- La empresa o el productor minero deberá contar con un libro de "Tiros Quedados", el cual debe mantenerse actualizado, contener la presencia del tiro quedado y su eliminación. Este libro estará bajo la custodia de la empresa o el productor minero, debiendo dejarse también a disposición de los trabajadores involucrados en las operaciones respectivas y del Servicio.

Artículo 647.- El transporte de explosivos a los frentes de trabajo, que se realice en forma manual, deberá considerar las siguientes medidas de seguridad:

a. Los detonadores y altos explosivos no se deben trasladar juntos.

b. El transporte de explosivos debe ser con ese solo objetivo, por lo tanto, no se debe transportar otros materiales junto a éstos.

c. Está estrictamente prohibido fumar cuando se transporta explosivos.

d. El transporte de explosivos debe hacerse en mochilas diseñadas para dicho fin.

e. Sólo debe trasladarse explosivos en la cantidad necesaria a usar en la tronadura y debe cumplir con la ley N°20.949, que modifica el Código del Trabajo para reducir el peso de cargas de manipulación manual.

Párrafo 5[50]. Perforación y tronadura

Artículo 648.- La perforación se debe realizar según el diagrama de disparo aprobado en el proyecto, sin perjuicio de las modificaciones al diagrama que quedarán registrados en el libro de faena conforme se dispone en el literal h) del artículo 609 del Reglamento. Se prohíbe iniciar una perforación a menos de 20 centímetros de los restos de la perforación del disparo anterior. Las labores, galerías y bancos deberán ser perforadas según los requerimientos del procedimiento de perforación.

Artículo 649.- Antes de realizar una tronadura, el personal a cargo deberá aislar el área a tronar, desde el momento en que se inicien los preparativos de carguío.

Sólo se permitirá en el área aislada al personal autorizado e involucrado en la manipulación del explosivo.

Artículo 650.- Los cebos para la tronadura deberán prepararse en un periodo de tiempo inmediato a su utilización, previniendo que la cantidad de éstos sea proporcional a la requerida, sin que se exceda de los necesarios para la tronadura que se realizará. Los excedentes de explosivos deberán ser devueltos al polvorín de acuerdo al procedimiento de tronadura, el cual deberá también establecer la forma en que se realizará el control de consumo.

Se deberán emplear, como mínimo, dos personas para efectuar una tronadura, cualquiera sea la cantidad de tiros involucrados. Una vez ejecutada la tronadura el responsable deberá revisar la frente tronada para verificar la

50 Párrafo modificado por Decreto 30 Ministerio de Minería. Art. Único. D.O. 23.02.2022.

presencia de tiros quedados y hacer el retiro de la aislación, considerando el tiempo de ventilación necesaria para su ingreso, de acuerdo con las condiciones ambientales y de salubridad.

La tronadura en la minería a rajo abierto se deberá llevar a cabo con luz natural.

Artículo 651.- El tiro quedado debe ser eliminado en el turno que se detecte. Si por alguna razón no es posible hacerlo, la persona encargada de la tronadura debe permanecer en el lugar, para informar personalmente al turno siguiente. Lo anterior debe quedar registrado en el libro de Tiros Quedados referido en el artículo 646 del Reglamento.

Artículo 652.- El procedimiento de tronadura de la faena deberá considerar como mínimo lo señalado en este párrafo.

Párrafo 6[51]. Fortificación y acuñadura

Artículo 653.- La actividad de acuñadura deberá estar presente en forma permanente cuando exista personal expuesto a la caída de rocas y deberá realizarse antes, durante y después de cada operación minera, con un equipo o herramienta adecuada, en buenas condiciones y acorde al tamaño de la labor, considerando personal capacitado para la tarea y un mínimo de dos personas para la actividad.

Artículo 654.- En minas a rajo abierto se deberá mantener un control del desmoronamiento y desprendimiento de rocas y material, de la estabilidad de los taludes y cresta de los bancos. Se debe dar cumplimiento con el ángulo de talud, la altura de bancos, el ancho de bermas y la línea de control. En ningún caso se pueden formar viseras o desplomes.

Artículo 655.- Se debe impedir mediante barreras duras y señalizaciones el acceso a sectores de la mina donde la altura de los techos haga

---

51 Párrafo modificado por Decreto 30 Ministerio de Minería. Art. Único. D.O. 23.02.2022.

riesgosa la acuñadura y/o construcción de algún tipo de fortificación. Se debe proceder del mismo modo ante la presencia de sectores inestables.

Con todo, la empresa o productor minero podrá presentar al Servicio un informe elaborado por un profesional especialista en estabilidad, que evidencie que la calidad del macizo rocoso sea autosoportante. El Servicio deberá pronunciarse conforme el procedimiento abreviado.

La fortificación deberá ser desarrollada conforme lo aprobado en el proyecto y según el procedimiento interno establecido para estos mismos efectos.

El portal de acceso deberá siempre fortificarse, salvo que se demuestre su calidad autosoportante en el proyecto.

Artículo 656.- Se deberá impedir el acceso mediante barreras duras y señalización a sectores que se encuentren abandonados. Del mismo modo deberá procederse con respecto a los sectores o labores que no fueron considerados al momento de aprobarse el proyecto de explotación.

Artículo 657.- La extracción de material de caserones o similares solo se deberá realizar con un análisis de riesgo de la tarea y medidas de control implementadas, tales como evaluación geomecánica, procedimientos, operadores con competencias validadas por el productor o empresa minera, y equipos idóneos para la tarea. Todo lo anterior deberá ser registrado en el Libro de Faena.

Artículo 658.- El procedimiento de fortificación y acuñadura de la faena deberá considerar como mínimo los requerimientos señalados en este párrafo.

Párrafo 7[52]. Manejo de mineral

Artículo 659.- El botadero de estéril o de ripios deberá crecer de manera planificada, conforme al proyecto aprobado, para asegurar su estabilidad física. No se puede ubicar el depósito en un área que intervenga

---

[52] Párrafo modificado por Decreto 30 Ministerio de Minería. Art. Único. D.O. 23.02.2022.

el normal escurrimiento de las aguas, a no ser que se realicen obras de encauzamiento aguas arriba y contorno perimetral.

Artículo 660.- Para la construcción de un depósito o pila de lixiviación se deberán implementar medidas y obras que permitan evitar infiltraciones al suelo y subsuelo, lo que deberá ser considerado en el proyecto respectivo.

Artículo 661.- En el borde del botadero de estéril debe construirse un cordón de seguridad, de una altura correspondiente a los dos tercios de la altura del neumático del equipo o vehículo de mayor tamaño que realiza la descarga. La plataforma de vaciado debe tener una pendiente positiva de un uno por ciento (1%).

Artículo 662.- Los trabajadores que operan en esta instalación deberán estar instruidos en la construcción de depósitos de estéril, ripios u otro material para realizar la operación de descarga, de acuerdo a un procedimiento establecido para tal efecto.

CAPÍTULO QUINTO
SERVICIOS PARA LA MINERÍA

Párrafo 1[53]. Normas seguridad sobre electricidad y combustibles

Artículo 663.- Los lugares con productos inflamables y combustibles deben estar provistos con señaléticas de advertencia, deben contar con equipo de extinción de incendio y la prohibición de fumar; además, deben ser construidos o encontrarse ubicados en un lugar distante de la entrada de la mina. Los lugares destinados a reabastecer de combustible a las máquinas diésel, deberán ubicarse fuera de la mina subterránea.

Artículo 664.- Todos los sistemas eléctricos deberán estar conectados a tierra. Los transformadores y distribuidores de energía, sean fijos o mó-

---

53 Párrafo modificado por Decreto 30 Ministerio de Minería. Art. Único. D.O. 23.02.2022.

viles, deberán ser de fácil acceso y estar resguardados de las operaciones inherentes al avance de la explotación.

Artículo 665.- Toda empresa o productor minero que utilice energía eléctrica en su faena, deberá mantener planos y registros actualizados de todos los equipamientos y sistemas eléctricos instalados. Además, deberán elaborar, implementar y capacitar al personal sobre el procedimiento interno que indique dónde y cómo se instalarán las redes en las diferentes labores mineras. Todos los equipos eléctricos deberán estar certificados por la Superintendencia de Electricidad y Combustibles, o por la entidad que la reemplace.

Artículo 666.- Deben adoptarse todas las medidas necesarias para proteger el sistema eléctrico del agua, del traslado y movimiento de equipos, de tronaduras y otras Operaciones Unitarias.

Artículo 667.- Para efectos de la electrificación, los sistemas eléctricos de planta de tratamiento de minerales, deberá considerar lo siguiente:

a. En procesos secos, como chancado, los equipos eléctricos deberán ser protegidos a prueba de polvo;

b. En procesos húmedos, como molienda y flotación, deberán los equipos ser protegidos contra la humedad; y

c. En procesos de lixiviación, los equipos eléctricos deberán ser de alta resistencia a la corrosión y efecto de los ácidos.

Párrafo 2[54]. Mantención

Artículo 668.- La empresa minera deberá mantener registros en el Libro de Faena, tanto de las inspecciones de la empresa o productor minero, como del control y mantenimiento de todos los equipos e instalaciones eléctricas y mecánicas del proceso minero. El productor o empresa minera deberá verificar, a lo menos una vez al año, el estado mecánico y eléctrico de las instalaciones y equipos.

---

54 Párrafo modificado por Decreto 30 Ministerio de Minería. Art. Único. D.O. 23.02.2022.

Artículo 669.- Todo trabajo de mantención, reparación, control y limpieza de equipos energizados y de los sistemas que lo componen, debe realizarse con estos totalmente detenidos, aislados y bloqueados. Antes de poner en marcha el equipo o instalación, se deberá advertir de este hecho a todo el personal en el área circundante.

Para efectos de realizar mantenciones y/o reparaciones, todo equipo o instalación deberá tener dispositivos de aislamiento de energías y bloqueo. Asimismo, cuando se retiran las protecciones de las partes móviles de un equipo, éste solo podrá reiniciar su operación cuando todas las protecciones fueron puestas en su lugar correspondiente.

Artículo 670.- Los huinches usados para el transporte de materiales, y también para el desplazamiento del personal, deberán ser inspeccionados una vez al mes por personal capacitado, considerando especialmente los cables para evitar el corte de estos, el deterioro del balde o apertura, el deslizamiento del tambor, y la operación del sistema. Lo anterior, para evitar atrapamiento con el cable y transmisiones y prevención de incendios, entre otros riesgos posibles. Los resultados de dicha inspección deberán quedar registrados en el Libro de Faena.

Artículo 671.- El procedimiento de aislación y bloqueo deberá considerar a lo menos lo señalado en este párrafo.

Párrafo 3[55]. Control de emergencia

Artículo 672.- Toda faena minera deberá contar con un procedimiento de emergencia y evacuación, el que deberá mantenerse actualizado, de acuerdo a las características de la faena minera. Se deberán considerar en éste derrumbes, riesgo de incendio, eventos meteorológicos y/u otros accidentes o siniestros que puedan generarse dentro de las instalaciones.

---

55 Párrafo modificado por Decreto 30 Ministerio de Minería. Art. Único. D.O. 23.02.2022.

Artículo 673.- La empresa minera o productor minero deberá mantener un registro de teléfonos de Ambulancia, Bomberos y Carabineros más cercanos, y conocido por todo el personal.

Artículo 674.- La empresa o productor minero deberá considerar en su programa de capacitación primeros auxilios y el uso de extintores y técnicas de control de incendio para el personal que trabaja en el lugar. Estas capacitaciones deberán ser realizadas de acuerdo artículo 609, letra c) del presente Reglamento.

CAPÍTULO SEXTO[56]
SANCIONES

Artículo 675.- Las sanciones que corresponda aplicar a las contravenciones a las disposiciones del presente Título se regirán por lo dispuesto en el decreto ley Nº 3.525, de 1980, que crea el Servicio Nacional de Geología y Minería, y la ley Nº 19.880, que establece bases de los procedimientos administrativos que rigen los actos de los órganos de la Administración del Estado.

Artículo 676.- Para estos efectos podrán aplicarse como sanción las siguientes:

a. Amonestación por resolución.

b. Capacitación de los trabajadores que el Servicio determine por una entidad competente, a costa de la empresa o productor minero.

c. Multa de 5 a 50 UTM, por cada infracción.

d. Cierre total o parcial de la faena minera respectiva.

En caso de reincidencia, se podrá aplicar la multa que corresponda, pero por el doble de su valor.

La sanción de cierre total o parcial solo podrá aplicarse en caso de reincidencia o en los casos en que, a juicio fundado del Servicio, aten-

---

[56] Capítulo modificado por Decreto 30 Ministerio de Minería. Art. Único. D.O. 23.02.2022.

diendo a la naturaleza de la infracción y los daños causados o los riesgos producidos, se trate de infracciones graves.

La sanción dispuesta en la letra b) podrá ser aplicada sin perjuicio de la aplicación de otras sanciones.

Artículo 677.- El Servicio considerará de manera objetiva y fundada, las siguientes circunstancias y antecedentes como atenuantes o agravantes:

a. La conducta anterior y posterior del infractor en los aspectos regulados en este Reglamento;

b. El beneficio económico obtenido con motivo de la infracción;

c. La entidad del daño causado o del riesgo ocasionado, teniendo especial consideración del número de personas cuya vida, salud o integridad se afectó o pudo afectarse por la infracción;

d. Haber capacitado a los trabajadores conforme lo requiere el presente Reglamento.

Artículo 678.- El Servicio deberá eximir o rebajar el monto de la multa al infractor que concurra a sus oficinas, y denuncie estar cometiendo, por sí, cualquier infracción, por primera y única vez, de aquellas establecidas en los artículos precedentes, salvo que haya ocurrido un accidente grave o fatal.

Esta exención o rebaja sólo procederá cuando el infractor suministre información precisa, verídica y comprobable respecto de los hechos que constituyen infracción y ponga fin, de inmediato, a los mismos, adoptando todas las medidas necesarias para reducir o eliminar los efectos negativos.

Sin perjuicio de lo anterior, en caso que el Servicio hubiese iniciado la etapa de investigación respecto de los mismos hechos, la auto denuncia establecida en el inciso primero de este artículo no producirá ningún efecto respecto del infractor.

Artículo 679.- Iniciado un procedimiento sancionatorio, la empresa o productor minero podrá presentar en el plazo de diez días hábiles, contado desde la notificación del acto que lo inicia, un programa de cumplimiento, de acuerdo con el formulario disponible al efecto por el Servicio. En su defecto, podrá presentar los descargos en el procedimiento sancionatorio.

Se entenderá como programa de cumplimiento, el plan de acciones y metas presentado por la empresa o productor minero para que, dentro de los plazos que para tal efecto apruebe el Servicio, cumpla de manera satisfactoria la normativa minera que se indique.

No podrán presentar programas de cumplimiento aquellos infractores que: i) hubiesen presentado, con anterioridad, un programa de cumplimiento respecto a los mismos hechos o los que sean de su misma naturaleza; ii) exista reiteración o reincidencia del o los hallazgos observados o cargos formulados.

Aprobado un programa de cumplimiento por el Servicio, el procedimiento sancionatorio se suspenderá.

En caso de incumplirse las obligaciones contraídas en el programa, se podrá aplicar hasta el doble de la multa que corresponda a la infracción original, por cada hallazgo o cargo realizado.

Cumplido el programa dentro de los plazos establecidos y de acuerdo a las metas fijadas en él, el procedimiento administrativo se dará por concluido.

ARTÍCULO TRANSITORIO

Artículo 1 Transitorio.- Las empresas mineras, que al momento de la entrada en vigencia del presente Reglamento, se encuentren operando alguna faena minera deberán, dentro del plazo de cinco años, presentar al Servicio un Proyecto de Cierre de dichas faenas, el cual se regirá por las normas del Título X.

En todo caso, ninguna de estas empresas podrá cerrar una faena o parte de ella sin que haya presentado y obtenido la aprobación por parte del Servicio de un Proyecto de Plan de Cierre. El Servicio tendrá un plazo de sesenta (60) días para responder esta solicitud de aprobación, desde la fecha de presentación de ella en la Oficina de Partes.

Anótese, tómese razón, comuníquese y publíquese.- RICARDO LAGOS ESCOBAR, Presidente de la República.- Patricio Morales Aguirre, Ministro de Minería (S).

Lo que transcribo a Ud., para su conocimiento.- Saluda atentamente a Ud., Patricio Morales Aguirre, Subsecretario de Minería.

DECRETO CON FUERZA DE LEY Nº 302 DEL MINISTERIO DE HACIENDA, PROMULGADO CON FECHA 31 DE MARZO DE 1960, QUE APRUEBA DISPOSICIONES ORGÁNICAS Y REGLAMENTARIAS DEL MINISTERIO DE MINERÍA[57]

Núm. 302.- Santiago, 31 de Marzo de 1960.- Vistas las facultades que me confiere la ley Nº 13,305, de 6 de Abril de 1959, dicto el siguiente

Decreto con fuerza de ley:

TÍTULO I
ORGANIZACIÓN

Artículo 1°. El Ministerio de Minería tendrá a su cargo toda la intervención que realiza actualmente el Estado a través de sus diversas reparticiones en las actividades de la Minería.

Le corresponderá, especialmente, la planificación y ejecución de la política de fomento minero y de protección de las riquezas mineras nacionales, conforme a las disposiciones que imparta el Presidente de la República.

Artículo 2°. Este Ministerio contará con una Subsecretaría de Minería, integrada por un Departamento Jurídico, un Departamento técnico y un Departamento Administrativo.

Artículo 3°. Dependerá del Ministerio de Minería y se relacionará con él a través de la Subsecretaría de Minería, el Servicio de Minas del Estado.

Artículo 4°. Se relacionarán con el Presidente de la República por intermedio del Ministerio de Minería, las siguientes instituciones: Caja de Crédito y Fomento Minero, Empresa Nacional de Fundiciones, Empresa

---

57 Ultima modificación por Ley 20402 de fecha 3 de diciembre del 2009.

Nacional del Petróleo, Corporación de Ventas de Salitre y Yodo de Chile y Departamento del Cobre, o los organismos que las reemplacen.

TÍTULO II
ATRIBUCIONES Y FUNCIONES

Artículo 5º. En conformidad a las leyes y reglamentos vigentes, y según las instrucciones que imparta el Presidente de la República, corresponderá al Ministro de Minería, ejercer las siguientes atribuciones:

a) Dictar normas para el fomento de la minería y la protección de las riquezas mineras nacionales.

b) Resolver sobre concesiones mineras y reservas minerales a favor del Estado.

c) Fomentar el desarrollo de las industrias anexas a la minería, especialmente fundiciones y refinerías de minerales.

d) Regular el crédito minero en relación al fomento de la minería nacional.

e) Clasificar las empresas mineras en empresas de la Pequeña, Mediana y Gran Minería, para los efectos legales que procedan.

f) Dictar normas para el abastecimiento de materias primas mineras de la industria nacional, y en caso necesario, disponer su reserva, racionamiento o distribución.

g) SUPRIMIDO

h) Ejercer las facultades y atribuciones que en materias mineras consulten las leyes y reglamentos vigentes, o proponer su ejercicio al Presidente de la República, según corresponda.

i) Suscribir en representación del Estado, previo informe favorable del Consejo de la Comisión Chilena del Cobre, con los requisitos y bajo las condiciones que el Presidente de la República fije por decreto supremo, los contratos especiales de operación a que se refiere el inciso décimo del número 24º del artículo 19 de la Constitución Política que tengan por objeto sustancias minerales metálicas o no metálicas no susceptibles de concesión, con exclusión de los hidrocarburos y los materiales atómicos naturales; ejercer, directamente o por intermedio de un organismo o empresa del

Estado, funciones y derechos que el decreto supremo y el correspondiente contrato especial de operación antes mencionado le señalen, y celebrar, en representación del Estado, previo informe favorable del Consejo de la Comisión Chilena del Cobre, contratos de servicio que tengan por objeto la ejecución de determinados trabajos relacionados con la exploración de yacimientos que contengan sustancias no susceptibles de concesión.

Artículo 6°. El Subsecretario de Minería ejercerá las siguientes funciones y atribuciones, según las instrucciones que imparta el Ministro, y en conformidad a las leyes y reglamentos vigentes:

a) Colaborar al Ministro de Minería en la resolución de la política de fomento minero.

b) Asesorar al Ministro en el ejercicio de sus funciones y atribuciones.

c) Propender a la conservación de las riquezas mineras nacionales y a su adecuada explotación y aprovechamiento.

d) Proponer al Ministro de Hacienda las concesiones mineras y las reservas minerales a favor del Estado.

e) Supervigilar y coordinar el funcionamiento de las Oficinas y Servicios dependientes del Ministerio.

f) Ejercer la facultad y atribuciones que le conceden las leyes vigentes.

Tómese razón, regístrese, comuníquese y publíquese.-
J. ALESSANDRI R.- Roberto Vergara Herrera.

DECRETO LEY Nº 3.525 DEL MINISTERIO DE MINERÍA, PROMULGADO CON FECHA 26 DE NOVIEMBRE DE 1980, QUE CREA EL SERVICIO NACIONAL DE GEOLOGÍA Y MINERÍA[58]

NUM. 3.525.- Santiago, 26 de noviembre de 1980.- Visto: Lo dispuesto en los decretos leyes 1 y 128, de 1973; 527, de 1974, y 991, de 1976,

La Junta de Gobierno de la República de Chile ha acordado dictar el siguiente

DECRETO LEY:

LEY ORGÁNICA DEL SERVICIO NACIONAL DE GEOLOGÍA Y MINERÍA

TÍTULO I
NATURALEZA, OBJETIVOS Y FUNCIONES

Artículo 1°. Créase el Servicio Nacional de Geología y Minería, organismo descentralizado, con personalidad jurídica y patrimonio propios, que se relacionará con el Ejecutivo por intermedio del Ministerio de Minería, y cuyo objeto será servir de asesor técnico especializado de dicho Ministerio en materias relacionadas con la geología y minería y desempeñar las funciones que le señale el presente decreto ley.

El domicilio del Servicio Nacional de Geología y Minería será la ciudad de Santiago, sin perjuicio de los domicilios especiales que pueda establecer para determinados casos.

El Servicio Nacional de Geología y Minería será el continuador y sucesor legal del Servicio de Minas del Estado y del Instituto de Investigaciones Geológicas, respectivamente.

Artículo 2°. Corresponderá al Servicio Nacional de Geología y Minería:

---

58 Publicada el 20 de diciembre de 1980. Ultima modificación por Ley 21649 de fecha 30 de diciembre deñ 2023.

1.- Asesorar al Ministerio de Minería en materias relacionadas con geología y minería.

2.- Elaborar la carta geológica de Chile y las cartas temáticas básicas como tectónicas, metalogénicas y otras que la complementan; y efectuar la investigación geológica correspondiente.

3.- Mantener y difundir información sobre la existencia, desarrollo y conservación de los recursos minerales del país.

4.- Mantener y difundir información sobre los factores geológicos que condicionan el almacenamiento, escurrimiento y conservación de las aguas, vapores y gases subterráneos en el territorio nacional.

5.- Propiciar, coordinar, incentivar y realizar estudios e investigaciones de geología submarina tendientes al conocimiento de los recursos minerales contenidos en los fondos marinos.

6.- Levantar y mantener el catastro minero nacional y el rol de minas del país; ejecutar las mensuras de las pertenencias y concesiones mineras de acuerdo con el inciso primero del artículo 52º del Código de Minería, e informar sobre problemas técnicos que se presenten relativos a su ubicación.

7.- Confeccionar la estadística minera del país, el inventario de las reservas minerales y mantenerlos actualizados y difundir la información respectiva.

8.- Velar porque se cumplan los reglamentos de policía y seguridad minera y aplicar las sanciones respectivas a sus infractores; proponer la dictación de normas que tiendan a mejorar las condiciones de seguridad en las actividades mineras de acuerdo con los avances técnicos y científicos; y requerir información sobre los programas y cursos de capacitación e informar a los trabajadores que se desempeñan en la industria extractiva.

9.- Cumplir con las funciones que las disposiciones legales y reglamentarias le asignen en la fiscalización del abastecimiento, distribución, almacenamiento y uso de los explosivos destinados a las actividades mineras.

10.- Controlar la idoneidad del personal que trabaja con explosivos y del de supervisores de prevención de riesgos y seguridad minera, de conformidad con las disposiciones legales y reglamentarias.

11.- Celebrar convenios con el objeto de obtener asistencia técnica, y para prestar servicios y efectuar estudios, investigaciones y asesoramientos técnicos, en forma remunerada, sobre cualquier materia de carácter geológico y minero.

12.- Recopilar todos los datos geológicos y mineros disponibles de uso general y mantener actualizado un Archivo Nacional Geológico y Minero.

Toda persona, natural o jurídica, que acredite una capacidad de extracción de mineral inferior a las cinco mil toneladas brutas (5.000 t) mensuales, debidamente empadronada ante la Empresa Nacional de Minería, podrá acceder libremente al archivo indicado, de conformidad a las disposiciones contenidas en la ley N° 20.285[59].

13.- Convenir con quienes desarrollen trabajos de investigación geológica y exploración, reconocimiento, producción o explotación minera u otras actividades basadas en los recursos renovables o no renovables, la entrega de las informaciones, antecedentes, estudios y resultados técnicos o científicos de carácter general, relativos a dichas actividades, para incrementar el Archivo Nacional Geológico y Minero.

14.- Celebrar convenios para la realización de todas o parte de las funciones indicadas en los números 2 y 5 de este artículo.

15.- Otorgar, cuando le sean solicitados, certificados de origen y calidad de productos mineros que se destinen a la exportación.

16.- Eliminado[60].

---

[59] Inciso modificado por Ley 20819. Art. 2 N° 1. D.O. 14.03.2015.

[60] Numeral eliminado por Ley 21649. Art. 4. D.O. 30.12.2023. Numeral anterior indicaba: "16.- Requerir, conforme al artículo 21 del Código de Minería, a toda persona que realice o haya realizado, por sí o a través de terceros, trabajos de exploración geológica básica, la entrega de la información de carácter general que al respecto obtenga.

Se entenderá por información de carácter general, el conjunto de antecedentes, tales como muestras, mapas, levantamientos, tablas o estudios, obtenidos de los trabajos de exploración geológica básica.

El incumplimiento del requerimiento de información que efectúe el Servicio, conforme al párrafo anterior, podrá ser sancionado con multa de hasta 100 unidades tributarias anuales.

17.- Declarar las alertas derivadas de actividad volcánica o erupción y remoción en masa, que puedan afectar a la población, en sus niveles y cobertura, y comunicarlas de manera oportuna y suficiente, en la forma que determinen los protocolos generados para estos efectos, al Servicio Nacional de Prevención y Respuesta ante Desastres[61].

18.- Declarar la alerta de amenazas derivadas de emergencias mineras de gran alcance, en sus niveles y cobertura, y comunicarla de manera oportuna y suficiente, en la forma que determinen los protocolos generados para estos efectos, al Servicio Nacional de Prevención y Respuesta ante Desastres.

TÍTULO II
ORGANIZACIÓN Y ADMINISTRACIÓN

Artículo 3°. La organización general del Servicio Nacional de Geología y Minería estará constituida por:

- La Dirección Nacional.
- La Subdirección Nacional de Geología.
- La Subdirección Nacional de Minería.
- La Asesoría Jurídica.
- La Oficina de Planificación.
- El Departamento de Geología General.
- El Departamento de Geología Aplicada.
- El Departamento de Propiedad Minera.
- El Departamento de Producción, y
- El Departamento Administrativo.

Artículo 4°. El Servicio Nacional de Geología y Minería podrá desconcentrarse territorialmente mediante Direcciones Regionales, a las cuales les serán aplicables las disposiciones del decreto ley 575, de 1974.

Un reglamento establecerá las definiciones, plazos, condiciones y procedimiento para el ejercicio de la presente atribución, así como aquel para la aplicación de la multa precitada de conformidad a lo establecido en la ley Nº 19.880.".

61 Numeral modificado por Ley 21364. Art. 50. D.O. 07.08.2021.

TÍTULO III
DIRECTOR NACIONAL

Artículo 5°. El Director Nacional será el Jefe Superior del Servicio y le corresponderá su dirección y administración. Lo designará el Presidente de la República y será funcionario de su exclusiva confianza.

En caso de ausencia o imposibilidad del Director Nacional para desempeñar sus funciones, será subrogado por el Subdirector Nacional más antiguo. En caso de igual antigüedad, subrogará el Subdirector Nacional de Minería.

El Director Nacional tendrá la representación judicial y extrajudicial del Servicio.

Artículo 6°. El Director Nacional tendrá las siguientes atribuciones:

1.- Dirigir, organizar, planificar, coordinar y supervigilar el funcionamiento del Servicio.

2.- Proponer al Ministro de Minería, los planes y programas anuales y a mediano plazo del Servicio y administrar los recursos que le sean otorgados.

3.- Confeccionar una memoria y balance anuales de las actividades desarrolladas por el Servicio y presentarlos para su aprobación al Ministro de Minería, antes del 30 de junio de cada año.

4.- Asesorar e informar al Ministro de Minería, en los asuntos propios de la competencia del Servicio.

5.- Ejecutar los actos y celebrar los contratos de cualquier naturaleza necesarios para el cumplimiento de los fines específicos del Servicio.

6.- Convocar a propuestas públicas y aceptarlas o rechazarlas de acuerdo a las disposiciones legales y reglamentarias vigentes.

7.- Celebrar con entidades estatales o particulares convenios especiales para la ejecución de los estudios, investigaciones y trabajos que dentro de sus objetivos se encomienden o soliciten al Servicio.

8.- Administrar los bienes del Servicio.

9.- Delegar en uno o más funcionarios de las plantas directivas, profesional o técnica del Servicio parte de sus facultades y atribuciones.

10.- Proponer anualmente, por intermedio del Ministerio de Minería, el Presupuesto de Entradas y Gastos del Servicio.

11.- Dictar las resoluciones generales y particulares que fueren necesarias para el ejercicio de sus atribuciones, y

12.- Las demás atribuciones que le confieren las leyes.

TÍTULO IV
SUBDIRECCIONES, ASESORÍA JURÍDICA Y OFICINA DE PLANIFICACIÓN

Artículo 7º. Los Subdirectores Nacionales serán de la exclusiva confianza del Director Nacional y designados por éste.

Artículo 8º. El Subdirector Nacional de Geología tendrá las siguientes atribuciones:

1.- Organizar, planificar, coordinar y supervigilar el funcionamiento de la Subdirección de Geología.

2.- Proponer al Director Nacional y ejecutar los planes y programas de la Subdirección para la realización de las siguientes labores:

a) Confeccionar la Carta Geológica de Chile y las cartas temáticas básicas que la complementan.

b) Mantener y difundir información sobre la existencia de los recursos minerales del país.

c) Mantener y difundir información sobre los factores geológicos que condicionan el almacenamiento, escurrimiento y conservación de las aguas, vapores y gases subterráneos en el territorio nacional.

d) Propiciar, coordinar, incentivar y realizar estudios e investigaciones de geología submarina tendientes al conocimiento de los recursos minerales contenidos en los fondos marinos.

e) Recopilar todos los datos geológicos disponibles de uso general y mantener actualizado el Archivo Nacional Geológico y Minero.

3.- Presentar al Director Nacional una memoria y avance anuales de las actividades desarrolladas por la Subdirección, para su aprobación antes del 31 de mayo de cada año.

Artículo 9°. El Subdirector Nacional de Minería tendrá las siguientes atribuciones:

1.- Organizar, planificar, coordinar y supervigilar el funcionamiento de la Subdirección de Minería;

2.- Proponer al Director Nacional y ejecutar los planes y programas de la Subdirección para la realización de las siguientes labores:

a) Levantar y mantener el catastro minero nacional y el rol de minas del país; ejecutar las mensuras de las pertenencias y concesiones mineras de acuerdo con el inciso primero del artículo 52° del Código de Minería e informar sobre los problemas técnicos que en ella se presenten.

b) Confeccionar la estadística minera del país, el inventario de las reservas minerales y mantenerlos actualizados y difundir la información respectiva.

c) Velar porque se cumplan los reglamentos de policía y seguridad minera y aplicar las sanciones respectivas a sus infractores; y proponer la dictación de normas que tiendan a mejorar las condiciones de seguridad en las actividades mineras de acuerdo con los avances técnicos y científicos.

d) Cumplir las funciones que las disposiciones legales y reglamentarias le asignen en la fiscalización, almacenamiento y uso de los explosivos destinados a las actividades mineras.

e) Controlar la idoneidad del personal que trabaja en la industria extractiva con explosivos y del personal de supervisores de prevención de riesgos y de seguridad minera, de conformidad con las disposiciones legales y reglamentarias.

f) Recopilar todos los datos mineros disponibles de uso general y mantener actualizado el Archivo Nacional Geológico y Minero.

3.- Presentar al Director Nacional una memoria y avance anuales de las actividades desarrolladas por la Subdirección, para su aprobación, antes del 31 de mayo de cada año.

Artículo 10°. Habrá una Asesoría Jurídica que estará a cargo de un abogado habilitado para el ejercicio de la profesión, que será de la exclusiva confianza del Director Nacional, y designado por éste.

Serán atribuciones del Asesor Jurídico las siguientes:

1.- Informar al Director Nacional sobre los asuntos de orden legal que se sometan a su consideración.

2.- Representar al Director Nacional o a otros funcionarios del Servicio, los actos o resoluciones de éstos que contravengan disposiciones legales. En especial, el Asesor Jurídico deberá pronunciarse previamente sobre la legalidad de todo convenio que celebre el Servicio.

En caso de ausencia o impedimento, las funciones del Asesor Jurídico serán desempeñadas por el abogado que el Director Nacional designe.

Artículo 11°. Habrá una Oficina de Planificación, que dependerá del Director Nacional, y que tendrá a su cargo la elaboración y estudio de los planes y programas del Servicio. Su Jefe será de la exclusiva confianza del Director.

TÍTULO V
DEPARTAMENTOS

Artículo 12°. El Servicio tendrá los siguientes Departamentos:

Administrativo, Geología General, Geología Aplicada, Propiedad Minera y Producción.

Los Departamentos estarán a cargo de un Jefe designado por el Director Nacional, quien será de su exclusiva confianza.

El Departamento Administrativo dependerá directamente del Director Nacional y los otros Departamentos estarán bajo la dependencia directa de las respectivas Subdirecciones Nacionales.

Artículo 13°. Al Departamento Administrativo le corresponderán las funciones de organizar, planificar, coordinar y supervisar el funcionamiento de la administración interna del Servicio a nivel nacional y regional y velar por el correcto uso de los fondos y bienes y por una adecuada eficiencia en la labor del personal, de conformidad a las disposiciones legales y reglamentarias vigentes y a las normas e instrucciones que imparta el Director Nacional.

Artículo 14°. Al Departamento de Geología General le corresponderá la función de realizar los trabajos destinados a obtener la Carta Geológica Básica del país.

Al Departamento de Geología Aplicada le corresponderá realizar estudios de geología básica orientada a fines específicos en relación a recursos minerales y prevención de riesgos naturales. Deberán confeccionar las cartas temáticas que complementan la Cartografía Geológica Regional.

Artículo 15°. Al Departamento de Propiedad Minera le corresponderá la función de realizar el levantamiento y la mantención del catastro minero nacional y del rol de minas del país. Deberá realizar las mensuras de las pertenencias y concesiones mineras, de acuerdo con el inciso primero del artículo 52° del Código de Minería, e informar sobre problemas técnicos que en ellas se presenten relativos a su ubicación.

Al Departamento de Producción le corresponderá principalmente confeccionar la estadística minera del país y velar porque se cumplan los reglamentos de policía y seguridad minera.

TÍTULO VI
PERSONAL

Artículo 16°. El Presidente de la República, mediante decreto del Ministerio de Minería, firmado además por el Ministro de Hacienda, deberá, dentro del plazo de 90 días a contar de la fecha de publicación del presente decreto ley, dictar un Estatuto que contendrá los requisitos y normas laborales a que estará afecto el personal del Servicio, y en el que se precisará la legislación supletoria que regirá en su silencio.

Artículo 17°. El personal del Servicio Nacional de Geología y Minería estará afecto al régimen previsional de la Caja Nacional de Empleados Públicos y Periodistas.

Artículo 18°. Facúltase al Presidente de la República para que, dentro del plazo de 90 días, contado desde la fecha de publicación del presente decreto ley, mediante decreto expedido por intermedio del Ministerio de

Minería y firmado, además, por el Ministro de Hacienda, proceda a fijar la planta del personal del Servicio Nacional de Geología y Minería.

Artículo 19°. Facúltase al Presidente de la República para que, dentro del plazo de 90 días, contado desde la fecha de publicación del presente decreto ley, mediante decreto expedido por intermedio del Ministerio de Minería y firmado, además, por el Ministro de Hacienda, proceda a fijar el sistema y nivel de remuneraciones del personal del Servicio Nacional de Geología y Minería.

TÍTULO VII
PATRIMONIO

Artículo 20°. El patrimonio del Servicio Nacional de Geología y Minería estará formado por:

a) Los fondos que anualmente se le destinen en la Ley de Presupuestos.

b) Los recursos que otras leyes le asignen y los provenientes de la prestación de servicios y, en general, los ingresos que perciba por los trabajos que ejecute en razón de sus funciones.

c) Los aportes que perciba por asistencia financiera externa o interna.

d) Las donaciones, herencias y legados de que sea beneficiario.

e) Los frutos civiles y naturales que produzcan los bienes del Servicio, y

f) Los bienes actualmente asignados al Servicio de Minas del Estado y los bienes corporales e incorporales adquiridos en virtud de lo dispuesto en el inciso segundo del artículo 24°.

TÍTULO VIII
DISPOSICIONES GENERALES

Artículo 21°. Las referencias que el Código de Minería y otras leyes y decretos hacen tanto al Instituto de Investigaciones Geológicas y al Servicio de Minas del Estado, como al Director del Instituto de Investigaciones Geológicas y al Director del Servicio de Minas del Estado, se entenderán hechas al Servicio Nacional de Geología y Minería o al Director Nacional, en su caso.

Artículo 22º. El reglamento del Servicio Nacional de Geología y Minería deberá contener las normas técnicas por las que se regirán las propuestas públicas a que convoque el Director Nacional en conformidad a lo dispuesto en el artículo 6º Nº 6.

Artículo 23º. El Servicio Nacional de Geología y Minería estará sujeto a la fiscalización de la Contraloría General de la República, en los términos establecidos en el inciso segundo del artículo 16º de la Ley 10.336.

Artículo 24º. Cancélase la personalidad jurídica del Instituto de Investigaciones Geológicas que le fuera otorgada por los decretos 5.453 y 773, ambos del Ministerio de Justicia, de 26 de noviembre de 1957 y 23 de julio de 1973, respectivamente, y declárase, por consiguiente, disuelta dicha Corporación.

Decláranse transferidos de pleno derecho al Servicio Nacional de Geología y Minería, todos los bienes, derechos y obligaciones del Instituto de Investigaciones Geológicas en el estado en que se encuentren. Las inscripciones y anotaciones relativas a los bienes y derechos sujetos al régimen de Registro, se entenderán practicadas y vigentes en favor del Servicio Nacional de Geología y Minería. Cuando la Dirección de dicho Servicio lo estime conveniente podrá requerir de los funcionarios respectivos que dejen testimonio de este hecho al margen de las correspondientes inscripciones, sin que proceda pago de impuestos o derechos de ninguna naturaleza.

Artículo 25º. Derógase el decreto con fuerza de ley 152, de 27 de febrero de 1960, que creó el Servicio de Minas del Estado.

Artículo 26º. El presente decreto ley, con excepción de sus artículos 16º, 18º, 19º y 2º transitorio, entrará en vigencia una vez que se publiquen en el «Diario Oficial» los respectivos decretos de encasillamiento y de designación del personal en el Servicio Nacional de Geología y Minería.

DISPOSICIONES TRANSITORIAS

Artículo 1°. Mediante decreto supremo se transferirán al Servicio Nacional de Geología y Minería los bienes muebles e inmuebles fiscales actualmente destinados al Servicio de Minas del Estado.

A requerimiento del Director Nacional, los Conservadores de Bienes Raíces procederán a inscribir a nombre del Servicio Nacional de Geología y Minería los inmuebles y vehículos, sirviendo de título suficiente el decreto que disponga su transferencia.

Artículo 2°. Facúltase al Presidente de la República para encasillar a todo o parte del personal actualmente en funciones en el Servicio de Minas del Estado. El encasillamiento del personal de las plantas del Servicio Nacional de Geología y Minería se efectuará discrecionalmente, mediante decreto supremo del Ministerio de Minería, dentro del plazo de 30 días contado desde la fecha de publicación de los decretos supremos a que se refieren los artículos 18° y 19°.

Facúltase, del mismo modo, al Presidente de la República para designar en el Servicio Nacional de Geología y Minería a todo o parte del personal que prestaba servicios en el Instituto de Investigaciones Geológicas a la fecha de su disolución.

Artículo 3°. A los empleados que sean encasillados o designados en la nueva planta del Servicio Nacional de Geología y Minería se les aplicará lo dispuesto en la letra d) del artículo 29° del decreto ley 2.879, de 1979, y los que no lo fueren y deban cesar en sus funciones, tendrán derecho al beneficio señalado en la letra e) del artículo 29° del mismo cuerpo legal, el cual será incompatible con el subsidio de cesantía. El no encasillamiento se tendrá como expiración obligada de funciones para los efectos previsionales.

Artículo 4°. Facúltase al Presidente de la República para modificar la ley de Presupuestos y contemplar los suplementos de fondos necesarios para el funcionamiento del nuevo Servicio Nacional de Geología y Minería.

Artículo 5°. Los empleados del Instituto de Investigaciones Geológicas y del Servicio de Minas del Estado que estén prestando servicios a la fecha de publicación de este decreto ley, y que sean designados o encasillados en la nueva planta, mantendrán su antigüedad en el Servicio Nacional de Geología y Minería para todos los efectos legales, previsionales y convencionales. Para el cómputo del tiempo para asignación de antigüedad se atenderá a lo dispuesto en el artículo 6º del decreto ley 249, de 1973, a las disposiciones del decreto ley 479, de 1974, y sus modificaciones posteriores.

Regístrese en la Contraloría General de la República, publíquese en el Diario Oficial e insértese en la Recopilación oficial de dicha Contraloría.- AUGUSTO PINOCHET UGARTE.- JOSE T. MERINO CASTRO.- CESAR MENDOZA DURAN.- FERNANDO MATTHEI AUBEL.- Carlos Quiñones, Ministro de Minería.

LEY Nº 20.551 QUE REGULA EL CIERRE DE FAENAS E INSTALACIONES MINERAS[62]

Teniendo presente que el H. Congreso ha dado su aprobación al siguiente proyecto de ley,

Proyecto de ley:

«TÍTULO I
DISPOSICIONES GENERALES

Artículo 1°. Ámbito de aplicación. El cierre de las faenas de la industria extractiva minera se regirá por esta ley, sin perjuicio de lo establecido en las demás normas que resulten aplicables en los ámbitos específicos de su competencia.

Artículo 2°. Objeto del plan de cierre. El objeto del plan de cierre de faenas mineras es la integración y ejecución del conjunto de medidas y acciones destinadas a mitigar los efectos que se derivan del desarrollo de la industria extractiva minera, en los lugares en que ésta se realice, de forma de asegurar la estabilidad física y química de los mismos, en conformidad a la normativa ambiental aplicable. La ejecución de las medidas y acciones de la manera antes señalada deberá otorgar el debido resguardo a la vida, salud, seguridad de las personas y medio ambiente, de acuerdo a la ley.

El plan de cierre de las faenas de la industria extractiva minera es parte del ciclo de su vida útil.

El cierre de faenas mineras se planificará e implementará de forma progresiva, durante las diversas etapas de operación de la faena minera, por toda la vida útil.

El plan de cierre de faenas mineras debe ser ejecutado por la empresa minera, antes del término de sus operaciones, de manera tal que al cese de

---

62 Publicada el 11 de noviembre de 2011. Revisada y actualizada a la ultima versión 18 de julio 2019 (L. 21169).

éstas se encuentren implementadas y creadas las condiciones de estabilidad física y química en el lugar que operó la faena.

Artículo 3°. Definiciones. Para los efectos de esta ley y su reglamento, se entenderá por:

a) Abandono: El acto por el cual la empresa minera cesa las operaciones de una o más faenas o instalaciones mineras, sin cumplir con las obligaciones que le impone esta ley y su reglamento.

b) Área de influencia: El área o espacio geográfico, cuyos componentes ambientales podrían verse afectados luego del cese de las operaciones de la faena o instalación minera, de acuerdo a lo establecido en la ley N° 19.300.

c) Cierre Parcial: La etapa de un proyecto minero que corresponde a la ejecución de la totalidad de las medidas y actividades contempladas en el plan de cierre respecto de una instalación o parte de una faena minera, efectuada durante la operación, y cuya implementación íntegra se acredita mediante un certificado otorgado por el Servicio.

d) Cierre Final: La etapa de un proyecto minero que corresponde a la ejecución de todas las medidas y actividades contempladas en el plan de cierre, respecto de la totalidad de instalaciones que conforman una faena minera, efectuado al término de la operación minera y cuya implementación se acreditará mediante un certificado otorgado por el Servicio.

e) Director: El Director Nacional del Servicio Nacional de Geología y Minería.

f) Empresa Minera: La persona natural o jurídica que a título propio o por cuenta de un tercero ejecuta operaciones propias de la industria extractiva minera, sujetas a la obligación de cierre de faenas.

g) Estabilidad Física: Situación de seguridad estructural, que mejora la resistencia y disminuye las fuerzas desestabilizadoras que pueden afectar obras o depósitos de una faena minera, para la cual se utilizan medidas con el fin de evitar fenómenos de falla, colapso o remoción.

Para los efectos de esta ley se consideran medidas para la estabilización física aquellas como la estabilización y perfilamiento de taludes, reforzamiento o sostenimiento de éstos, compactación del depósito y otras que permitan mejorar las condiciones o características geotécnicas que componen las obras o depósitos mineros. La estabilidad física comprende, asimismo, el desmantelamiento de las construcciones que adosadas permanentemente a la faena minera la aseguren.

h) Estabilidad Química: Situación de control en agua, en aire y en suelo de las características químicas que presentan los materiales contenidos en las obras o depósitos de una faena minera, cuyo fin es evitar, prevenir o eliminar, si fuere necesario, la reacción química que causa acidez, evitando el contacto del agua con los residuos generadores de ácidos que se encuentren en obras y depósitos masivos mineros, tales como depósitos de relaves, botaderos, depósitos de estériles y ripios de lixiviación.

i) Faena minera e industria extractiva minera: Se entenderá por Faena Minera el conjunto de instalaciones y lugares de trabajo de la industria extractiva minera, tales como minas, plantas de tratamiento, fundiciones, baterías, equipamiento, ductos, oleoductos y gasoductos de hidrocarburos, maestranzas, talleres, casas de fuerza, puertos de embarque de productos mineros, campamentos, bodegas, lugares de acopios, pilas de lixiviación, depósitos de residuos masivos mineros, depósitos de relaves, de estériles, ripios de lixiviación y, en general, la totalidad de las labores, instalaciones y servicios de apoyo e infraestructura que existen respecto a una mina o establecimiento de beneficio para asegurar el funcionamiento de las operaciones mineras.

Para los efectos de esta ley se considerará industria extractiva minera el conjunto de actividades relacionadas con la exploración, prospección, extracción, explotación, procesamiento, transporte, acopio, transformación, disposición de sustancias minerales, sus productos y subproductos; las sustancias fósiles y depósitos de hidrocarburos líquidos o gaseosos, en las condiciones específicas que se señalan en el Título XII. La industria extractiva minera incluirá el conjunto de obras destinadas a abrir, habilitar, desarrollar, instalar y adosar permanentemente, en su caso, las excavaciones, construcciones, túneles, obras civiles y maquinarias que tengan estrecha relación con las actividades antes señaladas.

j) Garantía: Las obligaciones que se contraen e instrumentos que se otorgan para asegurar el cumplimiento de las cargas que derivan del plan de cierre, de acuerdo a lo establecido en la presente ley.

k) Modificación sustancial del proyecto minero: Para los efectos de esta ley constituyen una modificación sustancial del proyecto las variaciones que excedan de diez por ciento de la estimación de la vida útil del proyecto minero, sin perjuicio de las que se originaren por cambios importantes de ritmo de explotación, en las tecnologías o diseños de los métodos de explotación, ventilación, fortificación o de tratamiento de minerales determinados, así como nuevos lugares de ubicación, ampliación o forma de depósitos de residuos mineros, producidos por alteraciones en el tipo de roca, leyes o calidad de los minerales y, en general, cualquier cambio en las técnicas utilizadas que envuelvan más que una simple ampliación de tratamiento para colmar las capacidades del proyecto.

l) Operación minera: Las actividades que incluyen las fases de exploración, en los casos que se encuentre sometida al sistema de evaluación de impacto ambiental, de acuerdo a las disposiciones de la ley Nº 19.300, y las actividades de prospección, construcción, explotación y beneficio de minerales, de una faena minera.

m) Paralización temporal: El cese transitorio de la operación de una faena minera, el cual podrá ser total o parcial, según afecte instalaciones específicas o al conjunto de instalaciones que constituyen la faena minera.

n) Plan de Cierre: El documento que especifica el conjunto de medidas técnicas y actividades que la empresa minera debe efectuar desde el inicio de la operación minera, y el programa de detalle conforme al cual deben implementarse, de manera que tienda a prevenir, minimizar o controlar los riesgos y efectos negativos que se puedan generar en la vida e integridad de las personas que se encuentran relacionadas directa e inmediatamente a las mismas, así como mitigar los efectos de la operación minera en los componentes medio ambientales comprometidos, tendientes a asegurar la estabilidad física y química de los lugares en que ésta se realice.

o) Post cierre: Es la etapa que sigue a la ejecución del plan de cierre, que comprende las actividades de monitoreo y verificación de emisiones y efluentes y, en general, el seguimiento y control de todas aquellas condiciones que resultan de la ejecución de las medidas y actividades del plan de cierre, para garantizar en el tiempo la estabilidad física y química del lugar, así como el resguardo de la vida, salud, seguridad de las personas y medio ambiente, de acuerdo a la ley.

p) Servicio: el Servicio Nacional de Geología y Minería.

q) Vida útil del proyecto minero: Aquel cálculo que se efectúa en función de las reservas demostradas, probadas más probables, certificadas por una Persona Competente en Recursos y Reservas Mineras de acuerdo a las disposiciones de la ley N° 20.235, en relación con los niveles anuales de extracción de mineral.

Sin perjuicio de lo anterior, para aquellas empresas mineras cuyo fin sea la extracción o beneficio de uno o más yacimientos mineros, y cuya capacidad de extracción de mineral sea superior a diez mil toneladas brutas (10.000 t) mensuales por faena minera, e inferior o igual a quinientas mil toneladas brutas (500.000 t) mensuales por faena minera, la vida útil del proyecto minero corresponderá al cálculo que se efectúa en función de los recursos minerales medidos, indicados e inferidos, certificados por una Persona Competente en Recursos y Reservas Mineras, conforme al Estudio de Diagnóstico, establecido en el Código para la Certificación de Prospectos de Exploración, Recursos y Reservas Mineras, de acuerdo a las disposiciones de la ley N° 20.235.

Por su parte, el cálculo de la vida útil de proyectos de hidrocarburos será certificado por una Persona Competente en Recursos y Reservas Mineras, de acuerdo a las disposiciones de la ley N° 20.235, con experiencia en evaluación de recursos y reservas de hidrocarburos.

Artículo 4°. Carácter sectorial del plan de cierre. La aprobación que realizare el Servicio al plan de cierre, en conformidad a lo dispuesto en la presente ley, constituirá un permiso sectorial para todos los efectos legales. El plan de cierre original deberá ser elaborado en conformidad con la resolución de calificación ambiental previamente aprobada, de forma tal de asegurar el cumplimiento de las obligaciones de reparación, mitigación o compensación diversas a las prescritas por esta ley, respecto de los predios superficiales, en conformidad a la ley N° 19.300 y la normativa ambiental aplicable. La empresa minera no podrá iniciar la operación de la faena minera sin contar, previamente, con un plan de cierre aprobado en la forma prescrita en esta ley.

TÍTULO II
AUTORIDAD COMPETENTE

Artículo 5º. Autoridad competente y funciones. El Servicio es el órgano de la Administración del Estado encargado de revisar y aprobar sectorialmente los aspectos técnicos de los planes de cierre de faenas mineras y sus actualizaciones, como asimismo velar por el cumplimiento de las obligaciones de la empresa minera causadas por los planes de cierre aprobados. Tendrá las facultades de supervigilancia y fiscalización que establece la ley.

Al Servicio le corresponderán las siguientes funciones y atribuciones:

a) Aprobar, en conformidad a la resolución de calificación ambiental, las medidas que serán implementadas y actividades que serán ejecutadas para el cumplimiento de los planes de cierre de faenas mineras y sus modificaciones, de acuerdo a la presentación que hicieren los interesados.

b) Aprobar la valorización del plan de cierre y la correspondiente cantidad de dinero o monto que será garantizada durante la vida útil del proyecto minero, supervigilar la suficiencia de los instrumentos otorgados en garantía, autorizar las rebajas que provengan de la ejecución de cierres parciales de faenas mineras, así como efectuar la liberación de la garantía a medida que se ejecutare el plan de cierre.

c) Elaborar el programa de fiscalización de los planes de cierre aprobados y fiscalizar su cumplimiento.

d) Disponer o evaluar, en interacción con la autoridad ambiental, si correspondiere, modificaciones y actualizaciones a los planes de cierre aprobados, de acuerdo con las variaciones que experimenten los proyectos y su vida útil, en los términos del procedimiento establecido en esta ley y su reglamento.

e) Disponer, en caso que las medidas comprometidas en el plan de cierre no fueren ejecutadas o lo fueren de manera imperfecta, las acciones necesarias para que la garantía otorgada se aplique íntegramente a la ejecución del plan de cierre.

f) Ordenar la ejecución de medidas correctivas para los casos de incumplimiento del plan de cierre.

g) Preparar guías metodológicas para la elaboración de los proyectos de planes de cierre simplificados.

h) Verificar las competencias específicas de los auditores de planes de cierre, para los efectos de informar sobre la adecuación y cumplimiento de los mismos, y llevar el Registro correspondiente, de acuerdo con lo que disponen esta ley y su reglamento.

i) Inspeccionar las faenas o instalaciones mineras a fin de asegurar el cumplimiento de las medidas y actividades comprometidas por la empresa minera, según lo establecido en el plan de cierre.

j) Aplicar sanciones administrativas, según lo dispuesto en el Título X de esta ley.

TÍTULO III
APROBACIÓN DE LOS PLANES DE CIERRE

Párrafo 1° Requisitos generales

Artículo 6°. Plan de Cierre, elaboración, contenidos, objetivos y requisitos formales. Toda empresa minera deberá presentar, para la aprobación del Servicio, un plan de cierre de sus faenas mineras, elaborado en conformidad con la resolución de calificación ambiental que se pronuncie favorablemente sobre el proyecto minero, cuando correspondiere, de acuerdo a la ley N° 19.300.

El plan de cierre contemplará los objetivos propios y adecuados a las características de la faena minera, establecidos en la presente ley y el reglamento.

Los requisitos formales para el otorgamiento de esta aprobación, así como los contenidos técnicos y económicos que deberá contener el plan de cierre, son los que se señalan en esta ley y el reglamento.

Artículo 7°. Obligatoriedad del plan de cierre. Una vez aprobado, el plan de cierre obliga a la empresa minera a ejecutar íntegramente todas las medidas y actividades contempladas en dicho documento, dentro del plazo fijado, y de la manera y condiciones previstas en el mismo.

Artículo 8°. Oportunidad de la aprobación del plan de cierre. Todo plan de cierre deberá ser aprobado por el Director previo al inicio de la exploración, explotación de una faena minera o de la operación de un establecimiento de beneficio, según correspondiere.

Artículo 9°. Elementos del plan de cierre. La empresa minera deberá presentar un plan de cierre que contemple la totalidad de la faena minera, el que contendrá y especificará todas las medidas y actividades de cierre contempladas. Podrá asimismo, presentar planes de cierre parcial, los que deberán ejecutarse durante la operación minera, de acuerdo a la programación global y de detalle aprobada por el Servicio, de acuerdo a lo dispuesto por esta ley.

Los Planes de Cierre que se sometan a aprobación del Servicio tendrán carácter público y se regirán por las disposiciones de la ley N° 20.285.

Párrafo 2° De los procedimientos de aprobación del plan de cierre

Artículo 10. Tipos de procedimientos de aprobación. El plan de cierre de faenas mineras se someterá a aprobación del Servicio, a través del procedimiento de aplicación general o simplificado.

La exploración minera, de la forma establecida en la ley N° 19.300, se sujetará al procedimiento de aprobación simplificado.

Se sujetará al procedimiento de aplicación general la empresa minera cuyo fin sea la extracción o beneficio de uno o más yacimientos mineros, y cuya capacidad de extracción de mineral sea superior a diez mil toneladas brutas (10.000 t) mensuales por faena minera.

Resultará aplicable el procedimiento simplificado a la empresa minera cuya capacidad de extracción o beneficio de mineral sea igual o inferior a la señalada en el inciso anterior.

Lo dispuesto en el inciso anterior rige para efectos de esta ley y no modifica las normas establecidas en la ley N° 19.300 para el ingreso al sistema de evaluación de impacto ambiental.

1. Del procedimiento de aplicación general

Artículo 11. Efectos del procedimiento de aplicación general. La empresa minera sometida al procedimiento de aplicación general quedará sujeta a la obligación establecida en el Título XIII de esta ley.

Artículo 12. Pronunciamiento sobre el plan de cierre. El Servicio deberá pronunciarse sobre el plan de cierre de la empresa minera dentro de los sesenta días siguientes a la fecha de su presentación. Con todo, dicho plan no podrá ser aprobado mientras el método de explotación, depósito o tratamiento de minerales de la faena minera correspondiente no haya sido previamente aprobado por el Servicio.

El Servicio podrá solicitar, dentro del plazo de treinta días, las aclaraciones, rectificaciones o ampliaciones que se estimaren necesarias o que, referidas a información esencial del plan de cierre, sirvieren para complementar o salvar omisiones en su presentación. Las mismas deberán presentarse dentro del término de treinta días. El ejercicio de esta facultad suspenderá el transcurso del plazo legal para pronunciarse.

Cuando la empresa minera hiciere entrega de la información requerida o dejare transcurrir el plazo sin hacerlo el Servicio emitirá pronunciamiento en los términos antes señalados.

Sin perjuicio de lo señalado en el inciso anterior, el Servicio, previa resolución fundada y atendido los nuevos antecedentes presentados por la empresa minera, podrá ampliar el plazo para pronunciarse sobre el plan de cierre, hasta por diez días.

Artículo 13. Requisitos del plan de cierre. El plan de cierre deberá, a lo menos, contener los antecedentes y acompañar los documentos que se señalan a continuación:

a) Individualización completa de la empresa minera, escrituras sociales de constitución, con especificación de su RUT y de su representante legal o el RUT del empresario minero cuando sea una persona natural quien realice la explotación;

b) Descripción de la faena minera, con indicación de sus instalaciones, sus características, procesos y productos, la enunciación de las áreas que comprende y de los depósitos e insumos que utilizará. De la misma forma deberá considerar los aspectos geológicos y atmosféricos del área en que se encuentra;

c) Resolución de calificación ambiental aprobatoria, cuando corresponda, de acuerdo a la ley N° 19.300;

d) Informe técnico elaborado y suscrito por una o más Personas Competentes en Recursos y Reservas Mineras de aquellas señaladas en la ley N° 20.235, que se pronuncie acerca de la vida útil del proyecto minero;

e) El conjunto de medidas y actividades propuestas por la empresa minera para obtener la estabilidad física y química del lugar donde se encuentra la faena minera, así como el resguardo de la vida, salud, seguridad de las personas y medio ambiente, de acuerdo a la ley;

f) Una estimación de los costos del plan de cierre propuesto, expresado en unidades de fomento, o el sistema de reajuste fijado por el Banco Central que sustituya a la unidad de fomento, y la programación global y de detalle de ejecución de las medidas de cierre contempladas en él;

g) Un programa y una estimación de costos de las medidas de post cierre, expresado en unidades de fomento, o el sistema de reajuste fijado por el Banco Central que sustituya dicha unidad, y la programación de su ejecución;

h) La cantidad de dinero o monto representativa del costo del plan de cierre que será garantizado, el período por el cual esa caución se otorgará, de acuerdo a la vida útil del proyecto establecida en la forma descrita en la letra d), y los instrumentos que se utilizarán;

i) Cualquier otro documento que sirva de fundamento al plan de cierre o de base para su elaboración, si así lo estima el solicitante;

j) Indicación de la información técnica que pueda ser considerada de utilidad pública, tal como la relativa a infraestructura, monumentos nacionales, según definición de la ley N° 17.288, sitios con valor antropológico, arqueológico, histórico y, en general, los pertenecientes al patrimonio arquitectónico y natural, y

k) Un programa de difusión a la comunidad sobre la implementación del plan de cierre de la faena minera, con excepción de aquellas a las que les corresponda el régimen simplificado.

Artículo 14. Aprobación o rechazo del plan de cierre. El Servicio deberá pronunciarse acerca de los aspectos técnicos del plan de cierre, mediante la dictación de una resolución fundada de aprobación o rechazo del mismo dentro del plazo legal.

El Servicio podrá requerir a la empresa minera, en el plazo de treinta días a partir de la presentación del plan de cierre, las aclaraciones, rectificaciones o ampliaciones que fueren necesarias. El plazo legal para pronunciarse sobre él se suspenderá por el tiempo que dure el ejercicio de esta facultad.

El plan de cierre será aprobado cuando cumpla los requisitos establecidos por esta ley y de acuerdo a la resolución de calificación ambiental, cuando correspondiere.

Si el Servicio rechazare el plan de cierre, indicará las correcciones, rectificaciones y modificaciones precisas y específicas que estimare procedentes al plan de cierre, a efectos de ajustar el mismo a las medidas técnicas necesarias conforme a la presente ley. Los aspectos que no fueren observados se tendrán por aprobados.

Artículo 15. Contenido de la resolución aprobatoria del plan de cierre. El Director dictará la resolución aprobatoria de los planes de cierre de faenas mineras presentados por los interesados, la que deberá contener:

a) Identificación de la empresa minera, de la respectiva faena minera y de su o sus representantes legales;

b) Mención de la vida útil estimada del proyecto minero;

c) El conjunto de medidas técnicas y actividades comprometidas para la ejecución del plan de cierre, y la programación global de su ejecución, y

d) La estimación de los costos del plan de cierre, que serán garantizados por la empresa minera.

2. Del procedimiento simplificado

Artículo 16. Presentación del plan de cierre. Las empresas mineras sometidas al procedimiento simplificado elaborarán su plan de cierre incluyendo en el mismo los antecedentes a que se refieren los literales a), b) y e) del artículo 13, y conforme a las guías metodológicas que preparará el Servicio. Lo anterior, sin perjuicio de la obligación de acompañar al mismo la resolución de calificación ambiental favorable si procediere.

El Servicio pondrá a disposición de los interesados las guías metodológicas que especifiquen los estándares técnicos aplicables a las empresas mineras sometidas a este procedimiento y que servirán para la elaboración y complementación de los proyectos de planes de cierre simplificado, conforme a lo establecido en la ley.

Sin perjuicio de lo anterior, respecto a los planes de cierre de este tipo de empresas mineras, cuya capacidad de extracción de mineral no sea superior a cinco mil toneladas brutas (5.000 t) mensuales por faena minera y que carezcan de planta de producción, depósito de relaves o de ripios de lixiviación, se dará cumplimiento a esta obligación presentando una declaración que contenga los antecedentes relativos a la individualización de la faena minera y de la empresa minera, y que especifique las medidas de cierre referidas sólo al desmantelamiento, cierre de accesos, señalizaciones y medidas de estabilidad física de depósitos de estériles o botaderos.

Sin embargo, en caso de contar con una o más plantas de producción, depósito de relave o de ripios de lixiviación, deberá, también, declararse las medidas y acciones siguientes: desenergización de instalaciones; retiro de materiales y repuestos; manejo de residuos o desechos peligrosos, industriales o domésticos; protección de estructuras remanentes; establecimiento de canales perimetrales y un sistema de evacuación de aguas; compactación de berma de coronamiento; cubrimiento con material que evite la erosión; adopción de medidas de estabilidad física para el muro del tranque y construcción de zanjas interceptoras, según corresponda.

Artículo 17. Contenido de la resolución aprobatoria del plan de cierre. La resolución que se pronuncie sobre un plan de cierre de faenas mineras sometidas al procedimiento simplificado contendrá los siguientes antecedentes:

a) Identificación de la empresa minera y de la respectiva faena o instalaciones como, asimismo, de sus representantes legales;

b) Un listado de las medidas y actividades específicas a que quedará sujeta la ejecución del plan de cierre, y

c) La programación de su ejecución.

TÍTULO IV
AUDITORÍA DE LOS PLANES DE CIERRE

Párrafo 1° Objetivos

Artículo 18. De las auditorías periódicas y extraordinarias. Finalidad, periodicidad y elección del auditor. Las empresas mineras que se encontraren sujetas al procedimiento de aplicación general deberán hacer auditar su plan de cierre cada cinco años, a su costo y de acuerdo al programa de fiscalización que elaborará el Servicio.

El objeto de las auditorías es certificar al Servicio la adecuación y cumplimiento del contenido del plan de cierre y de su actualización, así como la sujeción a su programación de ejecución, de manera de velar por su implementación y avance efectivo en relación al proyecto minero específico.

El Servicio podrá, mediante resolución fundada, ordenar la elaboración de auditorías extraordinarias a costa de la empresa minera cuando se trate de situaciones graves que relacionadas con la adecuación, modificación o rectificación del plan de cierre requieran mayor nivel de información o se encuentren específicamente asociadas a paralizaciones temporales o cierres parciales.

La empresa minera podrá presentar al Servicio auditoría voluntaria de su plan de cierre, cuando se produjere una modificación al proyecto minero que pudiere incidir en la adecuación o modificación del plan de cierre.

Sobre la base del resultado de dichas auditorías el Servicio podrá ordenar fundadamente la adecuación, cumplimiento parcial o actualización extraordinaria del plan de cierre.

La auditoría será efectuada por aquellos auditores que se encuentren inscritos en el Registro Público de Auditores Externos que llevará el Servicio de conformidad con esta ley y su reglamento.

La empresa minera tendrá la facultad de elegir el auditor de entre los que figuren en el Registro antes señalado. De igual forma, y en caso de auditorías extraordinarias, el Servicio podrá designar de entre los inscritos en el Registro el auditor competente.

Artículo 19. Procedimiento y efectos de las auditorías. El Reglamento regulará las normas con arreglo a las cuales se elaborarán los informes técnicos de auditoría.

El informe que emita el auditor deberá ser entregado al Servicio de acuerdo con el procedimiento que establecerá el reglamento.

La evaluación de los informes que efectúe el Servicio, y las eventuales controversias que se generen a ese respecto se regirán, en lo no dispuesto en este artículo, por la ley Nº 19.880.

Con el mérito de los informes de auditoría presentados por la empresa y los actos que en el ejercicio de sus atribuciones de fiscalización realice, el Servicio procederá a resolver, en el plazo de sesenta días contados desde la presentación de la referida auditoría, pronunciándose respecto de las medidas concretas y específicas que deberán adoptarse por la empresa minera en la actualización periódica o extraordinaria del plan de cierre aprobado.

Párrafo 2º Normas particulares

Artículo 20. De los auditores y del Registro Público de Auditores Externos. Podrán desempeñarse para los fines establecidos en este Título los auditores inscritos en el Registro Público de Auditores Externos que llevará el Servicio, quienes estarán sujetos al cumplimiento de los requisitos exigidos por esta ley y su reglamento.

El Servicio sólo podrá inscribir en el Registro a quienes acrediten cumplir con los siguientes requisitos:

1. Persona natural que cuente con título profesional relacionado con las ciencias vinculadas a la industria minera, entre otros, ingenieros de minas, ingenieros de ejecución en minas o geólogos, y que acreditaren experiencia en el área de a lo menos cinco años.

2. Sociedades de profesionales o personas jurídicas constituidas en conformidad a la ley, cuyo objeto contemple la auditoría de planes de cierre de faenas mineras, en que tuvieren participación o fueren integradas por profesionales que cumplan con los requisitos señalados en el numeral anterior.

En ningún caso podrán efectuar auditorías quienes carezcan de independencia de juicio en relación con las operaciones mineras auditadas, debiendo presentar declaración jurada de independencia e imparcialidad.

Para los efectos de esta ley se entenderá que carecen de independencia de juicio respecto de una empresa minera auditada las siguientes personas naturales y jurídicas:

a) Las que personalmente, su cónyuge o parientes por consanguinidad, hasta el tercer grado inclusive, tengan o hayan tenido durante los últimos tres años, vínculo ya sea como profesional independiente o bajo subordinación o dependencia o quienes, en el mismo período, hubieren prestado servicios a la empresa minera auditada o a cualquiera otra entidad relacionada en los términos del artículo 100 de la ley N° 18.045, en su caso.

b) Las que directa o indirectamente posean acciones o participaciones sociales en la empresa minera auditada o en cualquier otra entidad relacionada en los términos del artículo 100 de la ley N° 18.045.

c) Las que tengan una relación de negocios significativa, esto es, que hayan percibido directa o indirectamente ingresos brutos, derivados de dichas relaciones, por una cantidad superior a 500 unidades de fomento o el equivalente en el sistema de reajuste del Banco Central que sustituya la unidad de fomento, con la empresa minera auditada o cualquiera otra entidad relacionada en los términos del artículo 100 de la ley N° 18.045.

No podrán ser registrados, y serán eliminados del Registro Público de Auditores Externos, quienes se encuentren acusados o hayan sido condenados por delito que merezca pena aflictiva. No serán registradas y serán eliminadas aquellas sociedades de profesionales o las personas jurídicas en las cuales algún socio o alguno de sus trabajadores se encuentren acusados o hayan sido condenados por delito que merezca pena aflictiva. Tampoco podrán ser incorporados y serán eliminados del Registro aquellas sociedades que hayan sido condenadas, de manera grave y reiterada, por práctica antisindical o por infracción a los derechos fundamentales del trabajador o registraren saldos insolutos de remuneraciones o cotizaciones de seguridad social, lo que se acreditará con el correspondiente certificado.

Artículo 21. Contenido de la solicitud de inscripción en el Registro. Los auditores externos, al solicitar su inscripción en el Registro Público, deberán acompañar en forma conjunta con su solicitud de inscripción, un informe que incorpore la descripción específica y detallada de la metodología de trabajo, la que deberá contener a lo menos el desarrollo del plan de auditoría respecto de los contenidos mínimos señalados en las guías metodológicas confeccionadas por el Servicio. Sin perjuicio de lo anterior, todo auditor deberá especificar:

a) Los estándares técnicos a que sujetará su plan de auditoría.

b) Los parámetros de certificación.

c) El procedimiento de control y verificación.

d) La política de confidencialidad y el manejo de la información privilegiada.

e) La forma de verificar y garantizar la independencia de juicio e idoneidad técnica del personal encargado de la dirección y ejecución de la auditoría externa.

TÍTULO V
ACTUALIZACIÓN DEL PLAN DE CIERRE Y PARALIZACIÓN TEMPORAL DE OPERACIONES

Párrafo 1° Implementación de ajustes a los planes de cierre

Artículo 22. De la implementación de actualizaciones del plan de cierre. Todo plan de cierre aprobado por el Servicio deberá ser actualizado durante la operación minera en cuanto a su programación de ejecución, de manera de ser implementado progresiva e íntegramente por la empresa minera o por un tercero por cuenta de ella de acuerdo al avance efectivo del proyecto.

Con el mérito del informe de auditoría y de lo resuelto a su respecto por el Servicio, la empresa minera deberá proceder a la actualización de su plan de cierre.

Las modificaciones a la fase de cierre, que se consignaren en una resolución de calificación ambiental, obligan a la modificación del plan de cierre respectivo, en conformidad a lo establecido en la ley Nº 19.300 y el Reglamento del Sistema de Evaluación de Impacto Ambiental.

Las actualizaciones de los planes de cierre incluirán, materializarán y concretarán progresivamente, para todos los efectos legales, los objetivos ambientales contenidos en la resolución de calificación ambiental del proyecto para la fase de cierre.

Artículo 23. Procedimiento de actualización del plan de cierre. Dentro del plazo de noventa días contados desde la notificación de la resolución que se pronuncia respecto de la auditoría del plan de cierre, la empresa minera deberá presentar ante el Servicio el proyecto de actualización de su plan de cierre.

La resolución que se pronuncie sobre el proyecto de actualización deberá dictarse dentro del plazo de sesenta días, contado desde su ingreso al Servicio, de conformidad al procedimiento de aprobación establecido en la presente ley y su reglamento.

En contra de la resolución que se pronunciare sobre el proyecto de actualización del plan de cierre procederá recurso de reposición dentro del término de diez días.

Párrafo 2º De la paralización temporal de operaciones

Artículo 24. Paralización. Duración y deberes durante la misma. Las empresas mineras podrán paralizar temporalmente sus operaciones mineras. Previo al cese temporal de sus operaciones mineras deberán obtener la aprobación de un plan de cierre temporal que contenga las medidas destinadas a velar por el adecuado mantenimiento de sus instalaciones y mitigación de los efectos que con ello pudieren causar durante el cese temporal, debiendo mantener vigentes todas las garantías constituidas.

El proyecto de cierre temporal deberá especificar el plazo propuesto de paralización, el que no podrá exceder de dos años, así como los detalles de su plan de cierre temporal y de las medidas antes señaladas.

El proyecto de cierre temporal y el plazo de paralización serán autorizados y calificados por resolución debidamente fundada del Director.

Antes del término del plazo de paralización autorizado la empresa minera podrá solicitar, con causa justificada, la ampliación del mismo hasta por un máximo de tres años adicionales.

Al término del período de paralización autorizado la empresa podrá solicitar al Servicio, por razones calificadas, una ampliación excepcional de la paralización, el que podrá autorizarlo por resolución fundada, previa puesta a disposición del mismo de un monto adicional de garantía equivalente al 30% del total de la garantía, la que deberá ser constituida en instrumentos tipo A.1, cualquiera que fuese la situación que la obligare por aplicación de las reglas establecidas en el Título XIII.

Si no se efectuare reanudación de la faena en los plazos referidos, y concluidos que fueren los períodos de paralización autorizados, el Servicio procederá conforme a lo dispuesto en el Título XI, con el objeto de hacer efectiva y ejecutar la totalidad de la garantía.

Artículo 25. Sanción en caso de abandono. Los representantes legales de la empresa minera que, falsamente y a sabiendas, hubieren informado al Servicio sobre la paralización temporal de operaciones, encubriendo un abandono de la faena minera o de ciertas instalaciones de la misma, serán castigados con multa de mil a diez mil unidades tributarias mensuales.

TÍTULO VI
DE LAS SERVIDUMBRES

Artículo 26. De las servidumbres para la ejecución de los planes de cierre. Los predios superficiales y las concesiones mineras que comprendan o estén comprendidas por una faena minera estarán afectos al gravamen de permitir la ejecución del plan de cierre, conservándose a su respecto las servidumbres que existan al tiempo de la operación minera, incluso hasta después de que ella esté concluida y por todo el tiempo que deba ejecutarse el plan de cierre, pero limitado sólo al área que se requiera para tal ejecución. En caso de no existir dichas servidumbres u otros derechos sobre los predios superficiales o concesiones mineras que permitan ejecutar el plan de cierre a la empresa minera, ésta podrá obtener, en su favor, una servidumbre para tales efectos, quedando ella limitada al área necesaria y con el propósito exclusivo de dar cumplimiento al plan de cierre.

Producido el cierre de la faena minera de acuerdo a lo establecido en la presente ley, el propietario del predio superficial, o cualquiera que tuviere interés patrimonial en ello, podrá solicitar la extinción de la servidumbre minera que grava el predio superficial.

En todo lo no previsto en el presente Título resultarán aplicables las normas de los artículos 122 a 125, 234 y 235 del Código de Minería.

TÍTULO VII
DEL CUMPLIMIENTO DEL PLAN DE CIERRE

Artículo 27. Del cumplimiento del plan de cierre. El plan de cierre deberá ser implementado íntegramente por la empresa minera o por un tercero por cuenta de ella, durante la operación minera.

Implementada la totalidad de las medidas y actividades comprometidas en el plan de cierre en cumplimiento del objeto de esta ley, la empresa minera sometida al procedimiento de aplicación general deberá presentar al Servicio un informe final de auditoría que contendrá una descripción de las obras que permanecerán en el sitio de la faena minera, así como los demás antecedentes que den cuenta del cumplimiento del plan de cierre de acuerdo al procedimiento que se establecerá en el reglamento.

El contenido del informe final de auditoría será revisado por el Servicio, debiendo resolver dentro del plazo de treinta días y según el procedimiento que para estos efectos será establecido en el reglamento.

El Servicio, mediante resolución fundada, se pronunciará respecto al cumplimiento de plan de cierre.

Artículo 28. De la liberación gradual de la garantía. El Servicio, a petición de la empresa minera y a medida que se ejecute el plan de cierre, podrá liberar parte de la garantía otorgada.

Una vez aprobada la solicitud de liberación gradual de la garantía por parte del Servicio, ésta se sujetará a las reglas siguientes:

a) Iniciada la ejecución efectiva del plan de cierre se podrá liberar hasta el treinta por ciento del valor de la garantía enterada.

b) Luego de ejecutada la totalidad de los hitos significativos y permanentes señalados por la empresa minera en su plan de cierre se podrá liberar hasta un treinta por ciento adicional del valor de la garantía enterada.

c) El remanente se liberará contra la entrega del certificado de cierre final.

El Reglamento determinará la forma y condiciones a las que se ajustará el procedimiento de liberación gradual.

Artículo 29. Certificado de cumplimiento del plan de cierre. Ejecutado el plan de cierre conforme al mismo instrumento, incluidas sus actualizaciones, el Servicio emitirá uno o más certificados que acreditarán el cierre de la faena minera de acuerdo con las disposiciones de esta ley y su reglamento.

Artículo 30. Tipos de certificado de cumplimiento. El Servicio otorgará dos tipos de certificados de cumplimiento:

a) Certificado de cierre parcial, que se otorgará una vez implementadas las medidas comprometidas en el plan de cierre respecto de una instalación o parte de la faena minera.

b) Certificado de cierre final, que será otorgado una vez que se encuentren ejecutadas la totalidad de las medidas comprometidas en el plan de cierre de la faena minera y se haya materializado el aporte al fondo de post cierre de acuerdo a lo establecido en el Título XIV de esta ley.

Artículo 31. Certificados de cierre y garantías. La emisión de los certificados de cierre parcial de instalaciones o partes de una faena minera facultará a la empresa minera para solicitar la reducción proporcional del monto de la garantía, así como la liberación de los excedentes financieros a prorrata de la garantía liberada, si los hubiere.

La emisión del certificado final importará el fin de la obligación de mantener la garantía vigente. El Servicio ordenará la liberación de la misma, de su saldo y de los excedentes que existieren, en el plazo máximo de treinta días.

Artículo 32. Efectos de los certificados. Los certificados acreditarán el cumplimiento íntegro de los deberes y obligaciones de la empresa minera establecidos en esta ley y su reglamento, respecto de la instalación, grupo de instalaciones o faena a cuyo respecto se otorga, sin perjuicio de las responsabilidades que otras normas legales establezcan.

El que maliciosamente otorgare u obtuviese un certificado de los señalados en el artículo 30 sin cumplir con los requisitos que esta ley exige para su otorgamiento será sancionado con las penas previstas en los artículos 193 y 196 del Código Penal.

TÍTULO VIII
RESPONSABILIDAD

Artículo 33. Responsables del cumplimiento del plan de cierre. La empresa minera o el empresario minero serán responsables del cumplimiento del plan de cierre, ya sea que lo ejecuten directamente o por intermedio de terceros.

Artículo 34. Responsabilidad de los representantes legales. Los representantes legales de la empresa minera y quienes resulten responsables de incumplir la ejecución del plan de cierre serán sancionados con multa de cien a mil unidades tributarias mensuales.

Artículo 35. Quiebra de la empresa minera. En caso de quiebra de la empresa minera, el Servicio o quien éste designe participará de las Juntas de Acreedores. El valor del plan de cierre debidamente aprobado por el Servicio constituirá un crédito de primera clase, de aquellos establecidos en el número 9 del artículo 2472 del Código Civil.

Siempre que ocurra una quiebra que involucre una faena o instalación minera, el Síndico deberá informar de la misma al Director antes de la celebración de la primera Junta de Acreedores.

En todo lo demás se aplicarán las reglas comunes dispuestas en el Libro IV del Código de Comercio.

TÍTULO IX
FISCALIZACIÓN Y SUPERVIGILANCIA

Artículo 36. Fiscalización. Será de competencia exclusiva del Servicio fiscalizar y supervigilar el cumplimiento de esta ley y de su reglamento, sin perjuicio de las facultades legales de otros órganos de la Administración del Estado dentro del ámbito de sus competencias.

Artículo 37. Facultades fiscalizadoras. En virtud de las atribuciones conferidas por esta ley el Servicio podrá:

a) Ingresar a toda faena, instalación o establecimiento asociado a ella, con excepción de aquellos que sean utilizados como vivienda o morada.

b) Realizar todas las inspecciones, exámenes, indagaciones o pruebas técnicas que sean consideradas necesarias para determinar la naturaleza y extensión de los riesgos, existentes o potenciales, sobre la faena a que se refiere el plan de cierre. El Servicio podrá, para estos efectos, contratar servicios de asesores externos especializados.

c) Inspeccionar la implementación de las medidas comprometidas en el plan de cierre que sean necesarias para completar un informe al Director.

d) Ordenar la actualización de los planes de cierre aprobados, de acuerdo a las observaciones e informes elaborados por sus fiscalizadores.

e) Ordenar la ejecución de medidas correctivas, causadas por incumplimientos a la obligación de cierre, en la oportunidad fijada por el Director, de acuerdo al procedimiento establecido en el reglamento.

f) Indagar o hacer preguntas a cualquier persona, oralmente o por escrito.

Artículo 38. Ejercicio de la fiscalización. Las facultades de fiscalización deberán ser ejercidas de acuerdo al principio de probidad administrativa y con racionalidad.

Los fiscalizadores del Servicio estarán facultados para recabar la información necesaria para el ejercicio de las competencias establecidas en esta ley.

En casos de impactos no previstos en los planes de cierre y a propósito del ejercicio de la facultad contemplada en la letra d) del artículo 37, los fiscalizadores podrán requerir, a costa de la empresa, la realización de los estudios pertinentes.

Los fiscalizadores del Servicio están facultados para inspeccionar y evaluar las condiciones de funcionamiento de la totalidad de las instalaciones que formen parte de las faenas mineras, con el objeto de controlar el cumplimiento del plan de cierre.

Para tales efectos, la empresa minera o quienes actúan en su representación le facilitarán el acceso a la faena las veces que el Servicio estimare procedente, debiendo proporcionar en forma oportuna la información necesaria a los fines específicos de la fiscalización.

En caso de negativa de acceso a la faena minera el Director podrá solicitar, previa resolución fundada, el auxilio de la fuerza pública.

Los funcionarios del Servicio tendrán el carácter de ministros de fe, respecto de los hechos que constataren dentro del ámbito de sus competencias y en ejercicio de las facultades fiscalizadoras establecidas en este Título. Para dar fe de los hechos que constataren, en ejercicio de sus facultades, se requerirá la concurrencia a la faena de al menos dos funcionarios del Servicio, quienes deberán autorizar las actas de fiscalización en que consten las correspondientes actuaciones.

Los funcionarios del Servicio deberán guardar reserva de aquellos antecedentes que conocieren en el ejercicio de sus funciones, relativos a los negocios de las personas sujetas a su fiscalización. La infracción a esta obligación podrá ser sancionada en la forma establecida en el inciso primero del artículo 247 del Código Penal, sin perjuicio de la responsabilidad administrativa que procediere.

TÍTULO X
INFRACCIONES Y SANCIONES

Párrafo 1° De las infracciones a esta ley

Artículo 39. Competencia administrativa. El Director será competente para conocer administrativamente y sancionar a quienes incurrieren en infracciones a esta ley y su reglamento, resultando aplicable el procedimiento administrativo establecido en la ley N° 19.880.

En contra de las resoluciones del Servicio procederá recurso de reposición, el que podrá deducirse dentro del plazo de diez días contados desde la notificación por carta certificada de las mismas.

Toda vez que las infracciones revistan los caracteres de delito, el Director denunciará tales hechos y pondrá los respectivos antecedentes en conocimiento del Ministerio Público.

Artículo 40. Infracciones. Constituyen infracciones a esta ley, y podrán ser objeto de sanción, las siguientes conductas:

a) Aquellas que, por incumplimiento de las obligaciones establecidas en el plan de cierre, causaren como consecuencia directa la muerte o lesión grave de una o más personas.

b) El daño a la propiedad pública o privada que fuere consecuencia directa de la ejecución o falta de implementación del plan de cierre.

c) Abandonar total o parcialmente una faena minera.

d) No entregar la información requerida, o entregar falsa, manifiestamente incompleta u ocultarla en forma tal que pudiere afectar la determinación y ejecución de las obligaciones que establece esta ley.

e) No cumplir, dentro del plazo y en la forma establecida en esta ley y su reglamento, con las obligaciones específicas, acciones concretas o parte de las medidas establecidas en el plan de cierre.

f) Iniciar la explotación de faenas mineras sin dar el aviso establecido en el artículo 21 del Reglamento de Seguridad Minera.

g) No constituir o no poner a disposición del Servicio la garantía de cumplimiento establecida en el Título XIII, en los plazos y forma indicados en dicho Título.

h) Incumplir la obligación de mantener la suficiencia e integridad de la garantía de cumplimiento establecida en el Título XIII, durante la vida útil de la faena.

i) No cumplir, dentro del plazo y en la forma establecida en esta ley y su reglamento, con las instrucciones establecidas por el Servicio.

j) Resistir o dificultar un acto de fiscalización.

k) No cumplir dentro del plazo y en la forma establecida en esta ley con la obligación de auditar el plan de cierre e informar al Servicio de las modificaciones sustanciales al proyecto.

l) No presentar, ejecutar o actualizar su plan de cierre cuando procediere de acuerdo a las causales establecidas en la ley.

m) Impedir o dificultar, mediante vías de hecho, la ejecución de un plan de cierre aprobado por el Servicio.

Artículo 41. Sanciones. El Servicio, de acuerdo a la naturaleza y gravedad de las infracciones, podrá imponer a quienes incurran en las conductas establecidas en el artículo anterior las siguientes sanciones:

a) Multas de 10 unidades tributarias mensuales, por cada día de infracción, con un máximo total de 10.000 unidades tributarias mensuales.

b) Suspensiones temporales de operación de faenas e instalaciones mineras.

c) Disponer la constitución y puesta a disposición de la totalidad de la garantía de cumplimiento, en instrumentos tipo A.1, en el plazo de treinta días.

d) Multa desde 50 unidades tributarias mensuales hasta 300 unidades tributarias mensuales respecto de las infracciones contempladas en las letras a) y b) del artículo anterior.

La sanción contemplada en la letra c) del presente artículo sólo podrá ser aplicable a las infracciones establecidas en las letras g), k) y l) del artículo anterior.

Artículo 42. Procesos sancionatorios. Respecto de las resoluciones que establezcan sanciones de las previstas en esta ley, podrá deducirse recurso de reposición en el plazo de diez días ante el Director.

Sin perjuicio de lo dispuesto en el inciso anterior, serán aplicables las disposiciones contempladas en el Capítulo IV de la ley Nº 19.880.

La reclamación administrativa interrumpirá el plazo para ejercer la acción judicial a que se refiere el artículo siguiente. Una vez que se notifique el acto que resuelva dicha reclamación administrativa el plazo volverá a contarse íntegramente, de acuerdo al artículo 54 de la ley Nº 19.880.

Artículo 43. Sanciones pecuniarias. Las multas que esta ley establece, y que corresponda aplicar al Servicio, serán impuestas administrativamente por el Director. El pago de las mismas deberá ser acreditado al Servicio dentro del plazo de diez días contados desde que se notifique la resolución respectiva.

Las resoluciones que impongan multas serán siempre reclamables ante el juzgado de letras competente y aquellas no serán exigibles mientras no esté vencido el plazo para interponer la reclamación, o ésta no haya sido resuelta. El juicio se sustanciará de acuerdo con las disposiciones del procedimiento sumarísimo a que alude el artículo 235 del Código de Minería. Las multas deberán ser pagadas por el infractor dentro del plazo de 10 días contado desde que la resolución se encuentre ejecutoriada.

La multa prescribirá en el plazo de tres años contados desde la notificación de la resolución que la impone y la responsabilidad por infracciones a esta ley se extinguirá en el plazo de tres años.

Los referidos plazos de prescripción se suspenderán desde el momento en que el Servicio inicie la investigación de la que derive la aplicación de la multa respectiva.

El producto de las multas que se apliquen a las empresas mineras pasará a integrar el Fondo a que alude el Título XIV de esta ley.

TÍTULO XI
DEL INCUMPLIMIENTO DE LA OBLIGACIÓN DE CIERRE Y DEL PROCEDIMIENTO DE RECLAMACIÓN

Artículo 44. Declaración del incumplimiento. Constituirán causales de incumplimiento de la obligación de cierre de faenas mineras:

1. La falta de implementación de la totalidad de medidas y actividades contempladas en el plan de cierre aprobado o sus respectivas actualizaciones.

2. La implementación parcial, inadecuada o inoportuna de las medidas de cierre contempladas en el plan aprobado.

En caso de que el plan de cierre no fuere implementado íntegra y oportunamente, en conformidad a su programación global y de detalle, el Servicio, mediante resolución fundada, declarará el incumplimiento del plan de cierre.

Si el incumplimiento versare sobre materias cuya calificación estuviere contenida en la Resolución de Calificación Ambiental e incidiere en la determinación del incumplimiento total o parcial del Plan de Cierre, respecto de materias medioambientales, el Servicio deberá resolver previo informe vinculante de la Superintendencia de Medio Ambiente, la que deberá informar dentro del plazo de quince días. Lo anterior es sin perjuicio de las facultades fiscalizadoras y sancionatorias de la Superintendencia del Medio Ambiente, de conformidad a su ley orgánica.

El Servicio resolverá el incumplimiento y notificará dicha resolución a la empresa minera mediante carta certificada.

En contra de la resolución que resuelva el incumplimiento total o parcial del plan de cierre procederá el recurso de reposición, el que deberá deducirse dentro del término de diez días de notificada la referida resolución.

Lo dispuesto en el inciso anterior es sin perjuicio de las sanciones que en ejercicio de sus facultades legales imponga el Servicio.

Respecto de la resolución que rechazare total o parcialmente la reposición deducida por la empresa minera procederá reclamación ante la Corte de Apelaciones respectiva, en la forma establecida por los artículos siguientes.

Artículo 45. La empresa minera o el empresario minero que estimare que la resolución del Servicio que declare el incumplimiento no se ajusta a la ley o al reglamento podrán reclamar de la misma, dentro del plazo de diez días hábiles contados desde su notificación, ante la Corte de Apelaciones correspondiente al emplazamiento físico de la faena.

Artículo 46. La Corte de Apelaciones dará traslado de la reclamación al Servicio, notificándolo por oficio y éste dispondrá del plazo de diez días hábiles contado desde que se notifique la reclamación interpuesta para formular observaciones.

Evacuado el traslado por el Servicio, o vencido el plazo de que dispone para formular observaciones, el tribunal ordenará traer los autos en relación y la causa se agregará extraordinariamente a la tabla de la audiencia más próxima, previo sorteo de la Sala. La Corte de Apelaciones podrá, si lo estima pertinente, abrir un término probatorio que no podrá exceder de siete días, y escuchar los alegatos de las partes.

La Corte de Apelaciones dictará sentencia dentro del término de quince días. En contra de la resolución de la Corte no procederá recurso alguno.

Si se solicitare orden de no innovar la Corte deberá requerir informe al Servicio dentro del plazo de 24 horas a efectos de que el mismo justificare la negativa a su otorgamiento fundado en los riesgos inminentes del daño que éste podría ocasionar a la salud de las personas o al medio ambiente.

Artículo 47. De la aplicación de la garantía. Determinado que fuere el incumplimiento de la obligación de cierre y no existiendo recurso pendiente en contra de la resolución que lo declarare, corresponderá al Servicio, en ejercicio de su mandato legal e irrevocable, realizar las gestiones tendientes a obtener, mediante la garantía, por cuenta y riesgo de la empresa minera, el cumplimiento de la obligación de cierre.

En virtud de lo señalado en el inciso anterior, el Servicio podrá disponer la liquidación de los instrumentos otorgados en garantía por la empresa. Para estos efectos, el Servicio deberá, por cuenta de la empresa minera, celebrar los actos y suscribir los contratos que en derecho correspondan para la ejecución por parte de terceros del plan de cierre.

TÍTULO XII
DE LOS PLANES DE CIERRE DE FAENAS DE HIDROCARBUROS

Artículo 48. Del Plan de Cierre de Faenas de Hidrocarburos. Quedarán sujetos a la obligación de presentar plan de cierre de sus faenas las personas naturales o jurídicas que efectúen exploración, explotación o beneficio de yacimientos de hidrocarburos líquidos o gaseosos, de acuerdo a las reglas establecidas por este Título.

Serán titulares de esta obligación las personas naturales o jurídicas que fueren concesionarias del respectivo decreto de concesión, contratista en el contrato especial de operación que se haya suscrito con el Estado de Chile, y la Empresa Nacional del Petróleo, cuando ejecutare directamente sus operaciones en el territorio nacional.

Los planes de cierre que deberán ser presentados a la aprobación del Servicio serán elaborados en conformidad con la resolución de calificación ambiental que se pronuncie favorablemente sobre el proyecto de hidrocarburos líquidos o gaseosos, de acuerdo a la ley N° 19.300.

El plan de cierre contemplará los objetivos propios y adecuados a las características de la faena de hidrocarburos. El reglamento contemplará las especificaciones técnicas a que deberá sujetarse el cierre de las faenas contenidas en este Título.

Los planes de cierre que se formulen para la exploración, explotación y beneficio de hidrocarburos, y cuya capacidad de extracción por yacimiento sea superior a seiscientos metros cúbicos por día (600 m3/día) de petróleo o un millón de metros cúbicos por día (1.000.000 m3/día) de gas natural, se sujetarán al procedimiento de aplicación general, y deberán constituir garantía que asegure al Estado el cumplimiento íntegro y oportuno de la obligación de cierre, en la forma establecida por el Título XIII. Sin perjuicio de lo anterior, los titulares de esta obligación comenzarán a constituir la garantía a partir de la aprobación del plan de cierre por parte del Servicio.

Respecto de aquellos planes de cierre que se formulen para la exploración, o para la explotación y beneficio de un yacimiento de hidrocarburos cuya capacidad de extracción sea igual o inferior a la señalada en el inciso anterior, se sujetarán al procedimiento simplificado.

TÍTULO XIII
GARANTÍA DE CUMPLIMIENTO

Artículo 49. Obligatoriedad y objeto de la garantía. Toda empresa minera o empresario minero que efectúe operaciones mineras sujetas al procedimiento de aplicación general deberá constituir garantía que asegure al Estado el cumplimiento íntegro y oportuno de la obligación de cierre establecida en esta ley.

Constituye objeto de la garantía el resguardo de la ejecución de la obligación de cierre por parte de la empresa minera, en los términos señalados en el inciso anterior.

La puesta a disposición del Servicio del conjunto de instrumentos que constituyen la garantía importará el otorgamiento, por el solo ministerio de la ley, de mandato legal e irrevocable al mismo para liquidarla, cobrarla y percibirla por cuenta de la empresa, a efectos de aplicarla al cumplimiento íntegro del plan de cierre. Para todos los efectos legales este mandato tendrá carácter gratuito.

Artículo 50. Determinación de la garantía. El monto de la garantía será determinado a partir de la estimación periódica del valor presente de los costos de implementación de todas las medidas de cierre, contempladas para el período de operación de la faena hasta el término de su vida útil, así como las medidas de seguimiento y control requeridas para la etapa de post cierre.

La determinación de la vida útil se efectuará conforme a lo establecido en la letra q) del artículo 3º.

La actualización a valor presente considerará la tasa de descuento de los Bonos en Unidades de Fomento publicada por el Banco Central (BCU) de al menos diez años, o el instrumento financiero emitido por dicho Banco que lo reemplace.

El monto deberá incluir, además, el valor presente de los costos de administración del entero plan de cierre de faenas, ejecutado directamente por la empresa minera o por un tercero contratado al efecto por la misma, o por el Servicio, en su nombre y representación, de acuerdo con el procedimiento señalado en este Título.

Las actualizaciones y ajustes al monto de la garantía, que se produzcan una vez iniciadas las operaciones de explotación, se efectuarán dentro del plazo de treinta días contados desde la notificación de la aprobación de las actualizaciones del plan de cierre, de acuerdo a las reglas establecidas en esta ley y el reglamento.

Para efectos de establecer el monto de la garantía, se descontará de los dineros que sean necesarios constituir, los montos ya entregados en garantía según lo dispuesto en el artículo 297 del Código de Aguas, sólo en aquella proporción en que se valorizó el plan de cierre respecto de la obra garantizada por lo dispuesto en el artículo antes citado. En caso de que dicha garantía no sea suficiente para cubrir la totalidad de lo estipulado para dicho cierre, se deberá enterar necesariamente la diferencia.

Para efectos de valorizar el plan de cierre respecto de las obras garantizadas en el artículo 297 del Código de Aguas, el Servicio deberá evacuar un informe señalando los montos a garantizar y si éstas se encuentran o no cubiertas por la citada garantía ya constituida.

Artículo 51. Integridad, estabilidad y suficiencia de la garantía. La empresa minera deberá velar por la integridad, suficiencia y estabilidad de la garantía durante toda la vida útil de la faena.

Toda contingencia que afectare a la empresa, y pudiere afectar los instrumentos otorgados en garantía, deberá ser informada al Servicio en el plazo de tres días hábiles, a efecto que el mismo, en el plazo de treinta días a partir de esa notificación, resuelva acerca de su mantención, sustitución o complementación.

En el caso de fusiones, transformaciones, divisiones, disoluciones o cualquier otro acto jurídico u operación que implique un cambio total o parcial del dominio, la forma, composición o naturaleza jurídica de la empresa minera sujeta a la obligación de cierre, la misma o la continuadora seguirá afecta a las obligaciones que se hubieren determinado de acuerdo a esta ley.

En caso de que las operaciones anteriores importaren la enajenación del activo de la empresa minera o la cesión del mismo, a cualquier título, a un tercero, le será oponible a éste la obligación de cierre, así como la de garantía, la que subsistirá de forma indivisible en el adquirente o sucesor, que se considerará la empresa minera para todos los efectos previstos en esta ley.

Todas las modificaciones y operaciones contenidas en los incisos anteriores deberán informarse al Servicio, en el plazo de tres días hábiles contados, en su caso, desde la última formalidad requerida, con el objeto de que el Servicio, dentro del plazo de 30 días a partir de esa notificación, resuelva acerca de su mantención, sustitución o complementación.

Artículo 52. Instrumentos elegibles como garantía y administración. El monto de la garantía, en virtud de las disposiciones de esta ley, deberá ser integrado por los siguientes niveles de instrumentos, de acuerdo a las siguientes categorías:

A.1) Certificados de depósito a la vista, boletas bancarias de garantía a la vista, certificados de depósitos de menos de trescientos sesenta días, carta de crédito stand by emitida por un banco cuya clasificación de riesgo sea a lo menos A o su equivalente.

Los instrumentos señalados precedentemente deberán ser tomados a nombre y favor de la empresa minera, y puestos a disposición del Servicio, debidamente endosados en garantía, cuando corresponda atendida su naturaleza, para caucionar el cumplimiento de la obligación de cierre.

Asimismo, podrán otorgarse pólizas de garantía a primer requerimiento emitidas por compañías de seguros nacionales. En este caso, la indemnización deberá ser pagada al Servicio a su mera solicitud, de conformidad con lo señalado en el artículo 44, dentro del plazo que establece la póliza, caso en el cual la aseguradora no podrá exigir que el requerimiento contenga mayor información que la identificación de la póliza, del asegurado y del monto reclamado. El asegurador no podrá oponer excepción alguna para condicionar, diferir o incumplir el pago de la indemnización.

El asegurador deberá indemnizar al Servicio la totalidad de los costos de las medidas y actividades que dejó de cumplir la empresa minera, de acuerdo a la resolución que el Servicio dictó de conformidad con el artículo 44, hasta el monto asegurado que contemple el plan de cierre.

Los instrumentos categoría A.1), con excepción de las pólizas de garantía, que hubieren sido propuestos por la empresa minera y aprobados por el Servicio, deberán ser entregados en custodia al Depósito Central de Valores, cuando corresponda, o depositarse en una institución financiera autorizada para tales efectos. La administración, renovación, sustitución y reemplazo de los instrumentos categoría A.1) corresponderán a la empresa minera, la que deberá solicitar al Servicio la autorización correspondiente para realizar cambios o alteraciones a su identidad y vigencia, mediante la remisión de copias digitales de los certificados de las instituciones antes descritas, que acrediten las características y montos de los instrumentos respectivos.

Los requisitos y condiciones a los que deberán sujetarse las pólizas de garantía a primer requerimiento, así como la clasificación de riesgo que deberán cumplir las aseguradoras, serán establecidas en el reglamento de la presente ley.

A.2) Instrumentos financieros representativos de captaciones o de deuda comprendidos en el artículo 45 del decreto ley Nº 3.500, de 1980, con clasificación de riesgo de a lo menos clase A nacional o equivalente internacional.

A efectos de acreditar la adquisición y existencia de estos instrumentos en el patrimonio, la empresa minera deberá exhibir copia auténtica de sus balances y estados financieros, auditados por alguna institución de aquellas inscritas en la Superintendencia de Valores y Seguros.

A.3) Otros instrumentos, tales como: cesión del contrato de venta de minerales celebrado con la Empresa Nacional de Minería u otro poder comprador que cumpla los requisitos de suficiencia que determinará el Servicio; prenda sobre el retorno de exportación; fianza solidaria de un socio controlador con clasificación de riesgo de a lo menos clase A nacional o equivalente internacional, anualmente certificada.

No obstante lo anterior, respecto de los instrumentos A.2 y A.3, las modificaciones en la composición de dichos instrumentos deberán ser informadas al Servicio mensualmente.

Artículo 53. Plazo y forma de otorgar y poner a disposición la garantía. El plazo para extender y poner a disposición el monto de la garantía es el que resulte de aplicar las reglas siguientes:

1. Cuando la vida útil estimada de la faena fuere menor a veinte años, el total de la misma deberá ser puesto a disposición del Servicio dentro de los dos tercios de esa vida útil estimada.

2. Cuando la vida útil estimada de la faena excediere de veinte años, el total de la misma deberá ser puesto a disposición del Servicio dentro del plazo de quince años.

La empresa minera comenzará a constituir la garantía a partir del aviso al Servicio del inicio de las operaciones de explotación minera, en conformidad a lo establecido en el artículo 21 del Reglamento de Seguridad Minera.

En el plazo de treinta días contados a partir de esa comunicación, y durante el primer año, deberá constituir una garantía que no podrá ser inferior al veinte por ciento del valor presente del costo total de las medidas de cierre, de acuerdo a las reglas establecidas por este Título. Su composición será equivalente a la señalada en el numeral (1.) del siguiente inciso.

A partir del segundo año de operaciones la garantía se otorgará en forma proporcional y a prorrata del plazo establecido para constituirla o ponerla a disposición íntegramente. La composición de ésta será la siguiente:

1. Hasta completar el primer tercio del plazo establecido en el inciso primero del presente artículo de la siguiente forma: Cuarenta por ciento, al menos, en instrumentos A.1; hasta cuarenta por ciento, en instrumentos A.2; y hasta veinte por ciento en instrumentos A.3.

2. Entre el final del primer tercio y hasta completar el segundo tercio del mismo plazo, de la siguiente forma: sesenta por ciento, al menos en instrumentos A.1; hasta cuarenta por ciento en instrumentos A.2.

3. Entre el final del segundo tercio y hasta completar el plazo total para su constitución o puesta a disposición, la totalidad de la garantía deberá estar compuesta por instrumentos del tipo A.1.

El monto de la garantía deberá ser ajustado en el tiempo, cuando se produzcan actualizaciones del plan de cierre, de acuerdo a las reglas establecidas en el Título V; cambios en los costos de implementación del plan de cierre, cierres progresivos y parciales contemplados en el plan de cierre; otra circunstancia debidamente calificada y fundamentada por el Servicio, según los criterios que se establecerán en el reglamento.

Los ajustes que importen aumentos en el monto de la garantía, de acuerdo a lo señalado en el inciso anterior, quedarán sujetos al régimen general de constitución de garantías establecidas en este Título, y deberán ejecutarse dentro del plazo de treinta días, a partir de su notificación.

Los ingresos por rentabilidad que generen los instrumentos otorgados en garantía incrementarán el monto garantizado.

Artículo 54. Facultades respecto a la garantía. La idoneidad y suficiencia de la garantía será calificada en conjunto por el Servicio y la Superintendencia de Valores y Seguros y de acuerdo a la naturaleza de los instrumentos propuestos, los que podrán delegar dicha función en los organismos técnicos públicos o privados que determinen para tales efectos.

TÍTULO XIV
DE LA ETAPA DE POST CIERRE

Artículo 55. Creación, Administración y Formación del Fondo. Créase el Fondo para la Gestión de Faenas Mineras Cerradas, adscrito al Servicio, que será administrado en la forma señalada en este Título y cuya finalidad será financiar las actividades determinadas de acuerdo a esta ley, para asegurar en el tiempo la estabilidad física y química del lugar en que se ha efectuado un plan de cierre, así como el resguardo de la vida, salud y seguridad de las personas, de acuerdo a la ley.

El Fondo estará integrado por los aportes de las empresas mineras, en la forma establecida por esta ley, por el producto de las multas que se paguen por infracciones a ésta, por las donaciones o asignaciones que le hicieren, y por las erogaciones y subvenciones que obtenga de personas naturales o jurídicas, municipalidades o del Estado.

Las donaciones que se efectúen estarán exentas del trámite de la insinuación a que se refiere el artículo 1401 del Código Civil.

Las funciones del Fondo se cumplirán mediante licitación de acuerdo a normas objetivas y públicas que contemplen la materia, contenidos, y demás características definidas por esta ley.

El Fondo será administrado por una institución profesional en la administración de activos financieros, acreditada por la Superintendencia de Valores y Seguros, elegida por medio de licitación efectuada por el Servicio. La política de inversiones y sus obligaciones de reporte serán consignadas en el reglamento respectivo.

Artículo 56. Del deber de aportar al Fondo. Antes del otorgamiento del certificado de cierre final la empresa minera deberá efectuar un aporte no reembolsable al Fondo, en dinero o en los instrumentos financieros establecidos en el artículo 52, A.1, representativos de los recursos necesarios para financiar las actividades de post cierre de la faena o instalación minera de la forma que establece el inciso siguiente. Para estos efectos el Director podrá autorizar que se libere parte de la garantía para integrar el fondo.

El monto de dichos recursos corresponderá al valor presente del costo total de las medidas de post cierre por el plazo que el plan establezca, incluyendo los costos de administración de contratos con un tercero, y ajustes correspondientes.

Artículo 57. Efectos del aporte al Fondo. La entrega íntegra de los recursos y la consecuente obtención por parte de la empresa minera del certificado de cierre final a que alude esta ley liberará a la empresa minera de la responsabilidad por la implementación de las medidas de post cierre.

La ejecución de las medidas de post cierre serán efectuadas con cargo al Fondo, por el Servicio o quien éste designe, de acuerdo a la ley.

Ejecutadas que fueren las acciones asociadas al post cierre el Servicio emitirá una resolución fundada que declarará el cumplimiento del mismo.

TÍTULO XV
OTRAS DISPOSICIONES

Artículo 58. Provisiones y gastos. La empresa minera podrá provisionar financieramente la cantidad equivalente al monto de la garantía efectivamente constituida en cada uno de los años, determinado según la ley por las sumas que correspondan al plan de cierre.

Para efectos de lo establecido en el artículo 31 de la Ley sobre Impuesto a la Renta, contenida en el artículo 1° del decreto ley N° 824, de 1974, sólo podrá deducirse como gasto necesario para producir la renta el monto de la garantía efectivamente constituida. En este caso la deducción sólo podrá efectuarse durante el plazo que corresponda al último tercio de la vida útil de la faena minera. La deducción anual autorizada será equivalente al resultado de dividir la garantía efectivamente constituida por la cantidad de años correspondientes al último tercio de vida útil de la faena. Al término de la vida útil y ejecución del plan de cierre se harán los ajustes que correspondan para reconocer los gastos efectivamente incurridos por la empresa. Este gasto no será deducible para los efectos de la determinación del Impuesto Específico a la Actividad Minera establecido en la Ley sobre Impuesto a la Renta.

En el evento de que se amplíe el plazo de vida útil de la faena minera, la diferencia entre los gastos efectivamente incurridos en el plan original y la garantía constituida, debidamente actualizado por la ampliación del plazo de vida útil, deberán agregarse a la renta líquida imponible del año en que se determine la ampliación y deducirse en los períodos tributarios correspondientes, de conformidad a lo señalado en el inciso precedente.

Artículo 59. Crédito fiscal. Dará derecho a crédito fiscal el Impuesto al Valor Agregado recargado en la adquisición de bienes o contratación de servicios necesarios para la ejecución del plan de cierre de faenas mineras a que se refiere esta ley.

Las empresas mineras que por cesar en su actividad no puedan recuperar en conformidad a los artículos 23, 28 y 36 del decreto ley N° 825, de 1974, y su Reglamento, el Impuesto al Valor Agregado recargado en la adquisición de bienes y servicios utilizados que sean necesarios para la ejecución del plan de cierre de faenas mineras a que se encuentren obligados, podrán obtener su reembolso dentro de los tres meses siguientes a la aprobación del término de giro de la empresa por parte del Servicio de Impuestos Internos. Las empresas mineras deberán acreditar al Servicio de Impuestos Internos, en la forma que éste determine, que el Impuesto al Valor Agregado cuyo reembolso se solicita corresponde al soportado en la ejecución del plan de cierre de faenas mineras.

Artículo 60. Esta ley entrará en vigencia en el plazo de un año luego de su publicación en el Diario Oficial.

Dentro del plazo de entrada en vigencia de la ley deberán dictarse los reglamentos necesarios.

ARTÍCULOS TRANSITORIOS

Artículo primero.- Las empresas mineras y de hidrocarburos que a la época de entrada en vigencia de esta ley se encontraren en operación, y quedaren afectas al procedimiento de aplicación general, deberán determinar, otorgar y poner a disposición del Servicio la garantía de su plan de cierre, en la forma que se señala en los artículos siguientes.

Lo anterior no será aplicable a los contratistas de contratos especiales de operación vigentes que se hayan suscrito con el Estado de Chile. Respecto de ellos se mantendrá el régimen de garantías por cierre o abandono establecidas en los respectivos contratos.

El Servicio será competente para fiscalizar el cumplimiento de los planes de cierre o abandono de faenas de hidrocarburos y ejecutar, en caso de incumplimiento, y por cuenta de la misma empresa, la correspondiente garantía.

Artículo segundo.- Para efectos de lo establecido en el artículo anterior, la valorización de los planes de cierre aprobados por el Servicio, en virtud del Título X del Reglamento de Seguridad Minera, deberá efectuarse mediante la aprobación ambiental de la fase de cierre del mismo, cuando procediere obtenerla, de acuerdo a las normas de la ley Nº 19.300.

El proceso de valorización respecto de la fase de cierre deberá efectuarse en el plazo de dos años, de manera que integre los aspectos ambientales y sectoriales aprobados por las autoridades competentes.

Las empresas que se hayan acogido al régimen indicado en este artículo deberán actualizar sus planes de cierre, en lugar de realizar la primera auditoría periódica del artículo 18 de la presente ley, en el mismo plazo de cinco años señalado en dicha disposición. Esto es sin perjuicio del deber de auditar periódicamente, en adelante, sus planes de cierre de conformidad a la ley. Lo anterior no afectará las facultades fiscalizadoras del Servicio.

Artículo tercero.- Luego de transcurrido el plazo señalado en el artículo precedente o inmediatamente a la entrada en vigencia de esta ley, la empresa minera y de hidrocarburos deberá presentar su Resolución de Calificación Ambiental aprobatoria de la fase de cierre y el plan de cierre aprobado por el Servicio, en virtud del Título X del Reglamento de Seguridad Minera, en conjunto con la propuesta de valorización que contenga la determinación circunstanciada del costo de ejecución del plan de cierre, y los instrumentos en que se otorgará la garantía en conformidad a lo establecido en el Título XIII de esta ley. El Servicio resolverá sobre esta presentación en el plazo de sesenta días.

Artículo cuarto.- Aprobada la valorización por el Servicio, la empresa minera y de hidrocarburos otorgará y pondrá la garantía a disposición del mismo, a partir del primer día hábil posterior al sexto mes de aprobada ésta, en la forma dispuesta en el Título XIII de esta ley.

Para efectos de la constitución de garantía de los proyectos mineros y de hidrocarburos que a la época de entrada en vigencia de esta ley se encontraren en operación, estos se regirán por los parámetros establecidos en los artículos 49 y siguientes, los que se calcularán respecto del remanente de vida útil de la faena minera o de hidrocarburo.

Artículo quinto.- En contra de la resolución del Servicio que rechace o apruebe parcialmente la solicitud de valorización procederá el recurso de reposición, el que podrá deducirse dentro del plazo de diez días contados desde la notificación por carta certificada de dicha resolución.».

Habiéndose cumplido con lo establecido en el N° 1° del Artículo 93 de la Constitución Política de la República y por cuanto he tenido a bien aprobarlo y sancionarlo; por tanto, promúlguese y llévese a efecto como Ley de la República.

Santiago, 28 de octubre de 2011.- Rodrigo Hinzpeter Kirberg, Vicepresidente de la República.- Hernán De Solminihac Tampier, Ministro de Minería.- Felipe Larraín Bascuñán, Ministro de Hacienda.- María Ignacia Benítez Pereira, Ministra del Medio Ambiente.

Lo que transcribo a Ud., para su conocimiento.- Atentamente, Pablo Wagner San Martín, Subsecretario de Minería.

TRIBUNAL CONSTITUCIONAL

Proyecto de ley que regula el cierre de faenas mineras (Boletín N° 6415-08).

La Secretaria del Tribunal Constitucional, quien suscribe, certifica que el Honorable Senado envió el proyecto de ley enunciado en el rubro, aprobado por el Congreso Nacional, a fin de que este Tribunal ejerciera el control preventivo de constitucionalidad respecto de las normas orgánicas constitucionales contenidas en el mismo y por sentencia de 18 de octubre de 2011 en los autos Rol N° 2036-11-CPR.

Se declara:

1. Que los artículos 26, inciso primero; 44, inciso séptimo; 45 y 46, inciso tercero, del proyecto de ley sometido a control no son contrarios a la Constitución.

Se deja constancia de que el empate producido en la votación acerca de la naturaleza de ley orgánica constitucional de los artículos 26, inciso primero, y 46, inciso tercero, del proyecto de ley sometido a control, fue dirimido conforme a la atribución que entrega al Presidente del Tribunal el artículo 8° de la ley orgánica constitucional que rige esta Magistratura;

2. Que el artículo 43, inciso segundo, en la parte que señala: «Las resoluciones que impongan multas serán siempre reclamables ante el juzgado de letras competente y aquellas no serán exigibles mientras no esté vencido el plazo para interponer la reclamación, o ésta no haya sido resuelta» ha sido declarado conforme a la Constitución en el entendido de que la multa no establece la modalidad del solve et repete para su reclamación y que el plazo para la interposición del reclamo de la multa será de diez días desde la notificación de la misma;

3. Que el artículo 46, inciso tercero, en la parte que señala: «En contra de la resolución de la Corte no procederá recurso alguno», se declara conforme a la Constitución en el entendido de que lo es sin perjuicio de la procedencia de las demás acciones y vías de impugnación que tienen su fuente en la Carta Fundamental; y

4. Que este Tribunal no se pronunciará en el presente trámite de control preventivo de constitucionalidad respecto de las demás disposiciones del proyecto de ley remitido, por no versar sobre materias propias de ley orgánica constitucional.

Santiago, 20 de octubre de 2011.- Marta de la Fuente Olguín, Secretaria.

DECRETO Nº 41 DEL MINISTERIO DE MINERÍA, PROMULGADO CON FECHA 4 DE SEPTIEMBRE DE 2012, QUE APRUEBA EL REGLAMENTO DE LA LEY DE CIERRE DE FAENAS E INSTALACIONES MINERAS[63]

Núm. 41.- Santiago, 4 de septiembre de 2012.- Visto: Lo dispuesto en el artículo 32 Nº 6 de la Constitución Política de la República; lo dispuesto en el decreto con fuerza de ley Nº 1/19.653, que fija texto refundido, coordinado y sistematizado de la Ley Nº 18.575, Orgánica Constitucional de Bases Generales de la Administración del Estado; lo dispuesto en la ley Nº 20.551, que Regula el Cierre de Faenas e Instalaciones Mineras; lo establecido en la ley Nº 19.300 y en el decreto supremo Nº 95, del año 2001, de la Secretaría General de la Presidencia, que fija el texto refundido, coordinado y sistematizado del Reglamento del Sistema de Evaluación de Impacto Ambiental; lo dispuesto en la resolución Nº 1.600, de 2008, de la Contraloría General de la República; en uso de las facultades que me confiere la ley, y

Considerando:

1. La necesidad de proteger la vida, la salud y seguridad de las personas y la protección del medio ambiente.

2. La importancia de mitigar los efectos que se derivan del desarrollo de la Industria Extractiva Minera, en los lugares en que ésta se realiza, procurando asegurar la Estabilidad Física y Química de los mismos, en conformidad a la normativa ambiental vigente.

3. La relevancia de identificar y cuantificar económicamente las medidas de acción que deban ser desarrolladas durante la vida útil de la misma, a fin de mitigar los efectos antes señalados.

---

[63] Publicada el 22 de noviembre de 2012. Revisada última modificación de 23 de junio de 2020 (De-creto 6).

4. La necesidad de precisar las exigencias técnicas necesarias que deben observarse para el cierre de faenas e instalaciones mineras.

Decreto:

Fíjase y apruébase el siguiente texto:

«REGLAMENTO DE CIERRE DE FAENAS E INSTALACIONES MINERAS

TÍTULO I
DISPOSICIONES GENERALES

CAPÍTULO I
OBJETO Y ÁMBITO DE APLICACIÓN

Artículo 1. Objeto. El presente Reglamento tiene por objeto:

a. Establecer las normas que regulen el cierre de Faenas Mineras e instalaciones mineras, de conformidad con los preceptos de la ley Nº 20.551, necesarias para la prevención y control de los riesgos sobre la vida, la salud y la seguridad de las personas y el medio ambiente, y que pudieran derivarse del Cese de las Operaciones de las Faenas Mineras e instalaciones mineras.

b. Complementar el marco regulatorio establecido en la ley Nº 20.551 para efectos de su implementación, sin perjuicio de otras normas especiales que se dicten respecto de la misma ley.

c. Fijar normas relativas a los procedimientos de aprobación de los planes de cierre de Faenas Mineras e instalaciones mineras, y demás materias establecidas en la ley Nº 20.551, que requieren ser reguladas en el presente Reglamento. Con todo, para los efectos del cierre de faenas de hidrocarburos establecido en el artículo 48 de la ley, se dictará un reglamento específico en conformidad al artículo 60 de la misma normativa.

Artículo 2. Ámbito de aplicación. Las disposiciones del presente Reglamento serán aplicables a:

a. Toda Empresa Minera que desee iniciar o reiniciar sus Operaciones Mineras, una vez que la ley Nº 20.551 haya entrado en vigencia.

Las empresas que se encontraren en este supuesto, deberán presentar para la aprobación del Servicio, un Plan de Cierre de sus Faenas Mineras e instalaciones mineras, elaborado de conformidad a la resolución de calificación ambiental que se pronuncie favorablemente sobre el Proyecto Minero, de acuerdo a la ley Nº 19.300.

b. Toda Empresa Minera que se encontrare en operación a la fecha de entrada en vigencia de la ley Nº 20.551, en los términos y bajo las condiciones señaladas en los artículos transitorios de la misma.

Sin perjuicio de las disposiciones contenidas en el presente Reglamento, las empresas mineras quedarán sujetas a aquellas normas de cierre de faena contenidas en otras normas legales y reglamentarias que resulten aplicables.

Artículo 3. Funciones del Servicio. Corresponde al Servicio Nacional de Geología y Minería revisar y aprobar sectorialmente los aspectos técnicos y económicos de los Planes de Cierre de las Faenas Mineras e instalaciones mineras y sus actualizaciones, como asimismo, velar por el cumplimiento de las obligaciones de la Empresa Minera, originadas por los planes de cierre aprobados en los términos establecidos en la ley Nº 20.551.

Artículo 4. Plan de Cierre. El Plan de Cierre de las Faenas Mineras e instalaciones de la Industria Extractiva Minera es parte del ciclo de su vida útil, y deberá ser ejecutado por la Empresa Minera antes del término de sus operaciones, de manera tal que, al cese de éstas, se encuentren implementadas las condiciones de Estabilidad Física y Química en el lugar en que operó la Faena Minera.

Artículo 5. Objeto del Plan de Cierre. El Plan de Cierre tiene por objeto la integración y ejecución del conjunto de medidas y acciones destinadas a mitigar los efectos que se derivan del desarrollo de la Industria Extractiva Minera en los lugares en que ésta se realice, de forma de asegurar la Estabilidad Física y Química de los mismos, en conformidad a la normativa ambiental aplicable. La ejecución de las medidas y acciones de la manera antes señalada, deberá otorgar el debido resguardo a la vida, la salud y seguridad de las personas y medio ambiente, en conformidad a la ley.

Artículo 6. Procedimiento. Los procedimientos administrativos a que dé origen la aplicación de la ley o de este Reglamento, se regirán supletoriamente por las disposiciones de la ley Nº 19.880.

CAPÍTULO II
DEFINICIONES

Artículo 7. Para los efectos del presente Reglamento, se entenderá por:

a. Abandono: El acto por el cual la Empresa Minera cesa las operaciones de una o más Faenas Mineras o instalaciones mineras, sin cumplir con las obligaciones que le impone la ley y el presente Reglamento.

b. Área de influencia: El área o espacio geográfico, cuyos componentes ambientales podrían verse afectados luego del Cese de las Operaciones de la Faena Minera o instalación minera, de acuerdo a lo establecido en la ley Nº 19.300 y el Reglamento del Sistema de Evaluación de Impacto Ambiental.

c. Beneficio de Minerales: Conjunto de operaciones físicas y/o químicas destinadas a concentrar mineral o extraer el componente valioso de éste, que incluye operaciones tales como reducción de tamaño, chancado, molienda, concentración, flotación, separación gravitacional, extracción y refinación, con procesos pirometalúrgicos, hidrometalúrgicos y electrometalúrgicos.

d. Cese de operaciones: Término de las actividades inherentes a la operación de las Faenas Mineras o instalaciones mineras.

e. Cierre Parcial: La etapa de un Proyecto Minero que corresponde a la ejecución de la totalidad de las medidas y actividades contempladas en el Plan de Cierre respecto de una instalación o parte de una Faena Minera, efectuada durante la operación, y cuya implementación íntegra se acredita mediante un certificado otorgado por el Servicio.

f. Cierre Final: La etapa de un Proyecto Minero que corresponde al término de la ejecución de todas las medidas y actividades contempladas en el plan de cierre, respecto de la totalidad de instalaciones que conforman una Faena Minera, efectuado al término de la operación minera y cuya implementación se acreditará mediante un certificado otorgado por el Servicio.

g. Construcción: Conjunto de obras destinadas a abrir, habilitar, desarrollar, instalar y adosar permanentemente, en su caso, las excavaciones, edificaciones, túneles, obras civiles y maquinarias que tengan estrecha relación con la Industria Extractiva Minera.

h. Director: El Director Nacional del Servicio Nacional de Geología y Minería.

i. Empresa Minera: La persona natural o jurídica que, a título propio o por cuenta de un tercero, ejecuta operaciones propias de la Industria Extractiva Minera, sujetas a la obligación de cierre.

j. Estabilidad Física: Situación de seguridad estructural, que mejora la resistencia y disminuye las fuerzas desestabilizadoras que pueden afectar las obras o depósitos de una Faena Minera, para la cual se utilizan medidas con el fin de evitar fenómenos de falla, colapso o remoción.

Se consideran medidas para la estabilización física aquellas como la estabilización y perfilamiento de taludes, reforzamiento o sostenimiento de éstos, compactación del depósito y otras que permitan mejorar las condiciones o características geotécnicas que componen las obras o depósitos mineros. La Estabilidad Física comprende, asimismo, y en los casos que sea técnicamente procedente, el desmantelamiento de las construcciones que, adosadas permanentemente a la Faena Minera, la aseguren.

k. Estabilidad Química: Situación de control en agua, aire y suelo, de las características químicas que presentan los materiales contenidos en las obras o depósitos de una Faena Minera, cuyo fin es evitar, prevenir o eliminar, si fuere necesario, la reacción química que causa acidez, evitando el contacto del agua con los residuos generadores de ácidos que se encuentren en obras y depósitos masivos mineros, tales como depósitos de relaves, botaderos, depósitos de estériles y ripios de lixiviación.

l. Evaluación de Riesgos: Procedimiento mediante el cual se establecen y analizan los riesgos de una Faena Minera o instalación minera, de forma de determinar si dichos riesgos revisten o no el carácter de significativo. Para los efectos del presente Reglamento, se entenderá por riesgo significativo aquel que revista importancia en atención a la probabilidad de ocurrencia de un hecho y la severidad de sus consecuencias, conforme la metodología de evaluación de riesgos utilizada por la Empresa, referidas a la Estabilidad Física y Química de la Faena Minera, en orden a otorgar el debido resguardo a la vida, salud, seguridad de las personas y medio ambiente.

m. Exploración: Conjunto de obras y acciones conducentes al descubrimiento, caracterización, delimitación y estimación del potencial de una concentración de sustancias minerales, que eventualmente pudieren dar origen a un Proyecto Minero. Para estos efectos, se entenderán por exploraciones, aquellos proyectos que consideren menos de 40 plataformas, incluyendo sus respectivos sondajes, para las Regiones de Arica y Parinacota hasta Coquimbo, ambas inclusive, y menos de 20 plataformas, incluyendo sus sondajes, para las Regiones de Valparaíso hasta la Región de Magallanes y la Antártica Chilena, incluida la Región Metropolitana.

n. Explotación: Conjunto de actividades, operaciones o trabajos que es necesario realizar para separar físicamente los minerales desde su ambiente natural, y transportarlos hasta las instalaciones de procesamiento. Consiste en la ejecución secuencial de dos operaciones básicas: el arranque, necesario para separar o arrancar el mineral de la corteza terrestre mediante operaciones tales como perforación y tronadura, y el movimiento o manejo de materiales, que implica la ejecución combinada de las operaciones de carguío y transporte.

o. Faena Minera: Para los efectos del presente Reglamento, y sin perjuicio de las normas que se dicten para regular el cierre de faenas de hidrocarburos, se entenderá por Faena Minera el conjunto de instalaciones y lugares de trabajo de la Industria Extractiva Minera, tales como minas, plantas de tratamiento, fundiciones, baterías, refinerías, equipamiento, ductos, maestranzas, talleres, casas de fuerza, puertos de embarque de productos mineros, mineros, campamentos, bodegas, lugares de acopio, pilas y ripios de lixiviación, depósitos de residuos masivos mineros, depósitos de relaves, depósitos de estériles y, en general, la totalidad de las labores, instalaciones y servicios de apoyo e infraestructura que existen respecto a una mina o establecimiento de beneficio para asegurar el funcionamiento de las operaciones mineras.

Para los efectos de este Reglamento, no se considerarán Faenas Mineras, entre otras, las industrias metalúrgicas no extractivas, las fábricas de vidrio, cemento, ladrillos, cerámica o similares, como también las que expresamente señala el Código de Minería, vale decir: las arcillas superficiales y las arenas, rocas y demás materiales aplicables directamente a la construcción. Tampoco se consideran Faenas Mineras las salinas artificiales formadas en las riberas del mar, lagunas o lagos.

p. Fondo o Fondo Post Cierre: Fondo para la Gestión de Faenas Mineras Cerradas.

q. Garantía: Las obligaciones que se contraen e instrumentos que se otorgan para asegurar el cumplimiento de las cargas financieras que derivan del Plan de Cierre, de acuerdo a lo establecido en la ley.

r. Industria Extractiva Minera: Para los efectos del presente Reglamento, y sin perjuicio de las normas que se dicten para regular el cierre de faenas de hidrocarburos, se entenderá por Industria Extractiva Minera al conjunto de actividades relacionadas con la exploración, prospección, extracción, explotación, procesamiento, transporte, acopio, transformación, disposición de sustancias minerales, sus productos y subproductos. La Industria Extractiva Minera incluirá el conjunto de obras destinadas a abrir, habilitar, desarrollar, instalar y adosar permanentemente, en su caso, las excavaciones, construcciones, túneles, obras civiles y maquinarias que tengan estrecha relación con las actividades antes señaladas.

s. Ley N° 20.551 o la Ley: Ley que Regula el Cierre de Faenas e Instalaciones Mineras.

t. Modificación Sustancial del Proyecto Minero: Variaciones que excedan del diez por ciento de la estimación de la vida útil del Proyecto Minero, sin perjuicio de las que se originaren por cambios importantes de ritmo de explotación, en las tecnologías o diseños de los métodos de explotación, ventilación, fortificación o de tratamiento de minerales determinados, así como nuevos lugares de ubicación, ampliación o forma de depósitos de residuos mineros, producidos por alteraciones en el tipo de roca, leyes o calidad de los minerales y, en general, cualquier cambio en las técnicas utilizadas que envuelvan más que una simple ampliación de tratamiento para colmar las capacidades del proyecto.

Lo dispuesto en el inciso anterior rige para efectos de este Reglamento y no modifica las normas establecidas en la ley Nº 19.300 en relación a esta materia.

u. Operación Minera: Las actividades que incluyen las fases de exploración, en los casos que se encuentre sometida al sistema de evaluación de impacto ambiental, de acuerdo a las disposiciones de la ley Nº 19.300, y las actividades de prospección, construcción, explotación y beneficio de minerales, de una Faena Minera.

v. Paralización Temporal: El cese transitorio de la operación de una Faena Minera, el cual podrá ser total o parcial, según afecte instalaciones específicas o al conjunto de instalaciones que constituyen la Faena Minera.

w. Plan de Cierre: El documento que especifica el conjunto de medidas técnicas y actividades que la Empresa Minera debe efectuar desde el inicio de la Operación Minera, y el programa de detalle conforme al cual deben implementarse, de manera que tienda a prevenir, minimizar o controlar los riesgos y efectos negativos significativos que se puedan generar en la vida e integridad de las personas que se encuentran relacionadas directa e inmediatamente a las mismas, así como mitigar los efectos de la Operación Minera en los componentes medio ambientales comprometidos, tendientes a asegurar la Estabilidad Física y Química de los lugares en que ésta se realice.

x. Post Cierre: Es la etapa que sigue a la ejecución del Plan de Cierre, que comprende las actividades de monitoreo y verificación de emisiones y efluentes y, en general, el seguimiento y control de todas aquellas condiciones que resultan de la ejecución de las medidas y actividades del Plan de Cierre, para garantizar en el tiempo la Estabilidad Física y Química del lugar, así como el resguardo de la vida, salud, seguridad de las personas y medio ambiente, de acuerdo a la ley y el presente Reglamento.

y. Prospección: Conjunto de obras y acciones a desarrollarse con posterioridad a las exploraciones mineras, conducentes a minimizar las incertidumbres geológicas, asociadas a las concentraciones de sustancias minerales de un Proyecto Minero, necesarias para la caracterización requerida y con el fin de establecer los planes mineros en los cuales se base la explotación programada de un yacimiento.

Para estos efectos, se entenderán por prospecciones aquellos proyectos que consideren 40 o más plataformas, incluyendo sus respectivos sondajes, tratándose de las Regiones de Arica y Parinacota hasta Coquimbo, ambas inclusive, o 20 o más plataformas, incluyendo sus respectivos sondajes, tratándose de las Regiones de Valparaíso hasta la Región de Magallanes y Antártica Chilena, incluida la Región Metropolitana de Santiago.

z. Proyecto Minero: Aquellas acciones u obras destinadas a la exploración, prospección, construcción, extracción o beneficio de uno o más yacimientos mineros.

aa. Reapertura: Reinicio de las operaciones mineras de una Faena Minera, o de una o más de sus instalaciones mineras, que hayan sido objeto de una Paralización Temporal de sus operaciones.

bb. Reglamento: El presente Reglamento.

cc. Servicio: El Servicio Nacional de Geología y Minería.

dd. Vida Útil del Proyecto Minero: Aquel cálculo que se efectúa en función de las reservas demostradas, probadas más probables, certificadas por una persona competente en recursos y reservas mineras de acuerdo a las disposiciones de la ley N° 20.235, en relación con los niveles anuales de extracción de mineral.

Sin perjuicio de lo anterior, para aquellas empresas mineras cuyo fin sea la extracción o beneficio de uno o más yacimientos mineros, y cuya capacidad de extracción de mineral sea superior a diez mil toneladas brutas (10.000 t) mensuales por faena minera, e inferior o igual a quinientas mil toneladas brutas (500.000 t) mensuales por faena minera, la vida útil del proyecto minero corresponderá al cálculo que se efectúe en función de los recursos minerales medidos, indicados e inferidos, certificados por una Persona Competente en Recursos y Reservas Mineras, conforme al Estudio de Diagnóstico, establecido en el Código para la Certificación de

Prospectos de Exploración, Recursos y Reservas Mineras, de acuerdo a las disposiciones de la ley Nº 20.235[64].

Por su parte, el cálculo de la vida útil de proyectos de hidrocarburos será certificado por una Persona Competente en Recursos y Reservas Mineras, de acuerdo a las disposiciones de la ley Nº 20.235, con experiencia en evaluación de recursos y reservas de hidrocarburos.

TÍTULO II
PRESENTACIÓN Y APROBACIÓN DEL PLAN DE CIERRE

CAPÍTULO I
PROCEDIMIENTOS DE APROBACIÓN DEL PLAN DE CIERRE

Artículo 8. Obligatoriedad de la presentación de un Plan de Cierre. Toda Empresa Minera deberá presentar un Plan de Cierre para la aprobación del Servicio, en los términos establecidos en la ley y el presente Reglamento.

Artículo 9. Aprobación. Todo Plan de Cierre deberá ser aprobado por el Director, previo al inicio de las operaciones de la Faena Minera o de cualquiera de sus instalaciones.

Artículo 10. Presentación del Plan de Cierre. La Empresa Minera deberá presentar un Plan de Cierre para la totalidad de las instalaciones de la Faena Minera, especificando todos los contenidos técnicos y económicos que exija la ley y el presente Reglamento.

No podrán presentarse, por separado, planes de cierre para las distintas instalaciones que forman parte de la misma Faena Minera. En el evento que ello suceda, el Servicio podrá ordenar la integración de los mismos en un solo documento. Lo anterior se entenderá sin perjuicio de las actualizaciones a que haya lugar.

La Empresa Minera podrá, asimismo, presentar planes de Cierre Parcial, los que deberán ejecutarse durante la Operación Minera, de acuerdo a la

---

64 Inciso modificado Decreto 6, Art. Único Nº 1. D.O. 23.06.2020.

programación global y de detalle aprobada por el Servicio, conforme a lo dispuesto por la ley y este Reglamento.

Los Planes de Cierre que se sometan a aprobación del Servicio tendrán carácter público y se regirán por las disposiciones de la ley Nº 20.285.

Artículo 11. Procedimientos. Los Planes de Cierre de Faenas Mineras se someterán a la aprobación del Servicio a través del procedimiento de aplicación general o simplificada, según corresponda. La Empresa Minera no podrá iniciar la operación de la Faena Minera o instalación minera sin contar previamente con esta aprobación.

Las notificaciones se practicarán por correo electrónico, a la dirección que se señala en la presentación respectiva, salvo que el titular manifieste su voluntad de ser notificado por carta certificada, lo que se deberá ajustar a lo dispuesto en la ley Nº 19.880 y sus respectivas modificaciones[65].

CAPÍTULO II
PROCEDIMIENTO DE APLICACIÓN GENERAL

Párrafo 1º Antecedentes Generales

Artículo 12. Aplicación. Se someterá al procedimiento de aplicación general, toda Empresa Minera cuyo fin sea la extracción o beneficio de uno o más yacimientos mineros, y cuya capacidad de extracción de mineral sea superior a diez mil toneladas brutas (10.000 t) mensuales por Faena Minera.

Artículo 13. Presentación del Plan de Cierre. Previo al inicio de sus operaciones, la Empresa Minera deberá presentar al Servicio, para su aprobación, un proyecto de Plan de Cierre a nivel de ingeniería conceptual. La solicitud deberá ser presentada por escrito, sea presencialmente en las oficinas del Servicio, por correo o medios electrónicos que el Servicio disponga para estos efectos.

---

65 Inciso modificado Decreto 6, Art. Único Nº 2. D.O. 23.06.2020.

Artículo 14. Estructura del Plan de Cierre en el Procedimiento de Aplicación General. El proyecto de Plan de Cierre deberá incluir los siguientes capítulos:

a. Resumen Ejecutivo: Descripción sucinta de los objetivos y alcances del proyecto de Plan de Cierre, de las instalaciones a las que se aplicará el Plan, de las obras, acciones y/o medidas propuestas para el Cierre, y del programa de seguimiento o monitoreo de las variables ambientales, de prevención de riesgos y de seguridad relevantes. Asimismo, deberá indicar el costo de las obras, medidas y acciones contempladas en el Plan de Cierre y el plazo estimado de ejecución.

El resumen ejecutivo deberá ser autosuficiente, estar redactado de manera comprensible para personas no expertas en materias técnicas, y en concordancia con los contenidos indicados en las secciones siguientes, no pudiendo exceder de 10 páginas tamaño oficio.

b. Índice: Listado de los capítulos del Plan de Cierre.

c. Antecedentes Generales: Detalle que contenga, al menos, la individualización completa de la Empresa Minera, escrituras sociales de constitución y modificación, en su caso, el número de RUT y el de su representante legal, o el del empresario minero cuando sea persona natural. Asimismo, se deberá indicar el nombre del proyecto o faena y sus instalaciones, la superficie que ocupa y la ubicación de la Faena Minera en coordenadas UTM, señalando comuna, provincia y región y la indicación de las concesiones mineras que componen el Proyecto Minero, señalando su nombre, coordenadas UTM de sus vértices y su punto medio o de interés, según corresponda, y los antecedentes que acrediten el título conforme el cual la Empresa Minera opera la Faena Minera.

d. Compromisos de la evaluación ambiental. Descripción de los compromisos adquiridos en la etapa de evaluación ambiental que tengan relación con la Estabilidad Física y Química de las instalaciones mineras en su fase de cierre. Se deberá acompañar, asimismo, copia de la(s) resolución(es) de calificación ambiental del Proyecto Minero.

e. Descripción de las Instalaciones de la Faena Minera. Descripción detallada de cada una de las instalaciones que formen parte de la Faena Minera, con indicación de sus procesos y productos, y la enunciación de los depósitos e insumos que se utilizarán. En el caso de los Cierres Parciales, se describirán en forma general todas las instalaciones, y en detalle, sólo aquellas que se propone cerrar. La información que se entregue deberá permitir identificar y comprender adecuadamente las instalaciones a las que se refiere el Plan de Cierre presentado.

f. Descripción del Entorno. Plano y reseña del Área de Influencia, que permita conocer la zona donde pueden ocasionarse los posibles impactos vinculados a la Estabilidad Física y Química de la Faena Minera. Asimismo, se deberán enunciar las áreas que comprende la Faena Minera y los aspectos geológicos y atmosféricos de dichas áreas.

g. Estimación de la Vida Útil: Informe técnico elaborado y suscrito por una o más personas competentes en Recursos y Reservas Mineras de aquellas señaladas en la ley N° 20.235, en el que se especifique la vida útil del Proyecto Minero.

h. Evaluación de Riesgos de la Etapa de Cierre. Descripción de la metodología y los criterios utilizados para evaluar los riesgos de la etapa de cierre, además de los resultados obtenidos para cada instalación que compone la Faena Minera.

i. Medidas y Actividades de Cierre. Descripción y programación global y de detalle, de todas las medidas, acciones y obras que se proponen para cumplir los objetivos del Plan de Cierre, indicando las fechas de inicio de las mismas y períodos de ejecución.

j. Costo de la Implementación del Plan de Cierre. Estimación de los costos del Plan de Cierre propuesto, expresado en unidades de fomento, o el sistema de reajuste fijado por el Banco Central, que sustituya a la unidad de fomento, con indicación de la metodología utilizada para el cálculo del monto necesario para la ejecución y monitoreo de las obras de cierre propuestas.

Dicha estimación deberá incluir, además, el valor presente de los costos de administración del Plan de Cierre de Faenas Mineras, sea que se ejecute directamente por la Empresa Minera, o por un tercero contratado al efecto por la misma o por el Servicio en su nombre y representación.

k. Costo de la implementación de las medidas de Post Cierre. Programa que contemple las medidas de monitoreo, seguimiento y control, y una estimación de los costos de las medidas de Post Cierre, expresado en unidades de fomento, o el sistema de reajuste fijado por el Banco Central que sustituya dicha unidad, señalando la metodología utilizada para su cálculo, así como para la determinación de la inversión necesaria para la ejecución y monitoreo de las medidas de Post Cierre propuestas.

l. Garantías: Cantidad de dinero o monto representativo del costo del plan de cierre que será garantizado, el período por el cual esa caución se otorgará, de acuerdo a la vida útil del proyecto, y los instrumentos que se utilizarán.

m. Información Estratégica: Detalle de toda información técnica que sea considerada de utilidad pública, tal como la relativa a infraestructura, monumentos nacionales, según definición de la ley Nº 17.288, sitios de valor antropológico, arqueológico, histórico y, en general, los pertenecientes al patrimonio arquitectónico y natural.

n. Programa de Difusión a la Comunidad. Programa en el que se señale la forma de implementación de las medidas contempladas en el plan de cierre de la Faena Minera.

o. Anexos: En este apartado podrá incluirse, si la Empresa Minera lo estima conveniente, cualquier otro documento que sirva de fundamento al plan de cierre o de base para su elaboración, tales como: la bibliografía, los informes de laboratorio, estudios específicos, con la identificación de los consultores responsables, cálculos matemáticos, figuras, mapas, planos, tablas, fotografías y toda aquella información adicional mencionada en el plan de cierre y que haya servido de base para su elaboración.

Párrafo 2º Requisitos Técnicos

Artículo 15. Obras, medidas y actividades. Las obras, medidas y actividades que deberán incluirse en el Plan de Cierre sometido al régimen de aplicación general, se determinarán a partir de una Evaluación de Riesgos que la Empresa Minera deberá realizar a su faena y a las instalaciones que la componen, de manera de asegurar su Estabilidad Física y Química luego de ocurrido el Cese de las Operaciones.

Artículo 16. Aspectos a considerar en la elaboración del Plan de Cierre. El Plan de Cierre sometido al régimen de aplicación general deberá considerar, a lo menos, los siguientes aspectos:

- Características propias de la Faena Minera y sus instalaciones.
- Ubicación geográfica.
- Cercanía a centros poblados.
- Atributos relevantes del entorno.
- Riesgos sísmicos.

Artículo 17. Aspectos Técnicos para el Cierre de Proyectos Mineros. Dependiendo del tipo de instalación minera de que se trate y de los resultados de la Evaluación de Riesgos realizada, el Plan de Cierre podrá considerar, entre otras, y sin que la enumeración que sigue sea taxativa, la inclusión de medidas tales como:

a. Rajos:

- Desmantelamiento de instalaciones.
- Cierre de accesos.
- Estabilización de taludes.
- Señalizaciones.
- Cierre de almacenes de explosivos.
- Caracterización de efluentes e infiltraciones.
- Captación y tratamiento de efluentes e infiltraciones.

b. Minas Subterráneas:

- Desmantelamiento de instalaciones.
- Cierre de accesos.
- Sellado de bocaminas y/o piques a superficie.
- Estabilidad estructural.
- Señalizaciones.
- Cierre de almacenes de explosivos.
- Caracterización de efluentes e infiltraciones.
- Captación y tratamiento de efluentes e infiltraciones.

c. Depósitos de Estériles o Botaderos:

- Construcción de diques interceptores y canales evacuadores de aguas lluvia.

- Estabilización de taludes.
- Cobertura superficial.
- Monitoreos de efluentes e infiltraciones.
- Captación y tratamiento de efluentes e infiltraciones.
- Compactación y definición de pendientes de superficie.
- Caracterización química y mineralógica de los materiales dispuestos en el depósito.

d. Plantas, Edificios e Instalaciones Auxiliares:

- Desmantelamiento, mantenimiento y/o transferencia de instalaciones, edificios, equipos y maquinarias.
- Desenergización de instalaciones.
- Cierre de accesos.
- Estabilización de taludes.
- Señalizaciones.
- Retiro de materiales y repuestos.
- Manejo de residuos peligrosos e industriales.
- Remediación de suelos contaminados.
- Protección de estructuras remanentes.
- Mantención de algunas instalaciones para usos comunitarios futuros, tales como museos de sitio y circuitos turísticos.

e. Depósitos de Relaves:

- Desmantelamiento de instalaciones.
- Secado de lagunas de aguas claras.
- Mantención de canales perimetrales.
- Sistema de evacuación de aguas lluvia.
- Cierre de accesos.
- Cobertura de cubeta y taludes.
- Estabilización de taludes.
- Señalizaciones.
- Habilitación de vertedero de emergencia.
- Cercado de torres colectoras.
- Compactación de berma de coronamiento.
- Piscinas de emergencia y/o evaporación.
- Construcción de muro de protección al pie del talud.

- Sistema de monitoreo de infiltraciones.
- Captación y tratamiento de infiltraciones.
- Caracterización química y mineralógica de los materiales dispuestos en el depósito.

f. Depósito de Ripios de Lixiviación:

- Construcción de diques interceptores y canales evacuadores de aguas lluvia.
- Drenaje de ripios.
- Monitoreo de efluentes e infiltraciones.
- Captación y tratamiento de efluentes e infiltraciones.
- Estabilización de taludes.
- Cobertura superficial.
- Compactación y definición de pendientes de superficie.
- Cierre de accesos.
- Señalizaciones.
- Caracterización química y mineralógica de los materiales dispuestos en el depósito.

g. Depósito de Residuos No Masivos y otros:

- Retiro de escombros.
- Retiro y disposición final de residuos que no permanecerán en el lugar.
- Disposición final de residuos que permanecerán en el lugar.
- Cierres y letreros de advertencia.
- Protección de estructuras remanentes.
- Perfilamiento y nivelación de la superficie.
- Remediación de suelos contaminados.
- Señalizaciones.

h. Cierre de Caminos:

- Definir caminos que se dejarán transitables y los caminos que deben ser cerrados.
- Señalizaciones.
- Perfilamiento de caminos.

i. Depósitos de Escorias:

- Cobertura superficial.

- Cierre de accesos.
- Señalizaciones.

Sin perjuicio de lo señalado precedentemente, el Servicio podrá dictar guías metodológicas con el objeto de facilitar la evaluación y selección de medidas de cierre apropiadas por tipo de instalación. Esta facultad se entenderá sin perjuicio que la Empresa Minera pueda proponer otras medidas de cierre no contenidas en dichas guías.

Párrafo 3° Programa de Difusión a la Comunidad

Artículo 18. Aplicación. Todo Plan de Cierre sometido al régimen de aplicación general, deberá acompañar un programa de difusión a la comunidad respecto de las medidas del Plan de Cierre que se implementarán y el cronograma de actividades del mismo.

Artículo 19. Objeto del Programa de Difusión. El programa de difusión tiene por objeto informar a la comunidad las medidas de cierre, las fechas de implementación y los plazos para la ejecución de las acciones.

Artículo 20. Contenido. El Programa de Difusión deberá contener al menos:

a. Objetivos del programa de difusión.

b. Público Objetivo. Se entenderá por público objetivo todo aquel que forme parte del Área de Influencia del Proyecto Minero.

c. Estrategia de implementación.

d. Cronograma de actividades.

e. Las formas de difusión que se utilizarán, tales como charlas, publicaciones, u otras similares.

Artículo 21. Implementación. El programa de difusión deberá implementarse a lo menos 2 años antes del comienzo de la ejecución de las medidas de cierre, para el caso del Cierre Final, 1 año antes para Cierres Parciales, y 30 días antes de la Paralización Temporal.

La Empresa Minera podrá solicitar al Servicio la ejecución del Programa de Difusión a la Comunidad en tiempos menores debido a situaciones extraordinarias debidamente fundadas.

Párrafo 4º Examen de Admisibilidad y Revisión

Artículo 22. Examen de Admisibilidad. Ingresado el proyecto del Plan de Cierre, el Servicio, a través de un examen de admisibilidad, verificará el cumplimiento de los requisitos formales contenidos en la ley y el presente Reglamento, para ser aceptado a tramitación.

En caso que el proyecto de Plan de Cierre presente errores u omisiones de carácter formal, el Servicio podrá requerir que se subsanen dichos errores u omisiones dentro del plazo de 5 días, contado desde el ingreso de la solicitud. La Empresa Minera tendrá un plazo de 10 días, contado desde la notificación, para subsanarlos.

En el evento de que dichos errores u omisiones no sean subsanados en el plazo señalado, se tendrá por no presentado el Plan de Cierre para todos los efectos legales.

Artículo 23. Examen de Fondo. Una vez concluido favorablemente el examen de admisibilidad, el proyecto de Plan de Cierre será sometido a un examen de fondo, de manera de evaluar los aspectos técnicos y económicos del mismo.

Dentro del plazo de 30 días, contado desde el ingreso de la solicitud, el Servicio podrá solicitar a la Empresa Minera que realice aclaraciones, rectificaciones y ampliaciones al mismo. El ejercicio de esta facultad suspenderá el plazo legal que tiene el Servicio para pronunciarse sobre el proyecto de Plan de Cierre.

Artículo 24. Plazos. La Empresa Minera tendrá un plazo de 30 días, contado desde que se notificó el requerimiento individualizado en el inciso anterior, para entregar la información solicitada. Si fuere necesario un mayor lapso de tiempo para dar respuesta al requerimiento, el Servicio podrá suspender el plazo mediante resolución fundada, previa solicitud de la empresa minera, otorgándosele un nuevo plazo para poder responder.

Artículo 25. Pronunciamiento. Una vez transcurridos los plazos establecidos en los artículos precedentes, el Director deberá pronunciarse, mediante resolución fundada, acerca del proyecto de Plan de Cierre, ya sea aprobándolo o rechazándolo.

Artículo 26. Rechazo. Si el Servicio rechazare el Plan de Cierre, indicará las correcciones, rectificaciones y modificaciones precisas y específicas que estimare procedentes al Plan de Cierre, a efectos de ajustar el mismo a las medidas técnicas necesarias conforme a la ley y el Reglamento. Los aspectos que no fueren observados se tendrán por aprobados, en la medida que la Empresa Minera subsane los aspectos rechazados.

Artículo 27. Reingreso. Subsanadas las observaciones realizadas por el Servicio, la Empresa Minera deberá presentar la totalidad del proyecto de Plan de Cierre a la aprobación del Servicio, el que deberá pronunciarse de conformidad a lo establecido en los artículos anteriores.

CAPÍTULO III
PROCEDIMIENTO SIMPLIFICADO

Artículo 28. Aplicación. Se deberá someter al procedimiento simplificado, toda Empresa Minera cuyo fin sea la extracción o beneficio de uno o más yacimientos mineros, y cuya capacidad de extracción de mineral sea igual o inferior a diez mil toneladas brutas (10.000 t) mensuales por Faena Minera.

Se someterán igualmente a este procedimiento, las exploraciones y las prospecciones mineras que, conforme a la ley Nº 19.300, deban ingresar al sistema de evaluación de impacto ambiental.

Artículo 29. Estructura del Plan de Cierre Simplificado. El proyecto de Plan de Cierre Simplificado que se presente al Servicio para su aprobación, deberá observar la estructura establecida en las guías metodológicas que dicte el Servicio para tales efectos. Con todo, el proyecto deberá contener al menos los aspectos descritos en el artículo 16 de la ley.

Sin perjuicio de lo anterior, respecto a los planes de cierre de este tipo de empresas mineras, cuya capacidad de extracción de mineral no sea superior a cinco mil toneladas brutas (5.000 t) mensuales por faena minera y que carezcan de planta de producción, depósito de relaves o de ripios de lixiviación, se dará cumplimiento a esta obligación presentando una declaración que contenga los antecedentes relativos a la individualización de la faena minera y de la Empresa Minera, y que especifique las medidas de cierre referidas sólo al desmantelamiento, cierre de accesos, señalizaciones y medidas de estabilidad física de depósitos de estériles o botaderos[66].

Sin embargo, en caso de contar con una o más plantas de producción, depósito de relave o de ripios de lixiviación, deberán también declararse las siguientes medidas y acciones: desenergización de instalaciones; retiro de materiales y repuestos; manejo de residuos o desechos peligrosos, industriales o domésticos; protección de estructuras remanentes; establecimiento de canales perimetrales y un sistema de evacuación de aguas; compactación de berma de coronamiento; cubrimiento con material que evite la erosión; adopción de medidas de estabilidad física para el muro del tranque y construcción de zanjas interceptoras, según corresponda.

Artículo 30. Procedimiento de revisión. Los proyectos de Plan de Cierre sometidos al procedimiento simplificado, deberán someterse a las normas de tramitación y aprobación dispuestas para el procedimiento de aplicación general, en todo aquello que sea pertinente conforme a la ley y al presente Reglamento.

TÍTULO III
PARALIZACIÓN TEMPORAL DE FAENAS MINERAS

Artículo 31. Presentación de un Plan de Cierre Temporal. Toda Empresa Minera podrá paralizar temporalmente sus operaciones mineras, una vez que el Servicio, mediante resolución fundada, haya aprobado un Plan de Cierre Temporal presentado por la misma.

---

66 Inciso modificado Decreto 6, Art. Único. N° 3. D.O. 23.06.2020

Artículo 32. Objeto del Plan de Cierre Temporal. El Plan de Cierre Temporal tendrá por objeto la implementación de todas las medidas necesarias para el mantenimiento de las instalaciones y la mitigación de los efectos negativos significativos que pudieran producirse en el período de paralización de las Operaciones Mineras.

Artículo 33. Pronunciamiento. El Servicio tendrá un plazo de 30 días, contado desde la presentación del proyecto de Plan de Cierre Temporal, para pronunciarse sobre el mismo. El citado plazo correrá tanto para Faenas Mineras o instalaciones mineras sujetas al procedimiento de aplicación general, como aquellas sometidas al procedimiento simplificado.

Artículo 34. Duración de la Paralización Temporal. El proyecto de Plan de Cierre Temporal deberá especificar el plazo propuesto de paralización, el que no podrá exceder de dos años.

La Empresa Minera podrá solicitar, con causa justificada, la ampliación de la Paralización Temporal hasta por un máximo de tres años adicionales. Para ello deberá presentar, para la aprobación del Servicio, un nuevo proyecto de Plan de Cierre Temporal antes de los 60 días previos al vencimiento del plazo inicial.

Al término del segundo período de paralización autorizado, la Empresa Minera podrá solicitar al Servicio, por razones calificadas, una ampliación excepcional de la paralización, la que podrá ser autorizada por resolución fundada.

Para ello, deberá presentar para la aprobación del Servicio, un nuevo proyecto de Plan de Cierre Temporal antes de los 60 días previos al vencimiento del plazo de la prórroga. Tratándose de Faenas Mineras sometidas el procedimiento de aplicación general, se deberá acompañar un monto adicional de garantía equivalente al 30% del total inicial, la que deberá ser constituida en instrumentos tipo A.1, cualquiera que fuese el motivo por el que solicita la ampliación excepcional de la paralización, por aplicación de las reglas establecidas en el Título XIII de la ley.

Sin perjuicio de lo anterior, el plazo excepcional autorizado no podrá exceder de la vida útil del Proyecto Minero establecida en el Plan de Cierre aprobado por el Servicio.

Artículo 35. Estructura del Proyecto de Plan de Cierre Temporal. El proyecto de Plan de Cierre Temporal que se presente al Servicio para su aprobación, deberá cumplir con la estructura del procedimiento de aplicación general o el procedimiento simplificado, según corresponda.

Deberá incluir, asimismo, un capítulo donde se indique en forma detallada la manera en que la Faena Minera volverá a entrar en operación, señalando de manera expresa los hitos que den cuenta de la reapertura de la operación.

Artículo 36. Requisitos técnicos. Todo proyecto de Plan de Cierre Temporal deberá considerar aspectos tales como:

a. Rajos:

- Cierre de accesos.
- Señalizaciones.
- Cierre de Almacén de Explosivos.
- Captación y tratamiento de efluentes e infiltraciones.

b. Minas Subterráneas:

- Cierre de accesos.
- Control de accesos y protección de bocaminas y/o piques.
- Señalizaciones.
- Cierre de Almacén de Explosivos.
- Captación y tratamiento de efluentes e infiltraciones.

c. Depósitos de Estériles:

- Construcción de diques interceptores y canales evacuadores de aguas lluvia.

d. Plantas de Procesamiento de Minerales:

- Desenergización de instalaciones.
- Cierre de accesos.
- Señalizaciones.

e. Depósitos de Relaves:

– Secado de lagunas de aguas claras.

– Mantención de canales perimetrales.

– Mantención de sistemas de monitoreo, captura y reutilización de filtraciones.

– Sistema de evacuación de aguas lluvia.

– Cierre de accesos.

– Estabilización de taludes (sismo máximo).

– Señalizaciones.

– Habilitación de vertedero de emergencia (diseño máxima crecida probable).

– Cercado de torres colectoras.

– Instalación de cortavientos.

– Compactación de berma de coronamiento.

– Piscinas de emergencia.

f. Depósito de Ripios de Lixiviación:

– Establecimiento de sistemas de captación de drenajes, evaporación y/o tratamiento de soluciones.

– Construcción de diques interceptores y canales evacuadores de aguas lluvia.

g. Cierre de Caminos:

– Definir caminos que se dejarán transitables y los caminos que deben ser cerrados.

– Señalizaciones.

h. Otros

– Retiro de escombros.

– Tratamiento y disposición final de residuos no mineros.

– Cierres.

– Letreros de advertencia.

Las obras, medidas y actividades que deberán incluirse en el Plan de Cierre Temporal se determinarán a partir de una Evaluación de Riesgos que la Empresa Minera deberá realizar a su faena y a las instalaciones que la componen, con el objeto de asegurar la Estabilidad Física y Química durante la Paralización Temporal de las operaciones. Sin perjuicio de lo señalado, el Servicio podrá dictar guías metodológicas para regular tales aspectos.

Artículo 37. Procedimiento de revisión. En todo aquello que sea pertinente, le serán aplicables a los Planes de Cierre Temporales las normas de tramitación y aprobación dispuestas para el procedimiento de aplicación general o procedimiento simplificado, según el tipo de faena o instalación que se pretende paralizar.

Artículo 38. Plazo de ejecución de las obras de Cierre Temporal. Las obras, medidas y actividades propuestas para el Cierre Temporal de una Faena Minera deberán encontrarse implementadas en el plazo autorizado por el Servicio para cada caso determinado, el que no podrá exceder el plazo máximo de un año contado desde la aprobación del Plan de Cierre temporal o cualquiera de sus prórrogas.

Artículo 39. Reapertura. Transcurrido el plazo total de paralización autorizado por el Servicio, la Empresa Minera deberá reanudar inmediatamente sus operaciones, debiendo dar aviso al Servicio con 30 días de anticipación al reinicio de las operaciones.

Si, estando pendiente el plazo otorgado para la Paralización Temporal, la Empresa Minera decide reiniciar sus operaciones, deberá dar aviso al Servicio con 30 días de anticipación al reinicio efectivo de las operaciones.

En ambos casos, si el Servicio lo estima conveniente, podrá ordenar a la Empresa Minera que previo al reinicio de sus operaciones, realice una auditoría del Plan de Cierre definitivo, y una actualización de éste si es procedente.

Artículo 40. Abandono. Cumplido el plazo original o debidamente prorrogado sin que la Empresa Minera haya reiniciado las operaciones mineras, se entenderá que se ha producido un Abandono de la faena o instalación paralizada.

Artículo 41. Efecto del Abandono. Si no se efectuare la Reapertura de la faena en los plazos referidos y concluidos que fueren los periodos de paralización autorizados, el Servicio procederá conforme lo dispuesto en el Título XI de la ley, con el objeto de hacer efectiva y ejecutar la totalidad de la garantía.

Artículo 42. Los representantes legales de la Empresa Minera que, falsamente y a sabiendas, hubieren informado al Servicio sobre la Paralización Temporal de operaciones, encubriendo un Abandono de la Faena Minera o de ciertas instalaciones de la misma, serán sancionados con multas de mil a diez mil unidades tributarias mensuales.

Artículo 43. Garantías. Durante el período de Paralización Temporal, la Empresa Minera no se eximirá de la obligación de constituir las Garantías, de acuerdo a lo establecido en la programación de pagos del Plan de Cierre y deberán mantenerlas vigentes para todos los efectos legales.

TÍTULO IV
AUDITORÍAS DE LOS PLANES DE CIERRE

CAPÍTULO I
DISPOSICIONES GENERALES

Artículo 44. Auditorías Periódicas. Las Empresas Mineras que deban someter su Plan de Cierre al procedimiento de aplicación general, deberán realizar auditorías periódicas cada 5 años, a su costo y de acuerdo al programa de fiscalización que elabore el Servicio.

El Servicio publicará, al inicio de cada año, el programa de auditorías a ser ejecutadas en dicho período.

Artículo 45. Objeto de la Auditoría Periódica. La auditoría tendrá por objeto certificar la adecuación y cumplimiento del Plan de Cierre y de su actualización, así como la sujeción a su programa de ejecución, de manera de velar por su implementación y avance efectivo en relación al Proyecto Minero específico.

Se entenderá que el Plan de Cierre es adecuado cuando las obras, medidas y actividades propuestas se ajusten a las condiciones presentes en cada una de las instalaciones que constituyen la Faena Minera y estén conforme a sus riesgos asociados.

Se entenderá que se está en cumplimiento del Plan de Cierre, cuando su implementación se realice oportunamente, en conformidad a la programación aprobada, y las obras, medidas y actividades sean ejecutadas de acuerdo a las exigencias técnicas aprobadas por el Servicio.

La adecuación y cumplimiento del Plan de Cierre estará referido tanto a los contenidos técnicos como a los aspectos económicos pertinentes incluidos en el Plan.

Artículo 46. Procedimiento de ejecución de la Auditoría Periódica. Conforme a la programación anual de auditorías, la Empresa Minera deberá dar aviso formal al Servicio tanto del auditor elegido, como del programa de ejecución de dicha auditoría.

Treinta día antes a la ejecución de la auditoría, el auditor deberá someter a la aprobación del Servicio, el programa de la auditoría a realizar, sus contenidos, la metodología, el plazo y otros antecedentes pertinentes, los que deberán ser elaborados en base a las guías metodológicas que al efecto elaborará el Servicio y a lo señalado por el mismo auditor en el informe presentado al momento de solicitar su inscripción en el Registro, conforme lo establecido en el artículo 21 de la ley.

El Servicio tendrá un plazo de 15 días contados desde la recepción de la propuesta de programa de auditoría para su aprobación, pudiendo, mediante resolución fundada, ordenar que se ajuste el mencionado programa en cuanto a sus alcances y contenidos, en los plazos y en la forma que el Servicio determine. El Servicio deberá pronunciarse sobre los ajustes, dentro del plazo 15 días contados desde la recepción de los mismos.

Artículo 47. Etapas de la Auditoría. El proceso de ejecución de la auditoría se sujetará, a lo menos, a las siguientes etapas:

a. Pre Auditoría, consistente en la revisión documental previa, necesaria para la ejecución de la auditoría.

b. Auditoría propiamente tal, que comprende la ejecución de las actividades propuestas en el programa autorizado.

c. Post Auditoría, etapa en la que se deberá consolidar y contrastar la información y antecedentes técnicos y económicos a objeto de elaborar el informe de auditoría.

Sobre la base de lo realizado en las etapas descritas precedentemente, el auditor elaborará el informe de auditoría periódica.

Artículo 48. Contenidos del informe de Auditoría Periódica. El informe de la auditoría deberá contener al menos:

a. Un análisis detallado de las obras, medidas y actividades del Plan de Cierre de la Faena Minera y sus respectivas instalaciones, indicando si ellas se están o no ejecutando en conformidad a lo establecido en el Plan de Cierre y a la programación aprobada.

b. Pronunciarse sobre la adecuación de los costos asociados a la implementación del Plan de Cierre y si, a su juicio, procede o no la actualización de dichos costos.

Artículo 49. Procedimiento de Entrega. Dentro del plazo de 15 días contados desde el término de la auditoría, el auditor hará entrega del informe al Servicio y al titular de la Faena Minera auditada.

Artículo 50. Relación de la Auditoría Periódica. Una vez entregado el informe, y dentro del plazo de 10 días, el Servicio podrá citar al auditor a objeto de que haga una relación pormenorizada de la auditoría y del informe respectivo. Dentro del mismo plazo, el Servicio podrá recibir y ponderar las observaciones y descargos de la Empresa Minera con relación al contenido del informe de auditoría.

Artículo 51. Aprobación de la Auditoría. El Servicio deberá aprobar o rechazar el informe de auditoría dentro de un plazo de 60 días contados desde la presentación del informe.

En caso que el Servicio rechace el informe de auditoría, dictará una resolución fundada señalando los motivos, la que será notificada tanto a la Empresa Minera como al auditor cuyo informe ha sido rechazado. La

Empresa Minera deberá iniciar un nuevo proceso de auditoría en los plazos que exige el presente Reglamento, sin perjuicio de las sanciones que pudieren corresponder.

Artículo 52. Auditorías Extraordinarias. El Servicio podrá, mediante resolución fundada, ordenar la elaboración de auditorías extraordinarias a costa de la Empresa Minera. La resolución que ordene la elaboración de la auditoría extraordinaria, deberá indicar los contenidos del Plan de Cierre que serán auditados y el plazo para el inicio de su ejecución.

Procederá una auditoría extraordinaria cuando se trate de situaciones graves tales como:

a) Falta de adecuación del Plan de Cierre, ya sea en cuanto a sus contenidos técnicos y económicos.

b) Falta de ejecución oportuna del Plan de Cierre respecto de la programación de obras aprobada.

c) Modificación significativa del Plan de Cierre.

d) La necesidad de contar con un mayor nivel de información de las medidas, obras o actividades incluidas en el Plan de Cierre, en situaciones tales como el Cierre Parcial de una instalación.

e) Paralización Temporal y la consecuente Reapertura de operaciones.

La gravedad de las situaciones será calificada por el Servicio, sin perjuicio de las sanciones o medidas correctivas que correspondan.

La entrega del informe de auditoría se llevará a cabo en los mismos términos y plazos establecidos para las auditorías periódicas.

Artículo 53. Auditorías Voluntarias. Sin perjuicio de las auditorías periódicas y extraordinarias que esté obligada a realizar, la Empresa Minera podrá auditar voluntariamente su Plan de Cierre y presentar dicha auditoría al Servicio.

Artículo 54. Oportunidad de las Auditorías Voluntarias. Podrán realizarse dichas auditorías voluntarias cuando se produjere una modificación del Proyecto Minero que pudiere incidir en la adecuación o modificación del Plan de Cierre o, bien, cuando la Empresa Minera lo estime conveniente.

Artículo 55. Aviso. Cada vez que la Empresa Minera decida realizar una auditoría voluntaria a su Plan de Cierre, deberá dar aviso al Servicio con anterioridad al inicio de la ejecución de la auditoría.

Artículo 56. Relación Auditoría Voluntaria. Una vez entregado el informe, y dentro del plazo de 10 días, el Servicio podrá citar al auditor a objeto de que haga una relación pormenorizada de la auditoría y del informe respectivo.

Artículo 57. Auditores. Las auditorías que se presenten al Servicio, deberán haber sido realizadas por auditores externos que se encuentren inscritos en el Registro de Auditores Externos que lleva el Servicio.

Artículo 58. Resultados de la Auditoría. Sobre la base del resultado de las auditorías, el Servicio podrá ordenar fundadamente la adecuación del Plan de Cierre, de su Garantía, su cumplimiento parcial o su actualización.

Artículo 59. Auditoría Final de Ejecución del Plan de Cierre. Implementada la totalidad de las obras, medidas y actividades comprometidas en el Plan de Cierre Total o Parcial, la Empresa Minera sometida al procedimiento de aplicación general deberá realizar una auditoría final de ejecución del Plan de Cierre autorizado, en los términos señalados en el presente Reglamento.

CAPÍTULO II
NORMAS PARTICULARES

Artículo 60. Elaboración del Registro Público de Auditores Externos. Sólo podrán ser inscritos en el Registro Público de Auditores Externos, que al efecto llevará el Servicio, las personas naturales, sociedades de profesionales y personas jurídicas que cumplan con los requisitos establecidos en el artículo 20 de la ley y con la calificación de idoneidad técnica.

Corresponderá al Servicio la calificación de la idoneidad técnica de los auditores externos que realizarán y elaborarán informes de auditoría de Planes de Cierre.

Se entenderá que el Auditor Externo es idóneo cuando acredite, al menos, a plena satisfacción del Servicio[67]:

1. Persona Natural

a) Título profesional relacionado con las ciencias vinculadas a la industria minera.

b) Acreditar un mínimo de 5 años de experiencia en el área de la industria minera.

2. Sociedades profesionales o personas jurídicas

a) Haberse constituido en conformidad a la ley.

b) Que su objeto contemple la auditoría de planes de cierre de faenas mineras.

c) Tener participación o estar integradas por profesionales que cumplan con los requisitos señalados en el numeral anterior.

Artículo 61. Rechazo de una designación para efectuar una auditoría. Los auditores elegidos o designados para auditar un Plan de Cierre podrán rechazar su designación por razones fundadas, las que serán calificadas por el Servicio.

Artículo 62. Funciones de los auditores externos. Los auditores externos, en el ejercicio de sus funciones, podrán:

a) Realizar reconocimientos a las distintas instalaciones de la Faena Minera.

b) Examinar y requerir informes sobre antecedentes que tengan directa relación con las instalaciones de la Faena Minera, y estudios tendientes a validar la Estabilidad Física y Química de los mismos.

c) Examinar y requerir informes sobre antecedentes que tengan directa relación con la valorización de los Planes de Cierre.

---

[67] Artículo modificado Decreto 6, Art. Único Nº 4. D.O. 23.06.2020.

En caso que la Empresa Minera considere que el acceso a ciertas instalaciones o documentos pueda derivar en algún perjuicio económico, revelar secretos industriales u otra situación similar, deberá comunicarlo formalmente al auditor y al Servicio, a fin de que se disponga que el reconocimiento o examen se haga por parte de un funcionario público.

TÍTULO V
DE LA ACTUALIZACIÓN DEL PLAN DE CIERRE

Artículo 63. Implementación. Todo Plan de Cierre aprobado por el Servicio, deberá ser actualizado durante la Operación Minera, de manera de ser implementado progresiva e íntegramente por la Empresa Minera o por un tercero por cuenta de ella, de acuerdo al avance efectivo del Proyecto Minero.

Artículo 64. Tipos de Actualizaciones. Las actualizaciones a las que se debe someter todo Plan de Cierre serán de carácter periódicas o extraordinarias, y deberán referirse tanto a materias técnicas como económicas, según sea el caso.

Artículo 65. Objetivo de la actualización. Las actualizaciones tienen por objeto revisar y constatar la adecuación del Plan de Cierre presentado y aprobado por el Servicio, respecto de la faena o instalación minera a la que se refiere y sus riesgos asociados.

Artículo 66. Actualización Periódica. Con el mérito del informe de las auditorías periódicas que deben efectuarse cada 5 años, y de lo resuelto a su respecto por el Servicio, la Empresa Minera deberá proceder a la actualización de su Plan de Cierre.

Artículo 67. Actualización Extraordinaria. Con el mérito del informe de las Auditorías Extraordinarias o Voluntarias y de lo resuelto mediante resolución fundada, el Servicio podrá ordenar a la Empresa Minera que actualice sus Planes de Cierre, sea que se rijan por el procedimiento de aplicación general o simplificado. Estas actualizaciones serán además procedentes, sin necesidad de auditoría previa, entre otros, en los siguientes casos[68]:

a) Con ocasión de modificaciones sustanciales del Proyecto Minero original.

b) Como consecuencia de las modificaciones a la fase de cierre que se consignaren en una resolución de calificación ambiental, en conformidad a lo establecido en la ley Nº 19.300 y el Reglamento del Sistema de Evaluación de Impacto Ambiental.

c) Luego de reiniciadas las operaciones al cabo de una Paralización Temporal, en los términos que dispone el párrafo 2º del Título V de la ley.

d) Luego de haberse implementado a cabalidad el Cierre Parcial de una o más instalaciones de una Faena Minera.

e) En todos aquellos casos debidamente calificados por el Servicio.

Artículo 68. Contenidos de la actualización del Plan de Cierre. Deberán incluirse en las actualizaciones de un Plan de Cierre, todas aquellas materias de índole técnica, económica o ambiental de los Planes de Cierre originales, sea que se sometan al procedimiento de aplicación general o simplificado, y que hayan sufrido modificaciones desde la aprobación del Plan de Cierre original o desde la última actualización aprobada por el Servicio, o presenten nuevos antecedentes técnicos, según corresponda.

Artículo 69. Procedimiento de Actualización. La Empresa Minera deberá presentar ante el Servicio, el proyecto de actualización de su Plan de Cierre en un plazo de 90 días, contado desde la notificación de la resolución que se pronuncia respecto de la auditoría del Plan de Cierre, o desde la notificación de la resolución que exige una actualización extraordinaria.

El Servicio, dentro del plazo de 30 días contado desde su ingreso, deberá pronunciarse sobre el proyecto de actualización mediante resolución fundada, ya sea aprobándolo o rechazándolo, con las observaciones que corresponda.

---

[68] Artículo modificado por Decreto 6, Art. Único Nº 5. D.O. 23.06.2020.

Dentro del plazo señalado anteriormente, el Servicio podrá solicitar a la Empresa Minera que realice aclaraciones, rectificaciones y ampliaciones al mismo, las que se tramitarán conforme a lo dispuesto en los artículos 23 y siguientes del Reglamento.

Artículo 70. Reposición. En contra de la resolución emitida por el Servicio, respecto de la actualización del Plan de Cierre, procederá el recurso de reposición dentro del plazo de diez días a contar de la fecha de notificación.

TÍTULO VI
DEL CUMPLIMIENTO DEL PLAN DE CIERRE

CAPÍTULO I
ANTECEDENTES GENERALES

Artículo 71. Ejecución del Plan de Cierre, mantenimiento y monitoreo. La Empresa Minera, o un tercero por cuenta de ella, está obligada a ejecutar íntegramente todas las medidas establecidas en el Plan de Cierre, así como a mantener y monitorear la eficacia de las mismas, durante toda la etapa de ejecución del Plan de Cierre hasta el otorgamiento del certificado de cierre por parte del Servicio.

Artículo 72. Auditoría Final de Ejecución del Plan de Cierre. Implementada la totalidad de las obras, medidas y actividades comprometidas en el Plan de Cierre, sea total o parcial, la Empresa Minera sometida al procedimiento de aplicación general deberá hacer auditar la implementación del Plan de Cierre autorizado.

El informe final de auditoría deberá incluir los contenidos establecidos para las auditorías periódicas, una descripción de las obras que permanecerán en el sitio de la Faena Minera, así como los demás antecedentes pertinentes que den cuenta del cumplimiento del Plan de Cierre.

Asimismo, el auditor se pronunciará en su informe sobre la suficiencia e idoneidad de las obras, medidas y actividades necesarias para la etapa de Post Cierre, haciendo especial mención respecto de aquellas medidas que deben encontrarse implementadas al momento del Cese de las Operaciones y aquellas que deben llevarse a cabo con posterioridad a ello.

La entrega del informe final de auditoría se llevará a cabo en los mismos términos y plazos indicados para las auditorías periódicas.

Dentro del plazo de 10 días contado desde la recepción del informe final preparado por el auditor, la Empresa Minera podrá hacer valer al Servicio las observaciones y respuestas que estime pertinentes al contenido del informe de auditoría.

El Servicio deberá aprobarlo o rechazarlo, dentro de los 30 días siguientes al vencimiento del plazo señalado en el inciso precedente, pronunciándose, asimismo, respecto del cumplimiento del Plan de Cierre.

En caso que el Servicio requiera de mayor información a objeto de resolver sobre el cumplimiento de las obligaciones contenidas en el Plan de Cierre, el plazo del inciso anterior se podrá ampliar hasta por 30 días adicionales.

Artículo 73. Incumplimiento que determina la ejecución de la garantía financiera. Si con el mérito del informe final de auditoría, o en ejercicio de las facultades fiscalizadoras del Servicio conforme el artículo 38 de la ley se constatara un incumplimiento en las obligaciones contenidas en el Plan de Cierre, el Servicio ordenará las medidas correctivas pertinentes, fijando un plazo prudencial para su cumplimiento[69].

Una vez cumplido el plazo otorgado, y no habiéndose ejecutado las medidas correctivas ordenadas, el Servicio, mediante resolución fundada, podrá ejercer las medidas y aplicar las sanciones que correspondan.

En el caso que se constate un incumplimiento en los términos del artículo 44 número 1 de la Ley o de abandono de la faena, el Servicio podrá proceder a declarar derechamente el incumplimiento, sin necesidad de medidas correctivas, sin perjuicio de su facultad para aplicar las sanciones que correspondan.

El Servicio resolverá el incumplimiento y notificará dicha resolución a la Empresa Minera mediante carta certificada.

---

69 Artículo modificado Decreto 6, Art. Único Nº 6. D.O. 23.06.2020.

Artículo 74. Procedimiento de Reclamación. En contra de la resolución que resuelva el incumplimiento total o parcial del Plan de Cierre procederá el recurso de reposición, el que deberá deducirse dentro del término de 10 días de notificada la referida resolución.

Lo dispuesto en el inciso anterior es sin perjuicio de las sanciones que, en ejercicio de sus facultades legales, imponga el Servicio.

Respecto de la resolución que rechazare la reposición deducida por la Empresa Minera, procederá la reclamación ante la Corte de Apelaciones respectiva, en la forma establecida en los artículos 45 y 46 de la ley.

Artículo 75. Efectos del Incumplimiento. Una vez cumplido el plazo otorgado, no habiéndose ejecutado las medidas correctivas ordenadas por razones imputables a la Empresa Minera, y no existiendo recurso pendiente en contra de la resolución que declare el incumplimiento, el Servicio, en el ejercicio de su mandato legal e irrevocable, realizará las gestiones tendientes a obtener el cumplimiento del Plan de Cierre, por cuenta y riesgo de la Empresa Minera, mediante la ejecución de las Garantías y posterior implementación del Plan de Cierre.

CAPÍTULO II
CERTIFICADO DE CIERRE

Artículo 76. Cumplimiento del Plan de Cierre. Una vez acreditada la implementación total del Plan de Cierre Parcial o del Plan de Cierre Total, y en un plazo de 30 días desde la aprobación de la auditoría correspondiente, el Servicio dictará una resolución fundada, pronunciándose sobre el cumplimiento de las obligaciones del Plan de Cierre, sea éste Parcial o Total.

Artículo 77. Tipos de Certificados de Cumplimiento. Conforme con la naturaleza del Plan de Cierre, el Servicio emitirá los respectivos certificados de cumplimiento tanto respecto de Planes sometidos al procedimiento de aplicación general o simplificado. Del mismo modo, según su extensión, los certificados podrán ser:

a. Certificado de Cierre Parcial: Aquel documento que se otorgará una vez que se encuentre implementada la totalidad de las medidas comprometidas para el cierre definitivo de una o más instalaciones o de una parte de una Faena Minera, y el Servicio así lo haya resuelto mediante resolución fundada.

b. Certificado de Cierre Final: Aquel documento que se otorgará una vez que se encuentre implementada la totalidad de las obras, medidas y actividades comprometidas para el cierre definitivo de la Faena Minera en su conjunto, incluidas sus actualizaciones, se hayan implementado las obras que permitan desarrollar el programa de Post Cierre, se haya materializado el aporte al Fondo Post Cierre, de acuerdo a lo establecido en el Título XIV de la ley, y así lo haya resuelto el Servicio mediante resolución fundada.

Artículo 78. Efectos de los Certificados de Cierre del Procedimiento de Aplicación General. Los certificados de cierre que emita el Servicio para el procedimiento de aplicación general podrán ser:

a. Certificados de Cierre Parcial: Certificado que acredita el cumplimiento íntegro y oportuno de los deberes y obligaciones de la Empresa Minera, establecidos en la ley y en este Reglamento, respecto de la instalación o grupo de instalaciones a la que el Cierre Parcial se refiere. Su emisión permitirá solicitar la modificación del tipo de instrumentos, la reducción del monto de la Garantía y la devolución de los eventuales excedentes respecto de la o las instalaciones cerradas.

El otorgamiento del certificado de Cierre Parcial no liberará a la Empresa Minera de la obligación de velar por que se mantengan las condiciones necesarias que aseguren el debido resguardo de la vida, salud y seguridad de las personas y el medio ambiente en dichas instalaciones, hasta que obtenga el certificado de Cierre Total de la faena correspondiente.

b. Certificado de Cierre Final: Certificado de carácter definitivo que determinará el fin de la obligación de mantener la Garantía y dará derecho a requerir la devolución de los excedentes si existieren. El otorgamiento de este certificado acreditará el cumplimiento total y oportuno de los deberes y obligaciones establecidas en la ley y en este Reglamento para la Empresa Minera, respecto de la faena de que se trate.

Artículo 79. Efectos de los Certificados de Cierre del Procedimiento Simplificado. Los certificados de cierre que emita el Servicio para el procedimiento simplificado podrán ser:

a. Certificado Parcial: Certificado que acredita el cumplimiento íntegro y oportuno de los deberes y obligaciones de la Empresa Minera, establecidos en la ley y en este Reglamento, respecto de la instalación o grupo de instalaciones a la que el Cierre Parcial se refiere.

El otorgamiento del certificado de Cierre Parcial no liberará a la Empresa Minera de la obligación de velar por que se mantengan las condiciones necesarias que aseguren el debido resguardo de la vida, salud y seguridad de las personas y el medio ambiente en dichas instalaciones, hasta que obtenga el certificado final de la faena correspondiente.

b. Certificado de Cierre Final: Certificado de carácter definitivo que acreditará el cumplimiento total y oportuno de los deberes y obligaciones del Plan de Cierre por la Empresa Minera.

TÍTULO VII
RESPONSABILIDAD

Artículo 80. Responsables del cumplimiento del Plan de Cierre. La Empresa Minera será responsable del cumplimiento del Plan de Cierre, ya sea que lo ejecute por acción directa o por intermedio de terceros.

Artículo 81. Responsabilidad de los representantes legales. Los representantes legales de la Empresa Minera, y quienes resulten responsables de los incumplimientos que se originen en la ejecución del Plan de Cierre, serán sancionados con multa de cien a mil unidades tributarias mensuales.

Artículo 82. Quiebra de la Empresa Minera. En caso de quiebra de la Empresa Minera, el Servicio, o quien éste designe, participará de las juntas de acreedores.

El valor del Plan de Cierre, debidamente aprobado por el Servicio, constituirá un crédito de primera clase, de aquellos establecidos en el número 9 del artículo 2472 del Código Civil.

Siempre que ocurra una quiebra que involucre una faena o instalación minera, el síndico deberá informar de la misma al Director antes de la celebración de la primera junta de acreedores.

En todo lo demás se aplicarán las reglas comunes dispuestas en la Ley Nº 20.720, que Sustituye el Régimen Concursal Vigente por una Ley de Reorganización y Liquidación de Empresas y Personas, y Perfecciona el Rol de la Superintendencia del Ramo[70].

TÍTULO VIII
FISCALIZACIÓN Y SUPERVIGILANCIA

Artículo 83. Fiscalización. Será de competencia exclusiva del Servicio fiscalizar y supervigilar el cumplimiento de la ley y de este Reglamento, sin perjuicio de las facultades legales de otros órganos de la Administración del Estado dentro del ámbito de sus competencias.

Artículo 84. Facultades fiscalizadoras. El Servicio tendrá todas las atribuciones fiscalizadoras que le otorguen la ley, este Reglamento, el Reglamento de Seguridad Minera y otras leyes que se dicten para tal efecto.

Artículo 85. Informes Adicionales. En el ejercicio de sus atribuciones, el Servicio podrá solicitar informes y/o estudios complementarios que sean necesarios de conformidad a lo dispuesto en el artículo 38 inciso tercero de la ley.

Artículo 86. De las actas de fiscalización. Los inspectores del Servicio deberán dejar registro de las observaciones detectadas durante la visita inspectiva, las que serán anotadas por éstos en un libro registro, foliado y con copias, denominado "Libro de Cierre de Faenas", destinado exclusivamente a este objeto y que deberá mantenerse en la Administración o Gerencia de la Faena Minera o en el Departamento de Prevención de Riesgos, si éste existiere.

---

[70] Inciso modificado Decreto 6, Art. Único Nº 7. D.O. 23.06.2020.

Artículo 87. Presentación de Libro de Cierre de Faenas. El Libro de Cierre de Faenas deberá ser presentado en la correspondiente Dirección Regional del Servicio con indicación del nombre y dirección del (o los) ejecutivo(s) de la Faena Minera, donde se autorizará y registrará como documento oficial para todos los efectos posteriores a que haya lugar. Por cada Faena Minera existirá un solo "Libro de Cierre de Faenas". Al final de cada anotación se dejará constancia de la recepción de ellas por medio de la firma del representante de la Empresa Minera y del profesional del Servicio. Una copia del escrito será para el Servicio.

Artículo 88. Medidas Correctivas. Las observaciones y medidas correctivas indicadas por el Servicio en el Libro aludido, deberán ser ejecutadas y respondidas en los plazos que específicamente se señalen. El incumplimiento de esta obligación y la pérdida o mal uso de este documento oficial, facultará al Servicio para aplicar sanciones que correspondieren.

Artículo 89. Medidas correctivas de ejecución inmediata. En caso de cualquier incumplimiento en la ejecución del Plan de Cierre de una Faena Minera o cualquiera de sus instalaciones, que constituyan un peligro inminente de daños graves a la vida, la salud y seguridad de las personas y/o al medio ambiente, el Director podrá, mediante resolución fundada, dictar medidas correctivas de ejecución inmediata.

Las medidas correctivas de ejecución inmediata que disponga el Servicio, deberán establecerse en la forma regulada en los artículos precedentes, con la indicación expresa que deberán ser ejecutadas en el plazo inmediato. El incumplimiento de esta obligación facultará al Servicio para requerir a la Empresa Minera que ejecute las medidas correctivas u otorgue facilidades para ello, según corresponda.

TÍTULO IX
INFRACCIONES Y SANCIONES

Artículo 90. Infracciones y Contravenciones. Las infracciones y contravenciones a la ley y al presente Reglamento serán sancionadas en conformidad a lo dispuesto en la ley, sin perjuicio de lo dispuesto en el artículo 2° de la ley N° 20.417, cuando ellas versaren sobre materias cuya calificación estuviere contenida en una Resolución de Calificación Ambiental.

Artículo 91. Proceso. El respectivo expediente administrativo de investigación se iniciará de oficio o a petición de parte.

El Servicio resolverá sobre el mérito de los antecedentes tenidos a la vista y adoptará las acciones que estime procedentes.

Artículo 92. Monto de la Multa. El monto de las multas aplicables de conformidad a la ley será fijado por el Director. El pago de las mismas deberá ser acreditado al Servicio dentro del plazo de 10 días contado desde que se notifique la resolución respectiva.

Artículo 93. Exigibilidad de la Multa. Conforme a lo señalado en el artículo 43 de la ley, en el caso de la interposición de recursos, las multas sólo serán exigibles una vez que éstos hayan sido resueltos.

TÍTULO X
GARANTÍA DE CUMPLIMIENTO

CAPÍTULO I
ANTECEDENTES GENERALES

Artículo 94. Obligatoriedad y objeto de la Garantía. Toda Empresa Minera que efectúe Operaciones Mineras sujetas al procedimiento de aplicación general, deberá constituir una Garantía financiera que asegure al Estado y resguarde el cumplimiento íntegro y oportuno de la obligación de Cierre establecida en la ley y el presente Reglamento.

Artículo 95. Determinación de la Garantía. El monto de la Garantía será determinado a partir de la estimación periódica del valor presente de los costos de implementación de todas las medidas de Cierre, contempladas para el período de operación de la Faena Minera hasta el término de su vida útil.

El monto deberá incluir el valor presente de los costos de administración del Plan de Cierre de Faenas en su totalidad, incluidas las contingencias que se generen, sea que se ejecute directamente por la Empresa Minera, por un tercero contratado al efecto o por el Servicio cuando corresponda.

El monto de la Garantía incluirá, asimismo, la estimación periódica del valor presente de las medidas de seguimiento y control que procedan para la etapa de Post Cierre.

Por otra parte y para los efectos de lo señalado en este artículo, se deberá descontar de los dineros que sean necesarios constituir, los montos ya entregados en Garantía según lo dispuesto en el artículo 297 del Código de Aguas, sólo en aquella proporción en que se valorizó el Plan de Cierre respecto de la obra garantizada.

Artículo 96. Cálculo de la vida útil. El cálculo de la vida útil se efectuará en función de las reservas demostradas, probadas más probables, certificadas por la figura de una persona competente en recursos y reservas mineras, lo que se determinará de acuerdo a los niveles anuales de extracción de mineral y en conformidad a lo establecido en la ley Nº 20.235 y en las demás normas dictadas conforme a ella.

Artículo 97. Instrumentos elegibles como Garantía. La Empresa Minera podrá entregar en Garantía los instrumentos establecidos en el artículo 52 de la ley, en los términos y bajo las condiciones y limitaciones dispuestas en la misma ley y el presente Reglamento.

CAPÍTULO II
CONSTITUCIÓN DE LAS GARANTÍAS

Artículo 98. Garantía de cumplimiento. La Empresa Minera deberá incluir en su proyecto de Plan de Cierre, la cantidad de dinero o monto representativo del costo del Plan de Cierre que será garantizado, el período por el cual esa caución se otorgará, de acuerdo a la vida útil del Proyecto Minero, y los instrumentos que se utilizarán.

Artículo 99. Oportunidad. La Empresa Minera comenzará a constituir la Garantía a partir del aviso al Servicio del inicio de las operaciones de explotación minera, en conformidad a lo establecido en el artículo 21 del Reglamento de Seguridad Minera.

Artículo 100. Constitución de la Garantía. La Garantía de cumplimiento deberá constituirse en los términos y bajo las condiciones establecidas los artículos 52 y 53 de la ley.

Artículo 101. Disposición de la Garantía. Los instrumentos A1 elegidos para la constitución de la Garantía, con excepción de las pólizas de garantía, deberán ser tomados a nombre y a favor de la Empresa Minera, y puestos a disposición del Servicio, debidamente endosados en garantía, cuando corresponda, atendida su naturaleza, para caucionar el cumplimiento de la obligación de Cierre. La póliza de garantía deberá ser tomada o contratada a nombre y en beneficio del Servicio, quien será considerado el asegurado para todos los efectos legales y contractuales que correspondan[71].

En el caso que la empresa minera opte por una póliza de garantía, ésta deberá ser emitida utilizando un condicionado general que haya sido incorporado al depósito de pólizas de la Comisión para el Mercado Financiero, como "Póliza de Seguro de Garantía a Primer Requerimiento para Cierre de Faenas Mineras" y cuyo texto, así como sus respectivos adicionales, sea aprobado previamente por el Servicio a través de resolución publicada por éste. El texto de la póliza no podrá contener ninguna limitación para su cobro y posterior pago, siendo suficiente la mera notificación del requerimiento de pago del Servicio al asegurador, todo en los términos de la categoría A.1) del artículo 52 de la ley, siendo, por tanto, solo exigible para su pago por parte del asegurador que el requerimiento contenga la identificación de la póliza, del asegurado y del monto reclamado. Por lo tanto, no será requisito para el pago de la suma reclamada iniciar un procedimiento de liquidación en los términos dispuesto en el artículo 61 del DFL N° 251,

[71] Inciso modificado Decreto 6, Art. Único N° 8 a), b) y c) D.O. 23.06.2020.

de 1931, y el decreto supremo Nº 1.055, de 2012, ambos del Ministerio de Hacienda. De esta manera, se entiende que para los efectos de su cobro y pago, la póliza de garantía operará como una boleta de garantía bancaria.

La suma asegurada deberá ser pagada por la respectiva compañía de seguros dentro del plazo pactado en la respectiva póliza, no pudiendo ser este superior a 30 días corridos desde su notificación y reclamación al asegurador. El asegurador deberá indemnizar al Servicio la totalidad de los costos de las medidas y actividades que dejó de cumplir la Empresa Minera, de acuerdo a la resolución que el Servicio dicte de conformidad con el artículo 44 de la ley, hasta el monto asegurado.

Los instrumentos A2 y A3 elegidos para la constitución de la Garantía, deberán ser puestos a disposición del Servicio, debidamente endosados en garantía o entregados en otra forma de caución que permita al Servicio ejecutarla, según corresponda, de acuerdo a su naturaleza.

La Garantía se dispondrá en los términos y plazos señalados en el artículo 53 de ley. A partir del segundo año de la Operación, la Empresa Minera otorgará la Garantía anualmente en forma proporcional y a prorrata del plazo establecido para constituirla íntegramente.

Artículo 102. Idoneidad y suficiencia de la Garantía. La idoneidad y suficiencia de la Garantía será calificada de acuerdo a la naturaleza de los instrumentos propuestos y en conformidad a lo dispuesto en el artículo 54 de la ley[72].

Se entenderá que la Garantía es suficiente cuando el monto de los instrumentos que la componen permita asegurar el valor presente de los costos de implementación de todas las medidas de Cierre aprobadas por el Servicio, considerando, a lo menos, los costos de implementación del Cierre, las medidas de seguimiento y control requeridas para la etapa de Post Cierre, los costos de administración de este Plan y sus contingencias.

Se entenderá que la Garantía es idónea cuando los instrumentos que la componen cumplan con las exigencias descritas en el artículo 52 de la ley

---

72 Artículo modificado Decreto 6, Art. Único Nº 9 a) y b). D.O. 23.06.2020.

y puedan ser valorizados, caucionados o endosados en garantía con el fin de asegurar su real ejecución y liquidación.

La clasificación de riesgo de las aseguradoras que emitan pólizas de seguro de garantía a primer requerimiento, deberá practicarse por alguna de las sociedades clasificadoras de riesgo que operan en Chile y que sean reconocidas por la Comisión para el Mercado Financiero y que analizan el nivel de riesgo de las compañías que emiten dichas pólizas, siendo la clasificación exigida para estos efectos BBB o superior.

Lo anterior de conformidad a lo dispuesto en el artículo 20 bis del decreto con fuerza de ley N° 251, de 1931, del Ministerio de Hacienda.

Sin perjuicio de lo anterior, la Comisión para el Mercado Financiero podrá dictar las normas de carácter general que estime convenientes para regular esta materia, dentro del ámbito de su competencia.

CAPÍTULO III
ADMINISTRACIÓN Y CUSTODIA DE LAS GARANTÍAS

Artículo 103. Administración y custodia de los Instrumentos. Los instrumentos que hubieren sido propuestos por la Empresa Minera como Garantía y aprobados por el Servicio, deberán ser administrados y custodiados de la siguiente forma[73]:

a) Instrumentos A1: los instrumentos A1, con excepción de las pólizas de garantía deberán ser entregados en custodia al Depósito Central de Valores, cuando corresponda, o depositarse en una institución financiera autorizada para tales efectos.

La administración, renovación, sustitución y reemplazo de todos los instrumentos categoría A.1) corresponde a la Empresa Minera, la que deberá solicitar al Servicio la autorización correspondiente para realizar cambios o alteraciones a su identidad y vigencia, mediante la remisión de copias digitales de los certificados de las instituciones antes descritas, que acrediten las características y montos de los instrumentos respectivos. Dicha autorización se dictará mediante resolución fundada del Servicio.

---

[73] Artículo modificado Decreto 6, Art. Único N° 10 a) b) c). D.O. 23.06.2020.

b) Instrumentos A2: Los instrumentos A2 podrán ser entregados en custodia a aquellas entidades de depósito y custodia de valores reguladas por la ley N° 18.876, o depositarse en una institución financiera autorizada para tales efectos en la forma señalada en la letra a) precedente.

La administración, renovación, sustitución y reemplazo de los mismos corresponderá a la Empresa Minera, la que deberá exhibir copia auténtica de sus balances y estados financieros, auditados por alguna institución de aquellas inscritas en la Comisión para el Mercado Financiero.

Sólo podrán presentar al efecto, aquellos balances y estados financieros auditados por Empresas de Auditoría Externa, reguladas en el Título XXVIII de la ley N° 18.045, inscritas en el Registro de Empresas de Auditoría Externa que mantiene la Comisión para el Mercado Financiero, y deberán corresponder al ejercicio anual del período que termina el 31 de diciembre del año inmediatamente anterior al de su presentación.

c) Instrumentos A3: Los instrumentos A3 serán custodiados por el Servicio, de acuerdo a la naturaleza del instrumento de que se trate.

La administración, renovación, sustitución y reemplazo de los mismos corresponderá a la Empresa Minera.

Las modificaciones en la composición de los instrumentos A.2 y A.3 deberán ser informadas al Servicio dentro del mes siguiente al que se produjera dicha modificación.

Artículo 104. Fiscalización de la idoneidad y suficiencia de las Garantías. En el ejercicio de sus facultades fiscalizadoras, el Servicio podrá ordenar una revisión de la idoneidad y suficiencia de la Garantía de una Empresa Minera por resolución fundada.

La Empresa Minera deberá entregar un informe indicando el detalle de los instrumentos, por tipo A.1, A.2 o A.3, con su valorización al último día hábil del mes anterior a su presentación, si corresponde.

Este informe deberá incluir las copias digitales de los certificados que acrediten la existencia de los instrumentos, de acuerdo a su naturaleza.

Los informes deberán ser acompañados al menos en las siguientes oportunidades:

a. Instrumentos A.1:

i. En cada auditoría periódica o extraordinaria del Plan de Cierre;

ii. Cada vez que se presenten actualizaciones al Plan de Cierre;

iii. Cuando tenga lugar la Reapertura de la Faena Minera o una o más de sus instalaciones;

iv. Con ocasión de un Cierre Temporal, y

v. Cuando el Servicio lo solicite por resolución fundada.

b. Instrumentos A.2 y A.3. Estos informes deberán ser entregados dentro del mes siguiente, cuando:

i. Existan modificaciones en la composición de estos instrumentos.

ii. Cuando el Servicio así lo solicite por resolución fundada.

Será responsabilidad de la Empresa Minera solicitar los informes y certificados respectivos para ser entregados al Servicio en las oportunidades establecidas en el presente Reglamento.

Artículo 105. Ajuste de la Garantía con ocasión de una actualización del Plan de Cierre. Si con ocasión de una actualización del Plan de Cierre, la Garantía otorgada es insuficiente o excede los costos del Plan de Cierre, la Empresa Minera deberá realizar un ajuste a la misma.

Artículo 106. Ajuste de la Garantía con ocasión de cambios en los costos de implementación del Plan de Cierre. En aquellos casos en que, con ocasión de una actualización del Plan de Cierre, se produzca un aumento de los costos de implementación, la Empresa Minera deberá ajustar el monto de la Garantía dentro del plazo de treinta días contado desde la notificación de la aprobación de la actualización.

Artículo 107. Ajuste de la Garantía con ocasión de cierres progresivos o parciales a que haya lugar. Cuando tenga lugar un Cierre Parcial, y a petición de la Empresa Minera, el Servicio procederá a efectuar la liberación parcial de la Garantía por el monto correspondiente a la instalación y/o Faena Minera cerrada. El monto a liberar corresponderá al total constituido a la fecha de Cierre, calculado de acuerdo al procedimiento estipulado en el Capítulo IV del presente Título.

Artículo 108. Ajuste con ocasión de pérdida de idoneidad y suficiencia de la Garantía. De conformidad con lo establecido en el artículo 53 de la ley, el Servicio podrá requerir, en cualquier momento, que se ajuste la Garantía cuando los instrumentos entregados dejen de cumplir la condición de suficiencia e idoneidad.

Se entenderá que hay pérdida de suficiencia e idoneidad en situaciones tales como un cambio en la calidad del emisor del instrumento o de éste, cambios en las condiciones de mercado del instrumento u otras situaciones similares que tengan como efecto una pérdida en las condiciones o calidad de la Garantía. La circunstancia que amerita el ajuste en el monto deberá ser debidamente calificada y fundamentada por el Servicio.

Artículo 109. Ajuste del monto de la Garantía por Modificación Sustancial del Proyecto Minero. En los casos en los que el titular deba presentar una Modificación Sustancial del proyecto original podrá imputar el monto garantizado originalmente a la Garantía del nuevo proyecto presentado.

Artículo 110. Revisión de la Garantía. Cuando el Servicio solicite una revisión del estado de la Garantía, la Empresa Minera deberá indicar, a lo menos, el detalle de los instrumentos, su emisor, clasificación de riesgo u otros datos, según corresponda.

CAPÍTULO IV
LIBERACIÓN GRADUAL DE LA GARANTÍA

Artículo 111. Liberación Gradual de la Garantía con ocasión de la ejecución del Plan de Cierre. El Servicio, a petición de la Empresa Minera, y a medida que se ejecute el Plan de Cierre, podrá liberar parte de la Garantía otorgada, correspondiente a la o las instalaciones de la Faena Minera.

Los ajustes a la Garantía y liberaciones parciales de la misma, en tanto impliquen un aumento o disminución de aquélla, deberán considerarse para los efectos de determinar el monto de la Garantía efectivamente constituida a que se refiere el artículo 58 de la ley, aumentando o disminuyendo dicho monto, según corresponda.

Artículo 112. Plazo de Liberación. Una vez realizada la solicitud de liberación, el Servicio dispondrá de un plazo máximo de treinta días para ordenar la liberación de la Garantía o de su saldo, según corresponda.

Artículo 113. Procedimiento. La Empresa Minera podrá solicitar la liberación de cualquier combinación de instrumentos mientras la Garantía remanente se ajuste al artículo 53 de la ley N° 20.551, en las siguientes oportunidades y bajo las siguientes condiciones:

a. Iniciada la ejecución efectiva del Plan de Cierre. La Empresa Minera deberá solicitar al Servicio la verificación del inicio de la ejecución del Plan de Cierre. Una vez verificado dicho inicio, se podrá liberar hasta el treinta por ciento del valor de la Garantía enterada correspondiente al valor del cierre de la instalación correspondiente.

b. Ejecutada la totalidad de los hitos significativos y permanentes señalados por la Empresa Minera en su Plan de Cierre. La Empresa Minera deberá solicitar al Servicio la verificación de la ejecución de la totalidad de los hitos señalados en el Plan de Cierre. El Servicio podrá autorizar la liberación de hasta un treinta por ciento adicional de la Garantía enterada correspondiente al valor del cierre de la instalación correspondiente.

c. Remanente. Tratándose del Cierre Final de la Faena Minera, el Servicio autorizará la liberación del monto restante de la Garantía, una vez que la Empresa Minera haya obtenido el certificado de Cierre Final y haya realizado el aporte correspondiente al Fondo de Post Cierre. El Servicio podrá autorizar la liberación de la Garantía sin la necesidad de una solicitud previa de la Empresa Minera, para lo cual deberá informar a la Empresa Minera sobre dicha autorización.

Artículo 114. Devolución de Excedentes. Los certificados de Cierre Final o Parcial facultarán a la Empresa Minera para solicitar, además, la devolución correspondiente de los excedentes financieros a prorrata de la Garantía liberada, si los hubiese. Estos excedentes acumulados se devolverán a prorrata, conforme al costo de cierre relativo de la instalación sobre la Garantía total constituida.

Artículo 115. Procedimiento de ejecución de la Garantía en caso de incumplimiento. Determinado que fuere el incumplimiento de la obligación de cierre, o no existiendo recurso pendiente en contra de la resolución que lo declare, corresponderá al Servicio, en ejercicio de su mandato legal e irrevocable, realizar las gestiones tendientes a obtener, por cuenta y riesgo de la Empresa Minera, el cumplimiento de la obligación de cierre.

El Servicio podrá disponer la liquidación de los instrumentos otorgados en Garantía por la Empresa Minera. Para estos efectos, el Servicio, por cuenta de la Empresa Minera, celebrará los actos y suscribirá los contratos que en derecho correspondan para la ejecución, por parte de terceros, del Plan de Cierre.

TÍTULO XI
DE LA ETAPA DE POST CIERRE

CAPÍTULO I
ANTECEDENTES GENERALES

Artículo 116. Aspectos Técnicos de la Etapa de Post Cierre. La etapa de Post Cierre contempla tanto la ejecución de las obras, como asimismo, el seguimiento y control de los sectores afectos al Plan de Cierre.

Artículo 117. Programa de Post Cierre. El proyecto de Plan de Cierre sometido al procedimiento de aplicación general y sus respectivas actualizaciones, deberá contener un programa y una estimación de costos de las medidas de Post Cierre, expresado en unidades de fomento o el sistema de reajuste fijado por el Banco Central que sustituya dicha unidad, y la programación de su ejecución.

En dicho programa se debe planificar el monitoreo y verificación de todas aquellas condiciones que resultan de la ejecución de las medidas y actividades del Plan de Cierre.

CAPÍTULO II
DEL FONDO PARA LA GESTIÓN DE FAENAS MINERAS CERRADAS O FONDO DE POST CIERRE

Artículo 118. Objeto. Se creará el Fondo de Post Cierre, adscrito al Servicio, con el objeto de financiar las actividades que se lleven a cabo durante la etapa posterior al cierre efectuado por la Empresa Minera, para asegurar en el tiempo la estabilidad física y química del lugar, así como el resguardo de la vida, salud y seguridad de las personas.

Con cargo a este fondo se financiarán las actividades de monitoreo y control que se lleven a cabo durante la etapa posterior a los cierres efectuados por las empresas.

Artículo 119. Aportes al Fondo. Este Fondo estará integrado por:

a) Aportes de las empresas mineras. El monto a aportar corresponderá al valor presente del costo total de las medidas de Post Cierre por el plazo que el programa establezca, conforme a lo señalado en el Plan de Cierre aprobado por el Servicio, incluyendo los costos de administración de contratos con un tercero, y ajustes correspondientes,

b) Por el producto de las multas que se paguen por infracciones a la ley y el Reglamento,

c) Por las donaciones o asignaciones que se le hicieren,

d) Por las erogaciones y subvenciones que obtenga de personas naturales o jurídicas, municipalidades o del Estado.

Las donaciones que se efectúen estarán exentas del trámite de la insinuación a que se refiere el artículo 1401 del Código Civil.

Artículo 120. Obligación de aportar. Antes del otorgamiento del certificado de Cierre Final, y como requisito para su otorgamiento, la Empresa Minera deberá efectuar un aporte no reembolsable al Fondo, en dinero o en los instrumentos financieros tipo A.1 descritos en el artículo 52 de la ley, representativo de los recursos necesarios para financiar las actividades de Post Cierre de la Faena Minera o instalación minera, incluyendo los costos de administración de contratos con un tercero y ajustes correspondientes. Estos instrumentos A.1 serán liquidables al momento de aportar al Fondo.

En caso que la Empresa Minera solicite que el aporte al Fondo Post Cierre fuese enterado por medio de la Garantía constituida, el Director podrá autorizar que se liquide parte de la Garantía equivalente al monto a aportar.

Artículo 121. Liberación de Responsabilidad. La entrega íntegra de los recursos y la consecuente obtención por parte de la Empresa Minera del certificado de Cierre Final, liberará a la Empresa Minera de la responsabilidad por la implementación de las medidas de Post Cierre. La ejecución de las medidas de Post Cierre serán efectuadas con cargo al Fondo, por el Servicio o quien éste designe.

Artículo 122. Administración del Fondo. La administración del Fondo corresponderá a una institución profesional en la administración de activos financieros, de aquellas acreditadas por la Comisión para el Mercado Financiero, y seleccionada mediante licitación, de acuerdo a normas objetivas y públicas que contemplen la materia, contenidos y demás características definidas por la ley[74].

Artículo 123. Política de Inversión. Los recursos del Fondo Post Cierre sólo podrán ser invertidos en instrumentos de deuda emitidos por la Tesorería General de la República o el Banco Central de Chile, y en depósitos a plazo emitidos por bancos nacionales o extranjeros que cumplan las condiciones que, al efecto, establezca el Servicio, en consulta con el Ministerio de Minería y el Ministerio de Hacienda, en las bases de licitación, por medio de las cuales se elija a la administradora del Fondo.

En dichas bases el Servicio y los Ministerios de Minería y Hacienda deberán indicar los límites por emisor, grupo empresarial o por tipo de instrumento que deberá respetar la administradora al gestionar los recursos del Fondo.

---

[74] Inciso modificado Decreto 6, Art. Único Nº 11. D.O. 23.06.2020.

Artículo 124. Reportes. La administradora del Fondo deberá informar trimestralmente detalles de las inversiones del Fondo. Sin perjuicio de lo anterior, el Servicio podrá solicitar a la administradora del Fondo, en cualquier momento, reportes en donde se detallen las inversiones del Fondo, su cuantía y cualquier otra información requerida por el Servicio por resolución fundada.

TÍTULO FINAL
ARTÍCULOS TRANSITORIOS

Artículo primero. Régimen transitorio de las Faenas Mineras sometidas al procedimiento de aplicación general. Las Empresas Mineras que, a la época de entrada en vigencia de la ley, se encontraren en operación y quedaren afectas, conforme a la ley, al procedimiento de aplicación general, deberán determinar, otorgar y poner a disposición del Servicio la Garantía de su Plan de Cierre. Para estos efectos, deberán acompañar el Plan de Cierre aprobado por el Servicio en virtud del Título X del Reglamento de Seguridad Minera, con una propuesta de valorización del mismo. La presentación del Plan de Cierre y su propuesta de valoración se hará conforme a la tramitación de los Planes de Cierre sometidos al procedimiento general, y deberá incluir al menos la siguiente documentación:

a. Cuando procediere, de acuerdo a las normas de la ley Nº 19.300, copia de la Resolución de Calificación Ambiental aprobatoria de la fase de cierre de la Faena Minera. En los casos en que no se cuente con calificación ambiental de la fase de cierre, el titular del Proyecto Minero deberá acreditar, conforme a lo dispuesto en la ley Nº 19.300, si la implementación de la fase de cierre del proyecto debe o no someterse al Sistema de Evaluación de Impacto Ambiental. La sola valorización del Plan de Cierre no será considerada modificación significativa del Proyecto Minero para los efectos de la determinación de la necesidad de ingreso al Sistema de Evaluación de Impacto Ambiental.

b. Informe técnico elaborado y suscrito por una o más personas competentes en recursos y reservas Mineras de aquellas señaladas en la ley Nº

20.235, que se pronuncie acerca del remanente de la vida útil del Proyecto Minero.

c. Valorización de los costos del Plan de Cierre aprobado por el Servicio en virtud del Título X del Reglamento de Seguridad Minera, expresado en unidades de fomento, o el sistema de reajuste fijado por el Banco Central que sustituya a la unidad de fomento, y la programación global y de detalle de ejecución de las medidas de cierre contempladas en él.

d. La cantidad de dinero representativa del costo del Plan de Cierre que será garantizado, el período por el cual esa caución se otorgará, de acuerdo a la vida útil del proyecto establecida en la forma descrita en artículo 3 letra q) de la ley, y los instrumentos que se utilizarán. El monto a garantizar corresponderá al valor de las obras de cierre aprobadas por el Servicio en virtud del Título X del Reglamento de Seguridad Minera, más el valor de las medidas de prevención, mitigación o compensación para la fase de cierre, contenidas en Resolución de Calificación Ambiental de la Faena Minera de que se trate.

e. Un programa y una estimación de costos de las medidas de Post Cierre, expresado en unidades de fomento, o el sistema de reajuste fijado por el Banco Central que sustituya dicha unidad, y la programación de su ejecución.

Se entenderá que se encuentran en operación aquellas Faenas Mineras que, a la fecha de entrada en vigencia de la ley, no hayan ejecutado el Plan de Cierre correspondiente.

Artículo segundo. Revisión de la presentación. El Servicio revisará y se pronunciará sobre la presentación efectuada en el plazo y bajo las condiciones establecidas en la ley y el Reglamento para los proyectos de Plan de Cierre sometidos al procedimiento de aplicación general.

Aprobada la valorización, la Empresa Minera otorgará y pondrá la Garantía a disposición del Servicio en la forma y plazo señalados en el artículo cuarto transitorio de la ley.

Cumplida la obligación establecida en el inciso precedente, las Empresas Mineras quedarán sometidas a la ley y al presente Reglamento.

Las empresas que se hayan acogido al régimen indicado en este artículo deberán actualizar sus planes de cierre, en lugar de realizar la primera auditoría periódica del artículo 18 de la ley, en el mismo plazo de cinco años señalado en dicha disposición. Esto es sin perjuicio del deber de auditar periódicamente, en adelante, sus planes de cierre de conformidad a la ley. Lo anterior no afectará las facultades fiscalizadoras del Servicio[75].

Para estos efectos, el programa de auditorías a que hace referencia el artículo 44 de este Reglamento será también de actualizaciones.

Las actualizaciones periódicas que corresponda hacer conforme este artículo deberán aplicarse respecto de toda la faena, salvo que la empresa justifique que ello no es necesario en cuanto a los aspectos técnicos y financieros del plan de cierre y post cierre.

Artículo tercero. Faenas Mineras sin Plan de Cierre aprobado. Aquellas Faenas Mineras que, a la fecha de entrada en vigencia de la ley y este Reglamento, no cuenten con un Plan de Cierre aprobado por el Servicio en cumplimiento del Reglamento de Seguridad Minera, deberán presentar un proyecto de Plan de Cierre para la aprobación por parte del Servicio en un plazo no superior a los dos años contado desde la entrada en vigencia de la ley, y se regirán, para todos los efectos legales, por la ley y el presente Reglamento.

Artículo cuarto. Reapertura de Faenas Mineras sin Plan de Cierre aprobado. Aquellas Faenas Mineras que no cuenten con un Plan de Cierre aprobado por el Servicio de conformidad a la ley, y que habiendo suspendido o paralizado sus actividades con anterioridad a la entrada en vigencia de la ley, las reinicien con posterioridad a ello, deberán presentar para su aprobación, un Plan de Cierre en los términos regulados en la ley y el presente Reglamento.

Artículo quinto. Vigencia de Planes de Cierre de Seguridad Minera del Título X del Reglamento de Seguridad Minera. Para efectos de la

---

[75] Inciso modificado Decreto 6, Art. Único N° 12. D.O. 23.06.2020.

implementación de este Reglamento, los Planes de Cierre aprobados por el Servicio de conformidad al Título X del Reglamento de Seguridad Minera, respecto de aquellas Faenas Mineras cuya capacidad de extracción de mineral sea igual o inferior a diez mil toneladas brutas (10.000 t) mensuales por Faena Minera, se entenderán vigentes hasta que el Proyecto Minero sea objeto de una Modificación Sustancial. En dicho evento deberán cumplir con todas las obligaciones de la ley y del presente Reglamento.».

Anótese, regístrese, tómese razón por la Contraloría General de la República, comuníquese y publíquese.- SEBASTIÁN PIÑERA ECHENIQUE, Presidente de la República.- Hernán de Solminihac Tampier, Ministro de Minería.- Felipe Larraín Bascuñán, Ministro de Hacienda.- María Ignacia Benítez Pereira, Ministra de Medio Ambiente.

Lo que transcribo a usted para su conocimiento.- Saluda atentamente a usted, Francisco Orrego Bauzá, Subsecretario de Minería.

DECRETO Nº 9 APRUEBA EL REGLAMENTO QUE REGULA LA OBLIGACIÓN DE ENTREGA DE INFORMACIÓN GEOLÓGICA DISPUESTA EN EL CÓDIGO DE MINERÍA. PUBLICADO EL 2 DE AGOSTO DEL 2024

Núm. 9.- Santiago, 26 de abril de 2024.

Visto:

Lo dispuesto en el artículo 32, N° 6 y 35 de la Constitución Política de la República, cuyo texto refundido, coordinado y sistematizado fue fijado por el decreto supremo N° 100, de 2005, del Ministerio Secretaría General de la Presidencia; en el decreto con fuerza de ley N° 1/19.653, de 2000, del Ministerio Secretaría General de la Presidencia, que fija texto refundido, coordinado y sistematizado de la Ley N° 18.575, Orgánica Constitucional de Bases Generales de la Administración del Estado; en la ley N° 19.880, que establece bases de los procedimientos administrativos que rigen los actos de los órganos de la Administración del Estado; en la ley N° 18.248, de 1983, Código de Minería; en el decreto con fuerza de ley N° 302, de 1960, del Ministerio de Hacienda, que aprueba Disposiciones Orgánicas y Reglamentarias del Ministerio de Minería; en la ley N° 21.420, que reduce o elimina exenciones tributarias que indica; en la ley N° 21.536, que pospone los efectos para el sector minero de la ley N° 21.420; en la ley N° 21.649, que modifica disposiciones del Código de Minería, la ley N° 21.420 y otras normas; en el decreto N° 1, de 1986, del Ministerio de Minería, Reglamento del Código de Minería; en el decreto supremo N° 211, de 2023, del Ministerio del Interior y Seguridad Pública, que nombra con el cargo de Ministra de Minería a la persona que indica; y en la resolución N° 7, de 2019, de la Contraloría General de la República, que fija normas sobre exención del trámite de toma de razón.

Considerando:

1.- Que, con fecha 4 de febrero de 2022, se publicó la ley N° 21.420, que reduce o elimina exenciones tributarias que indica. Dicha ley establece en su artículo 10 una serie de modificaciones en el Código de Minería.

2.- Que, con fecha 26 de enero de 2023, se publicó la ley N° 21.536, que pospuso los efectos para el sector minero de la ley N° 21.420.

3.- Que, con fecha 30 de diciembre de 2023, se publicó la ley N° 21.649, que modifica disposiciones del Código de Minería, la ley N° 21.420, y otras normas.

4.- Que, en razón de lo establecido en el artículo 4 de la ley N° 21.649, previamente citada, se modificó el decreto ley N° 3.525, de 1980, que crea el Servicio Nacional de Geología y Minería, derogándose la facultad establecida en el N° 16 del artículo 2, que regulaba el requerimiento de entrega de información de carácter general obtenida de trabajos de exploración geológica básica, que debía realizar dicho servicio.

5.- Que, consecuencialmente con lo indicado en el numeral precedente, al ser eliminada dicha facultad resulta necesario dejar sin efecto el decreto supremo N° 104, de 2017, del Ministerio de Minería, que aprueba el reglamento que regula la entrega de información de carácter general obtenida de trabajos de exploración geológica básica.

6.- Que la ley N° 21.420, modificada por la ley N° 21.649, introdujo cambios a la obligación de los concesionarios mineros de entregar la información geológica obtenida de los trabajos de exploración, contenida en el artículo 21 del Código de Minería. Para complementar lo establecido en el Código, dicho artículo estableció que mediante reglamento expedido por el Ministerio de Minería se establecerá la forma, plazos, condiciones y requisitos que deberá cumplir el concesionario minero para entregar la información geológica que trata este artículo.

7.- Que, con el objeto de obtener retroalimentación del sector regulado y expertos en la materia respecto de las modificaciones reglamentarias que requieren las leyes N° 21.420 y N° 21.649, los días 16, 18, 23 y 25 de enero de 2024, se realizó un proceso diálogo, a través de mesas participativas en las cuales pudo obtenerse comentarios y observaciones que fueron considerados en la elaboración del reglamento que se aprueba mediante este acto.

8.- Que, de acuerdo con lo dispuesto en el artículo 74 de la ley N° 18.575, con fecha 3 de abril del año 2024, se presentó ante el Consejo de la Sociedad Civil del Ministerio de Minería, la propuesta de modificación reglamentaria a propósito de los cambios mencionados en el Código de Minería.

9.- Que, en base a los fundamentos señalados en los considerandos anteriores, corresponde realizar los ajustes necesarios al marco normativo aplicable al deber de entrega de información geológica, regulada en el Código de Minería.

Decreto:

REGLAMENTO QUE REGULA LA OBLIGACIÓN DE ENTREGA DE INFORMACIÓN GEOLÓGICA DISPUESTA EN EL CÓDIGO DE MINERÍA

TÍTULO I
NORMAS GENERALES

Artículo 1. Objeto. Las disposiciones contenidas en el presente Reglamento tienen por objeto establecer las definiciones, formas, plazos, condiciones y requisitos para dar cumplimiento a la obligación consistente en la entrega del reporte con la información geológica obtenida de los trabajos de exploración establecida en el artículo 21 del Código de Minería.

Artículo 2. Definiciones. Para los efectos del presente Reglamento, se entenderá por:

a) Código: Código de Minería.

b) Director: El Director Nacional del Servicio Nacional de Geología y Minería.

c) Entidad Informante: Titular de una concesión minera, sea de exploración o explotación, que se encuentre obligado a entregar un reporte con la información geológica obtenida de los trabajos de exploración realizados en la concesión de la cual es titular.

d) Exploración: Conjunto de obras y acciones conducentes al descubrimiento, caracterización, delimitación y estimación del potencial de una concentración de sustancias minerales.

e) Exploración Geológica Básica: Primera etapa del proceso de exploración, consistente en la selección de áreas geográficas con características geológicas favorables para contener depósitos minerales, y en la identificación en ellas, mediante la aplicación de una o más técnicas de reconocimiento geológico, de sectores específicos o blancos en los que eventualmente pueda comprobarse la presencia de tales depósitos.

f) Exploración Geológica Avanzada: Actividad de exploración en la cual se trabaja con la información obtenida en la etapa de exploración básica, con el fin de caracterizar los depósitos minerales con mayor precisión y delinear el recurso con valor económico. Los resultados de esta etapa son usados para el desarrollo de estudios de prefactibilidad y realizar la conversión de recursos a reservas mineras.

g) Información Geológica: Conjunto de datos y antecedentes obtenidos de los trabajos de exploración, tales como bases de datos de muestras, certificados analíticos, mapas, levantamientos geológicos, geofísicos, topográficos, bases de datos de sondajes y cualquier otro tipo de estudios.

h) Reglamento: El presente decreto supremo.

i) Servicio: El Servicio Nacional de Geología y Minería.

Artículo 3. Funciones del Servicio. Corresponde al Servicio recibir, revisar, procesar y difundir la información geológica, como, asimismo, velar por el cumplimiento de las obligaciones de la Entidad Informante originadas en virtud del Código y del presente Reglamento.

Al Servicio también le corresponderá requerir dicha información en caso de incumplimiento por parte de la Entidad Informante, conforme se establece en el artículo 21 del Código y en el presente Reglamento.

Artículo 4. Procedimiento. Los procedimientos administrativos a que dé origen la aplicación de este Reglamento se regirán, en lo no previsto por éste, por las disposiciones de la ley N° 19.880, sobre Bases de los

Procedimientos Administrativos que Rigen los Actos de los Órganos de la Administración del Estado.

TÍTULO II
PRESENTACIÓN DE LA INFORMACIÓN GEOLÓGICA

CAPÍTULO I
SOBRE EL REPORTE DE LA INFORMACIÓN GEOLÓGICA

Artículo 5. Contenido. El reporte con la información geológica deberá contener, si existiesen, los siguientes antecedentes:

a) Una presentación del proyecto que indique área explorada, actividades de exploración realizadas, tiempo de duración de dichas actividades e inversión realizada.

b) Mapas geológicos regionales y distritales georreferenciados que permitieron identificar las áreas geográficas con características geológicas favorables y los sectores específicos en los que eventualmente pueda comprobarse la presencia de depósitos minerales, indicando sistema de proyección y huso de coordenadas indicadas en el Reglamento del Código de Minería.

c) Levantamientos geofísicos georreferenciados indicando método aplicado y adjuntando, en bases de datos editables, las mediciones instrumentales en terreno y solamente corregidos por variables de medición conocidas (deriva instrumental, correcciones geométricas y variaciones de campos de potencial terrestre).

d) Levantamientos geoquímicos y muestras de superficies, adjuntando bases de datos editables de muestras analizadas, debidamente identificadas, coordenadas este/norte/cota y huso, descripción del método de muestreo, tipo de muestra, tipo de análisis químicos, resultados analíticos con la unidad de medida por elemento y metodología de control de calidad empleado (duplicados, muestras de referencia estándar y muestras blancas). Se deben incluir mapas con la localización de las muestras levantadas.

e) Información de sondajes que incluya:

i. Bases de datos editables de sondajes que contenga la identificación, tipo de sondaje, coordenadas este/norte/cota y huso del collar, azimut e inclinación del collar, longitud y medición de desviación

ii. Información de mapeo de testigos o fragmentos con descripción de litología, alteración, mineralización y estructuras, entre otras características, tipo de análisis químicos, resultados analíticos con la unidad de medida por elemento y metodología de control de calidad empleado (duplicados, muestras de referencia estándar y muestras blancas) y certificados del laboratorio.

iii. Mapa con la ubicación de los collares.

f) Bases de datos de estudios petrográficos, mineralógicos y otros estudios realizados. Cada muestra se identificará con un registro equivalente al de los mapas y debidamente georreferenciada (sistema de proyección y huso de coordenadas indicadas en el Reglamento del Código de Minería), indicando: tipo de estudio, informe con resultados y método de estudio utilizado.

g) Bases de datos de dataciones radiométricas. Cada datación se identificará con un registro equivalente al de los mapas y debidamente georreferenciada (sistema de proyección y huso de coordenadas globales indicadas en el Reglamento del Código de Minería), indicando: tipo de muestra datada (roca, mineral u otro), resultados y método analítico empleado.

Sin perjuicio de lo anterior, la Entidad Informante podrá hacer entrega de información adicional con datos relevantes de la exploración geológica básica, tales como estudios medioambientales, hidrológicos, geotérmicos, entre otros.

Artículo 6. Indivisibilidad de la información. La Entidad Informante deberá presentar el reporte con toda la información geológica obtenida de sus trabajos de exploración, en un solo acto, debiendo especificar todos los contenidos técnicos señalados en el presente Reglamento.

Artículo 7. Declaración Jurada. La Entidad Informante, al hacer entrega del reporte con toda la información geológica, deberá también acompañar una declaración jurada simple, indicando que la información entregada es completa, consistente y veraz.

Quien suscriba la declaración jurada deberá individualizarse de modo completo, indicando su número de cédula de identidad y su domicilio. Si quien reporta es representante legal de una persona jurídica, deberá acreditar su personería, la razón social de la empresa representada, el rol único tributario y el domicilio de ambos.

Artículo 8. Propiedad y publicidad de la Información. La información geológica que sea recibida por el Servicio en conformidad al artículo 5, es y seguirá siendo propiedad de la Entidad Informante o quien la haya producido o adquirido.

La información aportada tendrá carácter público de acuerdo a lo establecido en la ley N° 20.285, sobre Acceso a la Información Pública. Su uso total o parcial, deberá hacerse indicando la fuente de la misma.

En el formulario establecido en el artículo 9 del presente Reglamento, la Entidad Informante podrá indicar que todo o parte de la información entregada deriva de trabajos de exploración geológica avanzada, lo que deberá fundamentarse de acuerdo con la definición de dicha exploración contenida en el presente Reglamento.

El Servicio deberá pronunciarse respecto a tal carácter de la información en la resolución establecida en el artículo 14 del presente reglamento, indicando expresamente qué antecedentes cumplen con tal calidad. Dichos antecedentes serán de carácter confidencial por un periodo de cuatro años contado desde su entrega al Servicio.

CAPÍTULO II
PROCEDIMIENTO PARA LA ENTREGA DE LA INFORMACIÓN GEOLÓGICA

Artículo 9. Formalidades. El reporte con la información geológica deberá ser presentado a través de un formulario que el Servicio dispondrá para estos efectos en su sitio electrónico, el que deberá ser suscrito por la Entidad Informante o su representante legal, en caso de ser persona jurídica. La información deberá ser presentada en soporte digital, respetando los formatos a que se hace referencia en los artículos 5 y 10 del presente Reglamento.

La presentación deberá incluir la declaración jurada a que se refiere el artículo 7 del presente Reglamento.

Una vez que la Entidad Informante ingrese la información a través del medio electrónico dispuesto deberá manifestar expresamente su voluntad de aceptar la utilización de medios electrónicos como forma de notificación.

Artículo 10. Formatos de entrega de la información geológica. La información geológica deberá ser presentada en los siguientes formatos, dependiendo del tipo de antecedente de que se trate:

- Documentos e informes: Procesadores de texto, tipo "doc", "docx" y "pdf".

- Bases de datos: Planillas de cálculo "xls", "ASCII text file", "xlsx", "csv", "txt", "mdb" y "gdb".

- Bases de datos geofísica: formato de los datos tipo "ascii", "binario", "gdb", "edi", ".tem", ".usf", ".sgy", ".xyz".

- Mapas y/o perfiles geológicos: Cobertura de datos geoespaciales, shapefiles o gdb, con bases de datos asociadas, para identificar sus componentes y descripciones, incluyendo los complementos de los mapas, como simbología y leyenda, además de incluir el proyecto de confección de la cartografía en ArcGIS.

- Adicionalmente a los antecedentes precedentemente indicados, podrá incorporarse mapas y/o datos de imágenes, tales como gif, jpg, png, u otros compatibles.

Se podrá usar también todo otro formato compatible con los precedentemente señalados.

Artículo 11. Entrega del Reporte de Información Geológica. Toda Entidad Informante deberá hacer entrega de un reporte con la información geológica obtenida de los trabajos de exploración que se hayan realizado en su concesión, según sea el caso, conforme a los siguientes términos:

i) Si se tratare de una concesión de exploración, deberá hacerlo dentro de los 30 días siguientes a la fecha de extinción de su concesión.

ii) En el caso del concesionario que opte por ejercer el derecho de prórroga establecido en el artículo 112 del Código, deberá hacerlo dentro de los primeros 6 meses del último año de vigencia de su concesión.

iii) Si se tratare de una concesión de explotación, se deberá remitir el reporte cada dos años. Para estos efectos, los dos años se contarán desde su constitución y el plazo de entrega será de 30 días contado desde el cumplimiento del periodo bianual.

El Servicio dispondrá de una plataforma digital para la entrega del reporte con la información geológica. Los reportes de entrega de información geológica podrán referirse a una o más concesiones, dependiendo del caso.

La circunstancia consistente en que la información se encuentra en poder de una empresa contratista, de la matriz, de una filial o coligada de la Entidad Informante, no constituirá motivo para exceptuarse del cumplimiento de la obligación de entregar el reporte con la información señalada.

La Entidad Informante podrá mandatar a un tercero para que entregue el reporte con la información geológica y cumpla con las reglas del procedimiento establecido en el presente Reglamento.

Artículo 12. Examen de forma. Ingresado el reporte con la información geológica, el Servicio tendrá un plazo de 10 días para revisar los antecedentes aportados, de modo de establecer si cumple con los requisitos formales establecidos en el presente Reglamento o, si en su defecto, existieren errores u omisiones de carácter formal. Si así fuere, el Servicio formulará observaciones requiriendo que la Entidad Informante los subsane. La Entidad Informante tendrá un plazo de 10 días, contados desde la notificación de ese requerimiento, para corregir las observaciones, debiendo señalar las modificaciones, correcciones o complementaciones que al respecto se hubiesen realizado.

De no responderse al requerimiento o transcurrido el plazo sin que se subsanen los errores u omisiones observados por el Servicio, se tendrá por no presentada la información para todos los efectos legales.

Artículo 13. Examen de fondo. Una vez concluido favorablemente el examen de forma, dentro de los 45 días siguientes, el Servicio revisará los aspectos técnicos, de contenido y formato a los que se refieren los artículos 5 y 10 del presente Reglamento y dictará la resolución a la que se refiere el artículo siguiente, si así procediere.

Si durante el indicado plazo, el Servicio requiere que se efectúen aclaraciones, rectificaciones o ampliaciones a la información entregada, lo solicitará a la Entidad Informante, otorgándole un plazo de 30 días, contados desde la notificación de tal requerimiento para subsanarlos.

De ser necesario y en casos debidamente justificados, el Servicio podrá requerir aclaraciones, rectificaciones o ampliaciones complementarias, para cuya respuesta la Entidad Informante tendrá un plazo de 30 días, contados desde la notificación de tal solicitud.

El plazo establecido en el inciso primero de este artículo se suspenderá por el tiempo que medie entre los requerimientos de aclaraciones, rectificaciones o ampliaciones y la respuesta de la Entidad Informante.

En el evento que no se responda al requerimiento o transcurrido el plazo sin que se realicen las aclaraciones, rectificaciones y/o ampliaciones solicitadas por el Servicio, se tendrá por no presentada la información para todos los efectos legales.

Artículo 14. Resolución final. Efectuado el examen de fondo sin observaciones o subsanados los requerimientos de aclaraciones, rectificaciones o ampliaciones establecidos en el artículo anterior, el Servicio deberá dictar, en el plazo a que se refiere el inciso primero del artículo anterior, una resolución por medio de la que tendrá por cumplida la obligación de entrega del reporte con la información geológica obtenida de trabajos de exploración, en conformidad con el artículo 21 del Código y con las disposiciones del presente Reglamento.

En caso contrario, el Servicio tendrá por no presentada la información y dará inicio a un proceso sancionatorio por incumplimiento o infracción al Código y el presente Reglamento.

Artículo 15. Entrega de reporte para prorrogar la concesión de exploración. Cuando se haga entrega del reporte con toda la información geológica para obtener la prórroga de la concesión de exploración según el artículo 112 del Código, los plazos establecidos en los artículos 13 y 14 se reducirán a la mitad.

La misma resolución establecida en el artículo anterior servirá de base para la emisión del certificado dispuesto en el artículo 112 del Código.

TÍTULO III
FISCALIZACIÓN, SANCIONES Y PROCEDIMIENTO SANCIONATORIO

Artículo 16. Fiscalización. Será de competencia exclusiva del Servicio, fiscalizar y supervigilar el cumplimiento de las obligaciones establecidas en el artículo 21 del Código y del presente Reglamento, sin perjuicio de las facultades legales de otros órganos de la Administración del Estado dentro del ámbito de sus competencias.

Artículo 17. Sanciones. Toda contravención a la obligación de entrega del reporte en los términos establecidos en el presente Reglamento será sancionada con una multa de hasta 100 unidades tributarias anuales.

En caso de incumplimiento de la obligación de entrega de información geológica, esta será requerida por el Servicio, para lo cual otorgará el plazo de 60 días. El incumplimiento de dicho requerimiento será sancionado con multa de hasta 200 unidades tributarias anuales, quedando además inhabilitado el infractor para acceder al beneficio de patente rebajada señalada en el artículo 142 bis del Código de Minería.

Artículo 18. Monto de la multa aplicable. Para la determinación de la sanción específica que se aplicará por el Servicio en cada caso, se considerarán las siguientes circunstancias:

a) La conducta anterior del infractor en los aspectos regulados en este Reglamento.

b) La capacidad económica del infractor según la información fidedigna acompañada.

c) La gravedad de la infracción, considerando la cantidad y alcance de la información no entregada y si existió cumplimiento parcial de las obligaciones establecidas en el Código y el presente Reglamento.

d) Que el incumplimiento se deba a negligencia o a un actuar manifiesto destinado a no cumplir con las obligaciones previstas en el Código y el presente Reglamento.

Artículo 19. Procedimiento sancionatorio. Las sanciones serán impuestas por resolución del Director del Servicio, de conformidad a lo dispuesto en el presente Reglamento.

Toda sanción aplicada por el Servicio en virtud de este Reglamento deberá fundarse en un procedimiento que se iniciará con la formulación precisa de los cargos y su notificación al imputado para que presente su defensa. El plazo conferido para presentar los descargos será de diez días.

El Servicio dará lugar a las medidas o diligencias probatorias que solicite el presunto infractor en sus descargos, que resulten pertinentes y conducentes.

La resolución que se dicte en definitiva deberá pronunciarse sobre las alegaciones y defensas del imputado y contendrá la declaración de la sanción impuesta o la absolución. El pronunciamiento anterior se hará dentro de los 30 días desde que se hayan presentado los descargos o se hayan realizado las diligencias probatorias, o se haya vencido el término probatorio, según sea el caso.

Artículo 20. Destino de las multas. El monto de las multas impuestas por el Servicio será a beneficio fiscal, y deberá ser pagado en la Tesorería General de la República, dentro del plazo de diez días, contado desde que la resolución se encuentre ejecutoriada.

DISPOSICIONES TRANSITORIAS

Artículo único: El periodo de dos años al que se refiere el artículo 21 del Código para las concesiones de explotación, se contará desde la fecha de su constitución, si ella fuere posterior a la entrada en vigencia de la ley N° 21.649 o, en su defecto, para aquellas prexistentes a ésta, los dos años comenzarán a regir a partir del 1 de enero de 2024.

Anótese, tómese razón y publíquese.- GABRIEL BORIC FONT, Presidente de la República.- Aurora Williams Baussa, Ministra de Minería.

Lo que transcribo a usted para su conocimiento.- Saluda atentamente a usted, Suina Chahuán Kim, Subsecretaria de Minería.

RESOLUCIÓN EXENTA Nº 747 DEL MINISTERIO DE MINERÍA QUE APRUEBA NORMA QUE ESTABLECE CATEGORÍAS DE CONTRAVENCIONES A LOS REGLAMENTOS DE POLICÍA Y SEGURIDAD MINERA Y SEÑALA SANCIONES PARA CADA CASO[76]

Núm. 747 exenta.- Santiago, 3 de mayo de 2022.

Visto:

Lo dispuesto en decreto ley Nº 3.525, del 26 de noviembre de 1980, que crea el Servicio Nacional de Geología y Minería; el decreto supremo Nº14, de 31 de mayo de 2019, del Ministerio de Minería que nombra a don Alfonso Domeyko Letelier como Director Nacional; el decreto supremo Nº 72 de 1985, Reglamento de Seguridad Minera, cuyo texto refundido, coordinado y sistematizado fue fijado mediante decreto supremo Nº 132 de 2002, ambos del Ministerio de Minería; el decreto supremo Nº 248 de 2006, del Ministerio de Minería, Reglamento para la Aprobación de Proyectos de Diseño, Construcción, Operación y Cierre de los Depósitos de Relaves; la Ley Nº 19.880 que establece las Bases de los Procedimientos Administrativos que Rigen los Actos de los Órganos de la Administración; el decreto supremo Nº 30 de 2022, del Ministerio de Minería, que modifica decreto supremo Nº 132, de 2002, del Ministerio de Minería, en el sentido de reemplazar su Título XV por un nuevo texto normativo; la resolución Nº 7 de 2019 y el Dictamen Nº 4881, de 1982, ambos de la Contraloría General de la República; y

Considerando:

1. Que, conforme a lo dispuesto en el artículo 2º número 8 del decreto ley Nº 3.525 de 1980, que crea el Servicio Nacional de Geología y Minería, corresponde a este Servicio, entre otras funciones, "velar por que se cumplan los reglamentos de policía y seguridad minera y aplicar las sanciones respectivas a sus infractores". Y, que en conformidad al artículo 6º

[76] Publicada el 31 de mayo 2022.

números 5 y 11 del mismo decreto, el Director Nacional, "podrá ejecutar los actos necesarios para el cumplimiento de los fines y dictar las resoluciones generales y particulares que fueren necesarias para el ejercicio de sus atribuciones".

2. Que, constituyen reglamentos de policía y seguridad minera el decreto supremo Nº 72, de 1985, "Reglamento de Seguridad Minera", cuyo texto refundido, coordinado y sistematizado fue fijado mediante el decreto supremo Nº 132, de 2002, ambos del Ministerio de Minería (en adelante "DS Nº 132"); y el decreto supremo Nº 248, de 2006, del Ministerio de Minería, Reglamento para la Aprobación de Proyectos de Diseño, Construcción, Operación y Cierre de los Depósitos de Relaves (en adelante "DS Nº 248").

3. Que, mediante decreto supremo Nº 34, de 2012, del Ministerio de Minería, se incorporó un nuevo Título XV al Reglamento de Seguridad Minera vigente, estableciendo un título especial aplicable al sector de la pequeña minería.

4. Que, de acuerdo a lo dispuesto en el artículo 590 del Reglamento de Seguridad Minera "las contravenciones a las disposiciones del presente Reglamento y a las resoluciones que para su cumplimiento se dicten, en que incurran las empresas mineras, y sin perjuicio de las medidas correctivas que se establezcan, podrán ser sancionadas con multas de veinte (20) a cincuenta (50) Unidades Tributarias Mensuales por cada infracción. En caso de reincidencia, las infracciones serán sancionadas con el doble de dichas multas.

El Servicio mediante resolución establecerá las diversas categorías de contravenciones a las disposiciones del presente Reglamento, señalándose en cada caso la multa que corresponda aplicar".

5. Que, por su parte, el artículo 58º del DS Nº 248 dispone que "las contravenciones al presente Reglamento y a las resoluciones que para su cumplimiento se dispongan, en que incurran las empresas mineras, serán sancionadas en conformidad a lo dispuesto en los artículos 590 y siguientes del Reglamento de Seguridad Minera".

6. Que, por medio de la resolución exenta Nº 1.222, de 29 de julio de 2020, la Dirección Nacional del Servicio Nacional de Geología y Minería

cumplió con el mandato contenido en el inciso segundo del artículo 590 del Reglamento de Seguridad Minera, estableciendo las categorías de contravenciones a los reglamentos de seguridad, y señalando las multas que corresponde aplicar en cada caso.

7. Que, con fecha 29 de septiembre de 2021, se promulgó el decreto supremo Nº 30, del Ministerio de Minería, que modifica el artículo quinto del decreto supremo Nº 132 de 2002, reemplazando el Título XV del Reglamento de Seguridad Minera, por un nuevo texto normativo, dentro del cual, se establece un nuevo régimen de sanciones para la pequeña minería.

8. Que, de acuerdo a lo indicado en los considerandos precedentes resulta necesario modificar la resolución exenta Nº1.222/2020, que establece las categorías de las contravenciones a las disposiciones de los Reglamentos de Seguridad Minera, aprobando una nueva normativa que permita velar adecuadamente por el cumplimiento de dichos reglamentos y aplicar las sanciones respectivas a sus infractores en cada caso.

Resuelvo:

1. Apruébase la siguiente norma que establece categorías de contravenciones a los Reglamentos de Policía y Seguridad Minera y señala sanciones para cada caso, cuyo texto es el siguiente:

TÍTULO I
CONTRAVENCIONES A LOS REGLAMENTOS DE POLICÍA Y SEGURIDAD MINERA

CAPÍTULO I
CONTRAVENCIONES AL DS Nº 72, DE 1985

Artículo 1. Las contravenciones a las disposiciones contenidas en el del DS Nº 72, de acuerdo a lo dispuesto en sus artículos 590 y 592, con exclusión de las disposiciones establecidas en su Título XV, serán sancionadas de la forma en que se señala a continuación:

a) Contravenciones gravísimas: Multas de 40,1 a 50 Unidades Tributarias Mensuales y/o cierre temporal o indefinido, parcial o total de la faena.

b) Contravenciones graves: Multas de 30,1 a 40 Unidades Tributarias Mensuales y/o cierre temporal o indefinido, parcial o total de la faena.

c) Contravenciones menos graves: Multas de 20 a 30 Unidades Tributarias Mensuales.

Artículo 2. Constituyen contravenciones gravísimas al DS Nº 72, las infracciones a las disposiciones contenidas en los artículos que a continuación se señalan: 16, 17, 21, 22, 27, 28, 32, 39, 45 a 50, 52 a 56, 73, 77, 79, 80 a 82, 94, 95, 96, 103, 104, 108, 116,122, 123, 127, 129, 131 a 133, 135, 137, 140, 145, 154, 162 a 179, 180 a 203, 205 a 212, 216 a 236, 240, 243, 272 a 279, 293, 294, 296 a 300, 305, 315, 339, 389, 501 a 504, 506 a 516, 518 a 541, 543 a 586 y 590.

Artículo 3. Constituyen contravenciones graves al DS Nº 72, las infracciones a las disposiciones contenidas en los artículos que a continuación se señalan: 23 a 26, 30, 31, 33 a 37, 40 a 44, 51, 57 a 65, 61 a 63, 65, 68 a 72, 74, 75, 76, 78, 83, 85 a 88, 90, 92 a 93, 97 a 101, 107, 110, 113, 115, 119, 124, 126, 128, 136, 138, 139, 144, 147, 150, 153, 156, 157, 204, 215, 237 a 239, 241, 244, 245 a 247, 250, 251, 255, 256, 257, 258, 267 a 271, 288 a 291, 302, 303, 306 a 311, 313, 316 a 320, 323, 324, 326, 329, 330, 332, 333, 335, 337, 338, 340 a 344, 351, 352, 357, 358, 365, 366, 368, 369, 372 a 375, 379, 380, 381, 385, 387 a 388, 395 a 488, 490, 517, 542, 589.

Artículo 4. Constituyen contravenciones menos graves al DS Nº72, todas aquellas infracciones no contempladas en los dos artículos precedentes, con exclusión de las establecidas en el Título XV del citado cuerpo reglamentario.

CAPÍTULO II
CONTRAVENCIONES AL TÍTULO XV DEL DS Nº 72, DE 1985

Artículo 5. Las contravenciones a las normas establecidas en el Título XV del DS Nº 72, en conformidad a lo dispuesto en su artículo 676, serán sancionadas de la forma en que se señala a continuación:

a) Contravenciones gravísimas: Amonestación. Capacitación de los trabajadores que el Servicio determine por una entidad competente, a costa de la empresa o productor minero; Multas de 40,1 a 50 Unidades Tributarias Mensuales y/o Cierre total o parcial de la faena.

b) Contravenciones graves: Amonestación. Capacitación de los trabajadores que el Servicio determine por una entidad competente, a costa de la empresa o productor minero; Multas de 20,1 a 40 Unidades Tributarias Mensuales y/o Cierre total o parcial de la faena.

c) Contravenciones menos graves: Amonestación. Capacitación de los trabajadores que el Servicio determine por una entidad competente, a costa de la empresa o productor minero; Multas de 5 a 20 Unidades Tributarias Mensuales.

Artículo 6. Constituyen contravenciones gravísimas al Título XV del DS N° 72 las infracciones a los artículos que a continuación se señalan: 595, 596, 597, 606, 607, 609, 610, 613, 615, 617, 618, 620, 621, 624, 626, 634, 637, 638, 640, 641, 642, 643, 644, 645, 646, 647, 648, 649, 650, 651, 652, 653, 654, 655 y 669.

Artículo 7. Constituyen contravenciones graves al Título XV del DS N° 72, las infracciones a los artículos que a continuación se señalan: 602, 603, 614, 616, 619, 623, 625, 627, 628, 629, 630, 631, 632, 635, 639, 656, 657, 658, 659, 660, 661, 662, 664, 665, 666, 667, 668, 670, 671, 672, 673 y 674.

Artículo 8. Constituyen contravenciones menos graves al Título XV del DS N° 72, todas aquellas infracciones no contempladas en los dos artículos precedentes.

Artículo 9. La aplicación de la sanción de capacitación de los trabajadores realizada por una entidad competente, a costa de la empresa o productor minero, podrá ser aplicada sin perjuicio de la imposición de otras sanciones.

Artículo 10. Autodenuncia. Sin perjuicio de lo dispuesto precedentemente, se podrá eximir o rebajar el monto de la multa, al infractor que concurra a las oficinas del Servicio, y se autodenuncie estar cometiendo cualquier infracción, por primera y única vez, de aquellas establecidas en los artículos precedentes. Para poder optar al beneficio anterior, se deberán cumplir copulativamente los siguientes requisitos: i) Que el Servicio no hubiese tomado conocimiento de los hechos antes de la denuncia; ii) Que producto de la infracción no hubiese ocurrido un accidente grave o fatal; iii) Que el infractor suministre información precisa, verídica y comprobable respecto de los hechos que constituyen infracción, y ponga fin de inmediato a los mismos, adoptando todas las medidas necesarias para reducir o eliminar los efectos negativos.

Artículo 11. Plan de Cumplimiento. Iniciado un procedimiento sancionatorio, la empresa o productor minero podrá presentar en el plazo de diez días hábiles, contado desde la notificación del acto que lo inicia, un programa de cumplimiento, de acuerdo con el formulario disponible al efecto por el Servicio. En su defecto, podrá presentar los descargos en el procedimiento sancionatorio.

Se entenderá como programa de cumplimiento, el plan de acciones y metas presentado por la empresa o productor minero para que, dentro de los plazos que para tal efecto apruebe el Servicio, cumpla de manera satisfactoria la normativa minera que se indique.

Aprobado un programa de cumplimiento por el Servicio, el procedimiento sancionatorio se suspenderá.

En caso de incumplirse las obligaciones contraídas en el programa, se podrá aplicar hasta el doble de la multa que corresponda a la infracción original, por cada hallazgo o cargo realizado. Cumplido el programa dentro de los plazos establecidos y de acuerdo a las metas fijadas en él, el procedimiento administrativo se dará por concluido.

Artículo 12. Requisitos para presentar un Plan de Cumplimiento. Podrán presentar programas de cumplimiento aquellos infractores que: i) No hubiesen presentado, con anterioridad, un programa de cumplimiento respecto a los mismos hechos o los que sean de su misma naturaleza; ii) No exista reiteración o reincidencia del o los hallazgos observados o cargos formulados.

En todos estos casos se considerará un período de 3 años desde la fecha de aprobación del plan de cumplimiento; o desde la fecha que se haya constatado el hecho reiterado; o desde la fecha en que quede firme el procedimiento sancionatorio, según sea el caso.

Por otra parte, la presentación de un Plan de Cumplimiento debe permitir cumplir de manera satisfactoria con la normativa de seguridad minera. Por lo anterior, no será procedente un Plan de Cumplimiento respecto de infracciones que hayan causado una afectación grave al bien jurídico protegido por el Reglamento de Seguridad Minera.

CAPÍTULO III
CONTRAVENCIONES AL DS Nº 248

Artículo 13. Las contravenciones a las normas establecidas en el DS Nº 248 serán sancionadas de la forma en que se señala a continuación:

a) Contravenciones gravísimas: Multas de 40,1 a 50 Unidades Tributarias Mensuales y/o cierre temporal o indefinido, parcial o total de la faena.

b) Contravenciones graves: Multas de 30,1 a 40 Unidades Tributarias Mensuales y/o cierre temporal o indefinido, parcial o total de la faena.

c) Contravenciones menos graves: Multas de 20 a 30 Unidades Tributarias Mensuales.

Artículo 14. Constituyen contravenciones gravísimas las infracciones a las disposiciones contenidas en los artículos del DS Nº 248, que a continuación se señalan: 8, 10, 11, 19, 21, 30, 34, 35, 38, 42, 44 al 47, 49, 50, 52, 57, 59.

Artículo 15. Constituyen contravenciones graves las infracciones a las disposiciones contenidas en los artículos del DS Nº 248, que a continuación se señalan: 9, 22, 26, 39 al 41, 43, 48, 53 al 56.

Artículo 16. Constituyen contravenciones menos graves todas aquellas infracciones a las disposiciones contenidas en los artículos del DS Nº 248, no contempladas en los dos artículos precedentes.

TÍTULO II
DISPOSICIONES COMUNES

Artículo 17. Para la determinación de la sanción específica que corresponda aplicar, además de la categoría de la infracción, se considerarán las siguientes circunstancias:

a) La conducta anterior y posterior del infractor en los aspectos regulados en este Reglamento.

b) El beneficio económico obtenido con motivo de la infracción.

c) La entidad del daño causado o del riesgo ocasionado, teniendo especial consideración del número de personas cuya vida, salud o integridad se afectó o pudo afectarse por la infracción.

d) Haber capacitado a los trabajadores conforme lo requiere el presente Reglamento.

e) El grado de intencionalidad en la comisión de la infracción.

f) Las que dificulten la ejecución de las tareas del Servicio.

g) Todo otro criterio que a juicio fundado del Servicio Nacional de Geología y Minería sea relevante para la terminación de la sanción.

Artículo 18. El Servicio podrá aplicar una sanción de multa inferior o superior en un grado al límite mínimo o máximo del rango correspondiente a cada categoría de contravención que establece la presente resolución, dependiendo de si en el procedimiento sancionatorio se acreditan una o más de las circunstancias establecidas en el artículo anterior. Por otro lado, en caso de reincidencias, las infracciones serán sancionadas con el doble de dichas multas.

Artículo 19. El Servicio podrá aplicar una sanción de cierre temporal o indefinido, ya sea total o parcial de la faena minera, en los siguientes supuestos: i) En caso de reincidencia, ii) En los casos en que, a juicio del Servicio, atendida la naturaleza de la infracción y los perjuicios que se hayan ocasionado o se puedan causar, se trate de infracciones graves o gravísimas.

2. Déjase sin efecto la resolución exenta N° 1.222, del 29 de julio de 2020, de la Dirección Nacional del Servicio Nacional de Geología y Minería.

3. Publíquese la presente resolución en el Diario OficiaI y en el sitio web del Servicio Nacional de Geología y Minería.

Anótese, publíquese y archívese.- Alfonso Domeyko Letelier, Director Nacional, Servicio Nacional de Geología y Minería.

SOBRE LA AUTORA

Pia Moscoso Restovic

Lawyer
MLL Mining Law. JD International Law.
Professor. Director Master Mining Law. Chile
@lawbypiamoscoso

Pia Moscoso Restovic is lawyer, with the following academic Degrees:
Licenciada en Ciencias Jurídicas (U. de Atacama).
Master Law Magíster en Derecho de Minería, *suma cum laude*, Tesis en Daño Ambiental Minero Transfronterizo (University of Atacama 2011).
Juris Doctor Doctora en Derecho Internacional y RR.II, *suma cum laude*, Tesis en Competencia Judicial Internacional por Daño ambiental (University Complutense of Madrid 2012).
Diploma Estudios Avanzados, mención Derecho Internacional y Relaciones Internacionales (University Complutense of Madrid) Tesina en Competencia Judicial Internacional por daño ambiental, 2010.
Arbitraje Internacional, ICAM. Cámara de Comercio de Madrid 2020.

Awards:

1.- Ranking Underdegree School of Law: N°1.
2.- Valentín Letelier (U. of Atacama, Chile, 2004) Best Student.
3.- Mérito Estudiantil (U. of Atacama, Chile, 2001) Best Student.

Profesional Network:

1.- Member of CAMMIN Centro de Arbitraje y Mediación Minero.
2.- Member of REDMIN Red Latinoamericana de Derecho Minero.
3.- Member of ADIPRI Asociación chilena de Derecho Internacional Privado.
4.- Member of REDALC Red de Derecho América Latina y El Caribe.
PHD Pia Moscoso is underdegree and postdegree professor of law with many papers published in: Private International Law, Mining Law and Environmental liability.
Professor Moscoso is Director of Master Mining Law (University of Atacama) from 2015.